D1730158

Literatur Club73
— international edition —

Kurt Schnidrig, 1953 in Brig geboren, ist Germanist Dr. phil. Er arbeitete als Pädagoge am Lehrerseminar und als Hochschul-Dozent für Sprache, Literatur und Kommunikation. Er verfasste wissenschaftliche Werke zu Themen aus Dialektologie, Linguistik und Literaturwissenschaft. Er redigiert und moderiert Kultursendungen im Radio. Heute ist er Drehbuchautor und Regisseur von Musicals und Theaterstücken, freier Autor und Literaturexperte. Als Moderator und Gastdozent hat er sich einen Namen geschaffen. Mit »Vergiss nicht die Blumen in deinem Haar« gab er sein Debüt als Romancier. Die vorliegende Sammlung von Kurztexten ist vorwiegend als ein Ergebnis der Medienarbeit während der vergangenen zwei Jahrzehnte entstanden.

KURT SCHNIDRIG

Ein Leuchtturm in der Finsternis

A Lighthouse in the Darkness

SPURENSUCHE, BEGEGNUNGEN, BETRACHTUNGEN

Literatur Club73 international edition

printed in
switzerland

Copyright © 2020 by Literatur Club73 international edition
Herausgeber: Dr. Kurt Schnidrig, Ried-Brig
Layout, Satz und Druck: Easyprint GmbH, Brig-Glis
Buchherstellung und Bindung: Atelier Manus, Visp
Umschlaggestaltung: Mauro Del Buono
ISBN 978-3-033-08241-0

Titelbild: Die Trommler-Bucht mit dem Strand Benirràs im Norden der Insel Ibiza.

~

Für Maria, den hellsten Leuchtturm meines Lebens,

und

für meine Studentinnen und Studenten
aus dem Lehrerseminar, der Fachmittelschule
und der Hochschule Wallis

~

~

Love ist the brightest Lighthouse in the Night
A Lighthouse in the Darkness
is it for me
Nikos Ignatiadis

Ich bin zufrieden, bin versöhnt,
Und allem Weh zum Trotze bleib ich
Verliebt in die verrückte Welt
Hermann Hesse

Es sinkt auf meine Augenlider
ein goldener Kindertraum hernieder
Ich fühl's, ein Wunder ist geschehen.
Theodor Storm

~

Leuchtturm – der Weg

Seit frühester Jugend gilt meine Passion der Literatur. Aus der bewegten Zeit als Schüler und Gymnasiast sind mir einzig meine Schreibarbeiten und Aufsätze in Erinnerung geblieben, die meine Lehrer nicht selten in helle Aufregung versetzten, weil sie der felsenfesten Überzeugung waren, dass ich in meinem Elternhaus oder wo auch immer von einem »Ghostwriter« profitiere. Zum Glück gab es damals noch Aufnahme- und Promotionsprüfungen, die es mir erlaubten, mich – im Gegensatz zu meinem mathematisch-naturwissenschaftlichen Totalausfall – im Schreiben derart zu profilieren, dass mir meine Kommilitonen am Gymnasium den Zunamen »scriptor« zulegten. Nach ausufernden Jahren als begeisterter Anhänger der 68er-Revolution beschloss ich, mein Schreiben ganz in den Dienst der Wissenschaft zu stellen.

Während meines Germanistikstudiums wohnte ich zeitweise ganz oben im Elfenbeinturm des Sprachwissenschaftlers und Literaten. Ich habe wissenschaftliche Arbeiten verfasst und mich mit hochelaborierten Texten in der Welt der Linguisten, der Dialektologen und der Literaturwissenschafter bewegt. Ausgerechnet mein Doktorvater Prof. Dr. Peter Dalcher war es, der mich ganz oben aus dem Elfenbeinturm des selbstgefälligen Wissenschaftlers herunterholte. Er öffnete mir die Augen für den sprachlichen und literarischen Alltag. Nebst seiner Tätigkeit als Professor an der Universität Freiburg war er Chefredaktor des Schweizerdeutschen Wörterbuchs, eines der grossartigsten Werke im deutschsprachigen Raum. Fasziniert von seiner Tätigkeit, besuchte ich neben meinem Germanistikstudium auch noch die Kurse des Journalistischen Instituts der Universität, was sich in der Folge als äusserst hilfreich erweisen sollte. Zusammen mit Professor Dalcher verbrachte ich Tage und Wochen in verrauchten Walliser Beizen und Wirtschaften um herauszufinden, weshalb die Menschen ausgerechnet diese Worte und Laute gebrauchten und weshalb sie situativ ihre Sprache anpassten oder veränderten.

Auch dass man das Leben mehrgleisig leben kann, habe ich meinem verehrten Doktorvater abgeschaut. Als Chefredaktor eines Jahrhundertwerks, des Schweizerdeutschen Wörterbuchs, lief er hellhörig durchs Leben, ständig auf der Suche nach spannenden Geschichten aus dem Umfeld von Sprache und Literatur. Mehrgleisig leben, das bedeutet für einen promovierten Germanisten nicht selten, zusätzlich zu unterrichten. Als Pädagoge gedachte ich kurzfristig, höchstens für ein Jahr, am Lehrerseminar zu unterrichten. Das Unterrichten von angehenden Lehrpersonen, insbesondere der Aufbau von kreativen Projekten wie Schreibwerkstätten und Anlässen aus dem Bereich der Jugendliteratur, die ich zudem auch als Präsident von Kinder- und Jugendmedien am Oberwalliser Seminar realisieren durfte, schlugen mich vollends in ihren Bann. Eines dieser Projekte, die Oberwalliser Märchennacht, baute ich als Projektleiter in Zusammenarbeit mit dem Schweizerischen Bund für Jugendliteratur, mit UNICEF Schweiz und mit Bibliomedia Schweiz aus zur Schweizer Erzählnacht. Sie gehört heute zu den grössten Kulturanlässen unseres Landes und ist ein Vorzeigeprojekt in der Schweizer Leseförderung.

Ausgerechnet eine fürchterliche Naturkatastrophe, die am 24. September 1993 nach tagelangen Regenfällen den Fluss Saltina über die Ufer treten liess und das schmucke Städtchen Brig innert Stunden in eine Ruinen- und Geisterstadt verwandelte, öffnete mir die Tür zur Radioarbeit. Gerade erst war das Lokalradio aus der Taufe gehoben worden. Nun hatte es sich bereits in einem Ernstfall zu bewähren. Die Krise liess mich zum begeisterten Radiomacher werden. In jenen katastrophalen Tagen war es meinen Kolleginnen und Kollegen, dem Radio-Team der ersten Stunden, nicht möglich, aus dem Visper Radiostudio nach Brig zu gelangen. Als Reporter in der Geisterstadt Brig konnte ich nun alles auspacken, was ich in Sachen Krisenkommunikation und Journalismus an der Universität gelernt hatte. Selbst die Mitarbeit am Aufbau einer Radiostation im altehrwürdigen Stockalperschloss gehörte dazu. Nach der Katastrophe war ich während zwei Jahren zu fünfzig Prozent als Informations-Chef beim Radio tätig. Schnelles, präzises und volksnahes Schreiben war gefragt. Sowas faszinierte mich. In den folgenden Jahren wechselte ich als Dozent an die Hochschule, wo ich Sprache, Kommunikation und Literatur auf hohem Niveau dozieren und damit auch meine wissenschaftliche Seite wieder ausleben durfte. Mit einer wöchentlichen Kultur- oder Literatursendung blieb ich aber bis heute mit den Medienleuten verbunden.

Als ich anfangs der Neunzigerjahre meine Faszination für die Medienarbeit mit den vielen unvergesslichen Begegnungen und bleibenden Freundschaften entdeckt habe, war dies für mich jedoch nur einer der vielen Leuchttürme in meinem Leben. Es sind inzwischen sogar noch andere Leuchttürme hinzugekommen: Dazu gehört mein Traumberuf als Germanist, aber auch meine früheren Tätigkeiten als Lehrer und Dozent, die mich bewogen haben, auch heute noch als Gastdozent zu lehren. Viele kleinere, aber deshalb nicht minder hell leuchtende Türme markieren meinen Lebensweg: Meine Musiktheater, meine neu entdeckte Passion als Romancier oder meine Inspirationsquellen, die ich zumeist nicht am Schreibtisch, sondern »laufend« in den Bergen erfahre. Einer der höchsten und strahlendsten Leuchttürme ist meine Familie. Dieser persönliche Leuchtturm bleibt in der vorliegenden Sammlung von kurzen Texten jedoch ausgespart, er bleibt der Privatsphäre vorbehalten.

Das sogenannte »Eisbergmodell« habe ich für diesen Erzählband favorisiert. Das Eisbergmodell (engl.: Iceberg Theory) ist ein erzähltheoretischer Ansatz, der auf den Schriftsteller Ernest Hemingway zurückgeht. Nach Hemingway verstärken die auf der Oberflächenebene des Textes ausgesparten Informationen das Fundament der wichtigen Aussage eines Textes. Der tiefergehende oder symbolische Bedeutungsgehalt einer Geschichte liegt demzufolge grösstenteils im Verborgenen und muss von den Leser*innen durch ihre eigene Vorstellungskraft oder Erfahrung aktiv erschlossen werden.

Die erzählte Handlung dient somit den Leser*innen lediglich dazu, einen eigenen Subtext zu erschaffen.

Angeregt dazu, in meinen Erinnerungen nach Leuchttürmen zu suchen, haben mich die Sonntagstrommler am Strand Benirrás auf der Insel Ibiza. Seit Jahrzehnten treffen sich Blumenkinder sonntags hier am Strand, um den Sonnenuntergang mit Trommeln und Bongos musikalisch zu begleiten. Die Sonntagstrommler an der Cala Benirrás trommeln Erinnerungen herbei. Es sind Erinnerungen an das Zauberhafte und Wundervolle im Leben.

Wie ein Leuchtturm ragt im Hintergrund der Cala Benirrás, ein Felsen in Form eines Fingers, aus dem Wasser, der Can Bernat. Die Einheimischen nennen ihn gerne den »Finger Gottes«. Für mich ist er ein Leuchtturm in der Finsternis der Erinnerungen, welche die Sonntagstrommler herbeitrommeln. Ein Leuchtturm, der den Weg weist zum Zauberhaften und Wundervollen in unserem Leben.

I

Spurensuche

Gendersternchen

Seit langem studiere ich an der Frage herum, wie ich Sie, liebe Leserin, lieber Leser, ansprechen soll. Besonders, wenn Sie im Plural daherkommen. Soll ich einfach frech und patriarchalisch sein und alle meine Lesenden anreden mit »Liebe Leser«? Der maskuline Plural marginalisiert die Frauen. Also doch lieber kompliziert mit »Liebe Leserinnen und liebe Leser«? Und was kommt dann zuerst, die Leserinnen oder die Leser? Früher hiess es »Ladies first«. Aber heute? Da blamiert man(n) sich glatt als bemitleidenswerter Gentleman der alten Schule von vorgestern. Und was ist mit den Transmenschen? Mit Menschen also, die weder Leserin noch Leser sind, sondern etwas dazwischen? Für das dritte Geschlecht gibt es jetzt auch das Gendersternchen. Also dann vielleicht halt doch: Liebe Leser*innen. Bei »Leser*innen« trifft man dreifach ins Schwarze: Die Anrede gilt für Männer, Frauen und Transmenschen. Ein klassischer Hattrick also, würde man in der Sprache der Fussballer – oh Entschuldigung – der Fussballer*innen sagen.

Immer noch benutzt die deutsche Sprache den maskulinen Plural, um Männer und Frauen zu benennen. Was in der Frühzeit des germanischen Schrifttums noch vertretbar war, das verfängt heute einfach nicht mehr. Im Nibelungenlied, das im 13. Jahrhundert entstand, ist von den »Burgundern« und von den »Germanen« die Rede, obschon bereits damals ein Zickenkrieg zwischen Brunhild und Krimhild über das männliche Geschlecht, vertreten durch Siegfried, triumphierte. Wie schon damals, hat der Sieg der Weiblichkeit über die Männlichkeit in der deutschen Sprache keinerlei Spuren hinterlassen. Die deutsche Sprache benutzt den maskulinen Plural, um Männer und Frauen zu benennen, den weiblichen Plural jedoch nur dann, wenn es darum geht, ausschliesslich Frauen zu benennen. Das ist ein Affront gegenüber dem weiblichen Geschlecht, und das nicht nur aus Gründen der Höflichkeit. Immerhin stellen die Frauen mit 50,5 Prozent die Mehrheit der Erdenbewohner.

Sprachpuristen und Alt-Germanisten – oh, Entschuldigung: Sprachpurist*innen und Alt-Germanist*innen – zählen heute zu einer aussterbenden Rasse. Sie waren es, welche die sprachliche Eleganz über die Fairness gegenüber den Geschlechtern gestellt haben. Nun gut, das muss man (frau) einfach zugestehen: Mit langatmigen Formulierungen wie »Leserinnen und Leser«, »Zuhörerinnen und Zuhörer«, »Leserbriefschreiberinnen und Leserbriefschreiber« würde man (frau) den Text zwar höflicher machen, aber doch auch viel komplizierter und schwieriger zu lesen. Und eben, die Transmenschen, die haben in einem Text auch ihre Existenzberechtigung. Daher (m)ein mutiges Plädoyer für das Gendersternchen. Liebe Leser*innen, solidarisieren Sie sich! Egal ob Frau, Mann oder Transmensch: Gebrauchen Sie das Gendersternchen!

Bräuchte es noch Rückhalt und Rückgrat für das Gendersternchen, die Deutschen, die legitimierten Träger (Träger*innen) der Sprache Goethes, liefern jede Menge an Rückgrat und Rückhalt. Der Begriff »Gendersternchen« ist in Deutschland zum Anglizismus des Jahres gekürt worden. Das teilte der Jury-Vorsitzende und Sprachwissenschaftler Anatol Stefanowitsch mit. Stefanowitsch gilt – trotz seines wenig deutsch klingenden Namens - als Verfechter einer geschlechtergerechten deutschen Sprache. Und er liefert auch eine griffige Definition samt Begründung: Gemeint ist mit dem Gendersternchen das Schriftzeichen * zwischen dem Wortstamm und der weiblichen Nachsilbe »in«, also etwa bei »Lehrer*innen«. Der Stern soll es ermöglichen, alle Geschlechter anzusprechen. Das »Gendersternchen« erlaube es überdies, auch Geschlechter jenseits von Mann und Frau sichtbar zu machen, so die Jury.

Bitte beachten Sie, liebe Leser*innen, die äusserst sensible Formulierung, derer sich die Jury bedient hat. Das Gendersternchen ermögliche es auch »Geschlechter jenseits von Mann und Frau« sichtbar zu machen. Zugegeben, da bin ich nun ins Studieren gekommen. Also schon klar, es gibt ja heute Menschen, die im falschen Körper geboren werden, und die dann später operativ eine

Geschlechtsumwandlung – physisch, körperlich – vornehmen lassen. Die Jury spricht aber im Plural von »Geschlechtern« jenseits von Mann und Frau. Könnten sich demnach auch Menschen unter dem Gendersternchen outen, die sich geistig (kognitiv) ab und an in einer anderen Geschlechterrolle wiederfinden?

Wie sensibel sich der Genderdiskurs zurzeit anlässt, mag (m)ein persönliches Beispiel illustrieren. Jahrelang war ich ein Sprachprofessor unter lauter Sprachprofessorinnen und habe praktisch nur Studentinnen unterrichtet, und das in den »weiblichen« Fächern Sprache und Literatur. Glauben Sie mir, liebe Leser*innen, das färbt ganz gewaltig ab! Die sogenannt weiblichen Qualitäten – Weitwinkelperspektive statt Tunnelblick, Gefühlhaftes statt Rationales – übernehmen da in einem Mann unweigerlich die Oberhand. Als Mann ist man(n) heute Fussballer, Feuerwehrmann, Mineur oder Kanalisationsreiniger. In diesen Berufen arbeiten noch echte Kerle. Aber ich! Ich gestehe: Ich liebe Sprache, ich liebe Literatur, ich liebe grosse Gefühle, ich liebe zauberhafte Romane, ich liebe Geschichten, ich liebe die Romantik, ich singe in einem Chor, der faktisch nur aus Frauen besteht. Ich, das Gendersternchen.

»Villa Jenseits« Wahnsinn

Mein Weg nach Hause führt an der »Villa Jenseits« vorbei. Das zugemauerte und vergitterte Haus befindet sich am Stockalperweg, der von Brig hinauf auf den Brigerberg führt. Manchmal bleibe ich davor stehen und lese diese geheimnisvolle Inschrift, die mit kunstvollen Lettern in die Aussenfassade eingelassen ist: »*Villa Jenseits*« *Wahnsinn*. Niemand weiss, was sich hinter den verbarrikadierten Fenstern und Türen verbirgt. Manchmal, wenn ich in Vollmondnächten zwischen Büschen und Bäumen den verborgenen Pfad hinaufsteige, da kann es schon sein, dass ich auch leise Stimmen zu hören glaube. Ich rede mir dann ein, dass es wohl nur der Wind sei, der durch die Büsche streicht, oder vielleicht ein Vogel der Nacht, der noch spät auf Beute aus ist. Oder sind es Stimmen aus der »Villa Jenseits«?

Die Erkundung des Jenseits nimmt in der Literatur einen wichtigen Platz ein. Ist nach dem Tode noch etwas möglich? Gibt es den hellen Wahnsinn in der Villa Jenseits? Wie wird es sein in der Villa Jenseits? Sind wir schon im Diesseits von Toten umgeben? Oder handelt es sich dabei bloss einen literarischer Topos?

Die Frage nach einem Leben nach dem Tod hat die Menschheit seit alters her beschäftigt. Die Frage, ob wir bereits im Diesseits von Toten umgeben sind, hat der Literatur seit jeher die spannendsten Geschichten beschert. Befindet sich das Totenreich mitten unter uns? Was ist wirklich in der »Villa Jenseits« verborgen? Ich möchte es nicht wissen. Die Phantasie darf nicht sterben. Die Literatur braucht den Topos und den Mythos für ihre Geschichten. »Was ich am meisten fürchte, ist der Tod der Phantasie«, schrieb die Dichterin Sylvia Plath (1932-1963).

Aus diesem Grund möchte ich auch nicht wissen, was für eine Geschichte die »Villa Jenseits« zu erzählen hat, an der ich jeden Tag vorbei wandere, auf meinem Weg nach Hause. Es wäre schade um alle die vielen Geschichten, die meine eigene Phantasie bereits gesponnen hat, besonders nachts, im Lichte des Mondes.

Ein goldgerahmtes Bild

Die Erinnerung ist das einzige Paradies, aus dem man nicht vertrieben werden kann, schrieb der deutsche Schriftsteller Jean Paul (1763-1825). Was uns in Erinnerung bleibt, das ist meistens mit positiven Gefühlen verbunden. Wenn wir es schaffen, die glücklichsten Augenblicke unseres Lebens in Erinnerung zu behalten, dann erschaffen wir uns ein Paradies, in das wir uns zurückziehen können. Der Dichter Theodor Storm forderte dazu auf, die zauber-

haften Stunden des Lebens an einem Erinnerungsstück festzumachen. So hielt er die Erinnerung an einen wundervollen Sommertag mit einem grünen Blatt am Leben:
»Ein Blatt aus sommerlichen Tagen, / Ich nahm es so beim Wandern mit, / Auf dass es einst mir möge sagen, / Wie laut die Nachtigall geschlagen, / Wie grün der Wald, den ich durchschritt.«
Doch ist auf unsere Erinnerungen Verlass? Was von dem, an das man sich erinnert, ist auch wirklich wahr? Erinnerungen sind wie ein goldgerahmtes Bild. Wie unzuverlässig und wie leicht manipulierbar unser Gedächtnis doch ist! Studien haben ergeben, dass unsere Erinnerungen kein blosses Abrufen von Fakten sind. Erinnerungen sind vielmehr eine dauernde Rekonstruktion. Erinnerungen lassen sich vergleichen mit einem Theaterstück, das immer wieder neu aufgeführt wird, immer wieder mit neuen Schauspielern, mit wechselnden Requisiten und mit veränderten Textpassagen. Wenn wir uns beispielsweise an unsere Kindheit zurückerinnern, dann verändert sich in unserer Erinnerung das Bild von unserer Kindheit mit zunehmendem Alter immer wieder. Und es scheint so, als ob die sprichwörtliche »Milde des Alters« dazu beitragen würde, dass wir unser früheres Leben rückblickend in einem optimistisch-rosaroten Licht betrachten. Hermann Hesse schrieb am Ende seines Lebens:
»Wenn jetzt noch die Kindheit zuweilen an mein Herz rührt, so ist es als ein goldgerahmtes, tieftöniges Bild, an welchem vornehmlich eine Fülle laubiger Kastanien und Erlen, ein unbeschreiblich köstliches Vormittagssonnenlicht und ein Hintergrund herrlicher Berge mir deutlich wird.« (Hermann Hesse: Meine Kindheit, geschrieben 1896.)
Doch nicht immer sind die Erinnerungen ein Paradies. Erinnern Sie sich beispielsweise noch an das schreckliche Attentat auf der norwegischen Insel Utoya aus dem Jahr 2011? Der Attentäter Anders Breivik hatte damals 69 Menschen kaltblütig ermordet. Für ihr Buch über das Gedächtnis sind nun die beiden Autorinnen Hilde und Ylva Ostby mit einem Überlebenden des Massa-

kers nach Jahren zurück an den Schauplatz des Geschehens gefahren. Dabei kamen die Autorinnen zu erschreckenden Ergebnissen: Der Überlebende leidet seit dem Massaker an einer sogenannten posttraumatischen Belastungsstörung. Er ist ein Gefangener seiner eigenen Erinnerungen. Er selbst vergleicht seine Situation mit einem Musikstück im Kopf, das ihm zwar nicht gefällt und das er nicht mehr hören möchte. Trotzdem aber wird das Musikstück in seinem Kopf gewissermassen wie in einer Endlos-Schlaufe immer wieder in maximaler Lautstärke gespielt. Das Beispiel zeigt: Erinnerungen können auch quälend und schädigend sein. In diesem Fall sind Erinnerungen nicht das einzige Paradies, sondern eine einzige Hölle, aus der man nur allzu gern fliehen möchte.

Erinnerungen können Paradies und Hölle zugleich sein. Wir dürfen oder müssen mit ihnen leben. Erinnerungen sind aber – zum Glück! – auch manipulierbar. Negative Erinnerungen lassen sich ins Positive transformieren. Als sich der Dichter Rainer Maria Rilke in grosser Trauer von einer seiner Geliebten trennen musste, da schrieb er ihr die berühmten Zeilen: »Wenn Du an mich denkst, dann erinnere Dich an die Stunde, in welcher Du mich am liebsten hattest.«

Aussteigen fängt im Kopf an

Ein Traum platzt wie eine Seifenblase. Ein Projekt erweist sich als undurchführbar. Hochfliegende Pläne gehen unter im Alltagstrott. Eine Herzenssache erweist sich als eine Illusion. Was tun? Aussteigen. Weggehen aus dem engen Tal. New York bietet sich an, die Kapitale für Aussteiger jeglicher Herkunft. Distanz schaffen und Abstand nehmen ist in solchen Fällen ein guter Ratschlag. Die Ferien- und Reisezeit erlaubt zumindest einen Ausstieg auf Zeit. Ob die kurze Auszeit aber reicht, ist mehr als fraglich. Nicht selten holt uns der Alltagstrott schnell wieder ein.

Wie der Ausstieg auf Zeit funktionieren kann, zeigte der Literat Henry David Thoreau. Ausgerechnet er, der Amerikaner, flüchtete jedoch nicht in die Stadt der Aussteiger, nicht nach New York. Zwei Jahre, zwei Monate und zwei Tage lebte er in einer Hütte an einem kleinen See im Wald. Sein Buch über dieses Experiment machte ihn noch Generationen später zum Vorbild für zeitkritische und rebellische Menschen. Für die Hippies in den 60er Jahren war er eine Kultfigur. Und neuerdings schwärmt die moderne Occupy-Bewegung wieder von Henry David Thoreau. Henry David Thoreau, das war jedoch nicht nur der Aussteiger und Naturliebhaber. Thoreau war auch ein hitziger Verfasser von Streitschriften zu politischen Themen, ein erbitterter Kriegsgegner und ein Kämpfer gegen staatliches Bürokratentum.

Was mich an der Kultfigur aller zivilisationsmüden Aussteiger so fasziniert, ist das Folgende: Zum Aussteigen muss man nicht unbedingt in die Aussteiger-Stadt New York fliegen. Man braucht sich auch nicht als Nachfahre von Che Guevarra auf Kuba einzunisten. Und auch Ibiza, die ehemalige Hippie-Insel, ist nicht mehr, was sie mal war. Was Henry David Thoreau uns potenziellen Aussteigern sagen möchte, ist dies:

Zum Aussteigen braucht man nicht in die allzu grossen Fussstapfen der Rebellen und Revolutionäre zu treten. Aussteigen fängt zunächst im Kopf an. Aussteigen bereichert unser Leben, wenn wir die Augen für die kleinen Schönheiten öffnen und wenn wir uns nicht zumüllen lassen von den vielen Nichtigkeiten, die uns belasten und bedrängen. Henry David Thoreau hat es uns vorgemacht.

Eine Insel des Friedens

Wieder einmal weilte ich auf Ibiza. Ich war auf Spurensuche. Leben sie noch, die Protagonisten aus meinem Roman? Und ja, es gibt sie noch, die Hippies. Auch die Kommunen in Sant Joan de Labritja.

Und die Trommlerbucht Cala Benirras. Fünfzig Jahre ist es nun her. Ich bin rechtzeitig zurück zum grossen Hippie-Revival. »Vergiss nicht die Blumen in deinem Haar«, so heisst mein Roman. Und nochmals ja! Sie tragen die Blumen immer noch im Haar, und die Sehnsucht nach Frieden und Liebe ist immer noch in ihren Herzen.

In der Hippieszene von San Joan. Frauen, die spät noch Mütter geworden sind und mit ihren bunten Kleidern ein Blickfang auf jedem Grünen-Parteitag wären, begrüssen uns. Sie haben es geschafft, Zeit und Geld zu einer Harmonie verschmelzen zu lassen. Sie leben immer noch ein friedvolles Leben mit grenzenloser Liebe. Sie sind ein Teil der Soziostruktur Ibizas geworden. Fünf Jahrzehnte nach den Anfängen sind die Hippies und ihre Kinder zu Ibizenkos geworden, zu einem selbstverständlichen Teil der Gesamtbevölkerung der Insel. Und hier treffe ich auch eine Frau wie Dana, sie sitzt vor ihrem Restaurant Vista Alegre. Ist es die Protagonistin Dana aus meinem Roman? Realität oder Fiktion? Ein Romancier darf diese Frage nicht beantworten.

Was ist aus den Aussteigern von damals geworden? Hippies sind heute scheue Wesen. In Ibizas Norden allerdings empfangen sie mich immer noch mit alter Herzlichkeit. Heute sind sie Ökos, Althippies, Trommler, Dragqueens oder auch gewiefte Geschäftemacher. Sie verkaufen ihren handgemachten Schmuck auf dem berühmten Hippiemarkt in Las Dalias. Unter Weinlaub lässt sich nostalgisch zwischen den Ständen flanieren. Hier gibt es nicht nur Touri-Massenware made in Taiwan, nein, sie bieten echtes Kunsthandwerk feil, das unter Hippiehänden eine originale Aussagekraft erhält. Vor allem bieten die Althippies eigenen Schmuck und Schnitzwaren feil. Der Hippiemarkt von Las Dalias ist ein Überbleibsel der 60er-Jahre. Junge Aussteiger kamen damals auf die Insel auf der Suche nach alternativen Lebensformen.

Wer in Nostalgie schwelgen will, der bekommt hier in Las Dalias alles, was seine Hippie-Seele begehrt. Die Geschichte begann in den frühen 60er-Jahren. Mit dem Verkauf von Handarbeiten wie selbst gebasteltem Schmuck oder mit Naturfarbe gefärbter Kleidung hielten sich die jungen Aussteiger schon damals über Wasser. Dann hatte der Bauer Joan die Idee, den Bewohnern der Gegend einen *Social Club* zu bieten, mit allen sozialen Events, von Taufe bis Tanz. Das nahe gelegene Aufnahmestudio seines Sohns Juanito zog Rockgrössen an wie Ron Wood von den Rolling Stones, Jimmy Page von Led Zeppelin, Mike Oldfield und Bob Geldof. Bis heute ist Las Dalias ein Veranstaltungsort geblieben für Konzerte und andere kulturelle Veranstaltungen. Immer noch ist Sex, Drugs and Rock'n Roll angesagt, für modernes Getue wie Veganismus, Lactose-Intoleranz und Helene Fischer hat man nur ein müdes Lächeln übrig.

Die Trommelbucht *Cala de Bernirras* mit dem »Finger Gottes« ist das Epizentrum der Hippiekultur. Wir trommeln die *good vibrations* herbei. Ein letzter Besuch dann in der mystischen Bucht in der Cala de Bernirras. Sie ist das marine Epizentrum der Hippiekultur, mystisch und magisch. Wenn die Sonne untergeht, ertönen die Trommeln, so wie früher, und sie erzeugen in uns allen wieder *good vibrations*. Warum das so ist, das weiss keiner so genau. Vielleicht trägt der Blick hinaus aufs Meer viel dazu bei, der Blick auf Es Cap Bernat, den »Finger Gottes« draussen im Meer. Wir huldigen dem zauberhaften Ort ein letztes Mal, und irgendwie fliessen die geheimnisvollen *vibrations* zusammen, bei einigen möglicherweise bei besonders gutem Gras. Mit *good vibrations* und Sehnsucht im Herzen verlasse ich das Paradies.

My Happy Hippie Place. Fünfzig Jahre danach. Der legendäre *summer of 69* liegt nun fünfzig Jahre zurück. In wenigen Stunden fliege ich zurück. Es ist ein Zurück mit einem lachenden und einem weinenden Auge. Zum Abschied aus San Joan fragte ich nach den Kosten, die mein Aufenthalt verursacht habe. Da stellt die Wirtin des Restaurants in San Joan ein zerbeultes blechernes Herz vor mich hin. »Ach, leg ein paar Euros rein oder lass es einfach sein«, meinte sie, »aber komm wieder mal vorbei.«

Der blumige Hippietraum versinkt, es wartet zu Hause die kapitalistische Yuppiekultur. Zurück bleibt die Insel des Friedens und der Liebe, die ich verlor.

Nordisches Reizklima

Ein Aufenthalt an der Nordsee wirkt wahre Wunder. Sonne, Salzwasser und Wind tragen dazu bei, dass das Klima im hohen Norden ein heilsames Reizklima ist. Die kühle und intensive Brise an der Küste fordert den Organismus. Spezialisten wissen: Wer das maritime Aerosol einatmet, der ist weniger allergisch auf alles, was belastet und krank macht. Reizklima? Antiallergikum? Nun, einen Medizin-Ratgeber möchte ich nicht auch noch schreiben. Deshalb nur so viel: Das Reizklima an der Nordsee wirkt auch auf Literaten und andere Kopfarbeiter befreiend und inspirierend.

Bei Ebbe stand ich am Wattenmeer und habe auf die Flut gewartet. Welch unglaublich faszinierendes Schauspiel! Und plötzlich spielte da mein Kopf-Kino auch einen ganz neuen Film. Das Kopf-Kino spulte einen Spielfilm ab, dessen Landschaften und Protagonisten so ganz ungewohnt, so ganz neu, so ganz faszinierend und inspirierend waren. Die Meeresflut schwemmte bisher ungeahnte Ideen an, lang gehegte Pläne erschienen nun plötzlich leicht realisierbar und durchführbar. In unserem engen Tal leben wir eingeklemmt zwischen Bergflanken wie in einem Sandwich. Der Blick reicht gerade mal einige hundert Meter weit. Es gibt Tage, da mutieren die steil aufragenden Bergflanken zum berüchtigten Brett vor dem Kopf.

Die Landschaft der Deiche und des Wassers ist ein Reizklima für uns Bergler. Wie sehr sehne ich mich immer wieder mal nach einer Veränderung! Die Landschaft prägt auch die Menschen. In einer anderen Umwelt lebt man anders, denkt man anders, schreibt man anders. Wie schreibt ein Schriftsteller im Norden? Was treibt ihn an und um? Der literarische Kosmos von Theodor Storm fasziniert mich seit Studienzeiten. »Er ist ein Meister, er bleibt«, so Thomas Mann über Theodor Storm. Ich wollte mehr erfahren über das Leben des grossen norddeutschen Dichters, seine Novellen und seine Gedichte. Und ich habe mich auf seine Spuren gemacht, in Husum, der Stadt seiner Geburt, in Husum, »der grauen Stadt am grauen Meer«.

Wenn das Geburtshaus eines Schriftstellers nach dessen Tod zum bedeutendsten Literaturmuseum Deutschlands umfunktioniert wird, dann sagt dies auch viel aus über die Wertschätzung, die das Volk der Deutschen diesem Poeten entgegenbringt. Die Geschichte des Storm-Hauses ist über 500 Jahre alt. Nach dem Tod seiner ersten Frau Constanze im Mai 1865 und der Heirat mit Dorothea Jensen im Juni 1866 ist Storm zusammen mit seinen sieben Kindern in dieses Haus eingezogen. Das Wohnzimmer machte der Dichter zum Schauplatz seiner Novelle *Viola tricolor,* in der intime Familienprobleme verhandelt werden.

Im Poetenstübchen, das sich der Dichter selbst »gedichtet«, d.h. konzipiert hat, schrieb Storm jene Novellen, die mich immer wieder aufs Neue faszinieren. Darunter zum Beispiel »*Pole Poppenspäler*«, »*Waldwinkel*«, »*Psyche*«, »*Aquis submersus*« oder »*Die Söhne des Senators*«. Als ich im Arbeitszimmer des Schriftstellers stand, in seinem »Poetenstübchen«, war ich fasziniert und angetan von der Schlichtheit und Bescheidenheit des Arbeitszimmers. Storm gehörte zu jenen Schriftstellern, die sich die Inspiration »draussen« in der grossen weiten Welt holen, und die ein Arbeitszimmer erst dann aufsuchen, wenn das »Kopf-Kino« nach einem verschriftlichten Drehbuch verlangt.

Da sass ich nun am Schreibtisch, an dem Storm die weltberühmte Novelle »*Der Schimmelreiter*« geschrieben hatte. Den Schreibtisch hatte Storm von seinen Verehrerinnen zum 70. Geburtstag erhalten. Gleich über dem Schreibtisch prangen die Zeilen: »Jetzt aber rührt sich ein alter mächtiger Deichstoff in mir, und da werde ich die Augen offenhalten, aber es gilt vorher noch viele Studien!« Die Landschaft und die Auseinandersetzung des Menschen mit den Naturgewalten – mit der Macht des Windes und dem tosenden, entfesselten Meer bei Sturmflut – spielen in der Novelle »*Der Schimmelreiter*« eine herausragende Rolle. Den Dichter faszinierte das Geheimnisvolle, Rätselhafte und märchenhaft Romantische einer stillen Landschaft. Und ja, auf ewig auch die Liebe. Mit Dorothea Jansen trat eine Frau in sein Leben, bei der er »jene berauschende Atmosphäre« fand, der er »nicht widerstehen konnte«. Seine Frau verliess ihn wegen der Geliebten. Und Storm schrieb das »*Buch der roten Rose*«, das ist ein Liederzyklus, der – wegen seiner Sinnlichkeit – nie veröffentlicht wurde. Da stehen so Strophen wie diese: *Es schlang uns ein in wilde Fluten, / Es riss uns in den jähen Schlund; / Zerschmettert fast und im Verbluten / Lag endlich trunken Mund auf Mund.*

Unvergesslich bleibt das berühmte Gedicht »*Meeresstrand*«, das aus dem konkreten Bild der Wattenmeerlandschaft die Vorstellung von der Unendlichkeit der Natur entwickelt: *Ans Haff nun fliegt die Möwe, / Und Dämmerung bricht herein; / Über die feuchten Watten / Spiegelt der Abendschein. / Wie Träume liegen die Inseln / Im Nebel auf dem Meer. / Noch einmal schauert leise / Und schweiget dann der Wind; / Vernehmlich werden die Stimmen, / die über der Tiefe sind.*

Und wie die Möwen kreisen auch wir über den Sehnsuchtsorten an der Nordsee. Viel Poetisches und auch Unbekanntes kam zum Vorschein.

Letzte Bastion der Männlichkeit

Ein letzter Ort, wo Männer unter sich sein konnten, war das Carnotzet. Im privaten Rahmen gestattete der Hausherr nur seinen besten Freunden, diesen Raum zu betreten, den er mit Stolz eingerichtet hatte. Früher glich der Zutritt einem Einführungsritus.

Zu später Stunde, nach einem ausgiebigen Essen, begaben sich die Männer ins Carnotzet. Beim kühlen Wein fiel es im Carnotzet leichter freundschaftliche Männerbande enger zu knüpfen. Frauen waren praktisch ausgeschlossen, denn es ging um männliche Geselligkeit, die mit ausgiebigem Alkoholkonsum verbunden war.

Die Spurensuche nach der letzten Bastion männlicher Vertrautheit und Exklusivität endete für mich enttäuschend in einem Carnotzet, in einem künstlichen Carnotzet, um genau zu sein. Céline Eidenbenz, die Direktorin des Kunstmuseums Sitten, führte mich durch ein Carnotzet, welches sämtliche Klischees von männerseliger Geselligkeit bei Wein und Schnaps künftig ins Reich der Märchen verweisen sollte. Ein junger Künstler, Eric Philippoz, hatte zu diesem Zweck ein Carnotzet als Kunstobjekt installiert. Die zeitgenössische Installation sollte wohl auch Denkmalcharakter haben. Das Carnotzet als Denkmal für gewesene Männlichkeit. Dazu passend, und wohl auch um den Männern den Abschied von ihrer Männlichkeit etwas zu versüssen, wurde die Carnotzet-Installation, stellvertretend für alle echten Carnotzets, mit dem Manor Kunstpreis ausgezeichnet.

Eine Flut von Publikationen hinterfragt vor allem Aspekte wie Vertrautheit, Abgeschiedenheit, Verborgenheit, Exklusivität und Geheimnis dieses Horts ehemaliger Männer-Runden. Laut den Chronisten ist der Begriff »Carnotzet« im Waadtland aufgekommen. Das Carnotzet sei also keinesfalls eine Walliser Erfindung, wird moniert. Bereits 1894 tauche der Begriff erstmals im Waadtland auf, und in keiner einzigen Definition werde das Carnotzet mit einem Trinklokal gleichgesetzt. Das Sakrileg, aus dem Carnotzet ein Trinklokal gemacht zu haben, wird nun aber eindeutig den Wallisern zugeschrieben. Wenn es ums Trinken geht, dann gesteht man den Wallisern diskussionslos Pioniercharakter zu. Immerhin.

Das Konzept des Carnotzets verbreitete sich – ausgehend vom Waadtland – rasch, wobei die Schweizerische Landesausstellung im Jahr 1896 das ihre dazu beigetragen haben soll. Sie siedelte nämlich das Carnotzet mitten im Herzen des Schweizer Dorfes an. Dabei wurde suggeriert, dass das Carnotzet die Nachbildung einer waadtländischen Gaststätte sei. Ab 1900 eroberte das Carnotzet das Privatleben, ab den 1930er-Jahren ist es auch in öffentlichen Einrichtungen zu finden. Einen durchschlagenden Erfolg erlebte das Carnotzet dann anlässlich der Schweizerischen Landesausstellung im Jahr 1939. Erstaunlicherweise wurde in der Ausstellung das Carnotzet nicht für die Waadt realisiert, sondern im Pavillon des Wallis aufgestellt.

Die Gleichsetzung des Carnotzets mit einem Weinkeller ist den Wallisern zuzuschreiben. Vielleicht sei es darum gegangen, die sich gerade entwickelnde touristische Identität des Wallis durch die Präsentation als Weinregion zu stärken, vermutet etwa Bruno Corthésy, der eine »Kurze Geschichte des Carnotzets« verfasst hat. Tatsache ist, dass der Kanton Wallis ab der Mitte des vorigen Jahrhunderts das Carnotzet als Markenzeichen beanspruchte, genau gleich wie etwa auch das Fondue.

Nun also haben die Frauen auch eine der letzten Männerbastionen eingenommen. Céline Eidenbenz schwärmte von der Gemütlichkeit, die sich im zeitgenössischen Carnotzet erleben lasse! Es sei bequem, man möchte bleiben, einen Tee trinken oder sich in eines der Bücher aus dem Regal versenken. Da bleibt uns Männern nur noch der taktvolle Rückzug. Und dies nicht, ohne den Frauen in ihrer neu dazu gewonnenen Bastion viele freundschaftliche Kontakte zu wünschen, die sie nach einem ausgiebigen Essen bei kühlem Wein knüpfen mögen.

Ein neues Verhaltensdesign

Mit Plakaten und Spruchbändern stellten sich Frauen von verschiedensten Institutionen den Parlamentariern im Foyer des Grossen Rates entgegen. Die Frauen machten auf ihre Anliegen der Gleichstellung aufmerksam. Die Botschaft der Frauen war eindeutig: Frauen gehören nicht an den Herd, sondern an die politische und wirtschaftliche Macht. Nach 1991 forderten am 14. Juni 2019 Demonstrantinnen am 2. Frauenstreik schweizweit bezahlte Arbeit (Recht auf Arbeit, Lohngleichheit, AHV-Rente) und die soziale Reproduktionsarbeit (Aufteilung von Haushalts- und Bildungsaufgaben, Eröffnung von Kindertagesstätten, Mutterschaftsversicherung). Am 8. März 2020 fand bundesweit ein »Feministischer Streik« statt gegen geschlechtsspezifische Gewalt Zuhause.

Was nützen derartige Appelle? Die Schweizerin Iris Bohnet ist Professorin in Harvard und sie sagt, dass all die moralischen Appelle für mehr Gleichheit wenig bis gar nichts nützen.

Verhaltensökonomin Iris Bohnet hat eine erstaunliche Karriere an der renommierten Harvard University hinter sich. Als Schweizerin hat sie an der prestigeträchtigen Universität einen Lehrstuhl als Professorin für Public Policy erhalten. Auch sie beklagt die ungleiche Behandlung von Frauen und Männern in der Gesellschaft und in der Arbeitswelt. Auch sie beklagt, dass Hunderte von Milliarden Dollars der Weltwirtschaft jährlich verloren gehen, weil das Potenzial von Frauen nicht ausgeschöpft wird. Auch sie beklagt den Mangel an Frauen in Führungspositionen. Soweit stimmt sie mit den Anliegen der demonstrierenden Frauen im Foyer des Grossen Rates überein.

Doch dann spricht die Harvard-Professorin unverblümt Klartext. Appelle für eine Gleichstellung der Frauen mit den Männern nützten nichts, meint sie. Auch Proteste und Demonstrationen von Frauen nützten nichts. Und auch schöne Gleichstellungs-Seminare würden kaum helfen. Professorin Iris Bohnet gibt sich überzeugt, dass sich nur dann etwas verändern lässt, wenn man das Verhaltensdesign ändert. Was sie darunter versteht, legt sie in ihrem Buch »*What works*« einleuchtend dar. Es sind verschiedene Rahmenbedingungen, die zugunsten der Gleichstellung neu gestaltet werden müssen.

Iris Bohnet möchte primär in der Arbeitswelt neue Grundlagen schaffen, und dies auf der Grundlage von grossen Datenmengen. Das Personalwesen ist gefordert, mit Daten, Zahlen und Studien, sogenannten »people analytics«, althergebrachte Stereotypen und Vorurteile in Frage zu stellen.

Auch scheinbar kleine administrative Tricks können der Gleichberechtigung Vorschub leisten. Zum Beispiel erwähnt sie den Trick, bei den Bewerbungs-Unterlagen keine Fotos mehr zu verlangen. Iris Bohnet hat Studien zur Hand, die belegen, dass ein Unternehmen so die besseren Mitarbeitenden rekrutieren kann. Das Unternehmen soll bei einer Bewerbung nicht wissen, ob die Bewerbenden nun Mann oder Frau sind.

In vielen Unternehmen haben die Vorgesetzten ihre Favoriten. Häufig sind diese nicht wirklich auch die Talentiertesten. Um bei einer Bewerbung die Favoriten zu verhindern, soll nach Bohnets Ansicht ein Leistungs-Lohn eingeführt werden. Eine leistungsabhängige Vergütung würde es auch talentierten Frauen ermöglichen, die Karriereleiter zu erklimmen, gibt sich Bohnet überzeugt.

Einen interessanten Vorschlag unterbreitet die Harvard-Professorin für Väter von Töchtern. Wer als Vater eine oder mehrere Töchter hat, dem sollen bevorzugt Führungspositionen offen stehen. Denn, so argumentiert Bohnet, Väter, die selber eine Tochter haben, messen der Gleichstellung viel mehr Bedeutung zu als Väter mit Jungs.

Ein funktionierendes Mittel für gleiche Löhne von Mann und Frau ist zudem die Offenlegung der Löhne. Nur eine absolute Transparenz der Gehälter trage zur Lohngleichheit bei, schreibt die Autorin.

Iris Bohnet setzt auch auf durchdachte Alltags-Psychologie. Kleine Massnahmen erzeugen grosse Wirkung. »Sehen heisst glauben« predigt die Verhaltens-Ökonomin. Sie schlägt vor, in Firmen und Unternehmen Porträts und Posters von erfolgreichen und vorbildlichen Frauen und Männern aufzuhängen.

Das neue Verhaltensdesign von Iris Bohnet soll mehr bewirken als all die feurigen Appelle an die Moral der auf patriarchalisch getrimmten Weltöffentlichkeit. Vielleicht hätte man auch den protestierenden Frauen im Foyer des Grossen Rates das Buch von Harvard-Vorzeigedame Iris Bohnet empfehlen sollen. Verhaltensdesign statt Appelle. Das Interesse der Parlamentarier für die Gleichstellung wäre womöglich sprunghaft angestiegen.

Harvard-Professorin Iris Bohnet als die neue Vorkämpferin für die Gleichstellung? Vielleicht. Eine Feststellung allerdings macht Vorzeige-Frau Bohnet arg zu schaffen: Viele gut ausgebildete Frauen von reichen Männern gefallen sich in der Rolle der Hausfrau und Mutter. Für sie ist Gleichstellung ein Fremdwort und die Arbeitswelt ist für sie ein Ort des Grauens. Wie nur lässt sich dieser Umstand erklären? Verhaltensökonomin Iris Bohnet – sonst um keine Antwort verlegen – ringt ob dieser Feststellung nach Erklärungen.

So abnormal normal

Was ist normal? Normal ist, wenn man zuerst eine anständige Ausbildung oder Lehre macht. Wenn man danach einen Arbeitsplatz findet, und wenn man möglichst bald viel Geld verdient. Wenn man dann zu einem produktiven Mitglied der Gesellschaft wird. Wenn man standesgemäss heiratet, die Frauen spätestens im Alter von 28 Jahren. Wenn danach die Frau Kinder bekommt, um der Gesellschaft etwas zurückzugeben. Das alles ist normal. Das alles ist abnormal normal. So abnormal normal, dass die Menschen leiden. Sie leiden abnormal stark an Überarbeitung. Sie heiraten abnormal weniger, so dass die Geburtenrate abnormal stark sinkt. Alles ist so abnormal normal, dass die Menschen unter akuter sozialer Vereinsamung zu leiden beginnen.

Sayaka Murata, eine 38-jährige Japanerin, räumte kürzlich mit einem schlanken Büchlein von 146 Seiten fast alle renommierten

Literaturpreise ab. Sie erzählt von Keiko, die seit 19 Jahren als Aushilfe in einem 24-Stunden-Supermarkt arbeitet. Derartige Supermärkte heissen in Japan *Konbini*. Der *Konbini* ist Keikos Leben. Keiko hat keine anderen Wünsche und Träume in ihrem Leben, als jeden Tag im *Konbini* die Regale von neuem aufzufüllen. Selbstverständlich bezieht Keiko auch alles, was sie zum Essen braucht, aus dem *Konbini*. So wie die Kaffeemaschine oder so wie die Aufschnittmaschine, so ist auch Keiko ein Teil des Supermarkts geworden. Und was macht Keiko nach Feierabend? Sie regeneriert ihre Arbeitskraft für den Supermarkt. Und das Wichtigste: Keiko ist glücklich und zufrieden.

Die Gesellschaft diktiert Normen und Konventionen. Das ist nicht nur in Japan so. Und wehe, wenn sich ein Bürger oder eine Bürgerin diesen Normen und Konventionen widersetzt. Er oder sie würde dann als abnormal gelten. Sind aber Menschen nicht gerade deshalb abnormal, weil sie denken, sie seien normal? Wenn Menschen denken, sie selbst seien normal, dann denken sie bloss aus der eigenen Ich-Perspektive heraus. Sobald man einen »normalen« Menschen aus einer Aussenperspektive beobachtet, erscheint dieser als verrückt und abnormal. So einfach ist das. Auf die Perspektive allein kommt es an.

Hikikomori heisst Einsamkeit. *Hikikomori* ist eine akute Form von sozialer Vereinsamung. Wer von *Hikikomori* betroffen ist, der verlässt seine Wohnung monatelang nicht. Wer an *Hikikomori* erkrankt ist, der ist auf Hilfe angewiesen. *Hikikomori* entsteht dann, wenn jemand allzu normal lebt. Wenn das Leben keine »Challenge« mehr ist. Wenn ein Mensch zu einem »couch potatoe« mutiert. Die Krankheit könnte sich in den nächsten Jahren noch verschärfen. Ganz Japan spricht vom »Problem 2030«, und die Japaner meinen damit, dass spätestens bis dann viele Eltern sterben werden. Spätestens dann muss Japans Gesellschaft eine befriedigende Lösung finden. Und nicht nur Japans Gesellschaft. Wohl auch unsere Gesellschaft.

Der gesellschaftliche Druck, normal zu sein, verbiegt die Menschen, macht aus ihnen Alltags-Roboter. Der gesellschaftliche Druck zur Normalität beraubt das Individuum der Freiheit und der Kreativität. Gelten vielleicht gerade deshalb Künstler, Kulturschaffende und insbesondere Literaten als verschroben, verrückt, oder eben als abnormal? Es sei denn, Literaten wie Sayaka Murata schreiben ein 146-seitiges Büchlein über das so ganz Normale im Leben. Dass nur schon das Schreiben über das Normale zu einem Bestseller wird, das wiederum ist das Abnormale.

Das Leben hat keinen Erzähler

Ankunft in Venedig. Sommer in der Stadt. Der Zug überquert die »Ponte della Libertà«. Es ist die Eisenbahnbrücke, die vom italienischen Festland hinüber zu den venezianischen Inseln führt. Hinüber zur romantischen und magischen Stadt, von der so viele Dichter geschwärmt haben. Venedig im Sommer? Ein Albtraum! Riesige Touristenströme überfallen die Lagunenstadt. In Kanälen drängeln sich die Gondeln wie auf einem Rummelplatz. Am Morgen fallen Touristenmassen von den Kreuzfahrtschiffen über die Stadt her. Mit einem Wassertaxi gelangen wir in den Stadtbezirk Castello. Hier spielt der neue Krimi von Donna Leon. Commissario Brunetti ermittelt allerdings mitten im Winter. Autorin Donna Leon weiss warum.

Im Stadtbezirk Castello hat man seine Ruhe. Hierhin muss man in den Sommermonaten ausweichen. Denn mehr als 20 Millionen Besucher drängeln sich jährlich in San Marco oder San Polo. Die meisten davon kommen jedoch nicht nach Castello. Hier hängen Frauen noch die Wäsche an Leinen auf, die quer über die engen Gassen gespannt sind. Hier lässt sich ruhig und friedlich ein Cappuccino schlürfen oder an einem Glas Wein nippen. Und dazu lässt sich trefflich ein Buch lesen. Den nunmehr bereits 27. Fall von Guido

Brunetti zum Beispiel. In »Heimliche Versuchung« erzählt Donna Leon eine merkwürdige Geschichte über Liebe und Gerechtigkeit. In den Krimis von Donna Leon ist es meistens Winter. Mit dem kühlen Wetter hüllt sich Venedig in Nebel, und das Leben im Stadtteil Castello kommt beinahe zum Erliegen. Die nervenden Verkäufer sind verstummt. Commissario Brunetti folgt widersprüchlichen Spuren. Sie sind so verschlungen und vernebelt wie das Wetter zur Winterszeit in Venedig. Kaum nachvollziehbar, dass sich Brunetti hier im Stadtteil Castello verläuft. Brunetti verläuft sich sogar auch in seinen Ermittlungen. Er nimmt eine falsche Fährte auf. Er begeht kapitale Fehler. Das ist ungewohnt. Auch die Gangster sind bereits im Winterschlaf, nichts läuft im winterlichen Venedig wie es sollte. Wenn da nicht die Eliteschule Albertini wäre. Denn es kommen Gerüchte auf, dass der Drogenhandel an der teuren Privatschule floriert. Eine Mutter fürchtet, dass ihr Kind Drogen nimmt. Brunetti geht den Gerüchten nach, und er kann dabei wieder auf die Mithilfe von Signorina Elettra zählen. Die Signorina ermittelt virtuos und illegal, schnüffelt gar in fremden Datenbanken herum. Doch die Verdachtsmomente münden in einer Sackgasse.

Szenenwechsel. Im kleinen Bergdorf Ernen, erteilt Donna Leon erfolgreich Schreibseminare. Der 27. Fall für Guido Brunetti böte prächtigen Stoff für ein derartiges Schreibseminar. Denn bekanntlich lässt sich aus Schwächen trefflich lernen. Im 27. Brunetti-Krimi mit dem Titel »Heimliche Versuchung« gibt es gleich mehrere Schwächen in Form von unbewältigten Sequenzen. Da werden zwar hoch interessante Themen angeschnitten. Da werden spannende Fragen aufgeworfen. Doch schlüssig beantwortet werden sie nicht. Vieles wirkt zu offensichtlich konstruiert, und einiges kommt zufällig daher. Die wichtigste Frage bleibt unbeantwortet. Was nun ist mit den Drogenproblemen in der teuren Albertini-Privatschule? Ist bei der Autorin Donna Leon tatsächlich etwas die Luft draussen? Seit nunmehr 25 Jahren schreibt sie jährlich einen, oft sogar zwei neue Brunetti-Krimis. Als Literaturkritiker möchte man nach der Lektüre des neusten Werks das berühmte Brecht-Zitat bemühen: »Und so sehen wir betroffen / Den Vorhang zu und alle Fragen offen.«

Zurück in Venedig. Während wir in Castello und Cannaregio neben den Kanälen noch einen Wein trinken und dann mit dem Vaporetto zur Insel Burano übersetzen, freuen wir uns auf die ruhigen Gassen und auf die netten Bistros. Und wir lassen den winterlichen Brunetti-Krimi von Donna Leon in Castello zurück. Brunetti findet im neuen Krimi von Donna Leon nur Fragen, keine Antworten. Eine Figur im Krimi, ich glaube es ist Paola, sagt: »Menschen mögen Romane, weil es einen Erzähler gibt, der dem Leser meistens die Dinge erklärt. Wir sind gewohnt an diese Stimme, die uns sagt, was wir denken sollen. Doch das Leben hat keinen Erzähler. Es ist voller Lügen und Halbwahrheiten, voller Unsicherheiten.«

Im Leben verhält es sich vieles anders. Das Leben hat keinen Erzähler. Das Leben ist voller Lügen und Halbwahrheiten, voller Unsicherheiten. Darüber wollen wir nachdenken, zu zweit, jetzt, im Sommer dieser Stadt.

Das Glück des Unverfügbaren

Ein Klick, die Übernachtung in Paris ist gebucht. Ein Klick, die Überraschung zum Valentinstag ist perfekt. Ein Klick, der Tisch im Moulin Rouge ist reserviert. Ein Klick, die Geschenke zum Valentinstag liegen bereit. Ein Klick, die Suite im Ritz-Hotel lässt sich virtuell durchwandern. Noch ein Klick, und die passende Begleitung steht auf Abruf bereit. – Wir haben uns die Welt um uns herum ganz schön verfügbar gemacht. Während die einen eine digitale Lobeshymne anstimmen auf die neuen Freiheiten, bemängeln andere das Fehlen des Überraschenden.

Trotz all der Bequemlichkeiten und Verfügbarkeiten hat die Digitalisierung auch ihre Schattenseiten. Wo bleibt das Unerwartete, das Zauberhafte, das Unverfügbare? Der Klick zum Genuss erweist sich nicht selten als Killer der letzten, unerreichbaren Dinge. Wie würde sich der Aufenthalt in Paris, in der Stadt der Liebe, entwickeln, wäre die traute Zweisamkeit nicht bereits durch zahlreiche Klicks am Computer von zu Hause aus verplant? Die vermeintlichen Freiheiten, welche die vielen Klicks versprechen, sind leider nur allzu oft Killer der »wirklichen Erfahrung«, was immer man auch darunter verstehen möchte. Das allzeit Verfügbare, das uns die Klicks versprechen, trägt zu einem der unmenschlichsten Phänomene unserer Zeit bei. Es ist dies die Entzauberung unserer Welt.

Wie würde sich der geplante Aufenthalt in Paris gestalten, würden wir ihn nicht mit unzähligen organisatorischen Klicks von zu Hause aus bis ins Letzte festlegen und vorbestimmen? Vielleicht würde uns etwas Seltenes begegnen. Vielleicht würde uns etwas Scheues besuchen kommen. Etwas, was wir niemals erwartet hätten. Vielleicht würde sich etwas auf uns herabsenken, das wir nie für möglich gehalten hätten. Ein unerwartetes Geschenk vielleicht, eine neue Liebe gar, die ganz ohne unser Dazutun sich still und leise ankündigt. In einem Essay über die Unverfügbarkeit beschreibt der Soziologe Hartmut Rosa die Erfahrung mit dem Unverfügbaren als eine Form von Anrufung, von seelischer Berührung, wie sie etwa beim Verlieben geschieht. Er bezeichnet die Erfahrung mit dem Unverfügbaren als »*Resonanz*«. Und er diagnostiziert auch eine zunehmende *Resonanzsehnsucht* bei vielen Menschen unserer Zeit.

Es ist nicht einfach, dem digitalisierten Alltag zu entsagen und sich auf das Unverfügbare einzulassen. Dennoch ist die Erfahrung (die Resonanz) des Unverfügbaren das Wunderbarste und Zauberhafteste in unserem Leben. Vieles lässt sich weder planen noch organisieren. Die ersten Blüten im Frühling zum Beispiel. Wenn die milden Frühlingstage all dem Alltagsgrau des Winters ein Ende bereiten, dann ist dies wie der Einbruch einer anderen Realität. Etwas, was die Welt um uns herum verwandelt. Etwas, was sich mit keinem Klick organisieren lässt. Die erste Blüte im neuen

Jahr kann so zum metaphorischen Ausgangspunkt werden für das Nachdenken über das Unverfügbare. Es ist dies das grosse Glück des Unverfügbaren.

Das waren noch Zeiten!

Samstagnacht. Auf der Bühne: »Les Sauterelles«, die Band aus den legendären Sixties. Geschätztes Durchschnittsalter des Publikums: 65 Jahre. DAS Gesprächsthema: Das waren noch Zeiten! Der Anlass: Die »View To Heaven Tour« zum 55-Jahre-Jubiläum der »Sauterelles«. Beliebteste Songs: »Heavenly Club« aus dem Jahr 1968, »Tambourine Man«, das Bob Dylan Cover aus dem Jahr 1965, und – melancholisch, nostalgisch und wehmütig – das Finale mit »Time to say bye«. Die Stars: Toni Vescoli, Düde Dürst, Freddy Mangili und Peter Glanzmann. Da haben wir alle mitgesungen, bei diesem unvergesslichen Song:
»One time I was drunk / And I was going to die / And somehow it took me high, high … / And nearly in the sky / Comes Petrus, asked me why / I had no card for members…«

Der legendäre Song datiert aus diesem unglaublichen Jahr 1968, das viele von uns veränderte, einige von uns für ein ganzes Leben. Mit dem Song »Heavenly Club« landete die Band »Les Sauterelles« einen Durchbruch in der damaligen heiss umkämpften Rock- und Pop-Szene, in der »The Beatles«, »The Shadows« und natürlich »The Rolling Stones« den geilsten Ton angaben. Damals durften wir die Band »Les Sauterelles« mit vielen Gastmusikern verstärkt erleben, mit Streichern, mit einer Dixie-Band, mit einem Kinderchor sogar. Gesungen wurde der Song damals im 1968 nicht von Leadsänger Toni Vescoli, sondern von Gitarrist Rolf Antener. Das fantastische Streicher-Arrangement schrieb der sinfonische Berufsmusiker Erwin Ernst Kunz, ein Musiker des Zürcher Tonhalle Orchesters. Nun, fünfzig Jahre später, rockten Toni Vescoli, Düde

Dürst, Freddy Mangili und Peter Glanzmann die Bühne ohne ein grosses Streicher-Orchester. Und sie überzeugten mit ihrer Leidenschaft und mit ihrer Spielfreude. Ja, das war nun wirklich »geil«!

Die Urgesteine der Schweizer Rock-Geschichte gaben noch einmal alles, wirklich alles, und man nahm es ihnen noch so gerne ab. Alle diese wunderbaren Songs mit ebenso griffigen Texten. Bei so tollen Songs tauchte bei mir ein untergegangener Kontinent aus dem Unterbewusstsein wieder auf. Da waren sie wieder, die eigenen Hits der Sauterelles wie »Hongkong« oder »Dream Machine«, ergänzt durch Covers der Beatles, Stones, Kinks und von Bob Dylan. »Les Sauterelles« hatten aber auch neuere Songs aus dem Album »Today« mit im Gepäck.

Man kann locker alt werden, wenn man im Herzen jung geblieben ist. Dass die Alt-Rocker die 70-Jahre-Grenze teils schon massiv überschritten hatten, nahmen diese gelassen und mit Humor. Da fielen im Verlauf des Konzerts schon mal Sprüche wie diese: »Mit dieser Musik haben wir es sauglatt im Altersheim« oder – nach einer Panne mit einem Stromkabel- fragt da der eine den anderen: »Hörst du überhaupt noch etwas?« Aber alles doch kein Problem! Alle vier Musiker brachten das legendäre »Chörli« – wie sich die Sauterelles intern liebevoll immer noch nennen – zum Klingen und neben Toni Vescoli kamen auch Freddy Mangili, Kurt (Düde) Hürst und Peter Glanzmann als Leadsänger zum Zuge.

Sie rissen uns Alt-68er – zumindest in Gedanken – von den Stühlen. Les Sauterelles. Sie zeigten, was man auch nach 70 Lebensjahren noch drauf haben kann. Sie zeigten, wie man ein Leben lang immer noch besser werden kann. Das war authentische Nostalgie in Reinkultur. Forever Young! Gespielt und gelebt mit Druck und Power von heute.

Spielfreude und Lebensfreude pur. Danke, Les Sauterelles! Das wollten wir (wieder)sehen und (wieder)hören! So kann es weitergehen. Bis wir alle zusammen sehr viel später mal den »Heavenly Club« rocken…

Der Soundtrack unserer Zeit

Jeder von uns hat wohl eine Melodie, die eine ganz spezielle Rolle spielt in seinem Leben. Man hatte das Lied gehört als man verliebt gewesen war, oder bei einem Ferienabenteuer, vielleicht auch bei einem schmerzhaften Abschied, oder dann, als Liebeskummer und Weltschmerz uns heimgesucht hatten. Und immer, wenn man jetzt diese bestimmte Melodie, diesen besonderen Song hört, kommen die entsprechenden Erinnerungen hoch. Wenn das Lied ertönt, werden die Erinnerungen an die so ganz eigene Situation in unserem Leben wie auf Knopfdruck lebendig. Ein solches Lied funktioniert wie ein Soundtrack unseres Lebens.

Der Soundtrack meines Lebens ist der Elvis-Song »Can't help falling in love«. Der Text ist so umwerfend einfach wie philosophisch anspruchsvoll. Seit meinen Studienjahren bin ich fasziniert von diesem Song. Vor kurzem habe ich den Song zusammen mit einem wunderbaren Frauenchor im grössten Theater des Wallis zum Besten geben dürfen. Was mich an diesem Elvis-Evergreen derart fasziniert? Es sind diese paar Zeilen, es sind diese kurzen Strophen, die davon erzählen, dass alle Gelehrtheit und alles Wissen dieser Welt uns nicht davor schützen, von den eigenen Gefühlen und Emotionen überrannt zu werden: »Wise men say only fools rush in, but I can't help falling in love…«

Ein Werk des Pariser Schriftstellers Antoine Laurain widmet sich diesem Thema. Der Roman trägt den Titel »Die Melodie meines Lebens«. Er beschäftigt sich allerdings auf seine ganz eigene Art und Weise mit dem Soundtrack des Lebens. Ihn fasziniert die Tatsache, dass wir oft nur um ein Haar verpassen, unserem Leben eine neue Richtung zu geben. Oft entscheiden Sekunden, vielleicht eine kurze Begegnung oder ein winziges Detail, und unser Leben nimmt eine ganz andere Wende. Wir alle kennen das: Was wäre gewesen, wenn damals… Eben. Aber wer will schon wissen, was in seinem Leben nicht ist, aber hätte sein können?

In »Die Melodie meines Lebens« erfahren die Protagonisten erst viel zu spät, dass ihr wunderbarer Traum hätte in Erfüllung gehen können. Wenn da nur nicht ein kleines Missgeschick dazwischen gekommen wäre. Der Roman erzählt die Geschichte einer Musik-Band, die einen tollen Song eingespielt hatte und diesen per Demotapes an grosse Plattenlabels geschickt hatte. Das war vor 33 Jahren. Nie kam eine Antwort zurück. Bis jetzt. Nun, 33 Jahre später, überbringt die Post den Plattenvertrag, der die ganze Zeit über auf der Post hängengeblieben war. Damals hätte die Musik-Band einen grossen Erfolg feiern können. Aber heute? Der Gitarrist ist mittlerweile als bekannter Arzt tätig, seine E-Gitarre ist verstaubt und die Kassette mit den alten Songs verschwunden.

Lässt sich zurückholen, was im jetzigen Leben nicht ist, was aber hätte sein können? Der Gitarrist im Roman »Die Melodie des Lebens« gibt nicht auf und versucht das schier Unmögliche. So gerne möchte er wieder das Lied hören: »We are made the same stuff dreams are made off«. Dieses Lied hätte der *Superhit* der Band werden können. Es hat nicht sein sollen. Ein Missgeschick, verursacht durch die Post, hat alle Träume begraben. Statt sich von negativen Gefühlen, von Schwermut und Melancholie, überwältigen zu lassen, beschliesst der Gitarrist, seine ehemaligen Bandkollegen zu suchen. Lässt sich das Rad der Zeit aber überhaupt noch zurückdrehen?

Wie geht der Soundtrack unserer Zeit? Immer wieder wird es Melodien, Songs und Chansons geben, die dem Leben einen unverwechselbaren Soundtrack unterlegen. Auch Sie, liebe Leserin, lieber Leser, verfügen bestimmt über eigene Hör-Erfahrungen, über eine persönliche Musik-Story. Würde man sie alle zu einer grossen Gesamt-Komposition zusammenfügen, wären diese Song-Lines so etwas wie der Soundtrack unserer Zeit. Wie sich der wohl anhören würde?

Die Heile-Welt-Sehnsucht

Wer die Menschen kennenlernen will, muss ihre Musik hören. »Wenn bei Capri die rote Sonne…«, »Marmor Stein und Eisen bricht, aber unsere Liebe nicht…« – wer hat das nicht auch schon lauthals mitgesungen (ob alkoholisiert oder nicht, sei dahingestellt)? Das fragt der promovierte Germanist Rainer Moritz. Er war übrigens Cheflektor beim Reclam-Verlag. Und er leitet das renommierte Hamburger Literaturhaus. Wie dankbar bin ich meinem Kollegen Rainer Moritz! So kann ich mich endlich outen. Ich gestehe: Vor fünf Jahren war es, da durfte ich solo – mit der Unterstützung eines 40-köpfigen Frauenchors – im Rahmen des Musiktheaters »Emotionen« im Theater La Poste in Visp den Elvis-Presley-Song mit dem Titel »*Can't Help Falling in Love*« singen. Dabei ist es nicht nur der Bariton von Elvis, der mir schmeichelt. Da steckt mehr dahinter. Unsere geschundene und fantasielose Welt braucht diese Heile-Welt-Sehnsucht.

Vor allem die Begleittexte in einer lebhaften und blumigen Sprache haben einen grossen Einfluss auf den Musikgenuss. Das hat soeben eine Studie des Max-Planck-Instituts für empirische Ästhetik in Frankfurt herausgefunden. Der Befund holt die Schlager-Texte aus der kitschigen Versenkung, in der sie bis noch vor kurzem von Intellektuellen angesiedelt worden waren. Rainer Moritz, der Literaturkritiker und Cheflektor, gibt gehörig Entwarnung: »Es ist eine wahre Kunst, Schlager zu schaffen, die mehr als eine Saison lang halten. Das Lied »*Marmor, Stein und Eisen bricht*« können Sie auf jeder Intellektuellen-Party singen.« Ist denn ein Schlager ein Kunstwerk? Dazu nur eine Überlegung: Der Schlager macht unsere komplexe Welt verständlicher. Der Schlager hat nur drei Minuten Zeit, um uns so grosse Dinge wie die Liebe zu erklären. Deshalb muss der Schlager vor allem Klartext sprechen. In einem Schlager-Text von Christian Anders steht: »Ich habe gesagt, geh, wenn du willst, darauf bist du gegangen.« Das sind nicht einmal ein Dutzend Worte. In einem Roman wären das mindestens 300 Seiten! Die einfache Liebesbotschaft im Schlagertext fasst »Die Kunst des Liebens« von Erich Fromm populär zusammen, meint Howard Carpendale, und er singt »*Hello, again!*«, nachdem er lange Zeit von der Bildfläche verschwunden war, und glaubt, dass alle Frauen in der Zwischenzeit nichts Besseres zu tun gehabt hätten, als auf ihn zu warten.

In unseren Geschichtsbüchern steht leider nichts zur gesellschaftlichen Bedeutung des Schlagers. Allerdings diente der Schlager den Machtmenschen und Diktatoren nicht selten auch zur eigenen Profilierung. Während der unseligen Zeit des Dritten Reiches wurden im Radio sogenannte Durchhalteschlager rauf und runter gespielt. Etwa »*Davon geht die Welt nicht unter*« mit Zarah Leander. Besonders in Zeiten wirtschaftlicher Unsicherheit boomte der Schlager. Gegen die Aufsteiger des Wirtschaftswunders sang unser Schweizer Hazy Osterwald: »*Der Fahrstuhl nach oben ist besetzt*«. Auch Reinhard May, der ja eigentlich aus der Liedermacher-Ecke kommt, gelang der eigentliche Durchbruch erst mit einem klassischen Schlager: »*Über den Wolken, da muss die Freiheit wohl grenzenlos sein*«. Oder blättern wir zurück bis in die 60er-Jahre, da löste die 68er-Bewegung auch in der Schlager-Branche ein Problembewusstsein aus. Da tauchten plötzlich Drogentote in Schlagertexten auf: »*Am Tag, als Conny Kramer starb*«, sang Juliane Werding.

Nicht ungefährlich ist das Nationalkonservative, dessen sich der Schlager zuweilen dezent bedient. Die SVP in der Schweiz dachte auch schon darüber nach, mit Gölä den Wahlkampf zu begleiten. Die AfD in Deutschland liebäugelte damit, Helene Fischer in den Wahlkampf einzubinden. Scharfe Kritik musste auch Andreas Gabalier einstecken. Die Texte des Sängers werden mancherorts als rechtspopulistisch, sexistisch und homophob erachtet. Gabalier hätte mit dem Karl-Valentin-Orden ausgezeichnet werden sollen. Dagegen erhob jedoch der Münchner Oberbürgermeister Einsprache. Und die Familie Valentins liess ausrichten: »Es ist nicht

hinzunehmen, dass Gabalier mit seinem offenkundigen Spiel mit faschistischen Symbolen wie dem nachgestellten Hakenkreuz auf dem CD-Cover, seiner Frauenfeindlichkeit und seiner Homophobie mit dem Namen Karl Valentins in Verbindung gebracht wird.«
Der Schlager erzählt viel über gesellschaftliche Tendenzen. Zwar ist auch das moderne Schlager-Arrangement textlich auf Herz, Schmerz, Wolken und Sehnsucht ausgelegt. Schlager-Experte Rainer Moritz schätzt die Heile-Welt-Lieder auf etwa 80 Prozent. Heute jedoch müssen die Lieder vermehrt auch darauf Rücksicht nehmen, dass die Scheidungsquoten steigen. Andrea Berg singt Trennungslieder. Und sie singt auch von Lug und Trug im Liebesleben. Noch bis vor kurzem eroberte sie die Bühne in nuttigem Outfit mit Strapsen und sang: »Du hast mich tausendmal belogen« und »Geh doch, wenn du sie liebst«, oder gar »Diese Nacht ist jede Sünde wert«. Nun ja, um erfolgreich zu bleiben, muss der Schlager auf gesellschaftliche Umbrüche und Veränderungen zu reagieren wissen.

Einprägsame Lieder bleiben dir ein Leben lang treu, meinte einst die Schauspiel-Legende Manfred Krug. Sie sind Erinnerungspillen. Stellen Sie sich vor, Sie bekommen Ihren ersten Kuss von Ihrem Schwarm, und im Hintergrund läuft *Can't Help Falling In Love* von Elvis Presley. Es wird dann immer dieses Lied mit dieser Lebenssituation verbunden bleiben. Ob es nun ein klassisches Stück ist oder ein seichter Schlager.

Die Magie der Dinge

Vieles kann man einfach nicht wegwerfen. Alte Kameras, kitschige Engelsfiguren, barocke Bierhumpen, längst zerlesene Bücher, kaum mehr abspielbare DVD-Videos… Warum nur horten wir all diese Dinge? Sie verstauben auf Bücherregalen, in Glasschränken, auf Fenstersimsen, auf Tischchen und in Schubladen. Alle, die schon mal eine alte Wohnung räumen oder Platz für Neues schaffen mussten, die wissen, wie emotional eine solche Räumung sein kann. Bei all diesen unnützen Dingen kommen Erinnerungen hoch, sentimentale, romantische, freudige, traurige. Die Dinge haben ein Eigenleben, das sie freisetzen, kaum dass man sie in die Hand nimmt. Mit der alten Kamera knipste früher der Vater die ersten schwarz-weiss-verwackelten Familienbilder. Der Bierhumpen ist ein Erbstück des Urgrossvaters, der starb, bevor er seine Urenkel in die Arme schliessen konnte. Und die Engelsfiguren erinnern an eine Kindheit, in der man sich von guten Mächten umgeben, behütet und bewacht fühlte. Und jetzt stehen und liegen sie da, die Dinge, die wir behalten, weil sie uns eine Geschichte erzählen.

Im Laufe eines Lebens sammeln sich viele Dinge an. Es sind oft nicht nur heitere und glückliche Geschichten, die uns diese Dinge erzählen. Für den oberflächlichen Betrachter ist der Gegenstand auf der Kommode oder auf dem Bücherregal belanglos, kitschig, vielleicht sogar abstossend. Seinen Besitzer oder seine Besitzerin konfrontiert er jedoch mit Erlebnissen, Enttäuschungen, Liebesbeweisen oder Schuldgefühlen. Indem man die Erinnerungsstücke dem Gerümpel entreisst, sie auf- oder ausstellt, verleiht man ihnen eine Stimme. Man lässt die Dinge ihre Geschichte erzählen. Oftmals erzählen sie aus dem kollektiven Gedächtnis einer ganzen Familie. Nicht immer erzählen sie lustige Geschichten. Sie erzählen auch von verkorksten Beziehungen. Sie erzählen von Verlusterfahrungen und von Todesfällen. Sie erzählen vom Scheitern und von Enttäuschungen.

Messies sind Menschen, die sich mit Bergen von Gerümpel umgeben und sich von der Aussenwelt abschotten. Sie leben mit Dingen, die ihnen jene Geschichten erzählen, die ihnen eigentlich ihre Mitmenschen erzählen sollten. Aber manchmal gestaltet sich das Zusammenleben mit Dingen leichter als mit Menschen. Das ist zwar tragisch und traurig, aber es ermöglicht weiterzuleben.

Susannah Walker ist Designerin und hat als Kuratorin am berühmten *Victoria and Albert Museum* in Kensington, West London, gearbeitet. Das Museum beherbergt die grösste Sammlung von Kunstgewerbe und Design der Welt. Nun ist ihre Mutter gestorben. Wie in einem Auktionskatalog hat sie die Gegenstände aufgeführt und beschrieben, die sie beim Räumen des mütterlichen Hauses gefunden hat. Aus irgendwelchen Gründen war es der alten Dame nicht möglich gewesen, die Dinge wegzuwerfen. Nun spürt Susannah Walker der Bedeutung nach, die all diesen Dingen innewohnt. Immer ist es der persönliche Zugang, der dem Leser die Geschichte eines Gegenstands erschliesst.

Das könnte jedem und jeder von uns passieren. Was sich als harmlose Räumung einer Wohnung, eines Haushalts oder auch nur eines Zimmers ankündigt, artet zu einer psychologischen Tiefenbohrung aus. Die Gegenstände wehren sich gegen das Vergessen. Plötzlich erzählen die Dinge aus unserem eigenen Leben. Und mit einer unfreiwilligen Selbstanalyse stellen wir unser eigenes Leben zur Debatte.

Eine Reise nach Phantasien

Fremde Welten, prickelnde Abenteuer oder Träume von einer besseren Welt gefällig? Das Schmökern auf einem Büchermarkt gleicht einer Reise nach Phantasien. Es ist deshalb schade, dass sich oftmals der Aufwand nicht mehr lohnt, einen Büchermarkt zu organisieren. Vielerorts gelten Büchermärkte nicht mehr als zeitgemäss. Eine andere Meinung haben die Organisatoren im »Bücherdorf« Saint-Pierre-de-Clages. Und in südlichen Ländern schwärmen die Menschen von »freien Bibliotheken«, was ein Aufenthalt auf meiner Ferieninsel Ibiza immer wieder bestätigt.

Das Dorf Saint-Pierre-de-Clages nennt sich altdeutsch *Zgletsch*. Es ist ein Ortsteil der Munizipalgemeinde Chamoson im Bezirk

Conthey. Saint-Pierre-de-Clages ist das einzige Schweizer Bücherdorf. Das Dorf hat sich stolz den Titel *Village Suisse du Livre* zugelegt. Das Schweizer Bücherdorf existiert seit 1993. In den sehr alten Bürgerhäusern sind zahlreiche Antiquariate untergebracht, die zum Schmökern und Stöbern animieren, das Dorf ist ein einziger grosser Büchermarkt. Saint-Pierre-de-Clages ist eines der bisher rund 30 europäischen Bücherdörfer. Es handelt sich um eine europäische Initiative, die weltweit Bücherdörfer mit Büchermärkten aus der Taufe heben möchte. Daran sind gegenwärtig 13 europäische Länder beteiligt. Sie setzen sich ein für die umfassende kulturelle Bedeutung des Buches. Die Bücherdörfer mit ihren Büchermärkten setzen diesbezüglich ein spezifisches Signal. Ende August jeden Jahres findet in Saint-Pierre-de-Clages ein dreitägiges Bücherfest statt. Dass ein Büchermarkt nicht mehr »zeitgemäss« sein soll, wie dies enttäuschte Organisatoren vermuten, stimmt so bestimmt nicht. Mindestens dreissig Bücherdörfer mit Büchermärkten in ganz Europa beweisen das Gegenteil. Wer zudem einen Blick über den Tellerrand hinweg wagt, der findet in südlichen Ländern viele sehr einfache und praktisch kostenlose Büchermärkte.

Hätten Sie gewusst, dass die ersten Büchermärkte die Hippies erfunden hatten? Wer glaubt, dass die Blumenkinder der späten 60er-Jahre nur auf freie Liebe und auf Drogen aus waren, der irrt sich. Auf den Hippie-Trails gen Osten haben sie die östliche Weisheit vorwiegend aus Büchern in sich aufgesogen. Damals tourten wir mit den legendären Hippie-Bussen zum Anapurna-Massiv. Wir hörten in Kathmandu vom mythischen Ort Shangri-La. Von diesem imaginären Himalaya-Paradies waren wir unendlich fasziniert und magisch angezogen. Was wir damals an Orten wie diesen suchten, das war eine östlich geprägte Spiritualität. Wir fanden sie hier in klösterlicher Abgeschiedenheit, vermittelt von Mönchen und Gurus, die sich als die letzten Erben und Verteidiger von althergebrachtem Wissen und von überzeitlicher Kultur verstanden. Sie machten uns zu Trekkern und Hippies mit hochfliegenden Plänen und mit Visionen für eine bessere Welt. Als die paradiesischen Orte am Hindukusch von Kriegen heimgesucht wurden, zogen sich die »erleuchteten« Hippies mit Rucksäcken voller Bücher zurück auf Inseln wie Ibiza oder auch ins kalifornische Silicon Valley, wo sie das digitale 21. Jahrhundert erfanden. Überall hinterliessen sie BIBLIOTECHE LIBRE, frei zugängliche und kostenlose Büchermärkte.

Die Grundidee der BIBLIOTECA LIBRE und später auch der europäischen Bücherdörfer mit ihren Büchermärkten ist eine zutiefst soziale Idee. Bücher und das Wissen zwischen Buchdeckeln darf nicht den Kapitalisten und Intellektuellen vorbehalten bleiben. Die Verschulungstendenzen, besonders im Bereich der Literatur, waren und sind deshalb den Hippies und deren freiheitlich denkenden Nachfolgern bis heute ein Gräuel. Die Akademisierung der Literatur ist in einigen Bereichen der Weltliteratur zwar nicht zu verhindern, will man den höchst komplexen Themen und Problemen gerecht werden. Vor allem die Belletristik, die schöngeistige Literatur also, die Romane, Erzählungen und Geschichten, sollten jedoch für alle Leserinnen und Leser dieser Welt zugänglich sein. Und dies idealerweise kostenlos, zur freien Lektüre angeboten, so wie in der BIBLIOTECA LIBRE oder für ein kleines Entgelt auf den Büchermärkten und in den Antiquariaten dieser Welt.

Kennen Sie, liebe Leser*innen, die folgende Geschichte? Sie handelt von einem Aussenseiter. Er wird von seinen Klassenkameraden schikaniert. Auf der Flucht vor ihnen rettet er sich in das Antiquariat des Buchhändlers Koreander. Dieser liest gerade in einem geheimnisvollen Buch. Der Aussenseiter schnappt sich das geheimnisvolle Buch und flüchtet mit ihm auf den Dachboden seiner Schule. Dort beginnt er zu lesen. Die Geschichte wird für ihn je länger je mehr zur Wirklichkeit. Schliesslich wird er selbst ein Teil davon. Er tritt die Reise nach Phantasien an. Das Land Phantasien droht durch das Nichts zerstört zu werden. Er will Phantasien retten und wird zum Held. Dabei hätte er bloss einen Roman lesen wollen, den er in einem Antiquariat beim Schmökern gefunden hatte. Natürlich, Sie haben bestimmt herausgefunden, um welche Geschichte es sich hier handelt. Um die »Unendliche Geschichte« von Michael Ende mit dem Protagonisten Bastian Balthasar Bux. Das Buch ist 1979 erschienen, ein märchenhafter, phantastischer und romantischer Bildungsroman, der auf einem Büchermarkt seinen Anfang nimmt.

Ein Buchliebhaber taucht beim Stöbern auf einem Büchermarkt ab in eine Parallelwelt. Mir persönlich ist es kürzlich auf einem Buchfest ganz ähnlich ergangen. Beim Stöbern und Schmökern bin ich auf einen der merkwürdigsten Romane der Weltliteratur gestossen, der mir bis anhin gerade noch gefehlt hatte. Die Geschichte beginnt so: »*Sie war das Licht meines Lebens, Feuer meiner Lenden, meine Sünde, meine Seele… wuchs als glückliches Kind in einer hellen Welt von illustrierten Büchern, sauberem Sand, Orangenbäumen, Aussicht aufs Meer und lächelnden Gesichtern auf…*« Ich habe das Buch für einen Fünfliber erstanden, eine Reise nach Phantasien inklusive.

Die Saat eines Sommers

Eingeführt wurde der »Welttag des Schreibens« im Jahr 2014 vom australischen Fotografen und Autor Richard Simpkin. Ihm ging es vor allem darum, dem handschriftlichen Schreiben auch im digitalen Zeitalter einen festen Platz einzuräumen. Es wird viel geschrieben heute, vielleicht nicht mehr von Hand, aber dafür in mannigfacher Form. Einige tippen auf dem Handy herum, andere schreiben Mails oder Kurznachrichten. Dass das Schreiben vor allem bei Kindern und Jugendlichen nicht untergeht, dafür sorgt seit fünfzig Jahren auch das Schweizerische Jugendbuchinstitut, der Vorläufer des heutigen SIKJM, des Schweizerischen Instituts für Kinder- und Jugendmedien.

Das Schweizerische Jugendbuchinstitut wurde im bedeutungsvollen Sommer 1968 gegründet. Der Sommer 1968 sollte eine ganze Generation prägen, die 68er-Generation. Wer meint, die damalige 68er-Jugend habe sich bloss in Hippie-Manier den Drogen und der freien Liebe verbunden gefühlt, der irrt. Es war dies eine Zeit, in der die Autoritäten hinterfragt und die Gesellschaft neu verhandelt wurde. Die Welt war erschüttert durch die zwei Weltkriege und enttäuscht von der Autoritätsgläubigkeit der älteren Generation. Insbesondere die studentische 68er-Jugend zwang die Verantwortlichen in Erziehung und Politik, auch die Kindererziehung zu hinterfragen. Wie lässt sich die Autonomie des Kindes stärken? Wie kann die Erziehung dem Kind eine Stimme geben? Als eine Antwort auf diese Fragen kam die Kinder- und Jugendliteratur ins Spiel. Die Kinder- und Jugendliteratur der 68er-Generation öffnete sich für die neuen Themen wie Sexualität und Politik. Als Galeonsfigur dieser rebellischen und tabufreien Kinder- und Jugendliteratur installierten die 68er ausgerechnet – Heidi!

Warum aber eine Figur wie Heidi aus den gleichnamigen Erzählungen von Johanna Spyri als Ikone der 68er-Bewegung? Nach den revolutionären Ereignissen des Sommers 68 gründete am 30. November 1968 in Zürich der Literat und Forscher Franz Caspar die Johanna Spyri-Stiftung und das Schweizerische Jugendbuchinstitut SJI. Die Schauspielerin Liselotte »Lilo« Pulver verlieh mit der Lesung aus »Heidis Lehr- und Wanderjahre« der Gründung des SJI eine Note des Protestes. Johanna Spyri als eine Ikone der 68er-Protestbewegung? Das kann man so sehen. Ist doch »Heidi« der Protest eines natürlichen Kindes gegen die Sturheit erstarrter autoritärer Erziehungsformen. Das natürliche und naive Bergler-Kind lehnt sich auf gegen die Repräsentantin der verkrusteten Erziehungswelt, gegen die Gouvernante Fräulein Rottenmeier. Das autoritäre Fräulein Rottenmeier zieht im Kampf gegen das kleine Heidi den Kürzeren. Das ist durchaus passend zur Philosophie der 68er-Protestbewegung. Und Johanna Spyri blieb konsequent. In ihrem Heidi-Buch liess Johanna Spyri kein Happy End zu zwischen dem aufmüpfigen Heidi und ihrer autoritären Gouvernante

Rottenmeier. So jedenfalls sah es Franz Caspar, der Gründer des Schweizerischen Jugendbuchinstituts. Wie Johanna Spyri strebte auch Franz Caspar die Synthese an zwischen Protest und Aufbau.

Das Schweizerische Institut für Kinder- und Jugendmedien SIKJM entwickelte sich aus der Johanna Spyri-Stiftung heraus, die sich im Jahr 2002 mit den Schweizerischen Bund für Jugendliteratur vereinigte. Das SIKJM mit seinen elf Kantonsgruppen versteht sich heute als gesamtschweizerisches Kompetenzzentrum für Kinder- und Jugendmedien, insbesondere für die Förderung des Lesens und Schreibens.

Kinder- und Jugendmedien Wallis ist eine kantonale Filiale des Schweizerischen Instituts für Kinder- und Jugendmedien. Als Präsident des Vereins Kinder- und Jugendmedien Wallis setze ich mich seit Jahren ein für die Ideale, welche von der 68er-Protestbewegung entwickelt und vom SIKJM bis heute hochgehalten werden. Es geht um die Autonomie von Kindern und Jugendlichen. Es geht darum, Kindern und Jugendlichen eine eigene Stimme zu geben. Mit der Förderung der Kinder- und Jugendliteratur mit Hilfe von spannenden Lese- und Schreibprojekten ist uns das bis anhin gut gelungen.

Die Saat der 68er-Generation ist aufgegangen und hat Früchte getragen. Aus der »Oberwalliser Märchennacht«, die ich als damaliger Lehrer am Kindergärtnerinnenseminar aus der Taufe hob, ist mit der »Schweizer Erzählnacht« einer der grössten Kulturanlässe unsres Landes hervorgegangen. Als aktuelles Beispiel können auch die äusserst erfolgreichen Aufführungen von »Mary Poppins« im Frühjahr 2018 dienen, die unter der Leitung meiner Kollegin Jeannette Salzmann im Visper Theater La Poste über die Bühne gingen. Persönlich habe ich das Drehbuch dazu geschrieben, und der Verein Kinder- und Jugendmedien Wallis hat die Produktion unterstützt.

Damit hat der Verein eine Tradition fortgesetzt, die bis zur Gründung in den 68er-Jahren zurückreicht und mit Schreibwerkstätten und Erzählnächten wichtige Erziehungs-Ideale der 68er-Protestbewegung umsetzte: Die Förderung von Lesen und Schreiben, diesen Grundkompetenzen eines jeden autonomen Menschen. Im September 2018 feierte das SIKJM seinen 50. Geburtstag und wird sich an die Gründung im Jahr 1968 erinnern. Es wird auch eine Erinnerung sein an die 68er-Generation, deren Saat prächtig aufgegangen ist.

Aischylos forever

Früher gab es am Kollegium den Matura Typ A mit Griechisch als Hauptfach. Matura Typ B hatte immerhin noch 7 Stunden pro Woche Latein im Angebot. Heute spricht man Englisch. »Die Wirtschaft« will es so. Immerhin lassen sich mit Hilfe der englischen Sprache zumindest noch Shakespeares Dramen lebendig erhalten. Romeo und Julia zumindest. Wenn auch in merkwürdig hochalpiner Abwandlung mit bierseligem Hollywood-Happy-End. Wer aber kennt noch die Dramen von Aischylos?

Das epochale Werk »*Die Perser*« von Aischylos, uraufgeführt 472 v. Chr. in Athen, ist die älteste Tragödie, die wir kennen. Mit dieser Tragödie beginnt die Theatergeschichte im gesamten Abendland. Es ist ein monumentales Werk, das uns den Zusammenprall zwischen Orient und Okzident erleben lässt. Das Thema der Tragödie ist dem damaligen Zeitgeschehen entnommen. Nur 8 Jahre vor der Uraufführung fand die Seeschlacht von Salamis statt, in der die Griechen die Perser mit deren König Xerxes besiegten.

Einige literarische Techniken, die von heutigen Autoren immer noch angewandt werden, sind in »*Die Perser*« von Aischylos erstmals in die europäische Theatergeschichte eingeführt worden. Mit der literarischen Technik »Der Bote aus der Fremde« wird der Krieg zwischen Griechen (Hellenen) und Persern auf der Bühne in erlebter Rede berichtet:

Der stolze Hofstaat des Perserkönigs Xerxes wartet auf die Nachricht vom erfolgreichen Feldzug ihres Herrschers gegen die Hellenen. Doch der Feldzug wird zu einer wahren Katastrophe. Die Mutter des Perserkönigs, sie heisst Atossa, sieht die Tragödie in ihren Albträumen voraus: »Mit immer neuen nachtgeborenen Träumen geh ich um, seitdem meinem Sohn die Zerstörung droht...«
Der Chor erklärt sodann die Unterschiede zwischen den Griechen und den Persern. Der Chorgesang gipfelt in der Aussage: »Keines Menschen Sklaven sind sie (die Griechen), keinem Manne untertan.«
Als dann der Bote der Perser endlich erscheint, erweisen sich die Albträume von Königs-Mutter Atossa als harte Wirklichkeit. Zwar ist der Perserkönig Xerxes unverletzt geblieben, aber das mächtige und schier unbezwingbare Heer der Perser hat bei Salamis eine verheerende Niederlage einstecken müssen.
Die geschlagenen Perser suchen Rat bei ihrem verstorbenen guten König Dareios. Sein Geist erscheint und erklärt den Versammelten die Gründe für die fürchterliche Niederlage: Perserkönig Xerxes hatte die Götter beleidigt, indem er sich über sie stellte: »Er – ein Mensch – die Götter alle glaubte er voller Unverstand...«

Aischylos verstand es, seine Zuschauer in die Lage der persischen Feinde zu versetzen. Aischylos selbst wusste, wovon er schrieb: Er selber hatte in Salamis auf der Seite der Sieger gekämpft; sein Bruder fiel in der Schlacht.

Und wir Heutigen? Wir könnten von Aischylos immer noch viel lernen, auch wenn wir der griechischen Sprache nicht mehr mächtig sind. Dass alle Menschen gleich sind. Dass Rassismus in einer Katastrophe endet. Dass kein Volk und kein Land berechtigt ist, sich über alle anderen zu stellen.

Auf der Couch des Vergessens

Dürfen wir vergessen? Dürfen wir eine schreckliche Vergangenheit im Nebel des Vergessens zurücklassen? Ja. Das Vergessen hilft uns zu leben und zu überleben. Der britische Schriftsteller Kazuo Ishiguro hat für diese These die grösste Auszeichnung erhalten, welche die Literatur zu vergeben hat: Den Nobelpreis für Literatur. Dass er dabei dem Vater der Psychoanalyse, dem grossen Sigmund Freud, in die Quere kommt, stört heute nur noch wenige. Auf der Couch hatte Sigmund Freud fast ein halbes Jahrhundert lang seine Behandlungsmethode entwickelt. Sie war das einzige therapeutische Werkzeug, dessen sich der Seelenarzt jemals bediente. Sein Zweck: Das Heraufholen und Verarbeiten all dessen, was wir vergessen und verdrängt haben.

Die berühmte Couch des Seelenarztes Sigmund Freud befindet sich heute in London. Aus Wien ist Sigmund Freud und seine Familie 1938 dorthin vertrieben worden. Im Gartenzimmer in *20 Maresfield Gardens* befindet sich die weltberühmte Couch. Die meisten Besucher, welche die Pilgerstätte der Psychoanalyse mit der berühmten Couch in London aufsuchen, wollen sich auf einem Erinnerungsfoto verewigen – in liegender Position. Sie ist 186 Zentimeter lang und 83 Zentimeter breit. Diese Couch ist eine Ikone. Sie wurde zum Symbol der Psychoanalyse. Zahlreiche Karikaturisten haben die berühmte Couch ins Visier genommen. Mal liegt eine unbekleidete Dame auf ihr, mal der bärtige Seelenarzt selber, mal ein Tonband oder ein paar Bücher.

Ist es ein Zufall, dass auch schon der Nobelpreis für Literatur nach London ging? Und zwar an einen, der das Vergessen für lebens- und überlebenswichtig hält? An einen, den Sigmund Freud wohl unverzüglich gebeten hätte, auf der berühmten Couch Platz zu nehmen? An Kazuo Ishiguro, der mit Geschichten wie »Der begrabene Riese« die These verbreitet, dass der Nebel des Vergessens und Verdrängens überlebenswichtig sei? Dass es besser sei, den

Nebel des Vergessens gar nicht zu lichten? Dass es besser sei, unsere vor Blut triefende Geschichte ruhen zu lassen? In Ishiguros Werken liegt ein Nebel über der Welt. Es ist ein Nebel, der ins Gedächtnis kriecht, bis die Erinnerungen in Wolkenbänken untertauchen. Nur noch kleine Bruchstücke unserer Erinnerung ragen daraus hervor. Ishiguros Figuren sind ohne Ursprung. Sie haben keine Geschichte. Ihnen fehlt dieses Fundament des Mensch-Seins. Eine wichtige Message in Ishiguros Erzählungen ist die Warnung, Vergangenheits-Mythen und Wahrheit nicht zu verwechseln.

Lässt sich zu Sigmund Freuds These und Kazuo Ishiguros Antithese eine Synthese finden? Ich denke schon. In Sigmund Freuds grossem Werk über die Traumdeutung lese ich über das Vergessen das Folgende: »Es spricht alles dafür, dass unsere Erinnerung den Traum nicht nur lückenhaft, sondern auch ungetreu und verfälscht wiedergibt. Durch das Vergessen schaffen wir Lücken, die wir mit willkürlich gewähltem, neuem Material ausfüllen, den Traum ausschmücken, abrunden, zurichten.«

Wenn wir – nach Freud – durch Vergessen unsere Erinnerungen und unsere Träume ausschmücken, abrunden und zurichten, lässt sich daraus auch das menschliche Bedürfnis ableiten, die Vergangenheit zu beschönigen. Wir müssen die blutige und schreckliche Vergangenheit, die Kreuzzüge, Kriege und Genozide im Nebel der Vergessens zurücklassen. Wir müssen vergessen, um überleben zu können.

Ist hier die Synthese zwischen Sigmund Freuds Lehre und Kazuo Ishiguros literarischer Botschaft zu sehen? Wir müssen vergessen können um zu (über-) leben. Alles aufarbeiten zu wollen, was uns die Weltgeschichte aufgebürdet hat, kommt einer Sisyphus-Arbeit gleich. Ohne die Gnade des Vergessens, versinken wir in Depression und Resignation.

Hermann Hesse im Rockzeitalter

Das eigentlich unbeschreibliche Gefühl von grenzenloser Freiheit, und diese unbändig wilde Lust auf das Leben in allen seinen Facetten hat Wahnsinns-Typen wie Chris von Rohr nicht nur tolle Musik machen lassen. Chris von Rohr und seine Mitkämpfer waren darüber hinaus auch Wegbereiter für das neue Jahrtausend, in dem wir nun leben. Auch wenn der Lack der goldenen Zeiten des Rock'n'Roll nun wohl definitiv ab ist, auch wenn in unseren Tagen eher wieder eine Rückkehr zu einem biederen und spiessbürgerlichen Lebensstil und eine Flucht zurück auf die eigene Ego-Insel angesagt ist, auch dann: Wir alle verneigen uns vor den Rockstars des vergangenen Jahrhunderts, die zumindest versucht haben, dieser Welt den Touch von grenzenloser Aufbruchstimmung mit wilden Rhythmen und mit zutiefst philosophischen Songtexten zu verleihen.

Was uns Heutigen das unverwüstliche Rock-Urgestein Chris von Rohr in seiner mit Bildern und Anglizismen gespickten Slang-Sprache mitzuteilen hat, sprengt alle Grenzen. Chris von Rohr outet sich als eine grundehrliche Haut, da sind keine Tabus auszumachen und auch keine gekünstelte Diplomatie. Seine Biographie beginnt mit der Jugendzeit, der Autor beschreibt seine ersten Berührungspunkte mit der Musik, mit dem Frührock, aber auch mit der »First Love«, mit seiner ersten Liebe, die seine Musik enorm gepusht hat. Vor allem aber ist zwischen den Zeilen dieser unbändige Stolz herauszulesen, dieser berechtigte Stolz des Chris von Rohr, zusammen mit ein paar erlesenen Kollegen gleich zweimal ein neues Lebensgefühl in die Welt gesetzt zu haben: Zuerst jenes von Peace & Love im Hippiezeitalter, dann jenes des Rock'n'Roll. Grossartige *Feelings* waren das, welche Tür und Tor zu wunderbaren und zauberhaften Welten weit aufstiessen.

Die Flower-Power-Welle schlug im Jahr 1967 »in alle Blumenbeete ein«, auch in jenes von Chris von Rohr. Diese »Hippiesymphonie number one«, diese Meisterwerke, welche die Beatles damals vorlegten, hätten ihm das Gefühl gegeben: »Alles ist möglich, musikalisch und überhaupt.« Allerdings erlebte von Rohr den Anfang der Siebziger als eine Zäsur: »Das Ende der Beatles, den Anfang von Led Zeppelin und die ersten Rocktoten. Brian Jones, Janis Joplin, Jimi Hendrix und Jim Morrison waren alle plötzlich weg. Sie begründeten den Lieblings-der-Götter-Bullshit-Mythos-Klub 27. Live fast, die young.« Lebe schnell, sterbe jung? Nein, das war nicht die Welt des Chris von Rohr. Er nahm regelmässig Auszeiten, er verlegte sich aufs Lesen. Er las innert kürzester Zeit das Gesamtwerk von Hermann Hesse, dem Hippie-Poeten. Mit Hermann Hesse hob er ab, hinauf zum Himmel und hinunter in die Hölle.

Wie wunderbar formuliert Chris von Rohr: »Es ist mit Hesse wie mit Mozart: Hast du erst einmal mit dem bittersüssen Genuss begonnen, so lässt er dich nicht mehr los. Er war einer meiner wirklich grossen Lehrer. Noch heute lausche ich häufig seinen Sätzen und tauche in gewisse Stimmungen und Bilder ein.« Bei Hermann Hesse scheint Chris von Rohr »gelernt« zu haben, worauf es in diesem rauen Leben wirklich ankommt:

»Jeder junge Mensch, jeder Suchende, der sich nicht mehr selbst belügen will, schwankend zwischen Himmel und Hölle, geprägt von Sinnkrisen und Krämpfen, sollte mal die ersten zwei Seiten von »Demian« lesen, bevor er seine Reise in diese kalte Scheinwelt antritt und vielleicht zu früh resigniert oder hoffnungsvoll scheitert.«

Wären diese Sätze des Rockidols Chris von Rohr nicht auch dazu angetan, die heutige in Schockstarre gefangene junge Generation wieder zu neuen Ufern aufbrechen zu lassen?

Die wilden Rock-Typen von damals waren keine Kinder von Traurigkeit. Ihre unglaubliche Power und ihre umwerfende Selbstsicherheit und Ausstrahlungskraft holten sie sich an den grossen Events jener Zeit, an Konzerten und Live-Auftritten in England und Amerika, aber auch im heimischen Hallenstadion in Zürich. Da waren Bad Boys wie Chris von Rohr in ihrem Element, sie liebten das Verrückte, sie mochten das Verschrobene, sie versuchten das Undenkbare.

Die neue Burschenherrlichkeit

Für uns Studierende gehörte es früher zum guten Ton, einer Verbindung anzugehören. Der Vorsitzende einer Studentenverbindung war der »Senior«, seine rechte Hand war der Fuchsmajor, der zugleich auch für das Einüben der Studentenlieder verantwortlich war. Die Mitglieder der Aktivitas durften sich »Burschen« nennen.

In den Jahren 1972/73 fiel mir die Ehre zu, am Kollegium Brig als Senior der Brigensis rund hundert Burschen anzuführen. Das Schuljahr war geprägt von Festivitäten, angefangen von der Fuchsentaufe, an der die »Frischlinge« ihren Vulgo (den Studentennamen) erhielten, bis zum Totensalamander, der beim Ableben eines Altherrn »gerieben« wurde. Nach dem Vorbild der deutschen Universitäten trafen sich die Mitglieder der Verbindung zum wöchentlichen Stamm. Höhepunkte waren die Kommerse und das grosse Schweizerische Studentenfest im September. Die Studentenzeit war eine goldene Zeit, der man nachtrauerte, sobald man ins Erwerbsleben übertrat. Dies entsprechend dem traditionellen Studentenlied, das bei allen grossen Anlässen einer Hymne gleich angestimmt wurde:

»O alte Burschenherrlichkeit, wohin bis du entschwunden? Nie kehrst du wieder, goldne Zeit, so frei und ungebunden.«

Heute ist die romantische Burschenherrlichkeit wohl endgültig »entschwunden«. Die goldene Zeit in früherer Form wird wohl auch nie wieder zurückkehren. Und so frei und ungebunden wie damals sind unsere heutigen Studierenden auch nicht mehr. Ein Studentenroman sorgte kürzlich für Schlagzeilen, der eine neue Burschenherrlichkeit propagiert. Geschrieben hat ihn ein Student für Studenten.

Christoph Simon erzählt eine Geschichte, die sich in Thun ereignet haben soll. Die Hauptperson ist der 21-jährige Gymnasiast Franz Obrist. Der Gymnasiast steht am Ende seiner schulischen Laufbahn und sollte nun in die Erwachsenenwelt übertreten. Franz möchte am liebsten sein ganzes Leben lang Student bleiben. Seiner Meinung nach wechselt niemand freiwillig in die Erwachsenenwelt, es sei denn, »die Person tickt nicht richtig«, wie er sich auszudrücken pflegt. Erwachsensein bedeutet für ihn, dass man produktiv, aktiv und nützlich zu sein hat. Und auf ein derartiges Erwachsenenleben hat Franz absolut keine Lust. Am liebsten würde er sein ganzes Leben lang Student am Gymnasium bleiben. Die Geschichte von Franz, dem Gymnasiasten, beinhaltet Passagen, die den Leser zum Lachen – oder zumindest zum Schmunzeln – bringen. Franz geniesst ein Studentenleben wie zu den Zeiten, als die alte Burschenherrlichkeit noch gelebte Wirklichkeit war. Franz steht ein für die neue Burschenherrlichkeit. Franz ist ein Schüler mit gleichen Ideen, Anliegen und Problemen, wie sie auch unsere studierende Jugend mit sich herum trägt.

Der Ich-Erzähler vermittelt den Eindruck, dass sich alles genau so zugetragen haben könnte. Vielleicht aber viel früher, als die alte Burschenherrlichkeit noch nicht entschwunden war. Nun kehrt sie wieder, die goldne Zeit, so frei und ungebunden. Es ist dies die neue Burschenherrlichkeit.

Die Pointe jedoch folgt auf dem Fuss. Die Geschichte von der neuen Burschenherrlichkeit wird fiktiv beschrieben von einem Autor, der hauptamtlich als Kabarettist arbeitet. O alte Burschenherrlichkeit, wohin bist du entschwunden?

Spaziergang zu Rilke

Es ist Zeit. Der Sommer war sehr gross. Nun lass die Winde los und jage die letzte Süsse in den schweren Wein! – Nach einem endlos heissen Sommer gehen mir Rilkes Sätze nicht mehr aus dem Sinn. Ich mache mich auf die Spuren des grossen Dichters.

Muzot, der mittelalterliche Wohnturm, befindet sich auf dem Gemeindegebiet von Veyras, oberhalb von Siders gelegen. Die Wanderung nach Muzot ist lohnend, auch ein Blick in den Garten ist erlaubt. Hier schrieb oder vollendete der Dichter seine Hauptwerke. Das Schlösschen ist aber nach wie vor in Privatbesitz und für Besucher grundsätzlich nicht zugänglich.

Die Kapelle von Muzot links oberhalb des Wohnturms ist jedoch geöffnet. Zu Rilkes Zeiten war die Kapelle unter dem Namen Sainte-Anne bekannt. Das ist nicht ganz nachvollziehbar, denn eigentlich ist die Kapelle der Darbringung Mariä im Tempel geweiht. Rilke soll im letzten Lebensjahr 1926 verschiedene Unterhalts- und Renovationsarbeiten veranlasst haben.

Und da entdecke ich auch ein Geschenk, das Rilkes Mutter der Kapelle vermacht hat: Ein Bild der Muttergottes und eine Lampe davor. Das Bild und die Lampe stammen aus dem Elternhaus Rilkes in der Herrengasse 8 in Prag.

Der Sommer war sehr gross. In der Kühle der Kapelle kommen spätsommerliche Gefühle auf. Ich versuche mich an das Rilke-Gedicht zu erinnern, das mich seit meiner Kindheit jeweils nach der sommerlichen Hitze nach der herbstlichen Kühle sehnen lässt. Das Gedicht mit den drei Strophen, jeweils mit wachsender Versanzahl, könnten Sie es rezitieren, liebe Leserin, lieber Leser?

Herr: es ist Zeit. Der Sommer war sehr gross. / Leg deinen Schatten auf die Sonnenuhren, / und auf den Fluren lass die Winde los.

Befiehl den letzten Früchten voll zu sein; / gib ihnen noch zwei südlichere Tage, / dränge sie zur Vollendung hin und jage / die letzte Süsse in den schweren Wein.

Wer jetzt kein Haus hat, baut sich keines mehr. / Wer jetzt allein ist, wird es lange bleiben, / wird wachen, lesen, lange Briefe schreiben / und wird in den Alleen hin und her / unruhig wandern, wenn die Blätter treiben.

Rilke nahm Abschied vom Sommer und von der Liebe. Rainer Maria Rilke hatte das Gedicht in einer ganz besonderen Lebensphase geschrieben. Er musste nicht nur vom Sommer Abschied nehmen. Auch seine Geliebte, die Bildhauerin Clara Westhoff, musste er in Berlin zurücklassen. Rilke zog alleine in die Stadt der

Liebe, nach Paris, wo er eine Monographie über den Bildhauer Auguste Rodin in Angriff nehmen wollte. In dieser Situation wohl ist dieses sein vielleicht berühmtestes Gedicht entstanden.

Gott als wetterbestimmende Persönlichkeit. Das Lyrische Ich ist in diesem Fall der Dichter selbst. Der atheistische Goethe reduziert Gott auf eine rein wetterbestimmende Persönlichkeit. Der Dichter gibt Gott seine Anweisungen. Er verlangt: »Leg deinen Schatten auf die Sonnenuhren!« Und: »Auf den Fluren lass die Winde los!« Und: »Jage die letzte Süsse in den schweren Wein!«

Das Wallis als Beethoven-Symphonie. Rilke liebte den Übergang vom Spätsommer zu den herbstlichen Tagen. Es war dies die Zeit für Wanderungen, die Rilke auf die umliegenden Hügel, entlang der Rhone oder in den Pfynwald führten. Die wundervollen Spätsommer-Tage im oberen Teil des Wallis beschrieb Rilke mit Insbrunst:

»Draussen ist ein Tag unerschöpflich in seiner Herrlichkeit, dieses von Hügeln bewohnte Tal, immer gibt es neue Wendungen, Abwandlungen, comme si c'était encore le mouvement de la Création qui remuait les aspects changeants. Nun haben wir uns die Wälder entdeckt (Forêt des Finges) voller kleiner Seen, blauer, grünlicher, fast schwarzer –, welches Land hat soviel Einzelheiten in so grossem Zusammenhang; es ist der Schlusssatz einer Beethoven-Symphonie.« (An Nanny Wunderly-Volkart, 15. Juli 1921).

Rilkes letzter Wille war es, in Raron begraben zu werden. Wie kam es dazu? Rilke entdeckte Raron schon bei einem Besuch am 16. August 1921. Am 8. Oktober 1922 besuchte er in Raron eine Theateraufführung. Es handelte sich um ein Stück von René Morax mit dem Titel »*Die Quatembernacht*«. Drei Jahre später, am 27. Oktober 1925, bestimmte Rilke dann den Friedhof von Raron zu seiner letzten Ruhestätte. Im Museum »auf der Burg«, im alten Pfarrhaus von Raron, betrete ich den Raum, der dem Andenken des Dichters gewidmet ist. Und in mir erklingt ganz leise der Schlusssatz einer Beethoven-Symphonie.

Finsteres Mittelalter

Mittelaltermärkte sind vielerorts angesagt und bieten ein prickelndes Vergnügen. Das Eintauchen in die Welt des Mittelalters ist faszinierend. Teils sogar mittelalterlich eingekleidet, flaniert ein phantasievolles Völklein durch den Handwerker- und Warenmarkt. Falkner, Bogenbauer, Löffelschnitzer, Schmiede und Musikantinnen verleihen dem Markt das authentische Flair. Oftmals fehlen einzig Geschichten aus dem Mittelalter. Aber es ist nie zu spät. Wer den Besuch auf dem Mittelaltermarkt mit historischen Romanen vertiefen möchte, dem bietet sich eine breite Palette von historischen Bestsellern an. War aber das Mittelalter wirklich eine so spannende und fröhliche Epoche, wie sie uns die Schausteller auf den Mittelaltermärkten vorführen?

Die Menschen des Mittelalters waren rückständig, abergläubisch und ungebildet. Ausnahmen waren bedeutende Gelehrte, wie etwa Albertus Magnus, Thomas von Aquin oder Meister Eckart. Allerdings gab es im Mittelalter in den Jahren zwischen 500 und 1500 auch viele menschenverachtende Kriege. Gewalt und Seuchen traten später an die Stelle der Kriege. Die statistische Lebenserwartung war gering, die Hälfte der Menschheit starb bereits als Kind. Überstand ein Kind die ersten Lebensjahre, bestand noch eine statistische Lebenserwartung von etwa 50 Prozent. Die Pest war eine schreckliche Seuche, die zahllosen Menschen einen frühen Tod bescherte. Willkür und Folter waren an der Tagesordnung. Die Hexenverfolgungen erreichte im 16. Jahrhundert ihren Höhepunkt.

Im deutschsprachigen Raum haben sich Autorinnen und Autoren auf das Schreiben von Romanen mit mittelalterlichen Themen spezialisiert. Zu den Grossen der Branche zählen Ken Follet, Jeffrey Archer und Rebecca Gablé. In Deutschland haben sich insbesondere Iny Lorentz, Hanni Münzner und Oliver Pötzsch dem Genre der historischen Romane verschrieben. Es sind vor allem die spannenden, blutigen und tragischen Geschichten aus dem Mittelalter, die sich heute eine grosse Fanbase geschaffen haben.

Starke Frauen sind in mittelalterlichen Romanen eine Seltenheit. Der Roman »Die Portraitmalerin« von Cornelia Naumann spielt im Berlin des Jahres 1733. Anna ist erst zwölf Jahre alt, als ihre Mutter stirbt. Sie hat nur ein Ziel. Anna möchte Malerin werden. Eine derartige Ausbildung war im 18. Jahrhrhundert nicht für eine Frau vorgesehen. Gewaltsam wollen Unbekannte der kleinen Anna ihren eigenen Willen brechen.

Im Heidelberg des Jahres 1388 steht die junge Madlen in den Diensten einer Hebamme. Ihr umfassendes Wissen über Kräuter hilft, Schmerzen zu Iindern. Ihre Geschichte festgehalten hat die Autorin Ellin Carsta im historischen Roman »Die heimliche Heilerin«.

In der bayerischen Stadt Schongau wird eine tätowierte Leiche angeschwemmt. Die Bewohner der Stadt beschuldigen die Hebamme. Weshalb sollte die Hebamme aber eine Leiche tätowieren? Die Lösung gibt's im Roman »Die Henkerstochter«.

Wir Heutigen können uns trösten. Schon im Mittelalter gab es Scheidungswillige und Beziehungsknatsch. Und schon im Mittelalter waren die besten Männer immer schon vergeben. Davon erzählt der historische Roman »Die honigsüssen Hände« von Marion Johanning.

Ein historischer Abenteuerroman mit dem Titel »Der Kaffeedieb« verspricht Hochspannung. Im Jahr 1683 befindet sich Europa im Banne einer neuen Droge. Die Osmanen erheben jedoch hohe Zölle. Ein junger Engländer hat schliesslich eine gute Idee. Er will den Türken das Kaffeemonopol abspenstig machen.

In »Die Wanderapothekerin« möchte eine junge Frau Heilmittel und Kräuter verkaufen. In »Die Wanderhure« erzählt die Autorin Iny Lorenz von einer Frau, die über den eigenen Schatten springen muss. Eine böse Intrige zerstört alle ihre Hoffnungen.

Auch Modeherstellung war bereits im Mittelalter ein Thema. Eine junge Frau erhält in Augsburg ein eigenes Modeatelier. Ihre Modelle haben grossen Erfolg. »Das Erbe der Tuchvilla« von Anne

Jacobs könnte auch als Vorlage gedient haben für die zauberhaften Kostüme der Musikantinnen, die wir heutzutage auf den angesagten Mittelaltermärkten bewundern dürfen.

Die Sarazenen Saga

Hat die Bevölkerung im Saastal arabische Wurzeln? Stammen die »Saasini« etwa gar von muslimischen Kämpfern ab? Im Jahr 2010 habe ich mich ausgiebig mit dieser hoch spannenden Frage wissenschaftlich befasst. Anschliessend habe ich darüber ein Musiktheater geschrieben. Mit rund siebzig Mitwirkenden feierte am 12. November 2010 meine »Sarazenen Saga« im Theater La Poste in Visp die Premiere.

Doch was sagt die Wissenschaft dazu? Als gesichert gilt, dass muslimische Eroberer im 10. Jahrhundert n. Chr. im Unterwallis waren, vorab in der Gegend um den Grossen Sankt Bernhard und in der Abtei Saint-Maurice, die sie geplündert hatten. Von da aus müssen die raubenden Horden wohl nach Graubünden weiter gezogen sein. Nun aber hören sich einige Saaser Orts- und Flurnamen verdächtig arabisch an. Könnte das arabische »All A'lin« nicht zu Allalin geworden sein? All A'lin bedeutet »Höhen«, und das würde ja zweifellos zutreffen. Auch arabisch »Ma'Djabal« (Wasserberg) als Ursprung für die heutige Bezeichnung Mischabel ist linguistisch gerade noch vertretbar. Eher zu einer Gedankenspielerei gerät die Sache mit der Schweinezucht, die im Saastal lange Zeit völlig fehlte. Oder auch die spezifische Form der Schafschlachtung.

Dr. Raoul Imseng, ein Forscher aus dem Saastal, lässt die muslimischen Eroberer nun aber sogar auf den Simplon los. Er stützt sich dabei auf einen Text des St. Galler Chronisten Ekkehard IV. Die Sarazenen hätten sich »in dem Tal von Fraxnith« verschanzt, schreibt Ekkehard. »Fraxinodo« wurde früher die Alp »Alpje« bei

Zwischbergen genannt. Dort auf dem Simplon – wie auch im Saastal und am Theodulpass – sollen die Sarazenen einerseits als Zöllner »gearbeitet« haben. Andererseits – wohl in ihrer Freizeit – sollen Sie sich als Menschenjäger ein Zubrot verdient haben. Mit Schaudern ist in Imsengs Buch zu lesen, dass unsere Vorfahren auf muslimischen Märkten in Spanien zu Geld gemacht wurden. Imsengs These ist ein hypothetisches Konstrukt. Irgendwie logisch. Wissenschaftlich aber wohl zu wenig erhärtet.

Für das Musiktheater »Die Sarazenen Saga« habe ich folgende einigermassen gesicherte Fakten recherchiert. Vor 1000 Jahren beherrschten die Araber weite Teile im Süden und Westen der Schweiz, einschliesslich des Passes über den Grossen Sankt Bernhard. Im Wallis gibt es historisch umstrittene Spuren einer zeitweiligen arabischen Besiedelung (z.B. Saas-Almagell). Dass Saas-Almagell auf eine arabische Ansiedlung des 10. Jahrhunderts zurückgeht, ist möglich, aber nicht mehr zu beweisen. Ligurer, Kelten, Römer, Alemannen und wohl auch Sarazenen bewohnten einst das Saastal. Als historisch gilt einzig:

»936 überquerten die Sarazenen, aus Andalusien kommend, die Alpen, besetzten und plünderten den Bischofssitz von Chur und errichteten im Wallis mehrere Siedlungen.« (Historisches Lexikon der Schweiz).

Der Sprachforscher L.E. Iselin hatte erklärt: »Mag die romantische Behauptung von sarazenischen Ansiedlungen in dem Alpengebiete sich noch lange Zeit in der populären Reiseliteratur nach dem Gesetz der Trägheit erhalten, die gewissenhafte Geschichtskunde wird darin nichts anderes erkennen dürfen als eine täuschende Fata Morgana.«

Andere Historiker wälzten das Material erneut, aber die Hypothese war tatsächlich nicht zu halten. Mitte der 1970er Jahre zog der Saaser Dorfchronist Konrad Imseng einen Schlussstrich unter die Debatte: »Für die Abstammung der Saaser Bevölkerung von den Sarazenen fehlt jeder Beweis.«

Als Legende geistert die orientalische Abstammung der Walliser weiterhin durch die Welt. Legenden nehmen ihre eigenen Wege. In die Welt gesetzt hat die Legende von der arabischen Besiedelung des Wallis der Strassburger Gelehrte Christian Moritz Engelhardt (1775-1858), der das abgelegene Walliser Seitental mehrfach besuchte. Dabei stützte er sich auf historische Tatsachen, die auch heute noch unbestritten sind: Im zehnten Jahrhundert gelangten kleinere Gruppen von so genannten Sarazenen von der französischen Riviera kommend bis in die Alpen. Diese Besiedlung diente immer wieder dazu, gewisse Walliser Eigenheiten zu erklären: die Bewässerungsanlagen, die Gesichtszüge, die wilden Feste – und die Eringer Kuh, die aus Spanien oder Afrika stammen soll.

Die Vermutungen von Engelhardt wurden vom Saaser Pfarrer Peter Joseph Ruppen aufgenommen, der 1851 eine Chronik des Saastals verfasste. Darin nahm er die Anwesenheit der Sarazenen, die er auch als Mauren, Mohren oder Ungläubige bezeichnete, als selbstverständlich an: »Diese wilden Horden besetzten auch das Tal Saas mit kriegerischer Macht ... Ihr Hauptlager war in Almagell ... Von diesen Arabern wird der Berg, über welchen der Pass ins (italienische) Anzascatal führte, Mohrenberg genannt.« Ruppen bezeichnete diese Sarazenen als Herren, die die Talbevölkerung drangsalierten, sich allmählich mit ihr vermischten und schliesslich in ihr aufgingen.

Ganz selbstverständlich warb in unseren Tagen die Tourismus-Website von Saas-Fee mit den auswärtigen Vorfahren: »Das Saastal blickt auf eine lange und bewegte Geschichte zurück. Kelten, Römer und Sarazenen bewohnten einst das Saastal ... Im Jahr 939 fielen Sarazenen ins Wallis ein. Viele Orts- und Bergbezeichnungen sind in dieser Zeit entstanden und erinnern heute noch an diese Epoche.« (WOZ vom 7.10.2004). Die von Saaser Tourismuskreisen liebend gerne weiter verbreitete Legende – mit einer Prise Wahrheit gewürzt – ist ein Steilpass für Romanciers und Theaterautoren.

Im Jahr 2010 schrieb ich ein Theaterstück darüber. Premiere feierte das Musical am 12. November 2010 im Theater La Poste in Visp. Mit etwas Fantasie lassen sich Spuren von Tausendundeinernacht auch heute noch in unseren Tälern finden. Da beginnt meine »Sarazenen Saga«. Nachdem im Saastal ein arabisches Zeichen gefunden wird, kündigt sich ein Investor an. Der clevere Wüstensohn verspricht den Einwohnern des Tales eine Milliarde Franken. Er hat von der arabischen Vergangenheit der Walliser Täler gehört und möchte diese für die Gäste aus dem Osten zu gefragten Tourismus-Destinationen aufrüsten…

Spurensuche an der Nordsee

Fontane und Storm: Vor 200 Jahren etablierten die beiden norddeutschen Dichter den europäischen Roman. Fontane und Storm gehören zur Schullektüre. Auch heute noch. An der Nordsee trafen die beiden Dichterfreunde sich regelmässig. Im Haus von Storm in Husum tauschten sie sich aus. Die friesische See, das Wattenmeer, bildet den Schauplatz ihrer grossartigen Romane. Zum 200. Geburtstag von Theodor Fontane ist unser Nachbarland in Festlaune. *Effi Briest, Stechlin, Irrungen, Wirrungen*… wer Fontanes Romane für sich entdeckt, der kommt nicht mehr von ihnen los.

Romancier, Reiseschriftsteller, Journalist. Was lässt sich von Fontane lernen? Wohl vor allem das schnelle und trotzdem präzise Schreiben. Fontanes Arbeitsweise ist es auch, die heute so manchen zeitgenössischen Schriftsteller*innen abgeht. Wer das journalistische Handwerk von der Pike auf gelernt hat, der liebt den Druck, das schnelle Arbeiten und auch die zügige literarische Produktion. Wie sonst wäre es möglich, etwas Neues in der Literaturgeschichte zu evozieren und bleibende Spuren als Schriftsteller zu hinterlassen? Wie Fontane ergeht es auch vielen heutigen Autoren. Es braucht viel Geduld und die Überwindung etlicher Enttäuschungen, bis endlich der grosse Wurf gelingt.

Es waren die grossen Kriege des 19. Jahrhunderts, die Theodor Fontane buchstäblich die Schreibfeder in die Hand gedrückt hatten. Erst mit 60 Jahren hatte er seine grossen Romane geschrieben, allen voran »Effi Briest«. Die Kriege gegen Napoleon und die Schlachten unter dem damaligen Kaiser Bismarck hatten Fontane zutiefst geprägt. Die Kriege lieferten die Stoffe für seine literarische Produktion, da konnte er aus dem Vollen schöpfen. Dann, im Alter, hat er in furiosem Tempo einen Roman nach dem anderen abgeliefert. Als gelernter Apotheker hatte er dabei eine spannende literarische Methode entdeckt: Die Mischtechniken, mit denen er als Apotheker experimentierte, setzte er als Romancier auch literarisch um.

Germanisten und Literaten sind fasziniert vom literarischen Kosmos, den sich Fontane erschaffen hatte. Er begeistert noch heute. Seine Gesellschaftsromane wie »Effi Briest« funktionieren wie moderne Telenovelas unserer Tage. Fontane gilt als der herausragende Vertreter des poetischen Realismus. Doch weshalb musste er sechzig Jahre alt werden, bis es ihm gelang, einen Roman zu schreiben? Als Reiseschriftsteller und als Kriegsbuchautor sicherte er zwar das Familieneinkommen. Doch an einen Roman traute er sich lange nicht heran. Viele Romane, die er las, waren für ihn »wie ein in den Teich geworfener Stein, Plumps, ein paar Ringe, und nach 5 Minuten ist alles wieder still und glatt«.

Theodor Fontane stammte aus Neuruppin, einer Stadt im Norden des Landes Brandenburg. Zum Gedenken an den hier geborenen Dichter trägt sie den Beinamen »Fontanestadt«. In Husum traf sich Fontane regelmässig mit Storm zum Gedankenaustausch.

In Neuruppin, der Fontanestadt, liess man Fontane zu seinem 200. Geburtstag aufleben. Es wurde alles angeboten, was sich mit Fontane in Verbindung bringen lässt, von Computerspielen über Comics, Wanderungen, Touren, aber vor allem auch Neuauflagen von seinen Romanen, Erzählungen und Gedichten. Der herbe Charme von Deutschlands Norden ist in grossen Romanen der poetischen Realisten Fontane und Storm eingefangen.

Spannend ist es, auf den Spuren von Fontane und Storm zu wandeln. Egal, ob einen die Lektüre ihrer Werke schon seit der Schulzeit begleitet oder ob man sie erst kennenlernen will: Das ist ein weites Feld. Bei der Redewendung »Das ist ein weites Feld« handelt es sich um ein Zitat, mit dem Fontane seinen Roman *Effi Briest* abschliesst. Effi Briests Vater ist es, der zum Schluss diese meisterhafte Erzählung beendet mit: »….das ist ein zu weites Feld.«

Gespenster der Vergangenheit

Viele unserer Väter waren im Kriegsjahr 1943 auch über Weihnachten an der Front, auch mein Vater. Er vertraute mir Jahre später jenes Geschenk an, das jeder Schweizer Soldat am Weihnachtsabend 1943 erhalten hatte. Ein Feuerzeug. Dunkle Erinnerungen waren für ihn verknüpft mit diesem Feuerzeug. Die Schweiz kam im Krieg mit einem blauen Auge knapp davon. Die Verlierer, die Deutschen, werden bis heute von den Gespenstern der Vergangenheit heimgesucht. »*Nie mehr Krieg!*« waren sich alle Staatsführer damals einig. Heute – 2020 – bereiten sich Menschen in Amerika und Nordkorea wieder auf einen Atomkrieg vor. Nichts gelernt.

Bis heute traumatisiert der Krieg viele deutsche Familien. Noch sind viele am Leben, die nachts aus Albträumen aufschrecken und sich mitten im Krieg wähnen. Es ist die Kriegsgeneration, die mit den Gespenstern der Vergangenheit zu kämpfen hat, immer noch. Die Gespenster der Vergangenheit, das sind die Ängste der aus Krieg und Gefangenschaft heimkehrenden Männer, ihre Sehnsucht nach Normalität und nach einer intakten Familie.

Die Gespenster der Vergangenheit lauern hinter jeder Tür, sie sabotieren alle Versuche, zu vergessen und noch einmal neu anzufangen, sie schüren die Enttäuschung, wenn dies nicht gelingt. Und mittendrin in diesen Nachkriegsfamilien die Kinder, welche die Schuldgefühle der Eltern mitbekommen. Die deutsche Nachkriegsgeneration will schweigen. Niemand will öffentlich die verbrecherische Vergangenheit wieder auferstehen lassen. Unter vorgehaltener Hand sprechen Betroffene von einem »*Schweigepakt*«, den insbesondere die Opfer- und Täterfamilien eingegangen sind. Dazu gehören etwa die Nachkommen von Nazi-Grössen, die von ihren Eltern zum Schweigen verdammt sind.

Wer schweigen muss, der kann nicht verarbeiten. Wer schweigen muss, den holen die Gespenster der Vergangenheit ein. Was der Krieg in den Seelen der Menschen angerichtet hat, ist in den vielen Sachbüchern nachzulesen, die der *deutschen Vergangenheitsbewältigung* gewidmet sind.

In »*Das falsche Leben*« setzte sich die Autorin Ute Scheubs mit ihrem Nazi-Vater auseinander. Eine andere Autorin, Alexandra Senfft, erzählt ihre eigene Geschichte. Sie war die Enkelin des Hitler-Gesandten Hanns Ludin, der 1945 in der Slowakei hingerichtet worden war. Ihre Mutter war an diesem schweren Erbe zerbrochen. Ihr Bericht trägt den Titel »*Schweigen tut weh*«. In ihrem Tatsachenbericht »*Der lange Schatten der Täter*« befasst sich Alexandra Senfft mit den Biografien aus Nazi-Familien.

Die Literatur der Nachkriegszeit hat mit der Aufarbeitung der Kriegszeit eine eminent wichtige Aufgabe übernommen. Die Autorinnen und Autoren schreiben an gegen das Verdrängen, das Verschweigen und das Vergessen. Nur so kann die Heilung der vielen verwundeten Seelen glücken.

Schade nur, dass Staatsleute wie Donald Trump und Kim Jong-un diese erschütternden literarischen Hilfeschreie anscheinend nicht lesen. Ihre Drohgebärden und ihr Kriegsgebrüll ist ein Affront gegen eine Generation, die immer noch die Traumata des letzten Krieges zu verarbeiten hat.

Harry Potters Vermächtnis

Der Zug fährt vom geheimen Geleise 9 3/4 ab. Dutzende von Touristen warten auf dem imaginären Geleise und erhoffen sich einen magischen Blick auf den fiktiven Hogwarts-Express. Das geheime Geleise ist hinter einem unsichtbaren Portal in einer Wand zwischen den Geleisen 9 und 10 verborgen. Weil täglich Hunderte Touristen das legendäre Geleise aufsuchen, hat man nun im Bahnhof an der Mauer zwischen Gleis 4 und 5 ein Schild mit der Beschriftung »Platform 9 3/4« angebracht. Um dem magischen Geleise Tribut zu zollen, haben findige Harry-Potter-Fans sich eine ganz besondere Installation ausgedacht: Das Vorderteil eines Gepäckwagens wurde an der Wand befestigt, und zwar so, als ob der Wagen gerade dabei wäre, in der Wand zu verschwinden.

Was Tausende Harry-Potter-Fans, viele bereits im Erwachsenenalter, täglich im Bahnhof King's Cross beweisen, ist die Tatsache, dass es keine Bücher mehr gibt, die ausschliesslich für Kinder und Jugendliche bestimmt sind. Die klassischen Kinderbücher sind vom Aussterben bedroht. Seit der Harry-Potter-Romanreihe haben nach einem Verdrängungswettbewerb die sogenannten All-Age-Bücher inzwischen einen riesigen Marktanteil erobert. Und klar, mit All-Age-Titeln wird auch das grosse Geld gemacht. Es sind dies Bücher, die Leser*innen aller Alterskategorien ansprechen.

Das Einstiegsalter für All-Age-Bücher geht immer weiter runter. Dass es sich bei All-Age-Büchern allerdings um Bücher für Menschen von 0 bis 99 Jahren handelt, das ist ein Trugschluss. Gelesen werden die All-Age-Titel von Leser*innen ab 12 Jahren und jungen Erwachsenen. Die All-Age-Titel in den Bestenlisten bringen mittlerweile rund 40 Prozent des Umsatzes für die Verlage. Zurzeit drängen viele Debütanten auf den Markt, die vielfach nicht im Kinderbuch-Bereich angesiedelt sind, aber die Fantasy-Geschichten für Leser*innen jeglichen Alters schreiben. Das wohl ist das wahre Vermächtnis von Potter-Autorin Joanne K. Rowling an uns Heutige.

Seit »Harry Potter« sollte die Literaturwissenschaft umgeschrieben werden. Die Romanreihe rund um den Zauberlehrling hat eine neue Leselust entfacht, und dies für Jung und Alt. Das hängt damit zusammen, dass diese Bücher »klare und unmissverständliche Botschaften« haben, wie etwa die Jugendbuchforschung an der Universität Frankfurt herausgefunden hat. Sie seien »deshalb so erfolgreich, weil sie auf den Leser eingehen«. Und dann ziehen die akademischen Literaturkritiker das Fazit: »Der Leser emanzipiert sich ein Stück weit von der hohen Literaturkritik und schätzt wieder die Einfachheit.«

Gab es gute »All-Age-Literatur« aber nicht auch schon früher? Persönlich erscheint mir die akademische These von der wieder entdeckten »Einfachheit« in der Literatur etwas suspekt. Auch in den Zeiten vor »Harry Potter« gab es Serien und Bücher, die in breiten Bevölkerungsschichten für Leselust sorgten. Ich denke etwa an »Emil und die Detektive«, an »Robinson Crusoe« oder auch an die Märchen. Auch diese Geschichten, mit denen wir, die reiferen Jahrgänge, gross geworden sind, hätten ein breiteres Publikum verdient. Doch gibt es da einen grossen Unterschied zu heutigen All-Age-Büchern: Erwachsene haben diese Titel damals kaum gelesen. Warum? Weil diese früheren Bücher zu bewusst für Kinder geschrieben worden waren.

Wer zu naiv schreibt, der hat schon verloren. Wer allzu kindlich schreibt, der vermag die Möglichkeiten der Sprache nicht auszuschöpfen. Heutige All-Age-Bücher verstehen es oft blendend – obschon relativ anspruchslos, was ihre literarische Qualität betrifft – auf Leser*innen jeglichen Alters einzugehen. Da verdrängt der bekömmliche »Lesestoff« der All-Age-Titel die »hohe Literatur« spielend. Bücher, die Kinder und Erwachsene mit dem gleichen Vergnügen lesen, funktionieren wie Harry-Potter-Romane. Sie bringen volksnah, generationenübergreifend, treffend und ungeschminkt auf den Punkt. Erinnern Sie sich an die Eröffnungsrede von Dumbledore im ersten Harry-Potter-Band?

»Bevor wir mit unserem Bankett beginnen, möchte ich ein paar Worte sagen. Und hier sind sie: Schwachkopf! Schwabbelspeck! Krimskrams! Quiek!«
Danach lasen Erwachsene, Jugendliche und Kinder auf der ganzen Welt plötzlich wieder Bücher.

Wer hat das Lachen erfunden?

In der deutschen Literatur ist der Humor so selten wie ein Fastenprediger an der Fasnacht. Schon Mark Twain schrieb: »Ein deutscher Witz ist nichts zum Lachen«. Tatsächlich fürchten viele Verfasser von deutschsprachigen Literatur-Klassikern den Humor wie der Teufel das Weihwasser. Lange Zeit gab man dem Dichterfürsten Goethe die Schuld dafür, denn schliesslich habe er die Idee des Genies erfunden. Wer aber ein Genie sei, der könne nebenher nicht auch noch lustig sein, werfen ihm die Kritiker vor. Ist also Goethe allein verantwortlich dafür, dass die deutschsprachigen Dichter und Schriftsteller das Lustigsein so gar nicht beherrschen? Das heilige Wort des Dichters dürfen schäbige Lacher und Clowns niemals entweihen, forderten auch Dichter wie Rilke und Hölderlin.

Fastnachtsspiele und Schwänke waren noch im 15. Jahrhundert in Deutschland angesagt. Die komischen Burlesken mit heiter-derbem Inhalt dienten der Fastnachtsbelustigung. Explizit als Autor der Fastnacht bekannte sich Hans Sachs, der bis zu seinem Tod im Jahr 1576 nicht weniger als 82 Fastnachtsspiele und Schwänke schrieb. Den späteren deutschen Dichtern – allen voran den Prosaschriftstellern Thomas Mann und Robert Musil – lag dann aber wohl eher die Ironie, sie ist zumindest ein Seitentrieb des Humors.

Die Satire ist eine weitere Spielart des Humors. Sie findet sich etwa bei den Dichtern Jean Paul und Heinrich Heine. Die Satire paart sich häufig mit dem Gedanken der literarischen Frechheit. Jean Paul titelte etwa: »Auch der Urin gibt einen Regenbogen.« Das

Schräge, das Komische und Lustige findet sich bevorzugt in den Gedichten von Ernst Jandl, Lichtenberg und Morgenstern. Im deutschsprachigen Roman weiss man nie so genau, wann ein Autor wirklich witzig sein will oder wann seine Schreibe unfreiwillig witzig geraten ist. Denn häufig sind es gerade die rätselhaften und trockenen Stellen in einem Roman, die unfreiwilligen Humor versprühen. Auch Franz Kafka hatte so eine koboldhafte Seite, auf die man erst bei näherer Betrachtung stösst.

Wie gefährlich ist ein Buch, das vom Lachen handelt? In seinem Roman »Der Name der Rose« zieht der italienische Autor Umberto Eco als Ursache für die Humorlosigkeit auch die konservativ-religiöse Erziehung mit in Betracht. Seine Geschichte spielt vor dem historischen Hintergrund eines Streits zwischen dem Papst und dem Mönchsorden der Franziskaner. In einer Benediktinerabtei geschehen misteriöse Morde. Die Ermittlungen fördern verbotene und verborgene Lüste der Mönche zu Tage. Dazu gehört auch das Lachen. Ein greiser Mönch bewacht das gefährlichste Buch. Es handelt sich um das einzig erhaltene Exemplar des zweiten Buches der Poetik des Aristoteles, das von der Komödie handelt. Der greise Mönch hält die in diesem Buch vertretene positive Einstellung zum Humor und zum Lachen für derart gefährlich, dass er es mit Gift präpariert, so dass jeder, der darin blättert, zu Tode kommt. Am Ende verbrennt mit dem Buch, das doch eigentlich vom Lachen handelt, die gesamte Abtei.

Es scheint, als seien der Humor und das Lachen in der Literatur einfach nur mühselige Zutaten, die hin und wieder nun mal sein müssen. Oder um mit Friedrich Nietzsche zu sprechen: »Der Mensch allein leidet so tief, dass er das Lachen erfinden musste.«

Indianer-Träume

Als ich noch klein war, da hatte ich noch Träume. Da hab' ich gesagt: Wenn ich mal gross bin, dann gehe ich nach Amerika. Ich fahre mit dem Schiff übers Meer, kaufe mir ein Pferd und ein Gewehr und schliesse mich den Indianern an. Da hab ich noch nicht gewusst, dass sie meine Träume kaputt gemacht haben. Es gibt keine Indianer mehr. Sie reiten nicht mehr durch die Prärie. Und überhaupt ist nichts mehr so, wie es mal war. (Frei nach dem Indianer-Song von Gölä).

Gölä liegt mit seinem Song falsch. Es gibt noch Indianer, besonders viele Stämme leben östlich des Mississippi. Für sie ist Indianersein auch ein intellektuelles und spirituelles Projekt. Bei den US-Wahlen 2018 haben zwei Indianerinnen sogar Mandate im amerikanischen Kongress gewonnen, sie heissen Deb Haaland und Sharice Davids. Amerikas Ureinwohner erleben eine erstaunliche Renaissance. Nun haben sie mit dem Buchautor David Treuer gar einen Chronisten gefunden, der als Mitglied des Ojibwe-Stammes in Minnesota seit dreissig Jahren über die Entwicklung des indianischen Lebens schreibt. Er schreibt über Themen wie »The Heartbeat of Wounded Knee: Native America from 1890 to the Present«. Galt bisher das Massaker an den Indianern am Wounded Knee Creek in South Dakota vom 29. Dezember 1890 als tragisches Ende des indianischen Lebens, müssen wir jetzt über die Bücher. Zwar erlosch der indianische Widerstand gegen die weissen Eroberer nach dem Massaker von Wounded Knee und die indianischen Ureinwohner fristeten lange Zeit ein unrühmliches Dasein in Reservaten. Doch nun kommt die Wende.

Nach dem Massenmord von Wounded Knee, als die US-Kavallerie alle Männer, Frauen und Kinder des Lakota-Stammes niedergemetzelt hatte, musste die indianische Urbevölkerung viel Gewalt und brutale Entrechtung erleiden. Die Zahl der indianischen Bevölkerung sank von fünf Millionen auf nur noch 237'000. Die

Regierung zerstörte gezielt die indianische Kultur. Indianische Kinder erfuhren eine Zwangseinweisung in staatliche Internate, wo sie häufig Missbrauch und Schikanen ausgesetzt waren. Doch einige der Indianer-Stämme wandten sich an die Gerichte und erstritten sich ihr Land und ihre Vertragsrechte zurück.

Viele Indianer kämpften in den Weltkriegen an der Seite der US-Streitkräfte. Mit ihrem heldenhaften Kampf für die USA verbesserten sie ihre Lebensbedingungen. US-Präsident Richard Nixon ging mutig voran und prangerte die katastrophalen Folgen der US-Politik für die Indianer an. Nixon gab dem indianischen Volk die Vollmachten über sein Land zurück.

Indianische Lebensweise prägt auch dich und mich. Die indianische Kultur, Lebensweise und Philosophie hat längst auch uns Europäer erreicht. Auch für viele von uns ist »Indianersein« ein intellektuelles und spirituelles Projekt. Hier ein paar der schönsten indianischen Weisheiten:

Achte auf die Stille und bewahre sie, denn sie bringt alle Träume des Menschen. / Die Sehnsüchte des Menschen sind Pfeile aus Licht. Sie können Träume erkunden, das Land der Seele besuchen, Krankheit heilen, Angst verscheuchen und Sonnen erschaffen. / Urteile nicht darüber, ob etwas gut oder schlecht ist, ohne dein Herz befragt zu haben. / Wirklich weise ist, wer mehr Träume in seiner Seele hat, als die Realität zerstören kann. / Du kannst den Regenbogen nicht haben, wenn es nicht irgendwo regnet. /

Das indianische Tierkreiszeichen wird auch als Totemtier bezeichnet. Es wird anhand der Geburt bestimmt. Dein lebenslängliches Krafttier unterstützt, behütet und begleitet dich auf deinem Weg und spricht mit deiner Seele.

Mein persönliches Totemtier ist der Falke. Der Falke ist eine geborene Führungspersönlichkeit. Er ist unternehmungslustig, aber auch egozentrisch und ungeduldig. Der Falke ist sehr kreativ, und er ist immer auf der Jagd. – Ja, so wird es wohl sein. Ich stimme zu. Denn Indianersein ist auch mein intellektuelles und spirituel-

les Projekt. Wie bekräftigen die Indianer das Gesagte? Mit einem überzeugten:
»Howgh! Ich habe gesprochen.«

Verhext

Schmerzt Ihr Rücken etwa auch beim Schneeschaufeln im Winter und bei der Gartenarbeit im Sommer? Fehlt nur noch der Hexenschuss, den die Wetterhexe bestimmt noch abfeuern wird. Dass sie jetzt noch ins Kino kommt, die Wetterhexe, das gönne ich ihr nicht so recht. Die Wetterhexe heisst übrigens Rumpumpel. Und sie ist die Gegenspielerin der kleinen Hexe. Entstanden ist die berühmteste Hexengeschichte nicht in einem Horror-Winter, sondern bereits im Jahr 1957. Otfried Preussler hat mit der Geschichte »Die kleine Hexe« einen wahren Hexenkult losgetreten.

Die Bücher von Otfried Preussler sind echte Klassiker. Dass sie auch in unserer heutigen Zeit noch auf der Kino-Leinwand viele Besucherinnen und Besucher verzaubern, spricht für die überzeitlichen Inhalte. Von Otfried Preusslers Büchern wurden in den vergangenen Jahren bereits »Krabat« und »Das kleine Gespenst« mit grossem Erfolg verfilmt. Und nun also »Die kleine Hexe«. Das Buch ist inzwischen bereits in fast 50 Sprachen übersetzt worden. Wie der Autor Otfried Preussler selber schreibt, entstand die Geschichte von der kleinen Hexe nach eigenen Gute-Nacht-Geschichten, die er für seine drei Töchter erfand, um ihnen die Angst vor bösen Hexen zu nehmen.

Die kleine Hexe ist die Hauptperson in der Geschichte. Sie ist zwar erst im Alter von einhundertsiebenundzwanzig, was für eine Hexe so gut wie gar nichts ist, und sie ist lieb, aber auch sehr ehrgeizig. Wie es sich für eine Hexe gehört, lebt sie im Wald in einem Hexenhaus. Und wie es sich für ein Hexenhaus gehört, hat dieses einen krummen Schornstein, ein windschiefes Dach und klapprige Fensterläden. Das Hexen will gelernt sein, und dafür opfert sie täglich sechs Stunden hartes Training. Ebenfalls hexengerecht ist ihr ständiger Begleiter, der sprechende Rabe Abraxas. Der ist klug wie ein Klassenprimus und nie um einen guten Ratschlag verlegen. Und gute Ratschläge hat die kleine Hexe dringend nötig, denn sie hat eine gewichtige Gegenspielerin.

Die Wetterhexe Rumpumpel ist die Gegenspielerin der kleinen Hexe. Als nämlich die kleine Hexe versucht, sich in der Walpurgisnacht unerlaubt den älteren Hexen anzuschliessen, wird sie von der Wetterhexe Rumpumpel entdeckt und vor den Hexenrat gezerrt. Die kleine Hexe erhält verschiedene Strafen. So wird ihr beliebtes Fluggerät, der Hexenbesen, verbrannt. Aber immerhin ringt die kleine Hexe dem Hexenrat das Versprechen ab, dass sie an der nächsten Walpurgisnacht teilnehmen darf, falls sie sich bis dahin zu einer guten Hexe entwickelt habe.

Nur: Gibt es denn überhaupt gute Hexen? Eine gute Hexe ist, wer böse ist. Also ist eine gute Hexe eine böse Hexe. Dieser Widerspruch, dieses Paradox, wird der kleinen Hexe zum Verhängnis. Sie versteht nämlich unter »gut sein« zum Beispiel, dass sie gute Taten vollbringt. Sie hilft den armen Menschen, sie bestraft die miesen Bösewichte und sie rettet Tiere, die in Not geraten sind. Vor dem Hexenrat allerdings machen gute Taten noch lange nicht eine gute Hexe aus. Eine Hexe soll gut darin sein, böse zu sein. Der Hexenrat denkt sich für die kleine Hexe eine üble Strafe aus: Sie soll das Holz für den Scheiterhaufen der Walpurgisnacht sammeln. Aber der Hexenrat macht die Rechnung ohne die blitzgescheite kleine Hexe. Diese schwört Rache, indem sie den grossen Hexen »das Hexen abhext«: Als Brennstoff für den Scheiterhaufen benutzt sie die Zauberbücher und die Besen der grossen Hexen, wodurch diese das Hexen nicht mehr ausüben können.

Der Film von Regisseur Michael Schaerer basiert auf der literarischen Vorlage von Otfried Preussler aus dem Jahr 1957. Die erste Garde der deutschsprachigen Schauspielerinnen wurde für die

Neuverfilmung aufgeboten. In der Rolle der kleinen Hexe ist Karoline Herfurth zu erleben. Wir kennen sie bereits aus den aktuellen »Fack Ju Göhte«-Filmen oder als das »Mirabellen-Mädchen« aus der Literaturverfilmung »Das Parfum«. In die Rolle der Wetterhexe Rumpumpel schlüpft Suzanne von Borsody. Sie kennen wir aus TV-Produktionen wie »Tatort«, »Schimanski« oder »Hanni und Nanni«.

Warum aber müssen Filme von einer erfolgreichen literarischen Vorlage abweichen? Im Film soll die kleine Hexe beweisen, dass sie schon eine richtig grosse und gute Hexe ist, indem sie alle Zaubersprüche aus einem magischen Buch in nur einem Jahr lernen soll. Die Wetterhexe Rumpumpel will diesen Erfolg unbedingt verhindern. Mit ihrem Raben Abraxas zusammen möchte die kleine Hexe herausfinden, ob es nicht noch einen einfacheren Weg gibt, um sich als gute Hexe zu beweisen.

Damit habe ich Mühe: Warum müssen die Film-Regisseure aus der kleinen Hexe eine nicht besonders fleissige Schülerin machen, deren einziges Lebensziel darin zu bestehen scheint, mit irgendwelchen Tricks dem Studieren aus dem Weg zu gehen? Und warum lassen die Filmemacher die kleine Hexe nur mit (magischer) fremder Hilfe zu einer guten Person (Hexe) werden? Warum kann sie ihre Lebensziele nicht aus eigenem Antrieb heraus erreichen? Immerhin soll der Film ja auch ein junges Publikum ansprechen. Da habe ich methodisch-pädagogische Einwände.

Warum denn nicht diesen wundervollen Buchklassiker mit all den technischen Finessen, die der modernen Filmkunst zur Verfügung stehen, so wie er ist auf die Leinwand zaubern? Aber das wäre wohl zu einfach. Darum wohl müssen Film-Regisseure selber hexen und zaubern, was sie nun mal ganz einfach nicht können.

Revolte der Alt-Hippies

Lange Haare, Esoterik, Räucherstäbchen, LSD und freie Liebe. War das wirklich alles, was die 68er Hippiebewegung zu bieten hatte? Nein. Da war viel mehr. Darüber diskutierten wir eine Nacht lang. Wir, das Publikum des Hippie-Musicals »Hair«. Nach den Schlussszenen gab es eine imposante Standing Ovation und alle sangen wir »Let the Sunshine In«. Und es schien uns, als ob trotz der kalten und dunklen Winternacht im Theater La Poste ein klein wenig Sonnenschein unsere Herzen wärmte. Das Besondere an »Hair« ist die Geschichte hinter dem Musical. Das Lebensgefühl von damals rüber zu bringen, ohne altbacken und voller Klischees zu wirken, das ist eine Herausforderung für die Regie. Die Broadway Musical Company New York und der Herausgeber und Tourneeveranstalter Frank Serr Showservice International präsentieren ein farbiges, gelungenes Remake mit stimmgewaltigen Sängerinnen und überzeugenden Show-Stars.

Im Mittelpunkt der Geschichte stehen Claude und Berger, zwei Freunde, die mit Gleichgesinnten aufbegehren gegen die strengen Moralvorstellungen und gegen die Beschränkungen, die ihnen die Gesellschaft in den USA gegen Ende der 1960er-Jahre auferlegt. Sie sind überzeugt, eine neue Lebensform gefunden zu haben, die geprägt ist durch die Liebe zueinander, durch Gewaltlosigkeit und Frieden. Vor allem ist es der Vietnam-Krieg, von dem sich die damalige Jugend bedroht fühlt. Erstmals weigern sich junge Leute, Teil der US-amerikanischen Kriegsmaschinerie zu werden. Einige von ihnen flüchten in die Welt der Drogen. Berger muss die Universität verlassen, weil die Professoren einen langhaarigen Rebellen, der Drogen konsumiert, nicht dulden wollen.

Kann Rauschgift helfen, die Wirklichkeit erträglicher zu machen? Es sind solche Botschaften und Fragen, auf die das Musical klare Antworten bereithält. Claude zieht in den Krieg und wird von vietnamesischen Kämpfern erschossen. Berger erweist der Leiche seines Freundes, die auf einem schwarzen Tuch liegt, die letzte Ehre. Claude ist inzwischen unsichtbar geworden, die Hippies können ihn weder sehen noch hören, aber Claude kommt zurück und erzählt, dass er ein Opfer des Kriegs geworden ist. In einem letzten Auftritt besingt Claude zusammen mit Berger die Schönheit des Hippie-Daseins. Berger will fortan nichts tun, sich treiben lassen, high bleiben.

Die Blumenkinder von damals waren alles andere als Gammler und Faulenzer. Wenn das Musical »Hair« eine klare Botschaft hat, dann ist es diese: Die Revolte der späten 60er-Jahre repräsentierte die Gefühle einer ganzen Generation. Es waren Studenten, Schüler und Arbeiter, die am eigenen Leib die Angst und die Hoffnungslosigkeit einer Zeit verspürten, die geprägt war von Krieg, Gewalt und Hass. Mit der 68er-Generation keimte neue Hoffnung auf. Es war dies die Hoffnung auf eine bessere Zukunft. Dieses neue Lebensgefühl hat das Musical »Hair« wunderbar eingefangen. Unterlegt mit einer tiefsinnigen Lyrik, getragen von mitreissenden Songs und Hymnen und präsentiert von effektvollen Choreografien, verströmt das Musical eine Aufbruchstimmung, die auch uns Heutigen wohl bekommt.

Das Kreativ-Team des Musicals »Hair« hat sich viel Zeit genommen, um in das Stück einzutauchen. Der Regisseurin und Choreografin Kendra Payne ist es überzeugend gelungen, diese leidenschaftliche Magie und diese psychedelische Wirklichkeit der 60er-Jahre in eine Show zu verpacken. Die grossen Ideen von Gegenwehr mit Hilfe von Frieden und von Liebe dürfen nicht zu leeren Schlagworten verkommen, niemals.

Mit einer Symbiose aus harten, provokativen Szenen und einer friedlichen und weichen Poesie propagiert das Musical »Hair« auch heute noch eine Gesellschaft jenseits von Krieg, Gewalt und nicht legitimierter Autorität.

Das Musical »Hair« steht für eine radikale pazifistische Philosophie. In Zeiten, da Nordkoreas Diktator und Amerikas Präsident wie kleine Kinder darüber streiten, wer den grösseren Starter-Knopf hat um Atom-Raketen zu zünden, würde man sich wünschen, dass die vielen Alt-Hippies unserer Welt nochmals aufstehen würden.

Letztes Abendmahl mit Dame

Hat Leonardo da Vinci auf seinem Gemälde »Das letzte Abendmahl« eines der grössten Geheimnisse der Menschheitsgeschichte dargestellt? Sehen wir auf diesem Bild die Ehefrau von Jesus? Eine Flut von Büchern behauptet und belegt dies, seitdem Dan Brown in seinem Thriller »*Der Da Vinci Code*« die Öffentlichkeit auf ein Geheimnis hingewiesen hat, das unser Wissen über Gott und Welt fundamental auf den Kopf stellt. Im »*Da Vinci Code*« wird argumentiert, dass Maria Magdalena auf dem Abendmahlsgemälde von Leonardo da Vinci dargestellt sei. Sie ist die Person zur Rechten Jesu – die also nicht den Jünger Johannes darstellt, wie seit Jahrhunderten von der Kirche behauptet wurde. Als Beweis führt Brown die V-förmige Linie an, welche die beiden Figuren auf dem Gemälde bilden. Das V sei das Symbol des Weiblichen. Wusste da Vinci von dem Geheimnis der Ehe zwischen Jesus und Maria Magdalena? Versteckte er in seinem Gemälde den entsprechende Hinweis? Daher auch der Name der amerikanischen Originalausgabe des Buches »*The Da Vinci Code*«.

Sie denken vielleicht, liebe Leser*innen, die Frage, ob Jesus tatsächlich verheiratet war, sei doch bloss ein Detail in der Menschheitsgeschichte? Dann irren Sie sich ganz gewaltig. Wenn es tatsächlich zutreffen sollte, dass Maria Magdalena die Ehefrau von Jesus war und mit ihm Kinder hatte, hätte die katholische Kirche Jahrhunderte lang ein grosses Geheimnis vertuscht und uns alle betrogen. Denn die Ehe Jesu mit Maria Magdalena würde die Lehre von der Göttlichkeit Jesu untergraben. Dazu passt, dass die Kirchenväter über Jahrhunderte Maria Magdalena zur Hure gemacht haben.

Niemand sollte auf den Verdacht kommen, dass sie in Wahrheit die Ehefrau von Jesus war.

»Da Vinci Code« ist die Geschichte des sagenumwobenen Heiligen Grals, um den sich seit vielen Jahrhunderten Geheimnisse ranken. Nach Dan Brown besteht der Heilige Gral nicht etwa aus einem Gefäss, das Jesus beim Letzten Abendmahl mit seinen Jüngern benutzte (eine der vielen Theorien), sondern in der Person Maria Magdalena und in einer königlichen Linie, an deren Anfang die Ehe mit Jesus steht. Brown verwendet in seinem Roman das Wortspiel zwischen San Greal (»Heiliger Gral«) und Sang Real (»königliches Blut«). Die französische Abstammungslinie Jesu und Maria Magdalenas lebte in Frankreich und reicht bis in die Gegenwart. Wer nun glaubt, diese faszinierende These stamme ja bloss aus einem Thriller von Dan Brown, der irrt. Die Idee wird bereits in einem Sachbuch aus dem Jahr 1980 vertreten. Das Buch heisst *»Der heilige Gral und seine Erben«*, verfasst von Henry Lincoln, Michael Baignet und Richard Leigh.

Was nun ist wirklich auf dem Gemälde »Das letzte Abendmahl« dargestellt? Persönlich kann ich ohne weiteres eine feminine Person erkennen, und das V zwischen Jesus und Maria Magdalena – Symbol für das Weibliche – ist überdeutlich.

Könnte es also sein, dass die katholische Kirche jahrzehntelang ein Geheimnis vertuscht und uns alle betrogen hat? Was, wenn Maria Magdalena tatsächlich die Geliebte oder gar die Ehefrau von Jesus gewesen war? Es würde dies das Ende der Männerherrschaft und des Zölibats bedeuten. Nicht nur die katholische Kirche, alle Religionen stünden grundsätzlich auf dem Prüfstand.

~

»Ich denke an manchen Tagen, dass es besser wäre, wenn wir gar keine Religionen mehr hätten. Alle Religionen und alle Heiligen Schriften bergen ein Gewaltpotenzial in sich.«

Dieser Satz stammt aus dem neusten Buch des Dalai Lama. Mit einem flammenden Appell wendet er sich nach den zahlreichen fundamentalistisch motivierten Terroranschlagen an die Welt. Er vertritt die These, viel wichtiger als die Religionen seien die Bereitschaft zu Liebe, Güte und Zuneigung. Das ist Wasser auf die Mühlen der Philosophen und Denker.

Im Namen von Religionen wurden und werden Kriege geführt, sogar »Heilige Kriege«. Seit Jahrtausenden wird Gewalt im Namen von Religionen eingesetzt und gerechtfertigt. Religionen verhelfen einigen von uns fälschlicherweise zu einem bequemen Leben. Wer glauben kann, der legt sein Schicksal in Gottes Hand. Eigenes Denken erübrigt sich. Der Glaube verspricht eine Fortsetzung »danach«. Im Jenseits geht es »gottgegeben« mehr oder weniger komfortabel weiter. Der Lasterhafte wird bestraft und fährt zur Hölle, und wer sich im Diesseits sittsam verhält und nicht sündigt, kann sich darauf verlassen, im Jenseits als Himmlischer ein ewiges Leben weiterführen zu können. Das tönt einfach und ist praktisch. Wo aber bleibt das eigene Denken und Handeln?

Als Philosoph und Literat bin ich überzeugt, dass man sich auch ohne drohende Strafe im Jenseits dafür begeistern kann, mit der Natur und mit den Mitmenschen respektvoll und liebevoll umzugehen. Der Dalai Lama fordert Ethik und Werte statt Religionen. Die Liebe ist dabei mit Sicherheit der wichtigste Wert.

Entfremdung

Eine volle Kirche, kein freier Platz mehr auszumachen, auch das gibt es. Allerdings nur dann, wenn sich jemand etwas einfallen lässt. Wenn zum Beispiel eine Musikband ein schönes Konzert gibt. Das sind schöne Ausnahmen. Sonst aber sind die Kirchen fast leer. Sogar in den Tagen kurz vor Ostern.

Pater Martin Werlen braucht eine deutliche Sprache: »Zu spät!« Zu spät für die Kirche, zu spät für den Glauben. Alles Schönreden hilft jetzt nicht mehr. Pater Martin Werlen nimmt kein Blatt vor den Mund. Es ist zu spät! Der Grund dafür sei die grosse Entfremdung zwischen der Kirche und den Menschen, schreibt der Autor. Die paar gläubigen Schäfchen, die sich noch in die Kirche verirren, sind enttäuscht. Viele können mit dem, was ihnen da erzählt wird, nicht mehr viel anfangen. Die paar Aufrechten, die sonntags noch in den Kirchenbänken sitzen, träumen von früher, sie haben die Hoffnung noch nicht ganz aufgegeben, dass es doch wieder so kommen möge, wie es früher mal war.

War früher wirklich alles besser? Beim Studium der provokativen Thesen von Pater Martin Werlen lässt sich tatsächlich trefflich von früher träumen. Früher, als beispielsweise die Karwoche noch ein absoluter Höhepunkt in unserem Schüleralltag war. Morgens früh um 07.00 Uhr war Schulmesse. Wer zur Messe ging, der ging auch zur Kommunion. Zwei Stunden vorher durfte nichts mehr gegessen werden. Beichten im Beichtstuhl beim Herrn Pfarrer persönlich. Stundengebet nicht selten um Mitternacht oder in den frühen Morgenstunden. Ob im Heimatort, in einer Stadt oder im Ausland: die lateinische Messfeier war überall die gleiche. Von Lehrpersonen und kirchlichen Würdenträgern wurden wir streng und ganzheitlich auf die Karwoche und auf das Osterfest vorbereitet. War es wirklich besser? Sagen wir so: Es war geregelt, es war stimmig, es war fordernd, aber es war glaubhaft. Das kirchliche Leben gehörte zum persönlichen Leben, von der Taufe über die Erste Heilige Kommunion bis zur Hochzeit. Ein Leben durchsetzt mit zahlreichen Heiligenfesten und kirchlichen Feiertagen. Und wenn am Samstag punkt 17 Uhr vom Kirchturm her der Sonntag eingeläutet wurde, dann war Ruhe angesagt, Besinnung und Kirchgang.

Leben wie früher geht nicht mehr. Wer hofft, es werde wieder alles so, wie es früher mal war, der gibt sich einer trügerischen Hoffnung hin, schreibt Martin Werlen in seinem Buch. Er, der ja selber fast aus der christlichen Laufbahn gefallen ist. Er, der ob all der dramatischen kirchlichen Ereignisse selber zum Zweifler geworden ist. Wer die Thesen von Martin Werlen studiert, dem fährt ein heilsamer Schrecken in die Glieder. Da schreibt einer, der den Betriebsablauf der Kirche aus dem Effeff kennt: Aufgewachsen im erzkatholischen Oberwalliser Dörfchen Obergesteln, hat er sich zu einem hohen kirchlichen Würdenträger entwickelt. Pater Martin Werlen ist Mitglied des Benediktinerordens, er ist Novizenmeister, Mönch des Klosters Einsiedeln und war bis 2013 gar dessen hoch angesehener Abt. Dass er auch Gymnasiallehrer ist, das wissen wenige. Als Bestseller-Autor dagegen hat er eine grosse Fangemeinde. Mit seinen Büchern wie zum Beispiel »Wo kämen wir hin« oder »Im Zug trifft man die Welt« hat er sich in die Herzen vieler Menschen geschrieben.

Eine Trotzdem-Leidenschaft für die Kirche lässt sich jedoch zwischen den Zeilen immerhin herausspüren. Trotzdem, dass die Kirchen am Limit sind, trotzdem dass die Kirche vieles verpasst hat, trotz dem schlechten Image, dass sich die Kirche eingehandelt hat, trotz all dem gibt es nur eins: Wir alle müssen den Glauben neu entdecken. Pater Martin Werlen kommt immer wieder auf die Geschichte des Propheten Jona zu sprechen. Diese Geschichte durchzieht seine Ausführungen wie ein roter Faden. Jona war ein widerwilliger Prophet. Er wollte sich vor Gott verstecken. Er wollte vor seinem Auftrag davonlaufen. Jona musste dann aber feststellen, dass nicht einmal ein Selbstmord-Versuch für Gott ein Hindernis war, Gottes Plan mit ihm zu verwirklichen.

Wenn Martin Werlen eine Botschaft hat, dann ist es diese: Es gibt ein höheres Wesen (Gott), das hin und wieder durch uns Menschen wirkt, und dies trotz unserer Fehler und trotz aller unserer Unzulänglichkeiten. Wir sind alle radikal gefordert. Es hilft nur, bei sich selber anzufangen, nach innen zu gehen, sich tief hinein ins eigene Ich zu versenken. Jede und jeder muss den Glauben für sich neu entdecken – und dies trotz den dramatischen Verzögerungen im kirchlichen Betriebsablauf.

Von der Kunst des Scheiterns

Wir alle machen Fehler. Wie viel Schuld trägt man an dem, was man verbockt hat? Die einen begehen Fehler, die das ganze Leben verändern. Den anderen unterlaufen Fehler, die halt einfach passieren können. Wohl jeder Mensch könnte eine Geschichte des eigenen Versagens erzählen. Das Leben ist voller Bauchlandungen und voller Rückschläge. Doch wie kommt man aus einem Schlamassel wieder raus? Wie findet man einen Weg aus dem Scheitern? Gibt es so etwas wie eine Kunst des Scheiterns?

Meine Journalisten-Kollegin Gina Bucher hat 20 Porträts von Menschen erstellt, die ihr Leben verbockt haben. Sie erzählt beispielsweise die Geschichte der Medizinerin Ava Keller. Wie jeden Tag verabreichte sie ihrer Patientin die Chemotherapie. Zwei Spritzen lagen bereit. Eine Spritze für die Vene und eine fürs Gehirn, welche sie ins Rückenmark hätte setzen müssen. Ava Keller verwechselte die Spritzen. Sie injizierte der Patientin die Flüssigkeit für die Vene ins Gehirn. Es gab keine Möglichkeit mehr, den Fehler rückgängig zu machen. Die Patientin überkamen Lähmungserscheinungen, sie blieb für den Rest ihres Lebens bis zum Hals gelähmt. Wie soll man nach solchen Fehlern weiterleben? Ava Keller wurde wegen fahrlässiger Körperverletzung verurteilt.

Bei einem Aufenthalt in London besuchte ich das Sherlock Holmes Museum in der Baker Street. Hier lebte der berühmte Detektiv aus den Kriminalgeschichten von Sir Arthur Conan Doyle. Unglaublich, was Menschen in einer Grossstadt wie London so alles verbockt haben! Das Museum zeigt Szenen aus der kriminellen Vergangenheit Londons. Zu den Zeiten von Sherlock Holmes und Dr. Watson gab es für begangene Fehler keinen Pardon. Hochqualifizierte Henker richteten ihre Opfer vor einer geifernden Menschenmenge am Tower Hill hin. In einem fürchterlichen Akt der Zuschaustellung zeigten die Henker den abgetrennten und zuckenden Kopf des Toten den vielen Gaffern zur Schau hin. Historische

Schilderungen berichten, dass dies getan wurde, um dem gaffenden Volk den noch bei Bewusstsein befindlichen Kopf zu zeigen. Früher waren die Strafen drastisch.

Lässt sich aus Fehlern lernen? Vielen unterlaufen während ihres Lebens schwerwiegende Fehler, bei denen sie Wertvolles verlieren: Angehörige, Freunde, das psychische Gleichgewicht oder ihren guten Ruf. Die Autorin Gina Bucher erzählt in ihrem Buch von Totschlag, Drogen, Heiratsschwindel. Wie viel Schuld trägt man an dem, was man verbockt hat? Das fragt sich auch die Medizinerin, welche die falsche Spritze erwischt hat. Kann man aus Fehlern lernen? Nein, wir versuchen die Fehler meistens nur zu vertuschen. Vieles lässt sich nicht mehr ins Lot bringen.

Unsere Gesellschaft will Helden sehen. Superwomen und Supermen sind gefragt. Fehler machen und Scheitern ist verboten. Das Versagen ist ein Tabu. Die Menschen unserer Tage geniessen zwar viele Freiheiten. Sie müssen aber täglich unzählige Entscheidungen treffen. Damit sind wir alle auch sehr fehleranfällig geworden. Über das Scheitern spricht man nicht. Fehler sind nicht Smalltalk-tauglich.

Kriminalität und Lasterhaftigkeit dienen der Unterhaltung. In Thrillern, Romanen, Filmen, TV-Serien und Shows werden die Fehlerhaften vorgeführt und besichtigt. Beispielsweise unter kundiger Führung im Londoner East End. Hier ging im Jahre 1888 Jack the Ripper um. In den dunklen Gassen führt uns der Reiseleiter auf die Blutspur des Serienmörders. Hier trifft Literatur auf Historie. Fakten und Fiktion sind nur schwer zu entwirren. Bei einem traditionellen englischen Abendessen im Sherlock Holmes Pub mit Fish und Chips lässt sich anschliessend trefflich ein filmreifes Finale nach der Abenteuer-Tour inszenieren.

In all diesen Geschichten von Gescheiterten lässt sich immer aber auch etwas zutiefst Menschliches finden. Immer kommen Mitmenschen vor, die beim Aufstehen helfen – so man denn wieder aufstehen möchte: Der Anwalt, der Seelsorger, der Sozialarbeiter,

Freunde und Familie. Sie alle trösten. Und es gibt immer Opfer, die zu vergeben bereit sind. Darin wohl liegt die Kunst des Scheiterns: Immer wieder aufzustehen, mit oder ohne helfende Hände.

Maifahrt und Blueschtfahrt

Die »*Maifahrt*« oder schweizerisch »*Blueschtfahrt*« war früher ein studentischer Bummel in den Wonnemonat Mai. Heute unternehmen Biker mit ihren Töffs eine Maifahrt. Tausende Autofahrer treffen sich über Auffahrt vor dem Gotthard-Tunnel zum fröhlichen (Maifahrt-)Stau. Was den früheren und auch heutigen Maifahrern gemeinsam ist: Sie leben im Wonnemonat Mai die Philosophie eines Taugenichts. Ein »Taugenichts« war im Zeitalter der Romantik (1795-1850) ein sorgenfreier Mensch, der sein Glück auf der Wanderschaft und auf Reisen suchte, immer auf der Suche nach Abenteuern, Liedern und unvergesslichen Begegnungen. »*Aus dem Leben eines Taugenichts*« – so ist eine romantische Novelle von Joseph Freiherr von Eichendorff betitelt, die auch heute noch zum Literatur-Kanon einer jeden guten Ausbildung gehört.

Bestimmt erinnern sich viele an den Anfang dieser Taugenichts-Geschichte in wunderschön romantischem Stil:

»*Das Rad an meines Vaters Mühle brauste und rauschte schon wieder recht lustig, der Schnee tröpfelte emsig vom Dache, die Sperlinge zwitscherten und tummelten sich dazwischen; ich sass auf der Türschwelle und wischte mir den Schlaf aus den Augen; mir war so recht wohl in dem warmen Sonnenscheine...*«

Und der Taugenichts macht sich auf zu einer *Fahrt ins Blaue*, zu einer Maifahrt oder Blueschtfahrt:

»*Ich ging also in das Haus hinein und holte meine Geige, die ich recht artig spielte, von der Wand, mein Vater gab mir noch einige Groschen Geld mit auf den Weg, und so schlenderte ich durch das lange Dorf hinaus. (...) Mir war es wie ein ewiger Sonntag im Gemüte. Und als ich endlich ins freie Feld hinauskam, da nahm ich meine liebe Geige hervor und spielte und sang, auf der Landstrasse fortgehend: Wem Gott will rechte Gunst erweisen, den schickt er in die weite Welt, dem will er seine Wunder weisen in Berg und Wald und Strom und Feld. – Die Trägen, die zu Hause liegen, erquicket nicht das Morgenrot, sie wissen nur vom Kinderwiegen, von Sorgen, Last und Not um Brot.«*

Die frühere »Maifahrt« war ein Tribut an das freie und ungebundene Leben. Auch wenn sie nur ein paar Tage dauerte, stand sie für die Unabhängigkeit des Menschen, der sich den Schönheiten der blühenden Natur öffnet. Viel später, in den 60er-Jahren, haben die Hippies diese Taugenichts-Philosophie übernommen und verinnerlicht.

Raus aus dem Alltagstrott, sich auf das Schöne im Leben besinnen und sich die Zeit nehmen für die Menschen, für die Musik und für die Liebe. Ein klein wenig von dieser Taugenichts-Philosophie wäre uns allen zu wünschen, und dies nicht nur im romantischen Wonnemonat Mai.

Erinnerungen an Nicht-Gesagtes

Mehr Licht! Das soll schon der gute alte Goethe gesagt haben, als er auf dem Sterbebett lag. Kurz vor Weihnachten helfen wir einander durch das Dunkel der längsten Nacht, danach gibt es jeden Tag wieder etwas mehr natürliches Licht. Bis dahin sorgt die Weihnachtszeit jedoch für viel künstliches Licht. Für die Weihnachtsbeleuchtung in den Strassen ist viel Geld vorhanden. Gut so! Mehr Licht bitte!

Mehr Licht! Bitte auch ins Dunkel der Unterschiebungen und Fälschungen. Peinlich, was so alles berühmten Persönlichkeiten in den Mund geschoben wird. So haben Freunde am Sterbebett des Dichterfürsten Goethe die Mehr-Licht-Geschichte einfach nur erfunden. Der letzte Wunsch Goethes an seinen Diener sei gewesen, die Fensterläden zu öffnen, wird literaturgeschichtlich überliefert. Falsch! Goethes Diener hat etwas ganz anderes ausgesagt. Keinesfalls habe sein Herr »Mehr Licht!« gerufen. Nein, der Dichterfürst habe auf dem Sterbebett zuletzt nicht mehr Licht, sondern den Nachthafen verlangt.

»No Sports!« hat Churchill nie gesagt. Wenn sich demnächst ein Couch-Potatoe entschuldigt mit »No Sports!« und sich mit Churchills angeblicher Ablehnung der körperlichen Ertüchtigung brüstet, dann fallen Sie ihm ruhig ins Wort mit »Komplett erfunden!« Als Experten für falsche Zitate können Sie den Autor Martin Rasper nennen. Der ist auf Fälschungsjagd gegangen – und er ist mindestens 22mal fündig geworden. Viele Zitate auf Neujahrskarten, Postern oder Geschenkartikeln sind einfach nur berühmten Persönlichkeiten in den Mund gelegt worden.

»Wenn die Bienen verschwinden, hat der Mensch nur noch vier Jahre zu leben«, soll Einstein gesagt haben. Hat er aber nicht. Umweltaktivisten legten Albert Einstein diese Drohung in den Mund. Der Satz zählt zu den am weitesten verbreiteten falschen Zitaten überhaupt. Der Satz ist in Etappen entstanden und gleich vier Urheber sollen daran beteiligt sein: Charles Darwin (1859), Maurice Maeterlinck (1901), Ernst A. Fortin (1941) und G.V. Poulton (1966). Aber eben. Einstein muss halt für jede halbwegs gescheite Idee seinen Namen hergeben.

Zitate werden mit Vorliebe grossen Persönlichkeiten aus Literatur, Politik und Sport in den Mund gelegt: Willy Brandt, Bertolt Brecht, Winston Churchill, Albert Einstein, Michail Gorbatschow und anderen. Je weiter die Lebenszeit der Persönlichkeiten zurückliegt, umso ungenierter darf man ihnen anscheinend Zitate in den Mund legen.

Wer hat gesagt »Sie bewegt sich doch«? Nein, nicht Galilei. Auch Sportlern darf man alles in den Mund legen, die sind anscheinend froh, wenn man überhaupt von ihnen spricht. »Fussball ist wie Schach ohne Würfel«, dieses gescheite Zitat soll Lukas Podolski in

die Welt gesetzt haben. Hat er aber nicht. Was Podolski wirklich gesagt hat ist dies: »So ist Fussball. Manchmal gewinnt der Bessere.«
»Stell dir vor, es ist Krieg, und keiner geht hin.« Dieses Zitat hat mich in meiner Studentenzeit mächtig fasziniert. Einige meiner Kollegen haben auf Grund dieses Zitats damals gar den Wehrdienst verweigert. Den Denkanstoss soll Bertolt Brecht formuliert haben. Logisch eigentlich, Brecht, der damals als Revoluzzer und Sozialist die Welt mit seinen Theaterstücken verändern wollte. Aber leider nein, das Zitat ist nicht von Brecht, belehrt uns der Zitaten-Forscher Martin Rasper. Das Zitat soll vom US-amerikanischen Dichter Carl Sandberg stammen und heisst im englischen Original »Sometime they'll give a war and nobody will come«. In der Friedensbewegung der 1980er Jahre wurde der Spruch gar zum Motto einer ganzen Generation.

Also immer schön kritisch bleiben und nicht alles glauben, auch wenn es noch so wohl formuliert daher kommt. Es gilt, den »geflügelten Worten« gehörig die Flügel zu stutzen. Wie kann man bloss einem passionierten Reiter, Schwimmer und Draufgänger wie Winston Churchill das Zitat »No Sports!« in den Mund schieben?

Mit Liedern die Welt verändern

Erinnerungen an eine interessante und bewegte Zeit tauchen auf beim Anhören der Songs aus jener Zeit, als Songwriter ihre Texte in klangvolle Beat-, Pop- und Rockmusik verpackten. Die musikalische Stilrichtung aus den 60er Jahren prägten die Beatles, die Procol Harum, die Rolling Stones, die Byrds, die Hollies, Simon & Garfunkel, die Monkees, die CCR, und Bob Dylan.

In meiner Nachbarschaft leben einige Mitglieder der Band *remember*, das sind: Samuel Werner (Keyboard, Gesang), Tony Eggel (Gitarre, Gesang), Walter Sieber (Gitarre, Gesang), Rodo Bossotto (Schlagzeug, Gesang), Roland Derendinger (Bass, Querflöte,

Gesang) und Marcel Jossen (Gitarre, Akkordeon und Gesang). Die Band *remember* besteht aus Mannen im Pensionsalter. Sie haben den Songs aus den Sixties etwas die Schärfe genommen, indem sie die aufmüpfigen und aufrüttelnden Songs zu bekömmlicher Tanzmusik umgestylt haben. Natürlich ist es immer ein Wagnis, die Songs, die rund um die ganze Welt gingen, zu »covern«. Wer wagt es schon, sich mit der Beatles-Ikone John Lennon zu messen? Tony Eggel hat es versucht, und dank einer eigenen Interpretation ist ihm gelungen, was nur wenigen gelingt: Er hat »*Imagine*« von John Lennon auch fünfzig Jahre später glaubhaft und bewegend rübergebracht. Es ist dies ein Songtext, der auch heute noch den Geist weitet und das Herz bewegt.

»Imagine« - der Beatles-Song beinhaltet zutiefst philosophische Gedanken. Dem Songtext liegt die Vision von einer Gesellschaft zugrunde, die frei ist von Religionen, von Nationalismus und von Privateigentum. Das Lied ist ein Plädoyer für den Frieden und gilt als Hymne der Friedensbewegung. Einige Textstellen im Wortlaut:

»Stell dir vor, all die Leute lebten ihr Leben in Frieden. Stell dir vor, es gäbe keinen Besitz mehr. Ich frage mich, ob du das kannst. Keinen Grund für Habgier oder Hunger. Eine Menschheit in Brüderlichkeit. Stell dir vor, all die Menschen teilen sich die Welt. Du wirst vielleicht sagen, ich sei ein Träumer. Aber ich bin nicht der Einzige. Und ich hoffe, eines Tages wirst auch du einer von uns sein, und die ganze Welt wird eine Einheit.«

Das Woodstock-Festival vereinigte so ausdrucksstarke Songwriter wie Crosby, Stills, Nash & Young. Sie waren die Supergroup. Bereits ihr erstes Album aus dem Jahr 1969 war ein durchschlagender Erfolg. Mit Songs wie *Wooden Ships* gaben Nash & Young das Lebensgefühl vieler Amerikaner zur Zeit des Vietnamkriegs wieder. Mutig, wie nun die Amateur-Band *remember* sich an dieses Monument aus einer bewegten Zeit wagt. Der mehrstimmige Satzgesang und die überragenden Lead-Gitarristen sorgen für ein tolles Comeback des Kultsongs von Nash&Young.

»*Here comes the sun.*« Der Beatle George Harrison hat diesen tröstlichen und optimistisch stimmenden Song einer Welt in Aufruhr und voller Kriegslärm geschenkt. Die Band *remember* versetzt ihr Publikum damit in eine nachdenkliche Stimmung. Manch eine(r) wischt sich verstohlen ein Tränchen aus dem Gesicht:
»*Little darling, I feel that ice is slowly melting. Little darling, it seems like years since it's been clear. Here comes the sun. And I say it's all right.*«

Tiefsinnige poetische Texte präsentierten die Hollys im Jahr 1969. Etwa das Lied »*He is my brother*«. Der Song erzählt eine Geschichte aus dem nordirischen Krieg. Ein junger Soldat trägt seinen getöteten Bruder auf den Armen:

»*Der Weg ist lang. Aber ich bin stark genug, um ihn zu tragen. Er ist nicht schwer, er ist mein Bruder. Wenn ich schwer tragen muss, dann ist es nicht das Gewicht des Bruders. Es ist die Traurigkeit, die schwer auf mir lastet.*«

Die Band *remember* brilliert auch mit Eigenkompositionen. Das Intro und den Schluss zu einer dieser Eigenkompositionen hat Johann Sebastian Bach geliefert. Das Lied handelt davon, wie die Älteren zusammen mit den Kindern und mit den Enkeln eine neue Welt aufbauen wollen. Doch leider fährt nur allzu oft die Macht der Politik dazwischen.

Hatten wir nicht auch schon in der 60er Jahren derartige Träume und Visionen? Die Band *remember* bleibt sich selbst treu. Das Gedankengut der Achtundsechziger ist auch heute noch aktuell.

Zum Schluss ein *Hallelujah*. Das wohl schönste *Hallelujah* stammt von Leonard Cohen. In einer deutschen Übersetzung würde das etwa so tönen:

»*Ich gab mein Bestes, doch es war nicht viel. Ich konnte nichts fühlen, deshalb versuchte ich zu berühren. Ich sagte die Wahrheit, ich bin nicht gekommen, um dir was vorzumachen. Und auch wenn alles schief gelaufen ist, werde ich vor dem Gott des Gesanges stehen, mit nichts auf meiner Zunge, als mit einem Hallelujah.*«

Die letzten Akkorde der Band *remember* sind verklungen. Viele von uns wachen aus einem rührseligen Traum auf. Wir hatten einen Traum geträumt von vergangenen Zeiten, einen Traum von Aufbruch und von Frieden.

Als Zugabe bietet sich einzig »*California Dreaming*« von The Mamas & The Papas an. Der »*California Dream*« ist der Traum von einem Ort hier auf Erden, an dem alles von neuem beginnen kann. Daraus hat sich später der Mythos vom »*American Dream*« entwickelt. Es ist dies der Traum von einem Land, das unbeschränkte Freiheiten verspricht. Von einem Land der unbegrenzten Möglichkeiten.

Wenn das Böse siegt

Dürfen Kommissare und Krimi-Helden labil und krank sein? Darf in einem Krimi das Böse über das Gute triumphieren? Es ist nun genau 25 Jahre her, seit die vielleicht wichtigste Autorin von Kriminalliteratur in Locarno starb. Patricia Highsmith kam 1921 in Texas zur Welt. 1963 übersiedelte sie nach Europa und liess sich schliesslich im Dörfchen Tegna im Tessin nieder. 1995 starb sie in einem Krankenhaus in Locarno. In Europa genoss sie als Krimi-Autorin ein hohes Ansehen, in den USA jedoch ging die Literaturkritik mit ihr hart ins Gericht. Dies vor allem deshalb, weil das Lesepublikum nicht bereit war, ihren psychopathischen Romanhelden Tom Ripley zu akzeptieren. Patricia Highsmith bekannte sich offen zu ihrer Faszination für das Böse und dessen Sieg über das Gute.

Psychisch kranke Kommissare und Krimi-Helden ermitteln auch heute wieder im deutschen Krimi. Es scheint, als hätte das literarische Erbe von Patricia Highsmith das Krimi-Genre pervertiert. Viele Kommissare sind unfähig zu vernünftigen Beziehungen, sie sind süchtig, oft auch traumatisiert – oder gar alles gleichzeitig. Peter Faber aus dem sonntagabendlichen Fernsehkrimi »Tatort« ist ein Beispiel dafür. Auch Ermittlerin Lena Odenthal ist nahe dem Burnout. Die Ermittler in aktuellen TV-Krimis sind auf Erfolg fixiert, sie fürchten bei Erfolglosigkeit ihren Job zu verlieren. Damit sind auch die Voraussetzungen gegeben, dass Ermittler zu Tätern werden. Auch Ermittler verfügen heute über kriminelle Energien. Und die Täter in den Krimis treten häufig auf als Serienmörder, Sadisten, Vergewaltiger oder Stalker.

Früher waren die Ermittler integer. Sie liessen sich nichts zuschulden kommen. Der Trend, labile Kommissare in TV-Serien ermitteln zu lassen, geht nicht allein auf die Romane von Patricia Highsmith zurück. Viel später waren es vor allem amerikanische Streaming-Serien, welche diesen Trend verbreiteten. Die Idee dahinter ist, die Krimis psychologisch interessanter und vieldeutiger zu gestalten. Wo nur ist der entspannte Ermittler im Stile eines James Bond oder gar eines Sherlock Holmes geblieben?

Im Sherlock-Holmes-Museum in London kann sich jedermann als Sherlock Holmes verkleiden, in dessen Stuhl vor dem Kamin sitzen und sich so in die Person des autoritären und absolut integren Meisterdetektivs einfühlen. Die Personalie des Meisterdetektivs war derart beeindruckend und überzeugend, dass seine Arbeitsmethode, die auf detailgenauer Beobachtung und nüchterner Schlussfolgerung beruhte, die Kriminalistik auch im wahren Leben befruchtet hat.

Mit Patricia Highsmith und ihrer Hauptfigur Tom Ripley hielt der Sieg des Bösen über das Gute in der Kriminalliteratur Einzug. Die psychische Gesundheit der heutigen Fernsehkommissare ist nun aber zur Chefsache geworden: Verantwortliche für Film- und Fernsehdramaturgie kommen zum Schluss, dass moderne Krimis häufig eine falsche Vorstellung vermitteln. Sie bestätigen das Vorurteil, dass Menschen mit einer psychischen Störung gewalttätig sind.

Lebensgefährliche Theorien

Nach der Schliessung des Zürcher Drogenplatzes »Platzspitz« entstand vielerorts in der Schweiz eine offene Drogenszene. Daran erinnert der Film »Platzspitzbaby«. Von der Filmkritik hoch gelobt, durfte man gespannt sein, ob das Kinodrama rund um die offene Schweizer Drogenszene auch halten würde, was versprochen wurde. Gleich vorweg: Der Film ist vielen Kinobesuchern mächtig eingefahren, dies vor allem aufgrund der schonungslosen und teils hoch emotionalen Szenen.

Der Film fokussiert auf eine drogensüchtige Mutter, im Film heisst sie Sandrine, und auf ihr 11-jähriges Mädchen mit dem Namen Mia. Die Tochter Mia kämpft um die Liebe ihrer Mutter, immer wieder wartet sie im Auto, bis Mama Sandrine, vollgepumpt mit Drogen, zurückkommt. Täglich sucht Mia unter den abgewrackten Junkies nach ihrer Mutter. Gerne möchte das Kind seine Mutter aus dem Drogensumpf befreien, doch immer wieder scheitert Mia an der unbezwingbaren Sucht ihrer Mutter. Schliesslich geht das Kind für seine Mutter grösste Risiken ein, um sie mit Drogen versorgen zu können. So beginnt der Film, situiert inmitten des Zürcher Platzspitz-Dramas.

Nach der Schliessung des grössten europäischen Drogenumschlag-Platzes, dem Zürcher Platzspitz, verlagert sich die Drogenszene aufs Land und in die Dörfer. Mias Eltern trennen sich. Mia zieht mit ihrer Mutter Sandrine in ein kleines Dorf im Zürcher Oberland. Doch auch hier gibt es für Mutter Sandrine kaum je abstinente Tage. Sie fällt erneut der einheimischen Drogenszene zum Opfer. Im Film ist diese Zeit charakterisiert durch schockierende Szenen, die dem Betrachter arg unter die Haut gehen.

Mit oftmals nur ganz wenigen Bildern schafft es Regisseur Pierre Monnard, die Brutalität und die Unmenschlichkeit des Drogenmilieus offenzulegen: Da sticht ein kleines Mädchen seiner Spielzeug-Puppe die Augen aus, damit die Puppe die schrecklichen Junkie-Bilder zu Hause nicht mehr »ansehen« muss. Und es treibt dem Zuschauer die Tränen in die Augen, wenn die Mutter auf offener Strasse ihrer Tochter den heiss geliebten kleinen Hund entreisst, um ihn in einem schmuddeligen Drogenladen zu Geld zu machen. Und all dies bloss, um sich ein kleines Briefchen von diesem weissen Scheiss-Pulver kaufen zu können! Sowas fährt dem Kinobesucher schon mächtig ein. Als Zuschauer überkommt einen selber eine todtraurige Stimmung, dann etwa, wenn sich Mia wegträumt auf eine friedliche Insel, auf die Malediven oder anderswo. In Mias Traumwelt erhält sie auch regelmässig Besuch von einem imaginären Freund, der ihr aber letztlich auch nicht zu Hilfe eilen kann. Mit solchen Szenen verfügt der Film über eine starke Ausdruckskraft, stärker noch als das Buch.

Der Film basiert auf dem gleichnamigen Buch von Michelle Halbheer. Das Buch gibt bestimmt mehr her, was den psychologischen Hintergrund angeht. Auch zum Verständnis der komplexen Drogenszene trägt das Buch mehr bei. Im Buch erzählt Michelle Halbheer ihre eigene Geschichte als Platzspitzbaby autobiographisch und als Ich-Erzählerin. Was mir persönlich am Buch besonders wichtig erscheint ist die Tatsache, dass hier aus mehreren Perspektiven erzählt wird. Da kommt zum Beispiel auch mal Mias Lehrer zu Wort, auch er als authentischer Ich-Erzähler. Er schildet Mias Geschichte aus der Sicht des Pädagogen. Er erzählt beispielsweise, wie das Drogen-Kind besonders im Schultheater sich immer wieder hat neu motivieren können für ein Leben an der Seite einer drogenabhängigen Mutter. Diese literarische Technik erlaubt es dem Leser, auch Mias Kindheitsgeschichte mit einzubeziehen. Dadurch wird es den Leserinnen und Lesern ermöglicht, Mias Entwicklung zu einem verhaltensauffälligen Kind nachvollziehen zu können. Im Buch schaltet sich auch Mias Freundin ein, sie tut dies ebenfalls als Ich-Erzählerin. Demgegenüber fokussiert der Film fast ausschliesslich auf die problematische Mutter-Tochter-Beziehung.

Was Film und Buch gleichermassen thematisieren: Auch heute noch sprechen progressive Fachleute davon, dass Kinder für ihre Junkie-Eltern eine grosse Chance seien. Kinder könnten die Therapiewilligkeit von Heroin-Konsumenten markant steigern. Diese Ansicht ist jedoch falsch und zudem auch lebensgefährlich für die Kinder. Derartige Theorien haben vielen Kindern wie Mia im Film oder wie Michelle im Buch fast das Leben gekostet.

Die Bibel der Aussteiger

Hesses buddhistisch inspirierte Werke beschäftigen und begleiten mich seit den 70er-Jahren bis heute. Im Jahr 2013 brachte ich Hesses »*Demian*« als Musiktheater erstmals auf die Bühne des Theaters La Poste in Visp. Ich führte Regie und schlüpfte zusätzlich auch als Schauspieler in die Rolle des gealterten Hermann Hesse. Hermann Hesses fernöstlich geprägtes Werk »*Siddharta*« liess viele von uns anfangs der 70er-Jahre zu Aussteigern werden.

Noch weit mehr als Hesse befeuerte unsere Sehnsucht nach fernöstlicher Spiritualität der Philosoph Robert A. Pirsig, der 1974 ein autobiografisch gefärbtes Buch veröffentlicht hatte. Auf dem Motorrad war er durch den amerikanischen Nordwesten gereist. Dabei dachte er darüber nach, was dem Leben Sinn gibt, und wie dieser Sinn erfahren werden könnte. Der Motorradfahrer verfasste ein Buch über diese Reise, eine Art »*Easy Rider*« mit viel fernöstlicher Philosophie. Er entdeckte das Zen, die Einheit allen Seins, auch in der Mechanik seines Töffs.

Robert A. Pirsigs Buch wurde zur Bibel der Aussteiger und Hippies. Die *Beatles* zogen daraufhin nach Indien, um sich und ihre Songs von indischen Yogis philosophisch befruchten zu lassen.

Pirsig fragte sich damals – wie viele von uns auch – ob man mit Hilfe der Naturwissenschaften tatsächlich zum Wesentlichen des menschlichen Seins vordringen kann. Angefangen hatte er ein Chemiestudium, wandte sich dann aber enttäuscht von diesem rationalen und rein kognitiven Denken ab. Er wandte sich dem Spirituellen und Emotionalen zu – und mit ihm taten dies auch viele von uns, die unzufrieden waren mit der westlichen Lebensführung.

In Pirsigs Buch steht der berühmt gewordene Satz:
»*Die Rationalität ist eine so starke, alles beherrschende Triebkraft des zivilisierten Menschen, dass sie fast alles andere verdrängt hat und heute den Menschen beherrscht. Das ist die Wurzel des Übels.*«

Solche Sätze verleiteten damals viele von uns dazu, nach Abschluss des Gymnasiums ein Jahr in Indien zu verbringen und dort in buddhistischer Manier nach neuer Spiritualität und nach dem wirklichen Sinn des Lebens zu suchen.

Was damals Kult war – die Sehnsucht nach Spiritualität fern der westlichen Tradition – versandet inzwischen inmitten der boomenden New-Age-Literatur in den Gestellen der Buchhandlungen. Für die Gemeinde der modernen Esoteriker sind Pirsigs Gedanken zu komplex.

In den ersten Maitagen des Jahres 2017 ist Robert A. Pirsig, der Autor des Weltbestsellers »*Zen und die Kunst ein Motorrad zu warten*«, 88-jährig gestorben. Was bleibt, ist die Erinnerung an den grossen Aufbruch, an die faszinierende Revolte, die damals in den 70er-Jahren uns Jugendliche zu Aussteigern und zu Hippies werden liess. Viele von uns formte diese bewegte Zeit zu kreativen und fantasievollen Geistern, die den Naturwissenschaften genauso wie den westlichen Heilsversprechen kritisch gegenüber stehen.

Am Fuss der Olololo-Berge

Als der Heissluftballon langsam über die Akazienbäume aufsteigt, ist Kenia dann doch wie im Buch von Tania Blixen. Die afrikanische Sonne bricht durch einen wolkenverhangenen Himmel. Ein rosarotes Morgenlicht flutet die Gras-Ebene am Fuss der Olololo-

Berge. Wir schweben über den Schauplätzen von Tania Blixens »Jenseits von Afrika«.

Hier, am Fuss der Olololo-Berge, spielt eine der wundervollsten Szenen der Weltliteratur. Hollywood hat die Szenen mit Meryl Streep und Robert Redford so unvergesslich romantisch und nostalgisch auf Leinwand gebannt, dass diese Bilder auch heute noch eine grosse Zahl von Literatur-Touristen nach Kenia bringen, auf den Spuren von Tania Blixens »Jenseits von Afrika«:

Der Grosswildjäger Denys Finch Hatton hebt mit seiner Geliebten Karen Blixen im gelben Propellerflugzeug über die Tierherden der Masai Mara ab. Am Nakurasee tauchen sie mit ihrem Gipsy-Moth-Doppeldecker in einen aufgeschreckten Schwarm Flamingos ein, gleiten über die Wasserfälle der Aberdare-Berge. Sie, hinter ihm sitzend, reicht ihm überwältigt ihre Hand. Und der gelbe Flieger verschwindet in den Wolken am Mount Kenya. Zurück bleiben die letzten Klänge von Mozarts feierlichem Klarinettenkonzert.

Es waren diese Bilder, die mich nach Kenia brachten. Ich habe den Film als Student gesehen, dann Tania Blixens Erzählung später immer und immer wieder gelesen.

»Wir sind jetzt genau an jener Stelle, auf die Karen und Denys im Film blicken«, sagt der Ballonführer. Seitdem Sidney Pollacks Hollywoodfilm »Jenseits von Afrika« mit Meryl Streep und Robert Redford in den Hauptrollen in die Kinos kam, ist Kenia ein Sehnsuchtsort. Die Kinobilder des fernen kolonialen Afrikas preisen Kenia als Sehnsuchtsziel für Romantiker. Das mit sieben Oscars ausgezeichnete Melodram um die Liebe der dänischen Schriftstellerin und Farmerin Karen Blixen zu dem englischen Buschpilot Denys Finch Hatton ist bis heute ein weltweiter Publikumserfolg geblieben.

Wie war es aber wirklich? Vor kurzem ist »Jenseits von Afrika« als Neuauflage in der »Manesse Bibliothek der Weltliteratur« erschienen. In unvergesslichen Episoden beschreibt Tania Blixen die märchenhaft-mystische Atmosphäre der Natur, erzählt von der

Jagd, von den ihr fremdem Bräuchen der Einheimischen und von bewegenden Begegnungen: mit Kamante, einem kranken Kikuyu-Jungen, den sie zum Koch ausbildet, mit Häuptling Kinanjui, mit Berkeley Cole, der ihr zum Freund, und mit Denys Finch Hatton, der zu ihrem Geliebten wird.

Finch Hatton kam beim Absturz seiner Gipsy Moth ums Leben. Wir fahren in die Ngong-Berge, zur Stelle, wo Karen Blixen ihren Geliebten Finch Hatton begraben liess. Über dem Grab des Grosswildjägers wuchern Rosmarin und Dreimasterblumen. In der Ferne taucht die Silhouette der Grossstadt Nairobi aus dem Dunst auf. Auf dem originalen Filmposter sitzen Meryl Streep und Robert Redford genau hier, einander schweigend zugewandt im wogenden Gras der Savanne.

Das Ende. Karen Blixen hält eine kurze Rede auf der Beerdigung von Finch Hatton. Dann schreitet sie den Hügel hinunter mit Blick auf die weite Masai Mara. Ein Löwe und eine Löwin lassen sich auf dem verwilderten Grab des Grosswildjägers nieder. *Abspann. The End.*

Dem Afrika-Buch von Karen Blixen ist seit Jahrzehnten grosser Erfolg beschieden. Mit ihrer melancholischen Liebeserklärung an Natur und Ureinwohner des afrikanischen Kontinents schuf sie ein bewegendes Stück Weltliteratur, das sich vor Ort immer noch nacherleben lässt.

Die schöne Meisterspionin

Die Geschichte über eine verführerische Tänzerin, die sich als Mata Hari neu erfand und die sich als »Kriegerin« allen Widerständen des Lebens entgegenstellte, hat mich seit meinen Studienjahren fasziniert. Sie soll die »schönste Meisterspionin aller Zeiten« gewesen sein. Mit bürgerlichem Namen hiess sie Margarethe Zelle. Als Tänzerin und vermeintliche Spionin *Mata Hari* gelangte sie zu Weltruhm. Sie galt als »femme fatale«, die sich selbst als exotische

Tänzerin und Künstlerin neu erfand. In Paris konnte sie ausleben, was erlaubt und was als Sünde galt. Als *Mata Hari* verdrehte sie mächtigen Männern gehörig den Kopf. Nach dem Ausbruch des Ersten Weltkriegs liess sie sich auf ein gefährliches Doppelspiel ein und wurde als Spionin des Hochverrats angeklagt. Am 15. Oktober 1917 wurde Mata Hari von einem zwölfköpfigen Kommando exekutiert und erschossen.

Was ich schon seit Studienjahren selber gern getan hätte, das hat sich nun der spirituell-esoterisch veranlagte Brasilianer Paulo Coelho als Geburtstagsgeschenk gegönnt. Zum 70. Wiegenfest erscheint sein neuester Roman »*Die Spionin*«. In seinen Romanen predigt er die spirituelle Selbstfindung unter dem Motto: »Verwirkliche Deinen Traum«. Geboren 1947 in Rio de Janeiro, lebt er heute mit seiner Frau Christina in Genf.

Internationale Bekanntheit erlangte Paulo Coelho mit seinem Roman »Der Alchimist«. Er machte Coelho zum erfolgreichsten Bestsellerautor weltweit. Seine Bücher werden in über 80 Sprachen übersetzt, sie erscheinen in 170 Ländern und verkauften sich bis dato über 210 Millionen Mal. Dabei sind die Vorwürfe seitens der Literaturkritik happig. Paulo Coelho gilt als literarisch-esoterischer Guru und als einer, der das komplexe moderne Leben auf ein paar einfache Wahrheiten reduziert. Doch das alles ficht Millionen von Leserinnen und Leser auf der ganzen Welt nicht an. Sie leben ihren Traum mit ihm, mit Paulo Coelho.

Paulo Coelho wird auch in seinem Roman »*Die Spionin*« seinem Ruf als spirituell-esoterischer Guru gerecht. Er reichert die Lebensgeschichte der Mata Hari mit viel Fiktion und Fantasie an. »*Die Spionin*« ist die Geschichte von einer attraktiven und verführerischen Frau. Es wäre dies aber kein Roman von Coelho, würde er nicht auch die seelischen Untiefen und die inneren Motive von Mata Hari ausleuchten.

Paulo Coelho schlüpft in die Haut seiner Protagonistin und lässt sie in einem letzten Brief aus dem Gefängnis ihre aussergewöhnliche Lebensgeschichte selbst erzählen. Es ist die Geschichte vom Mädchen Margarete Zelle aus einem holländischen Kaff, das zur exotischen Tänzerin *Mata Hari* wurde. Tief in ihrem Herzen war sie jedoch eine einsame Frau, die ein Leben lang ihre grausame Kindheit zu verarbeiten hatte, dazu einen Missbrauch in der Schule, eine zum Scheitern verurteilte Ehe und schliesslich den tragischen Verlust ihrer Kinder.

»*Die Spionin*« ist jedenfalls eine Mutmachergeschichte, eine Aufforderung, mutig den eigenen Weg zu gehen, abseits von allen Konventionen.

Spurensuche im Tessin

Davon hatte ich ein Leben lang geträumt: Im Herbst ins Tessin reisen, nach Montagnola, und dort vor der berühmten Casa Camuzzi sitzen. Dort, wo einst der Schriftsteller Hermann Hesse lebte, dem ich mich sehr verbunden fühle. Seine grossen Werke »Siddharta« und »Der Steppenwolf« hat er hier geschrieben. Und hier schrieb Hermann Hesse auch seinen »Demian«, die Geschichte einer Jugend, die ich vor drei Jahren zu einem Schauspiel umschrieb und als Welt-Uraufführung auf die Bühne brachte. Auf den Spuren von Hermann Hesse verbrachte ich unvergessliche Tage eines Spätsommers, wanderte durch die bunten Kastanienwälder und besuchte all die Orte, die für Hermann Hesse dichterische Inspiration waren.

Auf den Spuren von Hermann Hesse habe ich die Tessiner Landschaft durchwandert, und wie Hesse fühlte ich mich magisch von ihr angezogen. Hermann Hesse versuchte hier im Jahr 1919 einen Neubeginn. Als der Krieg zu Ende ging, hatte sich in Hesses Leben viel verändert. Ausgebrannt und verzweifelt suchte er in Montagnola die Einsamkeit und die Besinnung, um dann vielleicht wieder zu neuen Ufern aufbrechen zu können. Als »ein kleiner abgebrannter Literat, ein abgerissener und etwas verdächtiger Fremder, der von Milch und Reis und Makkaroni lebte, seine alten Anzüge bis zum Ausfransen trug und im Herbst sein Abendessen in Form von Kastanien aus dem Wald heimbrachte«, bewohnte Hesse in der Casa Camuzzi vier Zimmer.

Der Sommer in Montagnola soll eine der schöpferischsten Phasen im Leben Hesses ausgelöst haben. Warum? Das konnte ich aus eigener Anschauung erfahren. Mir erging es wie Hesse. Er schrieb:

»Entscheidend waren Atmosphäre, Klima und Sprache des Südens, dazu ein Sommer, wie ich wenige erlebt habe, von einer Kraft und Glut, einer Lockung und Strahlung, die mich mitnahm und durchdrang wie starker Wein.«

Hesse konnte endlich wieder arbeiten. Er wagte auch in seinem Schreiben einen Neuanfang. Seine Erfahrungen flossen in den Roman »Demian« ein, der unter dem Pseudonym Emil Sinclair erschien.

Wohl am schönsten eingefangen hat Hermann Hesse die Tessiner Umgebung in der autobiographischen Erzählung »Klingsors letzter Sommer«. Darin lese ich die folgenden Zeilen:

»Ich stand nach Mitternacht auf dem schmalen Steinbalkon meines Abeitszimmers. Unter mir sank tief und schwindelnd der alte Terrassengarten hinab, ein tief durchschattetes Gewühl dichter Baumgipfel, Palmen, Zedern, Kastanien, Judasbaum, Blutbuche, Eukalyptus, durchklettert von Schlingpflanzen und Lianen.«

Hesse widmete sich in Montagnola jedoch nicht nur dem Schreiben. Er malte auch Tag für Tag viele hundert Studienblätter voll. Und er zeichnete, hatte regen Verkehr mit vielen Menschen, hatte zwei Liebschaften und sass manche Nacht im Grotto beim Wein. Seine Kerze brannte »an allen Enden zugleich«, wie er selber über seine Zeit in Montagnola schrieb.

Als Hermann Hesse 40 Jahre lang in Montagnola grosse Weltliteratur geschrieben und dafür den Nobelpreis für Literatur erhalten hatte, schaute er sentimental und melancholisch auf sein Leben zurück. Hermann Hesse schrieb:

»Das Märchen-Tessin unserer guten Zeiten ist nicht mehr da. Die grosse Landschaft freilich ist die selbe, die Berge und Täler, noch immer mit viel Wald, aber die Dörfer sind Vorstädtchen geworden, an Stelle der Rebhänge und Wiesen sind Neubauten mit umzäunten Gärtchen entstanden und breite zementierte Autostrassen, im Tal entstehen Fabriken...«

Im Spätsommer 1962 starb Hermann Hesse. Er wünschte sich, in der Tessiner Erde begraben zu werden. Seine Hoffnung sollte sich erfüllen. Mit jährlich bis zu 20'000 Besuchern aus aller Welt ist das Hermann Hesse Museum Montagnola heute zu einem bedeutenden Anziehungspunkt im Tessin geworden.

Starbesetzung für einen alten Schmöker

Früher war doch nicht alles schlecht, fuhr es mir durch den Kopf, als ich von der erneuten Literaturverfilmung des legendären Kriminalromans »Mord im Orientexpress« erfuhr. Der Agatha-Christie-Klassiker datiert aus dem Jahr 1934. Die erste Verfilmung flimmerte bereits 1974 über die Leinwand. An die erste »Orientexpress«-Verfilmung kann ich mich noch gut erinnern, denn in diesem Jahr war ich Maturand im Kollegium Brig.

Neu ist allerdings die Starbesetzung für den alten Schmöker. Als Regisseur und Schauspieler hat sich der Brite Sir Kenneth Branagh an den Krimiklassiker gewagt. Er ist den TV-Zuschauern bekannt als Darsteller von Henning Mankells Kommissar Wallander. Mit einem Star-Ensemble will er jetzt alle bisherigen Auflagen von »Mord im Orientexpress« toppen. Es wird uns im Kino keine erholsame Zugfahrt mit dem Orientexpress erwarten. Privatdetektiv Hercule Poirot - er wird von Kenneth Branagh gleich selbst dargestellt - ermittelt gegen Zugpassagiere, die von einem wahren Hollywood-Starensemble gemimt werden: Judi Dench spielt die Prinzessin Natalia Dragomiroff und Johnny Depp den ermordeten

Kunsthändler Edward Ratchett, Penélope Cruz ist eine spanische Missionarin und Michelle Pfeiffer und Willem Dafoe glänzen in Nebenrollen.

Der Inhalt des 1934 erschienenen Romans von Agatha Christie ist zum Glück derselbe geblieben, denn es käme wohl einem Sakrileg gleich, wollte man der Grand Old Lady Agatha Christie am Zeug herumflicken. Es geht um 13 Freunde in einem Zug, und es geht um einen Mord. Privatdetektiv Hercule Poirot hat soeben einen Fall aufgeklärt und nimmt auf der Rückreise den legendären Orient-Express. Doch dann gerät die Fahrt ins Stocken, der Zug nach London bleibt in Schneeverwehungen stecken. Mitten im Schnee-Chaos wird der Kunsthändler Ratchett ermordet aufgefunden. Detektiv Hercule Poirot ist gefordert. Er ermittelt gegen die übrigen Reisenden – einer von ihnen muss der Täter sein. Um den Täter zu identifizieren, muss Hercule Poirot mehr über das Opfer und über seine Mitreisenden herausfinden. Aber Hercule Poirot muss sich beeilen – denn der Killer wird vielleicht nochmals zuschlagen.

Ein Blick zurück in die Literaturgeschichte offenbart Interessantes. »Mord im Orientexpress« ist der 14. Kriminalroman von Agatha Christie. Zuerst erschien er am 1. Januar 1934 im Vereinigten Königreich unter dem Titel »Murder on the Orient Express«. Die amerikanische Erstausgabe erschien erst später im Jahr unter dem Titel »Murder in the Calais Coach«. Der Titel musste abgeändert werden, weil 1933 in den USA der Roman »Stamboul Train« von Graham Greene unter dem Titel »The Orient Express« veröffentlicht worden war. Die deutsche Erstausgabe kam dann 1934 im Goldmann Verlag Leipzig heraus unter dem Titel »Die Frau im Kimono«. 1951 änderte der Goldmann Verlag den Titel ab in »Die Frau im roten Kimono«.

Mit dem Start des ersten Kinofilms wurde der Titel dann erneut geändert in »Mord im Orientexpress«. Die aktuelle Neuverfilmung von Kenneth Branagh wird sich am berühmten Kriminalfilm des

Regisseurs Sidney Lumet aus dem Jahr 1974 messen lassen müssen. Damals spielte Albert Finney die männliche Hauptrolle und Ingrid Bergman erhielt als Darstellerin der Missionarin einen Oskar. Ob es Kenneth Branagh gelungen ist, mit seiner Starbesetzung neue und gleichzeit auch überzeugende Herangehensweisen an diesen klassischen Kriminalroman zu finden? Dazu nur so viel: Früher war doch nicht alles schlecht.

Steine erzählen Geschichten

Ferienzeit ist auch Souvenirzeit. Was man da so alles nach Hause bringt! Aus Venedig eine bemalte Maske, aus Kreta eine nachgebildete Götterfigur, aus Spanien einen Fächer. Es sind dies Souvenirs, die nach kurzer Zeit zu Staubfängern mutieren, dann in einer Schublade verschwinden und schliesslich als Kehricht entsorgt werden. Ich bringe kleine Steinchen, die irgendwo herumliegen, nach Hause. Im Steingarten bekommen sie ihren Platz, und da erzählen sie ihre Geschichten.

Es war einmal… Auf den Geschmack gebracht hat mich beim Sammeln von Steinen der frühere Briger Spitalpfarrer Emil Schmid. Er durchforschte die Zwergenhöhlen in der Triesta bei Brig und förderte manchen erstaunlichen Fund zu Tage. Nur mit geschärftem Auge und mit etwas Phantasie lässt sich erkennen, dass es sich bei besonderen Steinen nicht einfach nur um Steine handelt, sondern um Zeugen unserer menschlichen Kultur. So fand ich kürzlich einen Faustkeil, möglicherweise stammt er aus der Steinzeit. Was haben unsere Vorfahren wohl alles damit angestellt? Tierhäute präpariert? Das Fleisch des erlegten Wildes zerschnitten? Oder ist der Keil gar ein kriminelles Tatwerkzeug, das Stoff für einen Steinzeit-Krimi böte?

In der legendären »Trommelbucht« auf Ibiza fand ich letzthin den Stein der Liebe. Ich habe ihn »Stein der Liebe« getauft, weil er sich rot verfärbt, sobald er mit Wasser in Berührung kommt, und Rot ist ja die Farbe der Liebe. Wenn die Regenwolken nahen, dann höre ich das Meer vor Ibiza rauschen. Der Kreislauf der Natur sorgt dafür, dass die Wasser aus dem Meer sich mit dem Stein vereinen, sie färben ihn rot, und er darf wieder der Stein der Liebe sein.

Dass Wanderer zuweilen schöne Steine sammeln, das ist legitim und weit verbreitet. Vermeiden sollte man natürlich das Einsammeln von Steinen, die zu einem anerkannten Kulturgut gehören. Die lässt man besser liegen, will man sich nicht strafbar machen. Die Schweiz ist steinreich. Steinreich sind wir nicht bloss der Goldschätze wegen, die in unseren Banksafes lagern. Keinen Platz in Banksafes hätten allerdings die tonnenschweren Brocken. Im Schweizer Steininventar (ssdi.ch) sind jene grossen Findlinge und Steindenkmäler namentlich aufgeführt, die in der Schweiz herumliegen und ihre unglaublichen Geschichten erzählen.

Die meisten von uns kennen bestimmt die Sage vom *Teufelsstein* am Gotthard. Aber wer kennt schon die Geschichte des *Gnagisteins* in Obwalden? Auf ihm soll ein Vogel gar ein Kind verspeist haben! Schrecklich! Im Kanton Schwyz steht der *Druidenstein*, der von einer Verschwörung erzählt. Und was ist mit dem *Schwarzen Staa* in Bargen? Kaum jemand weiss, wo Bargen liegt, geschweige denn, welch fürchterliche Geschichte uns der Schwarze Stein zu erzählen hat! Beim Lesen schärfen sich die Sinne und plötzlich erinnert man sich, dass auch in unserer Region der eine oder andere Stein liegt, der viel zu erzählen hätte.

Jahrelang kämpften Kultur- und Sagenfreunde um die Erhaltung des *Mördersteins* im Pfynwald. Er hätte der neuen Streckenführung der A9 weichen müssen. Die Kämpfer hatten Erfolg. Die historische Kultstätte *Mörderstein* im Pfynwald konnte erfolgreich versetzt werden. Bei der Kultstätte wurden 9000 Jahre alte Spuren menschlicher Zivilisation gefunden. Der Stein war gar Thema im Grossen Rat. Und der Präsident des Oberwalliser Vereins »Kultstein / Steinkultur«, Edgar Ruppen-Zeiter, lancierte damals eine Unterschriftensammlung, um die Planer der A9 dazu zu bewegen, eine andere Linienführung zu suchen, um so den *Mörderstein* an seinem angestammten Platz zu belassen.

Ein lieber Medien-Kollege, er hat sich auch als Strahler einen Namen geschaffen, belohnte mich mit einem wunderschönen Kristall anstelle einer Gage für einen Moderations-Job, den ich für ihn tätigen durfte. Nun kann ich lauthals verkünden: Leute, ich bin steinreich!

Student sein, wenn die Veilchen blühen

Bei einem Besuch in Heidelberg war ich überrascht vom frohen und lustigen studentischen Treiben in der Altstadt. Jede studentische Verbindung hat ihre Kneipe, und stolz kündigen die Männer- oder Damenverbindungen ihren Stamm mit einem weithin sichtbaren Wirtshausschild an. Als ehemaliger Senior der Brigensis – ich führte die Briger Studentenverbindung im Jahr 1974 – war ich erstaunt, dass es diese studentische Welt in dieser Form heute überhaupt noch gibt.

Wie gross der Stress der Studierenden heute ist, beschrieb der Rektor des Kollegiums Spiritus Sanctus kürzlich in unserem Lokalradio. »Eine Maturaprüfung ist wie ein Wettkampf«, sagte er. Und der psychische Druck sei bei den Prüfungen nicht zu unterschätzen. Als Experte für das Fach Deutsch am Briger Kollegium darf ich mich auf die Prüfungen freuen. So viel Allgemeinwissen wie an einer Maturaprüfung ist bei keiner anderen Gelegenheit abrufbar, heisst es. Ob das Singen und Festen auch heute noch zu einem derart stressigen Studentenleben passt, wage ich allerdings zu bezweifeln.

Während bei uns die studentischen Verbindungen schrumpfen, scheint die alte Burschenherrlichkeit in deutschen Städten wieder Fuss zu fassen. In Heidelberg zumindest ist das so. Rund dreissig

Studentenverbindungen habe ich dort gezählt, darunter sind auch reine Damenverbindungen. Zu meinem Erstaunen finden sich sogar wieder einige »schlagende Verbindungen« in den Kneipen der Altstadt. Wer in eine schlagende Verbindung aufgenommen werden möchte, der muss mit dem Degen eine Mensur bestreiten können. Schlagende Verbindungen betrachten die Mensur als wichtige Hilfe zur Persönlichkeitsbildung. Anders als beim Duell geht es dabei nicht mehr um Leben und Tod. Das Einüben von Tapferkeit durch Überwinden der eigenen Furcht ist das eigentliche Ziel. Ein Zurückweichen wird als Niederlage empfunden, nicht aber eine erlittene Verletzung. Sogenannte »Schmisse« mit dem Degen sind oberflächliche Verletzungen, die vernarben und ein Leben lang stolz zur Schau getragen werden.

Früher trafen sich die Studenten zur Maifahrt. Die vier grossen Walliser Studentenverbindungen von Brig, Sitten, Martinach und Saint-Maurice hatten sich zur »Vallensis« zusammengeschlossen, und sie trafen sich jeweils im Mai. Dabei wurden Reden gehalten und Debatten geführt, vor allem aber wurde gefestet und gesungen, bis sich die Tische bogen. Die Lieder waren im studentischen Liederbuch, »Prügel« genannt, jederzeit mit Noten und Text abrufbar. Eine Kostprobe möchte ich Ihnen, verehrte Leserin, verehrter Leser, nicht vorenthalten. Das Lied wurde schon im Jahr 1906 von Josef Buchhorn komponiert.

1. Student sein, wenn die Veilchen blühen, / Das erste Lied die Lerche singt, / Der Maiensonne junges Glühen / Triebweckend in die Erde dringt. / Student sein, wenn die weissen Schleier / Vom blauen Himmel grüssend wehen: / Das ist des Daseins schönste Feier! Herr, lass sie nie zu Ende gehen.
2. Student sein, wenn die Hiebe fallen / Im scharfen Gang, der selbstgewählt, / Im blutigen Aneinanderprallen / Der Mut sich für das Leben stählt. / Student sein, wenn dein einzig Sorgen, / Ob fest und tapfer du wirst stehen. / An deines Lebens Wagemorgen, / Herr lass die Zeiten nie vergehen.

3. Student sein, wenn im Abendschatten / Dein Weg sich sacht schon niederneigt, / Von West die Schar der Wolkenschatten / Schon vor das Blau des Tages steigt. / Student sein, wenn der Sang verklungen, / Der deinem Lenz einst Flügel lieh / Und jung du trotzdem mit den Jungen, / Dann war es recht, dann stirbst du nie.

Student sein, wenn die Veilchen blühen. Das war einmal. Oder kommt alles wieder, was einmal war? Ein nostalgischer Spaziergang durch die Heidelberger Altstadt legt diesen Gedanken nahe. Solchen Gedanken nachhängend, habe ich es mir im »Mohr«, in Heidelbergs angesagtem In-Lokal, nach studentischer Manier bei Speis uns Trank so richtig gut schmecken lassen.

Szenen aus Afrika

Saharaluft und Saharastaub lagert sich mehrmals im Jahr auf der Felsensteppe am heimischen Brigerberg ab. Zusammen mit heissen Temperaturen von bis zu 38 Grad kommt ein Stück Afrika zu uns. Unter diesen Rahmenbedingungen Szenen aus Afrika zu drehen, das war ein Bestandteil eines verrückten Filmprojekts, das ich in Zusammenarbeit mit Schweizer Touristikern entwickelt hatte. Das Phänomen lässt sich bis zu fünfzehn Mal im Jahr beobachten.

Eine Schlüsselstelle aus meinem Roman »Vergiss nicht die Blumen in deinem Haar« passt perfekt zu den Verhältnissen, wie wir sie bis zu fünfzehn Mal im Jahr erleben. Mit der heissen Luft aus der Sahara kommt ein Stück Afrika zu uns. Die Szene spielt in der Felsensteppe, die sich über Nacht mit Saharastaub rot eingefärbt hat:

»Wo ist für dich *Out of Africa*?«, fragte ich Dana nach einer Weile. »Irgendwo über den Wolken«, antwortete sie. »*Out of Africa* ist das Losgelöst-sein von allem, was bedrückt und bedrängt.« Ich fragte zurück: »Auch hier? Hier am Simplon, an dem Afrika seinen Wüstensand und seine Vegetation ablagert?« Dana entfernte sich ein paar Schritte. Dann kam sie zurück. In ihrer Hand hielt sie eine blaue Blume. »Auch hier ist *Out of Africa*«, sinnierte Dana mit leiser Stimme. »Auch das Samenkorn dieser afrikanischen Linie hat es bis hierher geschafft.« Dana setzte sich neben mich. Zwischen uns legte sie die afrikanische Lilie auf den Boden. Die afrikanische Aloe lockte mit ihren magisch blauen Blüten in Blau-, Violett- und Weisstönen. Wir sogen den exotischen Duft sehnsuchtsvoll ein. »*Agapanthus Agape*«, flüsterte Dana und schmiegte sich an mich. »*Anthos* ist altgriechisch und heisst Blume«, sagte ich. »*Agape* heisst Liebe«, ergänzte Dana. »Willst du meine Liebesblume sein?« – »Liebesblumen verblühen schnell«, antwortete Dana. Die blutrote Sonne brannte so heiss, dass der Saharasand wie ein Ofen unter uns glühte.«

Dass die Afrika-Szenen in meinem Roman nicht ganz fern von aller Realität sind, das beweist die Wetterlage immer wieder eindrücklich. Besonders an heissen Julitagen wiederholt sich ein erstaunliches Phänomen: Saharastaub aus den Wüstengebieten Nordafrikas und Arabiens wird mit einer starken südlichen Höhenströmung in die Schweizer Alpen transportiert. Sie wehen mit dem heissen Scirocco-Wind über das Mittelmeer und bis in die Alpen. Der Saharastaub hat eine gelbbräunlich (= ocker) bis gelb-rote Farbe. Der Staubtransport über die Alpen findet allerdings nur statt, wenn die Südwinde stark sind. Der Staub wird in Nordafrika durch grosse Turbulenzen und Winde einige Kilometer hoch in die Atmosphäre getragen. Während grössere Körner gleich wieder herunterfallen, können die Kleineren bis in die Schweiz getragen werden. Der Staub staut sich am Simplon und lagert sich bevorzugt am vorgelagerten Plateau, in der Felsensteppe am Brigerberg, ab. Die Naturwissenschafter sind sich jedoch in der Frage uneinig, ob mit dem Staub auch Pflanzensämlinge aus Afrika mitgeführt werden. Ob es also die magisch-blaue afrikanische Lilie im Naturschutzgebiet am Brigerberg wirklich gibt? Ein Romancier bedient sich gerne auch mal der Fiktion.

Wie sehr sich die Literatur das faszinierende Phänomen des verfrachteten Saharastaubs zu eigen gemacht hat, beweist die Bezeichnung »Götterdämmerung«. Wenn die Staubkonzentration in der Luft so gross ist, dass sie den Himmel ocker verfärbt und abdunkelt, bezeichnen Literaten dieses Phänomen als »Götterdämmerung«. Kommt noch ein sommerliches Gewitter dazu, fällt aus der Götterdämmerung am Himmel der »Blutregen«. Befindet sich eine hohe Konzentration Saharastaub in der Luft, färben die feinen Sandpartikel die Regentropfen rötlich bis bräunlich.

Die Verquickung von Realität und von Fiktion verleiht Szenen aus Afrika jene Exotik, die auch das vorkoloniale Afrika zu einem Sehnsuchtsland hat werden lassen.

Alf laila wa-laila

Auf dem orientalischen Basar treffen wir auf Märchenerzähler. Sie erzählen Märchen für Touristen. Es sollen Märchen sein aus »Tausendundeiner Nacht«. Es sind schöne Märchen, das macht uns skeptisch. Denn die Märchen aus der Sammlung von »Tausendundeine Nacht« erzählen von Hinrichtungen und vom Sterben. »Tausendundeine Nacht«, arabisch *Alf laila wa-laila*, ist eine Sammlung von morgenländischen Erzählungen, die zum Klassiker der Weltliteratur geworden sind. Typologisch gesehen ist es eine Rahmenerzählung mit integrierten Schachtelgeschichten. Der Inhalt dürfte für Märchenliebhaber eher schockierend sein.

Auf einer Insel, irgendwo zwischen Indien und dem Kaiserreich China, lebte einst ein König mit dem Namen *Schahriyâr*. Seine Frau geht fremd. Als er ihr auf die Schliche kommt, ist er derart schockiert von ihrer Untreue, dass er sie töten lässt. Nun will er selber sich an einer grossen Anzahl von Frauen schadlos halten. Seinem Wesir gibt er den Befehl, ihm fortan jede dritte Nacht eine neue Jungfrau zuzuführen, die jeweils am nächsten Morgen umgebracht werden soll. Um das Morden zu beenden, beschliesst die Tochter des Wesirs, sich zu opfern und die Frau des Königs zu werden. Die mutige Frau heisst *Scheherezade*. Sie ist es nun, die dem König jede Nacht eine Geschichte erzählt. Dabei achtet sie jeweils darauf, dass die Geschichte an einer spannenden Stelle abbricht, so dass der König unbedingt die Fortsetzung in der nächsten Nacht hören möchte und auf diese Weise die Hinrichtung immer wieder aufschiebt. Nach Tausendundein Nächten hat sie ihm nicht nur ebenso viele Geschichten erzählt, sondern auch drei Kinder geboren. Der König begnadigt sie. Der König bewundert *Scheherezade*, er bricht seinen Schwur, seine Frau nach der Hochzeitsnacht töten zu lassen.

Die Geschichten, die *Scheherezade* dem König erzählt, sind sehr unterschiedlich; es sind Liebesgeschichten darunter, Tragödien, Komödien, Gedichte, Legenden und auch Burlesken. Die Geschichten werden in einer sehr blumigen Sprache erzählt. Nebst Scheherezade kommen Figuren vor wie *Sindbad, Ali Baba, Aladin, Abu Hassan* oder *Turandot*.

Auch wenn die Märchenerzähler auf den arabischen Basars die Geschichten aus »*Tausendundeiner Nacht*« gerne als Eigengewächs ausgeben, stimmt das so nicht. Das Strukturprinzip der Rahmenhandlung sowie einige der enthaltenen Tierfabeln weisen auf einen indischen Ursprung hin. Der Kern der Erzählungen dürfte allerdings aus Persien stammen. Zwischen dem indischen und dem persischen Kulturraum bestanden um das Jahr 250 enge Beziehungen, was wohl die Entstehung dieser Geschichten erst ermöglicht hat.

Nachdem die Araber Persien erobert hatten, im 8. Jahrhundert also, entstand die Übersetzung aus dem Persischen ins Arabische, genannt *Alf layla* (Tausend Nächte). Die Übersetzungen wurden in Bagdad erstellt, dem Sitz der Kalifen. Aus der Zeit um 1150 stammt die erste Erwähnung des arabischen Titels *Alf layla wa-layla* in einem Notizbuch eines Kairoer Juden.

Auf den Punkt gebracht: die Geschichten aus »*Tausendundeiner Nacht*« sind nicht eigentlich ein Eigengewächs der Geschichtenerzähler auf den orientalischen Basars im arabischen Raum. Das tut dem Charme und der Magie dieser Geschichten und ihrer Erzähler in den Souks und in den Basars jedoch keinen Abbruch.

Vergangenheitsbewältigung

Soll man der Vergangenheit ein Denkmal setzen? Soll man sie verarbeiten? Oder ist es angezeigt, auch mal einen Schlussstrich zu ziehen unter das, was war? Wenn es in der gegenwärtigen deutschsprachigen Literatur eine Konstante gibt, dann ist dies die Vergangenheitsbewältigung. Einer der sich ein Schriftsteller-Leben lang mit Vergangenheitsbewältigung beschäftigt hat, ist der Autor Bernhard Schlink.

Bernhard Schlink ist der Autor von »*Der Vorleser*«. Im Vordergrund steht die ungleich erotische Beziehung des Ich-Erzählers Michael Berg zu der 21 Jahre älteren Hanna Schmitz. Hintergründig fokussiert die Geschichte auf ethische Fragen und auf den Umgang mit den Tätern des Holocaust in der Bundesrepublik der 1960er Jahre. Der Roman aus dem Jahr 1995 zählt mittlerweile zur Schulbuchlektüre an weiterführenden Institutionen.

Jüngerer Mann liebt ältere Frau – dies ist das Motiv, das den Autor Bernhard Schlink bereits im »*Vorleser*« beschäftigt hat, und dies ist auch das Motiv, das wieder auftaucht im Roman mit dem Titel »*Olga*«. Olga ist eine Frau aus ärmlichen Verhältnissen. Sie verliert früh ihre Eltern und verliebt sich in einen wohlhabenden Mann mit dem Namen Herbert. Olga und Herbert, das ist ein Paar, das so gar nicht zusammenpassen will. Und trotzdem liebt Olga ihren Herbert abgöttisch. Doch Herbert ist eben auch ein Abenteurer. Er ist einer, der freiwillig in den Krieg zieht. Er ist einer, der freiwillig zu einer waghalsigen Alaska-Expedition aufbricht.

Den ehelichen Verpflichtungen davonlaufen, sich aus aller Verantwortung stehlen, sein eigenes Leben leben, das ist zwar nicht gerade gentlemanlike. Man könnte es aber etwas eleganter als Aussteigertum bezeichnen oder als Selbstverwirklichung. Herbert markiert einen Protagonisten, der für den Typ des Unentschlossenen steht, der hinter sich keine Brücken abbrechen will, der aber auch keine Visionen hat. Bindungslosigkeit und Rückzug ins Private sind angesagt. Olga hingegen bangt und hofft um ihren Geliebten. Doch schliesslich muss sie ihn verloren geben. Das Band der Freundschaft jedoch, das bleibt bestehen, das muss bestehen bleiben. Jüngerer Mann, ältere Frau, ein Beziehungsroman, ein Liebesroman, ja, aber das ist noch lange nicht alles.

Deutschlands kriegerische Vergangenheit gibt für viele deutsche Liebesgeschichten den Hintergrund ab, so auch für »*Olga*«. Dies ist denn auch eine Ursache dafür, dass viele deutsche Romane allzu dicht und unübersichtlich daherkommen. Die deutschen Schriftsteller verpacken in fast jede schöne Liebesgeschichte auch noch den Mief der Weltkriege. So ist auch »*Olga*« nicht bloss ein Liebesroman, sondern auch ein Stück längst ab- und ausgestandene Historie. Wir erfahren Uninteressantes von Bismarck, wir überlesen Unwesentliches aus der Weimarer Republik, wir überschlagen Grässliches aus der Nazizeit. Und vor allem: Deutsche Autoren führen uns in einer Endlosschlaufe auf die Kriegsschauplätze der Weltkriege.

Aus Deutschland kommt grosse und epische Literatur, doch gehen die vielen zu einer Geschichte gebündelten Handlungsstränge auch gehörig auf Kosten der Verständlichkeit. Ein Beispiel für diese deutsche Problematik ist eben auch »*Olga*«. Als Leser müssen wir warten bis zum letzten und dritten Teil der Geschichte, bis wir endlich mehr erfahren zur Innensicht dieser faszinierenden Frauengestalt.

Ein Bestseller trotzdem. Was bleibt, ist die Geschichte einer starken Frauenfigur. Was auch bleibt, das ist die Geschichte von einer Frau, die nie zur Mitläuferin wird, die eigenständig ist, zielstrebig, intelligent und liebevoll. »*Olga*« ist ein Roman, der alles hat, was einen Bestseller ausmacht. Nur vielleicht von allem etwas zu viel.

Warum nicht mal unter all den kriegerischen und unverdauten Mief der Vergangenheit einen Schlussstrich ziehen? Warum nicht den Mief der Vergangenheit umwandeln in eine frische Brise? Als Schriftsteller zeigen, wie das Gegenwärtige seine Wurzeln in der Vergangenheit hat?

Verliebt in die verrückte Welt

Zum Abschluss meiner spätsommerlichen Tessiner Reise auf den Spuren von Hermann Hesse nehme ich ein beglückendes Lebensgefühl aus Montagnola mit nach Hause. Beim Studieren von Hesses Schriften bin ich auf einen Satz gestossen, der mich grenzenlos optimistisch in die kalte Jahreszeit des Nordens entlässt.

»Und allem Weh zum Trotze bleib ich verliebt in die verrückte Welt« - so endet Hermann Hesses berühmtes Gedicht von der gestutzten Eiche. Ins Dasein verliebt ist dieser Schriftsteller zeitlebens geblieben, und er ermuntert uns, die Krisen als Chancen zu begreifen.

Nicht wirklich erstaunlich ist die weltweite Renaissance dieses Autors. Bereits wenige Jahre nach seinem Tod ist Hermann Hesse zum Popstar der jungen Generation aufgestiegen. Damals, in den 70er-Jahren, waren es die Gegner des Vietnamkriegs, die den Schriftsteller zu einem weltweiten Phänomen hochstilisierten. Einen ähnlichen Vorgang sucht man in der deutschen Literaturgeschichte vergebens. Hermann Hesses Bücher sind inzwischen in sechzig Sprachen übersetzt und in mehr als hundert Millionen Exemplaren auf der ganzen Welt verbreitet.

In der Statistik seiner Leser*innen liegen junge und ältere Menschen an der Spitze. Dagegen fehlen die Jahrgänge des sogenannten Establishments. Hermann Hesse ist einerseits der Popstar der jungen Generation, die gegen die erstarrten Lebensformen der Väter rebellieren und noch voller Ideale ist. Andererseits finden im Rentenalter nicht wenige wieder zu diesem Autor und zu den guten Vorsätzen ihrer Jugend zurück.

Was die Jungen und die Alten an Hesses Schriften fasziniert, das ist seine lebensbejahende Devise: »*Auf den Einzelnen kommt es an!*« Dass die Gesellschaft auch heute noch nur einen Bruchteil der Möglichkeiten zulässt, die ein Einzelner auszuschöpfen imstande wäre, ist beschämend. Nur wenige Firmen und Unternehmen haben erkannt, welch reiches Potenzial insbesondere in älteren Menschen schlummert. Doch viele werden lieblos aufs Abstellgleis geschoben. Das Älterwerden wird als Verfall betrachtet und der reiche Erfahrungsschatz reifer Menschen bleibt brach liegen.

Dass wir mit zunehmendem Alter und mit der Angleichung der Kulturen immer mehr von uns preisgeben und immer weniger von unseren Begabungen praktizieren können, dies hält Hermann Hesse für die Ursache der meisten Übel. Mit diesen Gedanken ist er sogar unserer modernen Zeit immer noch weit voraus.

Wegen seiner überkonfessionellen Spiritualität in Büchern wie »*Siddharta*« und »*Das Glasperlenspiel*« hat er überdies den etablierten Kirchen neue Wege aufgezeigt. Durch das Einbeziehen von Kulturen und Religionen, die während Jahrtausenden ohne Kriege ausgekommen sind, hat er neue Glaubensformen zur Diskussion gestellt. Was die christlichen Kirchen mit ihrer Intoleranz und mit ihrer Obrigkeitshörigkeit jahrhundertelang ausgegrenzt haben, das hat er symbolhaft aus dem Hinduismus, dem Buddhismus und dem Taoismus extrahiert.

Was eine Reise durch die Tessiner Wälder auf den Spuren von Hermann Hesse jedoch besonders zu Tage fördert, das ist seine menschliche Integrität. Er hat gelebt, was er als Schriftsteller vertreten hat. Und allem Weh zum Trotz, blieb er verliebt in eine verrückte Welt. Am Beispiel eines verschnittenen und dennoch immer neue Blätter treibenden Baumes ermutigt er uns, gleich ihm den Mut niemals zu verlieren, im Gedicht »*Gestutze Eiche*«:

»Wie haben sie dich, Baum, verschnitten / Wie stehst du fremd und sonderbar! / Wie hast du hundertmal gelitten, / Bis nichts in dir als Trotz und Wille war! / Ich bin wie du, mit dem verschnittnen, / Gequälten Leben brach ich nicht / Und tauche täglich aus durchlittnen / Rohheiten neu die Stirn ins Licht. / Was in mir weich und zart gewesen, / Hat mir die Welt zu Tod gehöhnt, / Doch unzerstörbar ist mein Wesen, / Ich bin zufrieden, bin versöhnt, / Geduldig neue Blätter treib ich / Aus Ästen hundertmal zerspellt, / Und allem Weh zum Trotze bleib ich / Verliebt in die verrückte Welt.«

Verschwörungs-Theoretiker

Ist nun Maria Magdalena tatsächlich die Frau von Jesus gewesen? Und liegt sie tatsächlich unter dem Glasdach einer riesigen Pyramide auf dem Platz vor dem Louvre in Paris begraben? In Paris habe ich sie besucht und ich habe sie gefunden: Die Pyramide und die Legende von Maria Magdalena. Wurde sie vom Vatikan zur Prostituierten gemacht, um zu vertuschen, dass sie die Geliebte oder gar die Frau von Jesus war? Ein Sakrileg der katholischen Kirche, um das herrschende Patriarchat und Zölibat der Kirche zu stützen? Die These aus Dan Browns *»Sakrileg«* steht im Raum. In seinen Thrillern mischt er Fakten und Fiktion derart meisterhaft, dass auch Spezialisten grösste Mühe bekunden, herauszubekommen, was nun Wahrheit ist und was Dichtung.

Es gibt Literaturkritiker, die Dan Browns Verschwörungs-Thriller ins Pfefferland wünschen. Das sei Trivialliteratur. Das sei Pseudo-Wissenschaft vermischt mit Fantasterei. Das aber stört seine Fans nicht im Geringsten. Seit im Jahr 2003 der Roman *»The Da Vinci Code«* erschienen ist (deutscher Titel *»Sakrileg«*) sind weltweit 81 Millionen Exemplare verkauft worden. Dan Browns Thriller-Standorte sind gefragte Reiseziele.

Nachdem ich die Verfilmung des Thrillers »*Sakrileg*« mit Tom Hanks, Audrey Tautou und Jean Reno in den Hauptrollen gesehen hatte, wollte ich die Probe aufs Exempel machen und habe eine Reise nach Paris gebucht. Es war zu verlockend, herauszufinden, was nun Fakt und was Fiktion ist an den Überlegungen des Symbologen Robert Langdon. In der Schlussszene in »*Sakrileg*« folgt Langdon den in das Pflaster eingelassenen Messingtafeln mit der Aufschrift »Arago«, die den Nullmeridian in Paris kennzeichnen, bis zum Louvre und kniet schliesslich auf dem dortigen Glasdach der umgekehrten Pyramide, worunter er das Grab von Maria Magdalena vermutet. Die spannende These blieb bestehen. Die Faktenlage präsentierte sich mir im Detail etwas anders. So erklärten mir Fachleute vor Ort, dass die Pyramide vor dem Louvre in Wahrheit nicht vom Meridian durchquert wird.

In »*Origin*«, dem neuen Roman von Dan Brown, geht es um nichts Geringeres als um den Ursprung der Menschheit und des Lebens. Woher kommen wir? Wohin gehen wir? Wer sind wir? Die Botschaft von »*Origin*« ist wie in fast allen bisherigen Brown-Romanen die gleiche: Wissenschaft und Religion kommen sich in wichtigen Fragen verhängnisvoll in die Quere. »*Origin*« spielt in Spanien. Auch dieses Mal streitet Harvard-Symbologe Robert Langdon gegen böse (religiöse) Mächte und für die Wissenschaft. Ein Computergenie namens Edmond Kirsch hebt die gängigen Vorstellungen über das Woher und das Wohin der Menschheit aus den Angeln. Die Antworten aus einem Supercomputer erschüttern nicht nur die drei grossen Weltreligionen mit ihrem Schöpfergott, sondern auch die gesamte Menschheit.

Auch in »*Origin*« fördern Langdons Nachforschungen wilde, aber auch faszinierende Verschwörungs-Theorien zu Tage. Das World Wide Web bietet dazu alle Voraussetzungen. Dazu kommt Edmond Kirschs Vermächtnis, die ungeahnten Möglichkeiten der Künstlichen Intelligenz. Intrige, Geheimnis und Enthüllung, wesentliche Elemente einer jeden Romantheorie, werden wohl auch kultivierteren Leser-Ansprüchen genügen.

Was man Dan Brown – trotz aller Kritik – zugutehalten muss: Er verfügt über ein grosses Wissen, und er ist bescheiden geblieben, dies ganz im Gegensatz zu seinen teils doch recht arroganten und besserwissenden Kritikern. Das ist nicht selbstverständlich bei einer weltweiten Auflage von mehr als zweihundert Millionen Exemplaren bisher, übersetzt in 56 Sprachen.

Was von der Liebe bleibt

Was bleibt, wenn eine Beziehung zerbricht? In Zagreb steht das »Museum der zerbrochenen Beziehungen«. Es beherbergt zahlreiche Zeugnisse schmerzvoller Trennungen. Relikte verlorener Lieben aus aller Welt werden hier ausgestellt. Was bleibt von einer Liebe übrig, wenn sie zerbricht? Ein Hochzeitskleid in einem Einmachglas kommt aus San Francisco. Ein geschmolzenes Klapphandy, das aus Rache sein Ende im Backofen gefunden hat, kommt aus Massachussetts. Zu lesen sind die dazuzugehörigen traurigen Trennungsgeschichten.

Im »Museum der zerbrochenen Beziehungen« geben die Exponate einen aufwühlenden Einblick in die vielen unerfüllten Hoffnungen. Die Gegenstände stehen sinnbildlich für zerbrochene Beziehungen. Die vielen Zeugnisse schmerzhafter Trennung stimmen den Betrachter nachdenklich. Die dazugehörigen Geschichten machen betroffen. Die anfängliche Neugier verwandelt sich in Mitgefühl. Da wird zum Beispiel eine »Ex-Axt« präsentiert. Als »Ex-Axt« bezeichnet eine Berlinerin das »Therapie-Instrument«, mit dem sie die Wohnung des Ex zertrümmert hatte. Es war dies das traurige Ende einer grossen Liebe.

Einen essbaren Slip hat eine enttäuschte Schweizerin aus Winterthur nie getragen, obwohl es sich dabei um ein Geschenk ihres früheren Ex-Freundes handelt. Enttäuscht schreibt sie dazu: »Nach vier Jahren erwies sich der schwarze Slip als genauso schäbig wie seine Geschenke. Er betrog mich mit einer Kollegin – und entledigte sich meiner per E-Mail.«

Ein Gartenzwerg mit abgeschlagener Nase erinnert an einen slowenischen Scheidungstag. Die enttäuschte Geliebte schreibt: »Er kam in seinem neuen Auto an, arrogant und herzlos. Der Zwerg flog auf die Windschutzscheibe, prallte ab und landete auf dem Asphalt. Der saublöde Gartenzwerg flog in einer langen Achterbahn, die das Ende unserer Liebe markierte.«

Der Schlüssel zum Herzen wird in vielen Liebesgedichten und Liebesbriefen beschworen und beschrieben. Eine Slowenin hatte einen symbolischen Schlüssel zum Herzen aus Gusseisen von ihrem Freund erhalten. Sie schreibt dazu: »Du verdrehtest mir den Kopf, du hast mein Herz geöffnet. Aber du wolltest nicht mit mir schlafen. Erst als du gegangen warst, verstand ich, wie sehr du mich geliebt hattest. Ich möchte den Schlüssel dennoch loswerden, damit ich niemals in Versuchung gerate, nochmals über deine Türschwelle zu treten.«

Sein altes Handy hat ein gehörnter Liebhaber seiner Ex überlassen, damit er sie nicht mehr anrufen kann. Voller Wut und Trauer hat die Ex das verfluchte Telefon dem Museum vermacht.

Die zurückgelassene *Intim Lotion*, die nach einer zerbrochenen Liebe keine Anwendung mehr fand, diente einer abgewiesenen Geliebten hernach als Scheibenreiniger…

Wehmut nach den verlorenen Tagen des Glücks schimmert in vielen Begleittexten und Liebes-Erinnerungen durch. Ein verlassener Liebhaber versucht es mit einem Wortspiel: »Sie ist gegangen, nur ihre Schuhe sind geblieben.« Nebst vielen Alltagsgegenständen finden sich im Museum auch exklusive Zeugnisse schmerzvoller Trennungen. Dazu gehören etwa die pelzbezogenen Lust-Handschellen. Oder ein mit Trennungs-Tränen gefüllter Flakon. Symbolisch steht da auch eine Elektro-Herdplatte mit dem sinnigen Begleittext: »Unsere Beziehung wurde niemals warm.«

Wohin mit dem Herz-Schmerz-Gerümpel, wenn die Liebe aus und vorbei ist? Diese Frage stellten sich auch die Ausstellungsmacher. Die beiden Gründer des »Museums der zerbrochenen Beziehungen« in Zagreb heissen Olinka und Drazen, und sie waren früher einmal ein Paar. Irgendwann waren sie es aber nicht mehr. Wie so viele Paare, deren Liebe zerbrochen ist, hatten Olinka und Drazen zwei Probleme. Das erste Problem war der Liebeskummer. Und das zweite Problem war die unangenehme Frage: Wer kriegt was? Da gab es viele Gegenstände, die eine Art Souvenir ihrer Beziehung waren. Wohin damit? All den liebgewordenen Krempel wegzuschmeissen, das schafften die beiden nicht. Sie fanden eine Lösung. Sie machten ein Museum auf.

Die Erinnerungsstücke sind geeignet zur therapeutischen Seelenpflege. Bei Liebeskummer und Trennungsschmerz empfehlen die Museumsmacher Olinka und Drazen den Besuch des Museums. Jede und jeder kann im Übrigen mit einem Exponat zur Ausstellung beitragen. Ein Erklärungstext gehört zu jedem Exponat, denn jeder Gegenstand hat seine eigene Geschichte. Es ist dies die Geschichte einer zerbrochenen Beziehung, einer gestorbenen Liebe.

Da gäbe es noch eine ganz besondere Geschichte zu erzählen aus dem »Museum of Broken Relationships« in Zagreb. Es ist dies die Geschichte von einem blauen Aschenbescher. Er ist von einer kaputten Beziehung übrig geblieben. Er ist voller Zigarettenstummel. Die Dame aus Köln, die den vollen Aschenbecher dem Museum vermacht hat, schreibt dazu: »Häufig wurde ich nachts wach und er lag nicht neben mir. Mein Ex-Freund fand oft keinen Schlaf. Er sass oft stundenlang im Dunkeln auf dem Balkon, hörte Musik und rauchte. Nach unserer Trennung habe ich es nie geschafft, den Aschenbecher ein letztes Mal zu leeren, geschweige denn, ihn vom Balkon zu verbannen. Ich rauche nicht.«

Jede Liebe hinterlässt Spuren. Menschen, mit denen wir unser Leben geteilt haben, lassen irgendetwas in uns zurück. Wir sind nicht mehr gleich wie vor dieser Liebe. Darum sollten wir mit einem kleinen Stück von dem weiterleben, was eine Liebe zurückgelassen hat. Mit einem Souvenir einer verflossenen Liebe. Damit drücken wir unsere Wertschätzung aus, egal, wie kurz die liebevolle Begegnung auch war. Olinka und Drazen vom »Museum der zerbrochenen Beziehungen« plädieren dafür, unsere eigene Vergangenheit nicht wegzuwerfen.

Wenn das Leben zerbricht

Schon fünfzig Jahre alt. Die Kinder sind selbständig. Die eigenen Eltern sind pflegebedürftig. Dann stirbt die Mutter, die Ehe auch. Der Sommer des Lebens weicht herbstlichen Stürmen. Es gibt Zeiten, da scheint sich alles gegen uns verschworen zu haben. Was jetzt? Ratgeberliteratur gibt es dazu haufenweise. Manchmal jedoch ist ein lebensechter Roman jedem Ratgeber haushoch überlegen. Was kostet das Leben? Deborah Levy ist in Grossbritannien eine gefeierte Theater- und Romanautorin. Sie erzählt von sich. Sie erzählt, was dann zu tun ist. Dann, wenn das Leben zerbricht.

»Was das Leben kostet«, so heisst ein Roman von Deborah Levy. Selten hat mich beim Lesen ein Roman derart berührt. Bereits nach wenigen Seiten habe ich mich gefragt: Wie stark muss diese Frau sein? Schon beim ersten Querlesen fühlt man diese unglaubliche Energie, die das Buch verströmt. Deborah Levy erzählt aus ihrem eigenen Leben. Sie erzählt davon, wie vor zehn Jahren ihr Leben auseinander brach, wie ihre Ehe scheiterte. Nun ja, viele erleben heute Ähnliches, liesse sich da einwenden. Das Besondere an Deborah Levys Geschichte ist jedoch, dass sie es schafft, völlig ohne Selbstmitleid über eine Lebensphase zu berichten, in die jede und jeder von uns unvermittelt hineinschlittern kann. Ihr Roman ist kein Egobericht wie so viele ähnlich gerichtete Romane dieses Genres. Deborah Levy schafft es, aus ihrer so ganz persönlichen Lebenskrise eine Schule des Überlebens zu gestalten. Das geht

allerdings nicht schmerzlos vonstatten, das kostet verdammt viel, es kostet fast den Funken Leben, der da noch am Glimmen ist. Und es kostet ein Nachdenken und eine Bestandesaufnahme all dessen, was da schief gelaufen ist.

Ein schmuckes Häuschen, in dem Glück und Wohlergehen von Partner und Kind immer vorgehen. Alles ist friedlich und ruhig. Das Leben plätschert ereignislos vor sich hin. Und dann ist man plötzlich von all dem Sozialkitsch nicht mehr überzeugt. Nicht mehr überzeugt von der Zukunft, die man gemeinsam geplant hat. Nicht mehr überzeugt von dem Haus, für das man sich verschuldet hat. Nicht mehr überzeugt von dem Menschen, der neben einem schläft. Nicht mehr überzeugt von der Freiheit, die man für ein ruhiges Fahrwasser geopfert hat. Und dann bricht ein Unwetter über uns herein, das sich seit langem am Himmel zusammengebraut hat, und es bringt uns unserer eigenen Person näher, der Person, die wir in dieser Welt gern wären. Das alles erzählt Deborah Levy in ihrem Roman, und sie erzählt das alles so, als stünde sie als Lehrerin an irgendeiner Wandtafel in irgendeinem Schulzimmer dieser Welt, und sie tut so, als ob sie bloss davon berichte, wie das alles halt so sei, in dieser Schule des Lebens, in der man immer wieder mal neu beginnen müsse.

Nach dem Unwetter, nach den unwirtlichen Kapriolen des Lebens, kommt eine erschöpfte, vernachlässigte und ungeliebte Frau zum Vorschein. Dann nämlich macht sich die Frau auf, um das Glück neu zu finden. Sie verlässt den trostlosen Ferienstrand und geht zurück in die Stadt, zurück unter Menschen. Auf einer kleinen Festlichkeit trifft sie einen fremden und auf den ersten Blick nicht unsympathischen Mann. Auch beste Freundinnen melden sich. Es sind Helferinnen in der Not.

Was kostet das Leben? Das Unwetter verzieht sich. Die Verluste, die Verwundungen, die waren nicht vergebens. Eine gewandelte Frau sieht die Welt mit anderen Augen. Sie entdeckt ihr eigenes Ich. Als schreibende Frau geht sie nun das Wagnis ein, in ihren Büchern »ich« zu sagen und damit auch sich selbst zu meinen.

Wie alles begann

Warum treffen sich Menschen, um gemeinsam zu singen? Wie kam die Musik in die Welt? Wie entstand unsere Sprache? Warum schätzen die meisten Kulturen die Monogamie? Wenn wir Antworten suchen auf solche und ähnliche Fragen, dann begeben wir uns auf ein sehr unsicheres Terrain. Wir sind auf Vermutungen und Interpretationen angewiesen, auf Hypothesen. Vieles müssen wir der philosophischen Spekulation überlassen.

Wer weiss denn zum Beispiel, dass der Anfang des Singens bei schreienden Babys zu suchen ist? Der leise Singsang, mit dem die Mütter schon in früher Zeit ihre schreienden Babys beruhigten und in den Schlaf wiegten, soll der Anfang unseres heutigen Chorgesangs gewesen sein. Als die Menschen noch in Höhlen lebten, sei es sogar existenziell wichtig gewesen, die Babys zu beruhigen. Denn die schreienden Babys hätten zur Zeit der Höhlenbewohner die Raubtiere angelockt, vermutet die amerikanische Anthropologin Ellen Dissanayake.

Wer zu den Anfängen unserer Sprache vordringen will, der landet schliesslich bei den lausenden Affen. Eine Hypothese besagt, dass das Lausen der Menschenaffen eine Vorform für unsere Sprache gewesen sei. Bereits beim Lausen, beim gegenseitigen Herauspicken der Läuse aus dem Fell, sei es um wechselseitige Kontaktaufnahme gegangen. Unsere heutige Sprache wäre demnach lediglich eine verbale Weiterentwicklung des handgreiflichen Lausens. Eine andere Hypothese besagt, dass die Sprache womöglich aus dem Schmatzen hervorgegangen sei, also aus einem Nebeneffekt der Nahrungsaufnahme.

Natürlich sind all dies keine beweiskräftigen Tatsachen. Es sind Spekulationen. Dennoch zeugen sie von viel Spürsinn und von Forscher-Phantasie. Die Hypothesen sind aber nicht aus der Luft gegriffen. Denn vieles ist evolutionär nicht erklärbar, wie das Beispiel der menschlichen Sprache illustriert: Nicht einmal Menschenaffen haben einen Rachenraum, der zum Sprechen ausreicht. So erhalten Hypothesen, die besagen, dass Sprache aus dem Schmatzen bei der Nahrungsaufnahme oder beim gegenseitigen Lausen entstanden sein soll, ihre Berechtigung.

Und wie kam die Schrift in die Welt? Unser Leben ist ohne die Schrift nicht vorstellbar. Wichtiges halten wir schriftlich fest, damit es rechtskräftig wird. Wo aber sind die Anfänge der Schrift zu suchen? Eine Hypothese besagt, dass die Schrift nicht erfunden wurde, um Mündliches festzuhalten. Die Schrift soll um 8000 vor Christus in Mesopotamien einzig zum Zweck eingeführt worden sein, die genaue Zahl der Rinder, die man besitzt, nicht in Vergessenheit geraten zu lassen. Die Schrift war also einzig eine Merkhilfe beim Rinderzählen.

Woher kommen wir? Wer sind wir? Wohin gehen wir? Das sind die grossen philosophischen Fragen, welche die Menschheit seit Urzeiten beschäftigen. Vieles müssen wir immer wieder neu aufdatieren, die Forschungslage ändert sich stets aufs Neue. Die Lust am Denken und Interpretieren ist den Menschen angeboren. Und tatsächlich ist es spannend, aufschlussreich und immer wieder überraschend, lustvoll darüber nachzudenken, wie die menschliche Kultur entstand. Oder wie sie entstanden sein könnte. Warum sind wir so, wie wir heute sind? Es gibt wohl keine spannendere Frage, als jene, wie alles begann.

Wie waren die Ferien?

Wo warst Du in den Ferien? Was hast Du erlebt? Wie war das Essen, das Hotel, der Strand? Gespräche zu solchen Fragen sind nach Ferienende angesagt. Es sind Gespräche mit Freunden, die soeben aus den Ferien zurückgekehrt sind. Persönlich mag ich solche Gespräche sehr. Sehr gerne höre ich meinen Freundinnen und Freunden zu, denn sie bringen mich mit ihren Erzählungen und

Berichten auf neue Gedanken und Ideen. Ich schätze es sehr, mich mit meinen Bekannten zu einem Kaffee oder zu einem Bierchen zu treffen, irgendwo in einer schattigen Beiz oder an einer der vielen Festivitäten, die das Ferien-Ende erträglicher machen. Ich mag lebendige Reiseberichte, Schilderungen aus erster Hand.

Wie soll man die Daheimgebliebenen mit seinen Reiseberichten beglücken? Was ist bei der Schilderung von Ferienerlebnissen zu unterlassen? Was ist mit den unzähligen Bildchen und Videos, die man via Smartphone präsentiert bekommt, die aber den Betrachter auch ermüden und velleicht sogar langweilen können?

Natürlich nehme viele von uns den Ferien-Rückkehrern ihre Erlebnisse am Strand, an der Hotelbar und auf dem Traumschiff auch unbesehen ab. Wir verzichten gerne auf die digitale Beweisführung. Denn es ist schon klar, heute muss alles digital festgehalten sein. Dies nicht zuletzt mit dem Hintergedanken, die Daheim-Gebliebenen mit der Ferien-Doku zu euphorisieren und sich selber auf Grund des Erlebten als Held und Abenteurer zu präsentieren. Doch mal ganz ehrlich: Die Wolkenkratzer von New York, die Sanddünen von Tunesien und die weissen Bungalows von Mykonos haben bestimmt alle schon auf so vielen Reise-Prospekten besichtigt.

Nicht mehr das Entdecken stehe beim Reisen in ferne Länder im Vordergrund, sondern das Besichtigen, monieren verantwortungsvolle Reiseveranstalter. Was da so alles mit der Handykamera fotografiert wird! Jede Mahlzeit, Flugtickets, Hotel-Betten, Liegestühle, Sonnenschirme, Sandburgen… Fakten und Fotos, die echt nerven können. Das dicke Ende dieser endlosen Bilddokus kommt aber erst noch. All die mehr oder weniger unscharfen Aufnahmen werden zu guter Letzt in Social-Media-Portalen geteilt.

Worin aber besteht die Kunst, andere mit seinen Reiseberichten zu faszinieren? Die Zauberworte heissen authentisch, lebendig, von Angesicht zu Angesicht, und vor allem: in einer kommunikativen Situation, in der auch mal der Zuhörer die Chance bekommt, zum Erzähler zu werden. Gefragt sind unsere Erzählungen und Berichte über eigene Entdeckungen, weniger über die obligaten Besichtigungen.

Staunen unterm Nachthimmel

In der Sternwarte auf dem Simplonpass lässt sich zum Nachthimmel aufblicken. Es ist dies eine gute Übung für all jene, die das Staunen verlernt haben. Der zunehmende Mond und der Ringplanet Saturn werden die ersten Objekte sein, die sich beobachten lassen. Später werden die Teleskope auf die Kugelsternhaufen im Sternbild des Herkules und die Andromeda-Galaxie gerichtet sein. Auch ein Vortrag über ein astronomisches Thema ist vorgesehen. Tatsächlich ist die Kosmologie ein faszinierendes Thema, sie ist aber auch wissenschaftlich anspruchsvoll und nicht leicht zu vermitteln.

Wie lässt sich die Wissenschaft von den Sternen, die Kosmologie, für eine breite Öffentlichkeit aufbereiten? Der Direktor des *Institute for Computational Science* der Uni Zürich, Ben Moore, ist ein britischer Astrophysiker und er arbeitet zur Frage: »Gibt es auf der dunklen Seite des Monds Aliens?« Der Titel suggeriert: Da will einer Wissenschaft möglichst populär vermitteln. Ben Moore beantwortet die 55 häufigst gestellten Fragen zum Universum. Warum kann man auf dem Mond so hoch springen? Kann man die Planeten anfassen? Warum heisst die Milchstrasse eigentlich Milchstrasse?

Etwas anspruchsvoller gibt sich die Astrophysikerin Sibylle Anderl. Sie arbeitet zum Thema »Das Universum und ich«. Sie gesteht, dass sich vieles, was sich da am Himmel abspielt, nicht restlos erklären lässt. Es sind lediglich Thesen und unbewiesene Theorien, die beispielsweise die »Dunkle Energie« zu erklären versuchen. Da kommt ihr zu Hilfe, dass sie nicht nur eine promovierte Astrophysikerin ist, sondern dass sie auch noch über einen Magister in Philosophie verfügt. Vieles, was sich am Nachthimmel beobachten lässt, ist nämlich nur auf einem philosophischen Hintergrund erklärbar.

Warum eigentlich muss heute alles erklärbar sein? Das Geheimnisvolle und Vieldeutige öffnet der philosophischen Betrachtung Tür und Tor. Wir haben das Staunen verlernt. Wir haben verlernt, einfach mal sprachlos zu sein, zum Himmel aufzuschauen und uns als das zu sehen, was wir wirklich sind: klein und unbedeutend.

Peter Reber, der Berner Troubadour, stellt in einem seiner Chansons in breitem Berndeutsch seine populär-philosophische Sicht der wissenschaftlichen Kosmologie gegenüber:

»Lueg emal dert ufe, gsehsch dert d Stärne? Gsehsch dr Mond, wo silbrig ufgeit? U du machsch gopfridstutz e so ne Lärme, wülls nid geng so wi s du gärn hättisch geit. Lueg emal dert ufe, gsehsch dert d Sunne, wo sit Jahrmillione jede Tag am Himmel steit? U du arme Tropf meinsch, wüll dir öppis syg misslunge, dass d Wält wäge dem amänt no undergeit.«

Im Heiligen Land

Weihnachten im Heiligen Land verbringen – diesen Traum erfüllten wir uns im Jahr, als Bethlehem palästinensisch wurde. Am 24. Dezember 1995 waren wir in Bethlehem. Mit grenzenlosen Erwartungen waren wir ins Heilige Land aufgebrochen. Wir suchten den Stall, die Hirten und das Christkind mit den Seelen unserer Kindheit. Es war jene Weihnacht, als Bethlehem palästinensisch wurde. Aus Angst vor Terroranschlägen waren nur wenige Ausländer gekommen. Die Israeli hatten sich in Bethlehem rar gemacht. Bethlehem war erstmals ganz in arabischer Hand. Nein, wir fanden nicht jene Weihnachtslandschaft vor, die wir uns erträumten. In diesem Schmelztiegel von Völkern und Religionen wurde an diesem Heiligabend des Jahres 1995 ein neues Kapitel Weltgeschichte aufgeschlagen. Der seit mehr als 50 Jahren andauernde Nahost-Konflikt sollte um eine neue Dimension reicher werden. Friede? Nein, ein Friede konnte das noch nicht sein.

24. Dezember 1995, 17.30 Uhr. Die Maschine der israelischen Fluggesellschaft ELAL setzt über Tel Aviv zur Landung an. Mein Gott, was wollen wir hier in diesem Land? Was wollen wir in Israel? Ich denke an unser traditionelles Weihnachten. Zum ersten Mal seit Jahren haben wir keine Tanne geschmückt, wir haben kein Weihnachtsessen bereitet und auch in der Christmesse werden wir fehlen. Der Stall von Bethlehem, die wunderschöne Weihnachtskrippe, sie liegt verschnürt auf dem Dachboden.

Es ist 17.00 Uhr. Die Heilige Nacht bricht an. Wir werden Heiligabend in Bethlehem verbringen. Flughafen Ben Gurion. Palmen, Sauberkeit und ein frischer Geruch nach Meer lässt so etwas wie Ferienstimmung aufkommen. Wir besteigen den Bus nach Bethlehem. Unser Fahrer heisst Chaim und Chaim heisst Leben.»Ich hoffe, wir sind Ende der Woche noch am Leben«, meint unsere spitzzüngige jüdische Reisebegleiterin.

Lustlos und mürrisch lassen die Soldaten der israelischen Armee unseren Bus passieren. Wenig später eine Strassensperre der Palästinenser. Die Soldaten sind kaum bewaffnet und klatschen uns Beifall. Wir sind in Bethlehem. Es ist ein grün-weiss-rotes Bethlehem. Der Ort unserer Kinderträume entpuppt sich als eine lärmige Festhütte.

»You're welcome!« – Bethlehem geht in die palästinensische Autonomiebehörde über, erklärt Lea, die jüdische Begleiterin. Die Erklärung war unnötig. Denn Palästinenserführer Arafat ist omnipräsent. Arafat auf Plakaten, Arafat auf Litfasssäulen, Arafat als aufblasbare Puppe. Vor dem Hotel »Paradise« springt ein Junge mit einer Spielzeugpistole vor unseren Reisebus. Einige zucken zusammen, andere lachen. Das Hotel Paradise ist weihnachtlich dekoriert. Wir bewohnen zwei riesige Zimmer mit Blick auf die Strasse, die zur Geburtskirche hinaufführt. Bethlehem blinkt und leuchtet.

Flackernde Kerzen an Weihnachtsbäumen, glimmende Sterne und Engel an Strassenlaternen.

Bethlehem in rotweissgrün. Immer wieder Arafats, aufblasbare Arafats, und immer wieder rotweissgrün. Autos rasen vorbei, auf deren Heck sitzen rotgewandete Weihnachtsmänner und schwenken lärmig hell klingende Glocken. Ein kaum enden wollender Strom von Autos rollt in Richtung der Geburtskirche. Polizei, Ambulanzwagen und UNO-Jeeps blockieren die Strasse hinauf zur Geburtskirche. Als wir die Geburtskirche betreten, steigen Feuerwerke in den dunklen Himmel über Bethlehem und ein merkwürdiger Geruch von in Öl gebratenem fremdländischem Essen hängt in der Luft. Arabische Köstlichkeiten verströmen exotische Düfte. Dann stehen wir an jener Stelle, wo das Christuskind geboren wurde.

Wir warten in der Geburtskirche auf ihn, auf Palästinenserführer Arafat. Kommt er als Rächer oder als Friedensstifter? Kurz vor Mitternacht drängt die Menschentraube plötzlich zur Seite. Er kommt. Ein Wagenkonvoi rast den Hügel herauf zur Geburtskirche. Wir blicken in Gewehrläufe und in aufgeregt funkelnde Soldatenaugen. In einem der Wagen entdecken wir Arafat. Sein gepanzertes Auto ist umgeben von mitlaufenden Soldaten mit dem Gewehr im Anschlag, sie schaffen Platz für Arafats Konvoi. Für Sekunden bin ich Auge in Auge mit dem PLO-Chef Yassir Arafat. Jetzt gibt es kein Halten mehr, denn in Wahrheit bin ich ja nicht als Tourist unterwegs, sondern auch als akkreditierter Reporter für einige Medien. Ich dränge mich durch die Menschenmassen. Ein Raunen geht durch die Menge in der Geburtskirche. Eine Sternstunde der Weltgeschichte. Arafat erstmals in der Geburtskirche von Bethlehem. Bethlehem, vor ein paar Tagen noch jüdisch, ist jetzt endgültig palästinensisch. Judentum trifft auf Palästinensertum.

Am ersten Weihnachtstag fahren wir weiter nach Jerusalem. Auf dem Platz vor dem höchsten Heiligtum der Juden, der Klagemauer, debattieren orthodoxe Juden über das historische Ereignis des Weihnachtsabends. Nur wenige Schritte davon entfernt, vor dem höchsten Heiligtum der Araber, dem Felsendom, das gleiche Bild mit palästinensischen Arabern. Gibt es Gemeinsamkeiten zwischen David Ben Gurion, dem Gründer Israels, und Arafat, dem Palästinenserführer? Wie David Ben Gurion nennen sie auch Arafat »den Alten«. Wer will, sieht eine Parallele zu dem alten Juden mit Löwenkopf. Im Abstand von vierzig Jahren verfolgen beide das gleiche Ziel: ein Volk retten, einen Staat gründen.

Juden, Moslems, Armenier, Christen. Das »ewige«, das historische Jerusalem ist nur einen Quadratkilometer gross und mit einer mächtigen Mauer umgeben. Vier Weltreligionen mit ihren höchsten Heiligtümern sind hier vereint, manchmal friedlich, häufig aber stehen sie sich feindlich gegenüber. Im Laufe der Geschichte haben sich innerhalb der Altstadt vier Stadtviertel (»quarters«) herausgebildet, die nach der Religionszugehörigkeit ihrer Bewohner und ihrer religiösen Zentren benannt werden. Das *Muslimische Viertel* umfasst den Tempelberg mit den beiden grossen Moscheen und der Basarstrasse. Im *Jüdischen Viertel* im Westen der Klagemauer, das über alten Ausgrabungen neu erbaut wurde, erhalten heute nur Juden Wohnrecht. Im *Christenviertel* befinden sich die Grabeskirche sowie mehrere Dutzend Klöster und Kirchen. Das *Armenierviertel* mit der Jakobuskirche ist das ruhigste innerhalb der Altstadt.

Jerusalem und das Heilige Land – das ist ein Schmelztiegel der Religionen und der Völker. Wir haben das Heilige Land mit Bethlehem mit den Augen unserer Kindheit gesucht, und wir haben »American Christmas« gefunden. Bethlehem und die Weihnachtsgeschichte sind im »Good Shepherds Store« präsent mit einer Flut von Andenken und Mitbringseln für die Lieben zu Hause. Verkaufshits sind Miniaturkrippen mit Kordel zum Umhängen und künstliche Miniaturbäumchen mit Kerzchen. Billige Andenken für jene, die weihnachtlich gestimmt ihren Hamburger mit Cola sitzend im Auto vertilgen. Ein Anflug von entgangener Festfreude und etwas Weihnachtstraurigkeit machen sich breit. Wir entfliehen.

Am anderen Morgen geht's zeitig in die judäischen Berge, dann Richtung Totes Meer. Plötzlich das Unerwartete. Da sind sie. Die Hirten auf dem Felde. Wie in biblischen Zeiten. In ihren Zelten und mit ihren Herden. »Schau, da unten ist Weihnachten«, ruft meine Frau mit verklärtem Blick. Wir sind bei den Nomaden vom Stamm der Jahalin. Und es gibt Fladenbrot und Tee. Es sind unsere Weihnachtsgeschenke. Und plötzlich ist es Weihnacht. Wir feiern Weihnacht mit den Hirten auf dem Felde. Sie freuen sich über unseren Besuch. Sie teilen mit uns Speis und Trank. Und vor ihren Zelten streiten sich die Völker und Religionen.

Wohin gehen wir?

Welchen Weg wollen wir nehmen? Der Mensch hat die Fähigkeit zu schöpferischem und zu zerstörerischem Handeln. Und die Menschheit steht jetzt an einem Punkt, an dem sie entscheiden muss, welchen Weg sie von hier aus gehen will. In turbulenten Zeiten wie diesen haben Historiker wie Harari das Sagen. Haben Sie heute schon Harari gelesen? Der junge israelische Historiker Harari verkauft seine Bücher millionenfach. Woher kommen wir? Wohin gehen wir? Unsere Welt ist beunruhigend und unsicher. Die Menschen suchen nach Orientierung. Die grossen Geschichtsdeutungen sind Bestseller. Den Menschen sind die wichtigen Geschichten über ihren Ursprung abhanden gekommen. Und ohne Wissen um die Vergangenheit, lässt sich die Zukunft nicht planen. Yuval Harari liefert mit seinen Büchern klare Antworten auf die existenziellen Fragen nach dem Woher und Wohin.

Sinn, Gerechtigkeit, Krieg. Für viele sind derartige Stoffe Déjàvus. Neu ist einzig die illusionslose Wirklichkeit, die Harari in seinen historisch aufgeplusterten Werken präsentiert: Der Mensch ist von Emotionen gesteuert, was ihm fehlt, das ist die Vernunft. Ungeniert verbreitet Harari seine Kernbotschaft, und die kann er auch mit überzeugenden Beispielen illustrieren. »Als Spezies ist dem Menschen Macht lieber als Wahrheit«, schreibt Yuval Harari. Bereits in seiner kurzen Geschichte der Menschheit fasst Harari schonungslos zusammen, was Sache ist: »Vor 100'000 Jahren war *Homo sapiens* noch ein unbedeutendes Tier, das unauffällig in einem abgelegenen Winkel des afrikanischen Kontinents lebte. Die Rolle, die unsere Vorfahren im Ökosystem spielten, war nicht grösser als die von Gorillas, Libellen und Quallen. Vor 70'000 Jahren vollzog sich ein mysteriöser und rascher Wandel mit dem *Homo sapiens*, und es war vor allem die Beschaffenheit seines Gehirns, seine Sprache und seine einzigartige Fähigkeit zur Kooperation, die ihn zum Beherrscher und zur Bedrohung des Planeten werden liessen.«

Ist der Mensch nun die Krone der Schöpfung oder doch eher der Schrecken des Ökosystems? Diese Kardinalsfrage lässt sich nicht beantworten, ohne dass wir uns zahlreichen Fragen aus der Vergangenheit stellen müssen. Warum liessen unsere Vorfahren, die einst Jäger und Sammler waren, sich nieder, betrieben Ackerbau und gründeten Städte und Königreiche? Warum begannen wir an Götter zu glauben, an Nationen, an Menschenrechte? Warum setzen wir Vertrauen in Geld, Bücher und Gesetze und unterwerfen uns der Bürokratie, Zeitplänen und dem Konsum? Und hat uns all dies im Lauf der Jahrtausende glücklicher gemacht?

Mit Yuval Harari ist die Globalgeschichte nun definitiv im Mainstream angekommen. Weltweit dominiert uns ein Gefühl der Orientierungs- und Sinnlosigkeit. Es ist jedoch das menschliche Sinnbedürfnis, das nach erklärenden Erzählungen verlangt.

Der Mensch hat die Fähigkeit zu schöpferischem und zu zerstörerischem Handeln wie kein anderes Lebewesen. Nun steht die Menschheit an einem Punkt, an dem sie entscheiden muss, welchen Weg sie von hier aus gehen will.

Durch Mauern gehen

Eine Welt ohne Grenzen? Fehlanzeige! Wohin auch immer man sich wendet, das gleiche Elend. Die Menschen mauern sich ein. Im Zeitalter der digitalen Vernetzung ziehen immer mehr Staaten und Menschen rund um sich Mauern hoch.

Der amerikanische Präsident baut eine Mauer zu Mexiko. Israel zieht eine Mauer quer durch die Westbank. Saudiarabien sichert seine Grenze zu Jemen mit einer drei Meter hohen Betonmauer. Usbekistan zieht einen Zaun hoch auf der Grenze zu Afghanistan und zu Kirgistan. Brunei errichtet eine Mauer gegen die Einwanderung aus Indonesien. Iran versteckt sich vor Pakistan hinter einer Mauer. China drängt Nordkorea hinter eine Mauer. Die Rechtspopulisten in Europa mauern gegen die Flüchtlingsströme.

Im Bahnhof Kings Cross in London steckt ein Einkaufswagen in einer Mauer fest. Alle Harry-Potter-Fans zieht es hierhin, um das berühmte *Gleis neundreiviertel* zu sehen.

Wir schlenderten ahnungslos auf Bahnsteig 9, da müsste sich ja eigentlich das *Gleis neundreiviertel* gleich nebenan befinden. Eine freundliche Bahnhofsmitarbeiterin verwies uns jedoch auf Gleis 1, und die dort eigens eingerichtete *Gleis neundreiviertel - Mauer*. Ein halber Einkaufswagen ist dort in der Mauer verschwunden. Es ist dies die perfekte Szenerie für ein Zauberfoto. Vom verborgenen *Gleis neundreiviertel* aus verkehrt der Hogwarts Express, der die Schülerinnen und Schüler von Hogwarts wieder zum Bahnhof Kings Cross zurückbringt. Magische Menschen riskieren, hier plötzlich vom Erdboden verschluckt zu werden. Wer hier durch die Mauer geht, der verschwindet und taucht in der Muggelwelt wieder auf. Leider funktioniert dies alles nur in den Harry-Potter-Romanen.

Die Mauern in der realen Welt lassen jede Magie und Poesie vermissen.

Verteufelte Spiritualität

Moderne Philosophen wie Charles Taylor stellen fest, dass sich viele Menschen heute nach einer Transzendenz sehnen. Unsere heutige Welt krankt daran, dass uns Erfahrungen fehlen, die über die Grenzen unserer Vernunft und Logik hinausgehen. Unsere durchrationalisierte Welt bringt immer mehr spirituelle Sinnsucher hervor. Es braucht eine ganzheitliche Weltanschauung, um ein erfülltes Leben führen zu können. Das Bedürfnis nach einem tieferen Sinn, nach Orientierung und nach sicheren Werten ist bei vielen Zeitgenossen spürbar. Viel zu lange bewegen wir uns schon in einer rein materialistischen Welt. Der Physiker Fritjof Capra hat die verloren gegangene Weltanschauung als »organisch«, »ganzheitlich« und »ökologisch« charakterisiert.

Die Spiritualität kommt in unserer heutigen Welt zu kurz. Im Zuge der Aufklärung wurde die Spiritualität von der Wissenschaft abgespalten. Man wandte sich einzig den exakten Naturwissenschaften zu. Alles, was sich nicht exakt naturwissenschaftlich definieren liess, wurde für ungültig erklärt. Der rein aufs Wissenschaftliche ausgerichtete Mensch landet jedoch mit seinem mechanistischen Konzept oftmals in einer Sackgasse. Seit dem Mittelalter sind viele spirituelle Praktiken als Magie und als Aberglauben verteufelt worden. Gemäss dem Philosophen Charles Taylor gibt es trotzdem immer weniger Menschen, die an einen persönlichen Gott glauben. Immer mehr Menschen aber richten ihr Leben nach einer unpersönlichen Kraft aus.

Die Esoterik ist in Verruf geraten. Der Begriff Esoterik hat einen negativen Touch, weil sie uns heute nicht selten in der Gestalt von profitsüchtigen Gurus begegnet. Dabei ist Esoterik lediglich das Wissen um Energien, über die wir alle in irgendeiner Form verfügen. »Esoterik« lässt sich vom Griechischen »esoterikos« herleiten, das bedeutet: innen, verborgen, geheim, nicht für die Öffentlichkeit bestimmt. So gesehen, ist »Esoterik« alles, was uns antreibt, was uns motiviert, was uns bewegt. Vielen fehlt heute die Gabe, in sich hineinzuhorchen und diese versteckten Kräfte und Motivationen zu mobilisieren. Vieles schlummert in unserem Unterbewussten und wartet nur darauf, aktiviert zu werden. Für uns Literaten ist dies die verborgene Poesie dieser Welt.

Eichendorff fand in seinem Gedicht »Wünschelrute« eine Metapher für die verborgene Poesie, die in uns allen steckt:

»*Schläft ein Lied in allen Dingen / Die da träumen fort und fort, / Und die Welt hebt an zu singen / Triffst du nur das Zauberwort.*«

Die Astrologie gehört zum Umfeld der Esoterik. Dennoch gilt die Astrologie zumindest als hilfreich, wenn es darum geht, wichtige Entscheidungen zu treffen. Mit dem Geburtshoroskop lässt sich eine sehr tief gehende Analyse der Persönlichkeit erstellen. Im Horoskop lassen sich verborgene Talente entdecken und Anlagen, die nach aussen nicht sichtbar sind. Wie die Astrologin Monica Kissling berichtet, wird nach einer Horoskop-Betrachtung nicht selten jemand motiviert, endlich das Talent zu verwirklichen, das in ihm schlummert. Es geht darum zu werden, wer man ist.

Im Horoskop können wir (vielleicht) sehen, in welcher Lebensphase wir uns befinden, welche Erfahrungen anstehen und wie wir am besten damit umgehen können. Erfahrene Astrolog*innen verlangen von ihrem Publikum aber auch einen gewissen Realitätssinn. Das Publikum sollte wissen, dass niemand die Zukunft mit Sicherheit vorhersagen kann, das liegt nun mal in der Natur der Sache. Es sollte aber so sein, dass eine Fachperson, die über zusätzliche Informationen und Erfahrung verfügt, Vorhersagen wagen kann, die mit einiger Wahrscheinlichkeit auch zutreffen.

Kürzlich liess ich mir von einer Kollegin die Karten legen. Sie ist Künstlerin und verfügt über viel Intuition und Menschenkenntnis. Was sie aus den Karten las und was sie mir erklärte, überraschte mich sehr. Alles stimmte perfekt und zu hundert Prozent. Wie kann das sein? Ich bin der Meinung, dass es dazu keine übersinnlichen Fähigkeiten braucht. Eine gute Kartenlegerin oder eine gute

Astrologin verfügt über viel Erfahrung im Umgang mit Menschen, sie braucht auch psychologisches Geschick und eine gute Kommunikationsfähigkeit. In die Zukunft eines Menschen zu blicken erfordert viel Denkarbeit, man muss analysieren und kombinieren können.

Und ja, ein klein wenig Mystik und Magie darf auch dabei sein. Mathematische und wissenschaftliche Formeln allein können dem Menschen nicht ein erfülltes Leben garantieren. Wer ein ganzheitliches Leben führt, hat es auf der Suche nach dem Sinn des Lebens bedeutend einfacher. Vielleicht ist dies eine eher romantische Vorstellung. Doch was spricht dagegen? Novalis, der Dichter der Romantik, hat diesen Sachverhalt in ein Gedicht gekleidet:
»Wenn nicht mehr Zahlen und Figuren / Sind Schlüssel aller Kreaturen / Wenn die, so singen oder küssen, / Mehr als die Tiefgelehrten wissen, / Wenn sich die Welt ins freie Leben / Und in die Welt wird zurück begeben, / Wenn dann sich wieder Licht und Schatten / Zu echter Klarheit werden gatten, / Und man in Märchen und Gedichten / Erkennt die wahren Weltgeschichten, / Dann fliegt vor Einem geheimen Wort / Das ganze verkehrte Wesen fort.«

Jahre des Biedermeiers

Egoistisch und kleinbürgerlich ziehen sich viele von uns zurück in eine komfortable Nische. Man möchte seine Ruhe haben vor dieser so ungemütlichen und ungeordneten Welt. Vergangenheit ist angesagt. Viele unserer Pläne und Projekte sind nicht mehr zukunftsgerichtet, sondern speisen sich aus der Vergangenheit. Das Rückwärtsgewandte, das Konservative und Traditionelle dominiert.

Die Gründe, weshalb viele von uns die Zukunft einigermassen kalt lässt, sind vielfältig. Viele ziehen sich zurück ins Private. Sie befinden sich auf einem Egotrip. Statt kollektiver Interessen stehen persönliche Interessen im Vordergrund. Das sprichwörtliche eigene

Hemd ist uns am nächsten. Wir schränken die Meinungsfreiheit anderer ein, um unseren Egoismen freien Lauf zu lassen. Die Politik funktioniert dabei wie die Gesellschaft: Debatten der politischen Parteien zielen nicht auf einen Konsens ab, sondern darauf, die Gegenpartei als taub und blind für die »Tatsachen« darzustellen. Zudem werden der Gegenseite mangels guter Argumente einfach nur bösartige Absichten unterschoben. An dieser politischen Schlammschlacht mögen sich viele – besonders auch fähige und kompetente – Köpfe nicht mehr beteiligen.

Erinnerungen an das Biedermeier werden wach. Das Biedermeier prägte die Literatur, Kultur und Kunst in der ersten Hälfte des 19. Jahrhunderts. Das Biedermeier war eine Strömung, die man als spiessig, hausbacken und konservativ bezeichnen könnte. Die Flucht ins Private und in eine idyllische und kleinbürgerliche Welt war ein typisches Epochen-Motiv des Biedermeiers.

Der Begriff »Biedermeier« geht auf den humoristischen Dichter Eichrodt zurück, der zusammen mit seinem Schulfreund die Figur des spiessigen Gottlieb Biedermaier erfand. Herr Biedermaier war der Inbegriff der Biederkeit. Er interessierte sich nicht für die grosse Politik. Er war kleingeistig. Seine kleine Stube und sein idyllisches Schrebergärtchen bedeuteten ihm irdische Glückseligkeit.

Kein visionäres Denken, keine Utopien für die nahe Zukunft, keine frischen Ideen: Geht es nach dem Soziologen und Philosophen Zygmunt Baumann, sieht unsere nahe Zukunft spiessig und bieder aus. Gerade Jüngere hätten die Fähigkeit verloren, sich Gedanken zu machen darüber, was eine gute Gesellschaft ausmacht und wie man unsere Welt verändern und verbessern könnte, schreibt Baumann in seiner »Retrotopia«. Stattdessen sei Nostalgie angesagt und ein Rückzug in die vertraute, gemütliche und heimatliche Welt von gestern.

Werden wir zu Herr und Frau Biedermeier? Werden wir zurückblicken statt vorwärtsschreiten? Tatsache ist, dass das Nachdenken über die grossen und wichtigen philosophischen Fragen weniger geworden ist: Wer sind wir? Wo wollen wir hin? Der Soziologe und Philosoph Baumann sieht in seinem Vermächtnis die Menschheit am Scheideweg: Entweder wir reichen einander die Hände, oder wir schaufeln einander Gräber.

II

Begegnungen

Der Puppenspieler

Ein persönliches Gespräch mit dem Schriftsteller Thomas Lehr hat mir seinen literarischen Kosmos offenbart. Was treibt den Spycher Literaturpreisträger um? Was bewegt ihn? Warum schreibt er Romane? Er hätte nie davon zu träumen gewagt, vom Wallis als Schriftsteller ausgezeichnet zu werden, verriet er mir. Das Interesse an der Natur, an der Bergwelt, verbinde ihn mit unserer Region. Das Wallis fasziniere ihn, der in der Stadt Berlin lebt, aber auch als Kulturregion. Thomas Lehr kehrte in den vergangenen Jahren immer wieder ins Oberwallis zurück, um Freundschaften zu schliessen und um unsere Region in ihrer ganzen Vielfalt kennenzulernen.

Der Reiz, immer besser zu werden, treibt den Schriftsteller Thomas Lehr an. »Meine ersten Romane waren Zweitausender«, meint er mit einem Lächeln. »Jetzt aber werde ich im Viertausender-Bereich bauen.« Und wie er sich das denn vorstelle, wollte ich von Thomas Lehr wissen. »Ich nehme mir vor, schwierigere Romane zu schreiben«, verrät er mir. »Als Künstler reift man da heran. Von Roman zu Roman merkt man, dass die Ausdrucksmöglichkeiten steigen. Dies gelingt durch das Training, das man beim täglichen Schreiben hat.« Und mit einem Augenzwinkern fügt er an: »Das ist wie beim Bergsteigen. Ich kann höher steigen. Es ist einfach ein Reiz, immer mehr zu geben, immer höher zu klettern. Diesem Reiz, mich zu steigern, bin ich ziemlich erlegen.«

Nein, ein Bestseller-Autor habe er nie wirklich sein wollen, gesteht Thomas Lehr. Was ihn denn zum Schreiben motiviere, hakte ich nach. Die Antwort kam wohl überlegt: »Ich wollte immer für erfahrene Leser schreiben. So wie ein Viertausender für erfahrene Bergsteiger da ist, so wollte ich ein Autor sein für erfahrene Leser. Ich wollte immer besondere literarische Aussichten bieten. Bei meinen Büchern muss man schon ein bisschen belesen sein, aber dann bieten sie auch Spektakuläres.«

Thomas Lehr ist einer, der sich in vielen Disziplinen auskennt. In Geschichte, in Kunst, in der Historie. Die wissenschaftlichen Disziplinen bieten Stoff für Sachbücher, aber nicht für das Schreiben eines Romans. Welchen Stellenwert denn die Fiktion in seinem Schaffen habe, wollte ich von Thomas Lehr wissen. Daraufhin verrät mir der Schriftsteller sein Vorgehen. »Ich habe zuerst eine Vision des Themas, diese ist oft sehr abstrakt. Daraus kann ich keinen Roman konstruieren. Um schreiben zu können, gehe ich von der Figur aus. Ich denke mich in diese Figur hinein. Dadurch entsteht Lebendigkeit. Als Romanautor bin ich ein Puppenspieler. Ich lasse mich aber auch führen von den Figuren. Ich lasse alles durch die Figuren transportieren. Dies allein ist mein Trick. Deshalb bin ich Romanschriftsteller geworden.

Auf dem Zibelemärit

In netter Gesellschaft trank ich in einer Gartenwirtschaft nahe dem Bundeshaus in Bern ein Bier. Auf dem Zibelemärit traf ich ihn, den Toten aus dem Krimi von Paul Lascaux. War es wirklich so heiss, dass Fiktion und Realität sich mischten? Also ich erzähle dann mal schön der Reihe nach.

Der Tote vom Zibelemärit« - Der Krimi von Paul Lascaux liess mir keine Ruhe. Am Morgen hatte ich den Kriminalroman im Radiostudio vorgestellt. Die rro-Moderatorin Nina hatte den Hörern unseres Lokalradios vorgeschlagen, bei den herrschenden sehr, sehr heissen 37 Grad ein »schattiges Plätzchen« aufzusuchen und »das spannende Buch zu lesen« das ich als rro-Literaturexperte dann vorstellen durfte. Und nun sass ich plötzlich selber am Schauplatz dieses spannenden Buches, an einem schattigen Plätzchen in der Nähe des Bundeshauses. Doch halt! Hatten nicht soeben die drei Grazien aus dem Krimi am Tischchen hinter mir Platz genommen? Und, zum Teufel! War es den unglaublich heissen 37 Grad Hitze zuzuschreiben oder war es Realität, was ich soeben mitbekommen hatte? Die drei Grazien am Tischchen hinter mir sprachen… vom Toten! Vom Toten vom Zibelemärit. Das war nun kein Krimi mehr. Das war schreckliche Realität. Und ich war mitten drin.

Sollte ich die Detektei Müller & Himmel aufsuchen, um dort mitzuteilen, was ich soeben gehört hatte? Sie müssen wissen, liebe Leser*innen, der Privatdetektiv Heinrich Müller ermittelt im Fall des Toten vom Zibelemärit. Unterstützung erhält der Privatdetektiv durch eine attraktive Partnerin, sie heisst Nicole Himmel. Und – pssst! Die drei Grazien, die jetzt da am Tischchen hinter mir sitzen, die haben gleich im darüberliegenden Stockwerk eine Wohnung bezogen. Höchst verdächtig! Schnell im Buch von Paul Lascaux nachgeschaut – aha! Da sind sie, die Namen der drei Grazien, immer noch jugendlich ungestüm mit ihren 22/23 Jahren: Melinda Käsbleich, sie studiert Design; Phoebe Helbling, sie studiert Wirtschaftswissenschaften, möchte aber lieber »etwas mit Film« machen; Gwendolin Rauch, sie besucht Biologievorlesungen. Wetten, die haben was zu tun mit dem Toten vom Zibelemärit? Ich riskiere einen Blick über die Schulter. Die sind weg, alle drei! Irgendwas von »Berner Märit« hatte ich vorhin noch aufgeschnappt. Nichts wie hin! Ich muss herausbekommen, welche Rolle die drei Grazien - Melinda, Phoebe und Gwendolin - in dieser Geschichte spielen.

Schnell mal im Buch geblättert. Aufdatieren! Was wir wissen ist das Folgende: Bei einem Fest wurde Feuerwerk abgebrannt. Ein Mann wurde durch einen Böller schwer verletzt, und er stirbt. Die Berner Polizei geht von einem Unfall aus. Die Familie des Toten glaubt aber nicht an die Unfallthese der Polizei. Sie engagiert das Detektivbüro Müller & Himmel. Und tatsächlich finden die Detektive heraus, dass der Böller beim Feuerwerk manipuliert worden ist. Als dann die Detektive noch auf die Tagebücher des Toten stossen, da ist ihnen nach der Lektüre der Aufzeichnungen des Verstorbenen klar, dass der Tote nicht der fürsorgliche Vater gewesen war, wie ihn seine Familie immer erlebt hatte. Der Tote war vor

Jahren in der Punk-Szene aktiv gewesen. Und seine Vorgeschichte reicht noch viel tiefer in die Vergangenheit zurück, genau genommen bis ins Mittelalter.

Was hat der Tote vom Zibelemärit mit dem Zibelemärit zu tun? Ich lese im Krimi von Paul Lascaux: »Die Freiburger sollen ja damals beim verheerenden Stadtbrand 1405 den Bernern zu Hilfe gekommen sein. Die Pfaffendirnen liessen sie verbrennen. Wertvolles Gut kam vor wertlosem Leben. Deshalb soll man den Freiburgern auch ein Marktrecht gegeben haben. Zwiebeln! Beide Städte waren ja von den Zähringern gegründet worden, Freiburg 1157 von Berchtold IV., Bern 1191 von Berchtold V. Beide Orte gehörten zum Landstrich Uechtland. Die Berner haben sich einfach ein bisschen besser entwickelt, jedenfalls bis zur Katastrophe, die beinahe die ganze Stadt in Schutt und Asche legte und dazu führte, dass abgesehen von den Dachstühlen, nur noch in Sandstein gebaut werden durfte…«

Nein! Nein! Und nochmals Nein! Das ist eine falsche Fährte, liebe Leser*innen! Lasst euch gesagt sein: Das dunkle Mittelalter war einfach nur schrecklich! Mit unserem Kriminalfall, also mit dem Toten vom Zibelemärit, hat das Mittelalter null und nichts zu tun. Und warum erzählt uns der Autor überhaupt davon? Eben, weil das eine falsche Fährte ist. Und weil jeder gute Krimi falsche Fährten hat. Punkt. Ja gut, vielleicht, weil mit dem Mittelalter auch noch ein Schuss Erotik in den Krimi hineinkommt. Ich denke jetzt an die musizierenden Pfaffendirnen und so…

Damit wir als Leser*innen wieder auf die richtige Fährte kommen, also gewissermassen »den richtigen Braten riechen«, führen uns die drei Grazien zurück in die Gegenwart. Auf dem Berner Märit erzählt uns Phoebe das Folgende: »Hätte nicht gedacht, dass 1979 so viel zu bieten hat, vor allem Ereignisse, die uns heute noch beschäftigen. Aber ich will euch nicht mit Wikipedia-Einträgen langweilen, das kann jeder selbst nachlesen (…) Darum nur so viel: Es kam damals zu einem betrüblichen Zwischenfall. Beim Aufräumen wurde unweit des Bundesplatzes ein Mann aufgefunden, der seinen Rausch auszuschlafen schien. Der Reinigungsmannschaft gelang es nicht, ihn zu wecken, und so alarmierte sie den Rettungsdienst. Die aufgebotenen Sanitäter konnten jedoch nur noch den Tod des Mannes feststellen. Nach ersten Erkenntnissen der Polizei war der Mann an Konfettis erstickt.« Gwendolin findet auch noch den Namen des Mannes, der damals an Konfettis erstickt ist. Er hiess Stephan Bohrer und war damals 22 Jahre alt. Und ganz wichtig: Stephan »Ugly« Bohrer gehörte der Punkszene an. Und ja, auch der »Tote von Zibelemärit« soll ein Doppelleben als Punk geführt haben.

Während ich hinter einem Marktstand stehe und alles genau beobachte, taucht plötzlich ein Punk auf. Er stellt sich neben die Grazie Gwendolin. Was weiss die Punkszene über den »Toten vom Zibelemärit«? Taucht da ein Akteur aus der Vergangenheit auf? Und gibt es eine Verbindung zwischen den beiden Toten, dem Mann, der durch einen Böller getötet wurde und dem Punk, der im Konfettiregen erstickt ist?

Ich stehe nun vor einem ganz gewöhnlichen Stand mitten im Berner Märit. Das Thermometer zeigt immer noch 37 Grad. Es ist sehr, sehr heiss. Wo sind die Grazien hingekommen? Wo ist der Punk, der als Akteur aus der Vergangenheit auftauchte? Nur den Krimi, den gibt es wirklich, weil den halte ich ganz fest in meiner Hand, und darin lese ich: »Der ursprüngliche Markttag hatte sich überlebt. Inzwischen waren dieselben Stände mit denselben billigen Alltagsgegenständen bestückt wie an jeder Hundsverlochete«.

Und dann kam er. »Er hatte sich mit dem Notwendigen eingedeckt. Zum Abrunden musste ein *Zibelechueche* her, das Pflichtgericht an diesem Tag. Natürlich wusste er, dass er als Punk für dumme und teilweise aggressive Sprüche sorgte. Wieder bekam er eine Ladung Konfetti ab. Er atmete tief ein. Er krümmte sich, hustete, kotzte beinahe, richtete sich auf, schloss die tränenden Augen, öffnete den nach Luft schnappenden Mund… Als Stephan »Ugly«

Bohrer zusammensank, erinnerte er sich schon nicht mehr an seinen Namen. Er lag atemlos am Boden, im Trubel lange Zeit von niemandem beachtet, und als der erste an seiner Lederjacke zog und ihn wachrütteln wollte, war der letzte Akkord bereits gespielt.«
Ich lege mit ernstem Gesicht den Krimi beiseite. War alles nur der Hitze geschuldet? Immerhin, die Grazien am Tischchen hinter mir, die sind echt und jetzt am Telefon. Bestimmt sagen sie jetzt allen, wer es war, und warum er sterben musste. Er, der Tote vom Zibelemärit.

Am Neckarstrand

Vor genau 200 Jahren ist der Dichter Gottfried Keller in Zürich geboren. Ganz genau genommen war er nicht nur einer der bekanntesten Schweizer Dichter, sondern auch ein grossartiger Politiker, der als Mitglied der Zürcher Regierung mitbeteiligt war an der staatlichen Neuordnung der Schweiz, die 1848 zur Gründung des Schweizerischen Bundesstaates in seiner gegenwärtigen Form führte. Unter dem Eindruck der politischen Lyrik des Vormärz entdeckte er sein Talent sowohl als Dichter als auch als Politiker. Als Mitglied der Zürcher Regierung kam er in den Genuss eines Stipendiums, das er in ein Studium an der Universität von Heidelberg investierte. Hier in Heidelberg entstanden seine unvergesslichen Romane und Novellen.

Auch Gottfried Keller war einer, der – gemäss dem bekannten Volkslied – sein Herz in Heidelberg verloren hatte. Er wohnte in einem Haus, das an der weltberühmten Brücke gelegen war, die über den Fluss Neckar führt. An seinem Wohnhaus prangt heute eine Tafel, auf der zu lesen steht: »Schöne Brücke hast mich oft getragen, wenn mein Herz erwartungsvoll geschlagen, und mit dir den Strom ich überschritt.« Dort, im Haus am Neckarstrand, sind seine grossartigen Romane und Novellen entstanden, so *Der grüne Heinrich* und *Die Leute von Seldwyla*.

Gottfried Keller schrieb in Heidelberg einen autobiographischen Roman mit dem Titel *Der grüne Heinrich*. Neben Goethes *Wilhelm Meister* und Stifters *Nachsommer* gilt er als einer der bedeutendsten Bildungsromane der deutschen Literatur des 19. Jahrhunderts. Genau gleich wie der Protagonist Heinrich (»grün« wird er wegen der Farbe seiner Kleidung genannt) geriet in der frühen Jugend auch Gottfried Keller ein Lausbubenstreich zum Verhängnis. Aufgrund dieses Vergehens wurde auch Gottfried Keller von der Schule verwiesen und musste nun seinen Berufswunsch, Landschaftsmaler zu werden, mit eigenen Mitteln verwirklichen.

In der weiteren Entwicklung sind jedoch Unterschiede festzustellen zwischen dem grünen Heinrich im Roman und dem Dichter Gottfried Keller. Während sich Keller mangels Talent vom Beruf des Malers abwandte, verfolgt der grüne Heinrich diesen seinen Berufswunsch mit grosser Konsequenz. Dabei vermag er nicht zu unterscheiden zwischen der Realität und seiner eigenen poetisch-romantischen Weltsicht, und dies hat schwerwiegende Konsequenzen: Er verscherzt sich die Liebe von zwei Frauen, er treibt seine Mutter in existenzielle Not und er scheitert schliesslich an seinen zu hoch gesteckten Idealen. Sehr viel später hat Gottfried Keller diesen harten Schluss in seinem »Grünen Heinrich« gemildert. In der zweiten Fassung darf Heinrich seiner sterbenden Mutter noch einmal die Hand reichen, und statt als enttäuschter Künstler das Zeitliche zu segnen, lässt Keller seinen Protagonisten Heinrich mit seiner Jugendfreundin schlussendlich ein bescheidenes Beamtenleben führen.

In Heidelberg widmete sich Gottfried Keller dem Studium der Geschichte und der Staatswissenschaften. Dort liess er sich auch mobilisieren von der politischen und militanten Lyrik des Vormärz. Während des Studiums in Heidelberg wandelte sich Keller zum politischen Schriftsteller. Nach der Veröffentlichung der Erzählung *»Das Fähnlein der sieben Aufrechten«* wurde er ein heisser Kandidat auch für die Zürcher Politik. In dieser Erzählung drückte Keller seine Zufriedenheit aus »mit den vaterländischen Zuständen« in seinem Heimatland.

Die Heidelberger Romantik prägte Gottfried Keller. Auch nach seiner Rückkehr nach Zürich tauchen in Gottfried Kellers Werken immer wieder romantische Reminiszenzen aus seiner wunderschönen Heidelberger Zeit auf. Im Jahr 1861 erfolgte die Berufung Gottfried Kellers zum Ersten Staatsschreiber des Kantons Zürich. Dieses politische Amt nahm ihn zehn Jahre lang so stark in Anspruch, dass in dieser Zeit kaum nennenswerte dichterische Werke entstanden sind. Erst 1876 legte Keller sein politisches Amt nieder um freier Schriftsteller zu werden. In seinem Alterswerk taucht auch immer wieder seine Studentenzeit in Heidelberg auf.

Als freier Schriftsteller gelangen Gottfried Keller noch einmal vielbeachtete Werke, so *»Die Leute von Seldwyla«* und der sozialkritische Roman *»Martin Salander«*. Zu seinem Alterswerk zählen auch noch die *»Sieben Legenden«* und weitere Erzählwerke, so die *»Züricher Novellen«* und *»Das Sinngedicht«*. Gottfried Keller durfte sich im Alter als erfolgreicher Schriftsteller feiern lassen. Dazu trugen vor allem die Novellen bei: *»Romeo und Julia auf dem Dorfe«* sowie *»Kleider machen Leute«* sind grossartige Meisterwerke der deutschsprachigen Erzählkunst. Sie sind bis heute vielerorts auch Bestandteile der obligatorischen Schullektüre geblieben.

Auf dem Philosophenweg hoch über Heidelberg erfasste mich unwillkürlich die romantische Stimmung, der wohl damals auch Gottfried Keller erlegen war. Auf einer Tafel ist der Text verewigt, der zu einem der bekanntesten deutschen Volkslieder vertont wurde:

Ich hab' mein Herz in Heidelberg verloren, / In einer lauen Sommernacht. / Ich war verliebt bis über beide Ohren / Und wie ein Röslein hat ihr Mund gelacht. / Und als wir Abschied nahmen vor den Toren / Beim letzten Kuss, da hab' ich's klar erkannt: / Dass ich mein Herz in Heidelberg verloren. / Mein Herz, es schlägt am Neckarstrand.

Er bittet zum Totentanz

Im grossen Vortragssaal sind die Plätze bereits fast ausverkauft. Für routinierte Leserinnen und Leser ist das keine Überraschung. Denn auf der Bühne installiert sich ein Autor, dem spätestens seit seinem Megaseller »*Walliser Totentanz*« die Herzen nicht nur der Walliser Leser*innen zufliegen. Nur ganz vorn in der ersten Reihe ist noch ein Plätzchen frei, inmitten von Ryser-Verehrerinnen. »Bitte, schicken Sie mir ein Foto von ihm?«, säuselt mir meine Sitznachbarin zu, nachdem sie entdeckt hat, das ich mit beeindruckender Fotoausrüstung versuche, im abgedunkelten und nicht gerade fotogenen Raum ein paar brauchbare Fotos von Werner Ryser zu knipsen. Werner Ryser! Der gebürtige Winterthurer hat sich als Autor von historischen Romanen tatsächlich in die Herzen seiner Leserinnen und Leser geschrieben.

»*Geh, wilder Knochenmann!*«, so heisst der neue Roman von Werner Ryser. Der Titel beziehe sich auf ein Gedicht von Matthias Claudius, belehrt uns der Autor gleich zu Beginn, und er kann das Gedicht auswendig: »*Vorüber! Ach, vorüber! / Geh, wilder Knochenmann! / Ich bin noch jung, geh, Lieber! / Und rühre mich nicht an!*« Der Roman spielt im idyllischen Emmental. Während des Lesens und Erzählens entführt uns Werner Ryser in die pittoresken Landschaften und zu den urchigen Bauernhöfen, die wie von einem Sonntagsausflug aus Kindertagen wieder aus der Erinnerung auftauchen. Der Autor lädt dazu ein, eine Zeitreise zurück in die 1860er-Jahre anzutreten. Wir schliessen Bekanntschaft mit den Geschwistern Diepoldswiler, mit Simon, mit Esther und mit Jakob, die nach dem Tode ihres Vaters zu Waisenkindern wurden. Damals kam dies einem tiefen sozialen Abstieg gleich. Simon wird verdingt und Esther muss als rechtlose Magd auf dem Hof weiterarbeiten.

Autor Werner Ryser verschont keinen von uns im Publikum: Während er liest, erzählt und dramatisch über seine Brillengläser hinweg uns beschwörend fixiert, bekommen wir den ganzen Schrecken der damaligen Zeit zu spüren: das Verdingwesen, den Aberglauben, die Rücksichtslosigkeit der Grossbauern, brachiale Brutalität gegenüber jungen Frauen.

Der Knochenmann verschont die wenigsten. Die vielen Zuhörerinnen im Publikum wischen sich schon bald ganz verschämt die eine oder andere Träne aus den feuchten Augen. Der Autor weckt geschickt Sympathien für seine Figuren.

Wir trauern mit ihnen, wir empören uns mit ihnen, wir verzweifeln mit ihnen ob all der Ungerechtigkeiten, die ihnen widerfahren. Die Geschichte hinterlässt Spuren auf den Gesichtern und in den Herzen des eingeschworenen Werner-Ryser-Publikums. Ja, es stimmt schon, die Geschichte ist so unbarmherzig hart wie es der Titel vermuten lässt. Beim Eingang zum Vortragssaal habe ich mir den »*Wilden Knochenmann*« erstanden, und nun blättere ich darin, während sich der Autor mal einen tiefen Schluck aus dem Wasserglas genehmigt. Und ich schlage ausgerechnet die Seite auf, auf der die Protagonistin Esther das Opfer einer »*Engelmacherin*« wird und danach vom grässlichen Knochenmann gesichelt wird. Ich lese ein paar Sätze, während meine Sitznachbarin neugierig näher rückt, um auch einen Blick ins Buch erhaschen zu können.

Leseprobe, Kapitel 10: »*Seit Jahr und Tag stand Lena kurz vor Sonnenaufgang auf, um in der Küche den Herd einzuheizen. An diesem Freitagmorgen beobachtete sie, wie die Krähen, die auf der alten Pappel genächtigt hatten, nicht wie üblich davonflogen, sondern laut krächzend über etwas Grossem, Dunklem flatterten, das auf dem Zufahrtsweg zur Hofstatt lag. (…) Sie wird doch nicht… Lena sprach den Satz nicht zu Ende. (…) Die Saatkrähen, die gehofft haben mochten, sich an der Leiche gütlich zu tun, flogen schimpfend auf ihre Pappel zurück und beobachteten das weitere Geschehen.*« (…) Später wird der Doktor sagen, »*er stelle sich vor, das dumme Ding habe das Ungeborene abtreiben wollen. Zuerst habe sie es mit der grünen Fee probiert, einem Wermutsgesöff, das Krämpfe im Uterus und damit eine Frühgeburt auslösen könne. Offenbar habe das nicht funktioniert. Darauf habe jemand mit einer spitzen Nadel versucht, den Fötus zu töten, dabei das Ziel verfehlt und die Gebärmutter so schwer verletzt, dass die Blutung nicht mehr zu stillen gewesen sei. (...) Es sei eine Schande, dass der Gemeinderat Josiane, dieser Hure und Engelmacherin, nicht längst das Handwerk gelegt habe.« (Seiten 87,88).*

Mit Erschaudern lege ich das Buch weg und richte meine Aufmerksamkeit wieder auf den Autor Werner Ryser, der mittlerweile zum Schlussbouquet seines mitreissenden Vortrags übergeht. Zum Schluss keimt so etwas wie Hoffnung auf: Jakob und Simon wandern nach Russland aus, nach Georgien, wo sie ein neues Leben beginnen wollen. Applaus! Werner Rysers Erzählung war berührend und verlangt nach mehr. Werner Ryser schreibt aus der Perspektive der Schwachen und Ausgegrenzten. Er erzählt grossartig, detailverliebt und emotional berührend.

Fledermaus und Csardasfürstin

Neujahrskonzert der Wiener Philharmoniker. Beschwingt und stilvoll ins Neue Jahr. Dieses Jahr durften wir das »Konzert der Konzerte« erstmals unter der Leitung des Stardirigenten Christian Thielemann erleben. Der weltweit erfolgreichste Klassikevent wurde zum grössten Teil aus dem Saal des Wiener Musikvereins in 95 Länder übertragen. Weil die Wiener Staatsoper aber das 150-Jahr-Jubiläum feiert, war das weltberühmte Opernhaus in diesem Jahr ausnahmsweise auch einer der Austragungsorte. Wer schon mal in der Wiener Staatsoper war, der wird immer wieder gerne selber dabei sein. Das Miterleben vor Ort inmitten dieser märchenhaften Musikwelt aus einem anderen Jahrhundert ist unübertrefflich.

Wir feiern 150 Jahre Wiener Staatsoper. Nur in strengem Dresscode und unter unzähligen Auflagen darf das berühmteste Opernhaus der Welt betreten werden. Erstmals seit Jahren durfte ein knapp halbstündiger musikalischer Rundgang auch per Television in die Welt ausgestrahlt werden. Unter dem Titel »Wiener Staatsoper 1869-2019« sind Ausschnitte aus den Aufführungen der vergangenen Jahrzehnte zu erleben, die allesamt Musikgeschichte geschrieben haben. An verschiedenen Schauplätzen in und um die Oper musizierten ausgewählte Ensembles der Wiener Philharmoniker sowie Ensemblemitglieder der Staatsoper. Beispiele? Camilla Nylund und Adrian Eröd sangen ein Duett aus Johann Strauss' »Fledermaus«. Im Ballettsaal tippelten und scharwänzelten die Tänzerinnen und Tänzer zu den Klängen von Alexander Glasunows »Raymonda« übers Parkett. Und die Sopranistin Daniela Fally und der Bariton Rafael Fingerlos flogen in luftiger Höhe als Papagena und Papageno mühelos über die Staatsopernbühne.

Ein Genuss für Auge und Ohr ist jeweils das Neujahrskonzertballett. Neben Dirigent Christian Thielemann waren auch zwei weitere Kreativkünstler erstmals zu erleben. Als Choreograf gab Andrey Kaydanovskiy seinen Einstand. Der immer noch aktive Tänzer zeigte seine Kreationen zum Walzer »Künstlerleben« sowie zum Csardas aus der Oper »Ritter Pazman«, beide Stücke aus der Feder von Johann Strauss Sohn. Für den feurigen Csardas standen die Solistinnen und Solisten des Wiener Staatsballetts im niederösterreichischen Schloss Grafenegg vor der Kamera. Die modernen wie edlen Kostüme stammten aus der Kreativwerkstatt des jungen österreichischen Designers Arthur Arbesser, der bei Giorgio Armani, dem Meister der italienischen Mode, sein Handwerk erlernt hat.

Das Künstlerleben an der Wiener Staatsoper ist für viele ein Traum, jedoch nur für ein paar Einzelne die Realität. Ein enormer Aufwand ist notwendig, die Staatsoper und ihr Innenleben beinahe Tag für Tag auf Höchstleistungen zu trimmen. Ein Stab von mehreren hundert Mitarbeiterinnen und Mitarbeitern verfolgt Hand in Hand ein einziges Ziel – die nächste Vorstellung! Die Bilder des Wiener Neujahrskonzerts begleiten uns mit Glanz und Pomp durch den kommenden Alltag, sie lassen aufschauen zu grenzenloser Schönheit und beschwingter Eleganz. Das Neujahrskonzert mit Wiener Charme ist Startort für blühende Phantasien und eine ungeahnte Kreativität, und dies trotz der weltweiten Tristesse und Depression.

Mit Blanca im Mumienbunker

Mit Blanca genoss ich in einer noblen Briger Gaststätte einen originalen Walliser Pfannkuchen. Der Gegensatz hätte grösser nicht sein können, denn bald schon sprachen wir nur noch über den »Mumienbunker«. Doch schön der Reihe nach.

Sie hat den Durchbruch zur Bestsellerautorin geschafft: Blanca Imboden mit Bürgerort Ausserberg. Ihr Vater ist dort geboren und aufgewachsen. Blanca Imboden selber erblickte 1962 in Ibach im Kanton Schwyz das Licht der Welt. Als Sekretärin, Sängerin und Seilbähnlerin sammelte sie vielerlei Lebenserfahrung, die sie zur volksnahen und populären Schweizer Bestsellerautorin heranreifen liess. Mit ihren erfolgreichsten Büchern »*Wandern ist doof*« und »*Drei Frauen im Schnee*« hielt sie sich 30 Wochen lang in der Schweizer Bestsellerliste. Mit ihrem Altersheimroman »*heimelig*« tourte sie mit grossem Erfolg durch die Schweiz.

Blanca Imbodens Altersheimroman basiert auf Recherchen ihrer Mutter Madeleine. »Sie war im Altersheim und erzählte immer wieder Geschichten, zum Teil waren dies lustige Erzählungen, es war aber auch viel Haarsträubendes darunter«, erklärt mir Blanca Imboden. Wir sitzen zusammen im »Couronne« und lassen uns einen Walliser Pfannkuchen schmecken. Nein, sie habe kein bestimmtes Altersheim im Auge, ihr Altersheim »*heimelig*« habe sie bewusst an keinem geografisch klar definierten Ort angesiedelt. Während ihrer Recherchen habe sie erfahren, wie Sparprogramme, Personalnotstand und Reglementierungen das Leben für die Pflegenden immer schwieriger machen. Und sie betont: »Mein Buch soll keine Kritik sein an den Pflegenden, sondern am System. Wenn alle einfach am Limit laufen, wenn gespart wird wie verrückt, dann passieren Fehler.«

Blanca Imbodens Kritik in ihrem Roman »*heimelig*« ist happig. Wohl auch deshalb verlangte ihre wichtigste Gewährsperson, die eigene Mutter, dass das Erlebte erst nach ihrem Tod veröffentlicht werden dürfe. Ob sie denn auch mit konkreten Verbesserungsvorschlägen aufwarten könne, wollte ich von Blanca Imboden wissen. Ihre Antwort darauf kam prompt: »Zum Glück bin ich keine Politikerin, sonst müsste ich so tun, als hätte ich Lösungen und Vorschläge, aber ich habe keine, ich bin nur eine Geschichtenerzählerin«, gesteht sie. Sie habe aber viele Fragen auf dem Herzen, und die müssten gestellt werden.

Mit ihren 77 Jahren ist Nelly, die Protagonistin im Altersheimroman »*heimelig*«, eine zwar gesunde, fröhliche und aktive Witwe, trotzdem muss sie jedoch ins Altersheim, weil ihre Tochter Trudi das gemütliche Elternhaus durch einen modernen Neubau ersetzen möchte. Eigentlich entspricht es einer gewissen Logik, dass eine wie Nelly im Altersheim fast umkommt vor Langeweile. »Es geht ihr dort einfach zu gut, deshalb wohl langweilt sie sich und wird zur Rebellin«, präzisiert die Autorin. Für eine wie Nelly darf ein Altersheim nicht einfach schöngeredet werden zu einer Seniorenresidenz, auch nicht zu einem Betagtenwohnsitz, zu einem Feierabendhaus oder zu einem Seniorenwohnheim. Nellys Mitbewohner und Leidensgenosse Tobias findet für »Altersheim« weit träfere Ausdrücke, etwa »Seniorenzwischenlager, Runzelsilo, Mumienbunker, Faltenlager, Seniorensammelstelle, oder gar Abkratzresidenz«. In dieser Situation wird die Protagonistin Nelly im Altersheimroman zur Rebellin und beschliesst, Tagesausflüge »Von A bis Z« zu unternehmen. *Warum Nelly aus dem Altersheim spazierte und nie mehr wiederkam* – der Untertitel des Romans weckt die Neugierde auf die Abenteuer einer vifen Greisin, deren Lebenslust und deren Lebensträume noch lange nicht erloschen sind.

Die Romanstory nimmt Tempo auf, als Tobias, Nellys Mitbewohner, beim Abendessen ungehemmt sein kariertes Hemd öffnet und seine Brust zeigt. Darauf hat er riesengross und mit einem dicken, wasserfesten Stift »STOPP« geschrieben. »Das ist für die Rettungssanitäter oder für jeden, der meint, mich nach einem Herzstillstand reanimieren zu müssen«, verkündet Tobias, der nicht so aussieht, als würde er es noch lange machen, und der den übelsten Prognosen zum Trotz fröhlich weiter lebt. Er habe aus der Zeitung erfahren, dass die Gemeinde plane, öffentlich zugängliche Defibrillatoren zu installieren. Dies sei der Grund, weshalb er seine Brust bemalt habe. Aus auktorialer Perspektive erfährt man als Leser, was die Aktion bei der Protagonistin Nelly auslöst: »Stopp? Im Moment möchte ich mir lieber GO auf die Brust schreiben. Raus ins Leben! Go!«

Der Walliser Pfannkuchen im Restaurant Couronne in Brig war schon fast aufgegessen, unser Gespräch plätscherte nun angenehm locker dahin. Ob sie auf der Welle von *Forever Young* reite, wollte ich da von Blanca Imboden wissen. Das zwar schon nicht, beschwichtigte sie, aber mit ihrem Buch wolle sie Mut machen. Und dann wird sie nachdenklich, die Bestseller-Autorin, und sie erzählt von sich. Ja, es sei schon so, auch sie habe nun nochmals mit 56 Jahren eine neue Liebe gefunden. Vor zwei Jahren habe sie ihren Mann verloren. »Ich war total am Boden«, gesteht sie. Dann sei auch noch ihre Mutter gestorben, das alles sei »ganz happig« gewesen, fast habe sie das alles nicht mehr ertragen können. Doch dann sei sie nun einer neuen grossen Liebe begegnet. »Das ist etwas sehr Eindrückliches, das ist etwas, was ich den Leuten gerne mit auf den Weg geben würde: Nie die Hoffnung aufgeben!« Im über 70-jährigen Luzerner Peter Bachmann, einem pensionierten Lehrer und Musiker, hat sie einen Lebenspartner gefunden, der wie sie selber verwitwet ist. So kennt man den Schmerz des anderen, resümiert die Autorin. Ihr neuer Freund hat sie auch bei der Arbeit an ihrem aktuellen Buch »heimelig« unterstützt, das bereits wieder auf die vordersten Plätze der Schweizer Bestsellerliste geklettert ist.

Das Altwerden und die letzten Jahre vor dem Ableben, das ist ja nun nicht gerade der freudvollste Abschnitt unseres Lebens. Autorin Blanca Imboden schafft es, diese komplexe Thematik spielerisch, humorvoll und mit Leichtigkeit rüberzubringen. Ob es denn dieser lockere Umgang mit Tabuthemen sei, der ihre Bücher die Bestenlisten erstürmen lasse, versuchte ich ihr Erfolgsgeheimnis zu ergründen. »Das ist eines der Geheimnisse«, präzisiert sie lachend, zumindest würden dies die vielen Feedbacks bestätigen, die sie immer wieder in ihrem Schreiben bestätigen würden. Doch mehr noch habe ihre breite Berufserfahrung ihr dabei geholfen, »auf dem Boden bleiben zu können«. Ihre Popularität und ihre Lesernähe verdanke sie auch ihrer Vielseitigkeit.

Blanca Imboden ist eine, die sich im Leben nicht geschont hat. Sie arbeitet überaus hart, momentan beim Wörterseh-Verlag, aber eigentlich war ihr bisheriges Leben eine einzige Berg- und Talfahrt. Und das nicht nur bei der Seilbahn auf dem Stoos und neuerdings bei der Stanserhorn-Bahn, wo sie in Teilzeit angestellt ist. Immer war da auch ein »zweites Geleise« als Kunst- und Kulturschaffende. Bereits im Alter von 18 Jahren nahm sie unter dem Künstlernamen »Bee Bach« ein Album mit dem Titel *Face the Music* auf. In der Folge war sie Mitwirkende bei verschiedenen Profi-Tanzbands. Zusammen mit ihrem Lebenspartner Hans Gotthardt, der voriges Jahr verstarb, gründete sie das »Duo Tandem« und war während 13 Jahren als Profi-Musikerin unterwegs. Das zügige und lesergerechte Schreiben eignete sie sich an als redaktionelle Mitarbeiterin und Redaktionssekretärin bei der *Neuen Schwyzer Zeitung*. Ende der Neunzigerjahre erschienen dann ihre ersten Bücher bei einem Schweizer Bezahlverlag, mit wenig Erfolg allerdings. Der Durchbruch gelang ihr erst mit dem Wechsel zum Wörterseh-Verlag. Und nun? Ob sie sich nicht vor einer Schreibblockade fürchte? »Da bin ich voll drin«, gesteht mir die Bestseller-Autorin freimütig. Herausfinden aus dem Schreibstau will sie mit einem Kolumnen-Band, der Erlebtes und Erfahrenes aus den vergangenen Jahren zusammenfasst. Ist es die Retrospektive einer populären Autorin, die am Ende ihrer Träume angelangt ist und nun zu ihrem privaten Glück finden möchte?

Bevor der Vorhang fällt

Anlässlich seines 75. Geburtstags durfte ich Schauspieler Beat Albrecht mit seinen »*Gedanken zum Theater*« erleben. Beat Albrecht mimte einen alten Schauspieler, der einem jungen Kollegen Briefe schreibt. Da habe ich als Besucher sein Spiel mitgespielt. Ich mimte einen jungen Kollegen, der einem alten Schauspieler einen Brief schreibt:

Lieber Beat

Hab Dank für diesen tiefsinnigen und stillen Abend. Deine Lesung – oder war es eher ein Ein-Mann-Stück – erforderte seitens des Publikums absolute Stille, angestrengte Konzentration und Durchhaltevermögen. Das heutige Medien- und Geschäftsleben ist mit einer 3-Minuten-Rede schon fast überfordert. Es gibt nicht mehr viele, die sich getrauen, eine Stunde lang anspruchsvolle Texte, angereichert mit philosophischen und kulturtheoretischen Betrachtungen, einem Publikum schmackhaft zu machen, das medial verwöhnt dem Zapping verfallen ist. Nur gerade berieselt von diskreten Klängen aus dem Hintergrund, hast du uns alle beeindruckt, und dies ganz ohne Auflockerung durch Showblöcke, wie man sich das heute gewohnt ist. Als dein interessierter Zuhörer und Zuschauer glaube ich vieles mitbekommen zu haben. Stichworte aus deinen Texten blieben bei mir hängen, und ich habe – ich muss es gestehen – diese deine Impulse weitergedacht und weitergeträumt.

Hut ab vor deinem Auftritt. Du hast dich eingangs gleich selbst dargestellt. Ein Komödiant, der in die Jahre gekommen ist, betritt noch-

mals die Bühne, legt sein Käppi ab, versammelt seine Anhängerschaft um sich und vermacht ihr sein schauspielerisches Erbe. Schon das Betreten der Bühne ist ein heikler Vorgang, erfahren wir dann aus deinem ersten Brief an deine jungen Kollegen. Alle nicken wir, als du in Worte fasst, was wir alle während Jahrzehnten bei deinen Auftritten erleben durften: Können und Feuer braucht es zum Gelingen einer Arbeit.

Wie aber kann auf der Bühne »Ausdruck« entstehen? Durch die Vereinigung von Körper und Geist. Diese deine Antwort war überraschend. Nicht, dass sie mir nicht eingeleuchtet hätte. Überraschend deshalb, weil heute viele ausschliesslich auf das Körperliche fixiert sind. Körperkult geht vielen über alles. Wo aber bleibt der Geist? Er ist es, der in einem Körper wohnt wie ein Steuermann. Der Geist steuert den Körper. Er schafft Ausdruck in Form von Mimik und Gestik. Ganz allgemein ist der Geist auch jederzeit in der Körpersprache wahrnehmbar. Ein so gearteter Ausdruck wird hervorgerufen durch Impulse. Der Ausdruck ist ein Abbild der inneren Instanz. Du hast für uns alle diesen komplexen Zusammenhang in zwei Zeitabläufe eingeteilt. Auf der Bühne lassen sich zwei Zeitabläufe unterscheiden, jener des Stücks und jener des Ausdrucks.

Was hat der Schauspieler seiner Figur zu sagen? Hat die Figur aus einem Stück auch etwas dem Schauspieler zu sagen? Einfühlungsvermögen ist gefragt. Trotzdem aber gilt es, ein gewisses Mass an Unbefangenheit zu erreichen. Der Schauspieler lebt für diesen einen Augenblick, für diesen seinen Auftritt auf der Bühne. Doch wenn der Vorhang fällt, hat auch der Schauspieler loszulassen, wieder ein anderer zu werden. Das überschätzte Ich spielt bei Schauspielern eine wichtige Rolle. Doch ist Schauspielerei immer auch Teamarbeit. Oder wie dies die 68erKünstler auf den Punkt gebracht haben: Jedes Theater ist politisch.

Schauspieler sind keine Selbstdarsteller. Eine fröhliche Figur erfordert keinen fröhlichen Schauspieler. Eine traurige Figur erfordert auch keinen traurigen Schauspieler. Eine Annäherung an die Figur jedoch ist erwünscht. Je intensiver die Annäherung, je weniger wird die Selbstdarstellung, und umso stärker ist das Kraftfeld, das den Schauspieler umgibt. Die schauspielerische Empfindung gibt der Figur ihren Ausdruck. Die eigene Seele ist dabei nur die Wünschelrute.

»Das Leben ist des Traumes Kind«. Dieser Aphorismus ist bei mir hängengeblieben. Ich denke, dass wir Literaten und Künstler allesamt auch Träumer sein dürfen, sein können. Das Leben – ein Traum. Was gibt es Schöneres und Kreativeres? Leben ist nicht die nackte Realität. Was ich nicht träumen kann, das kann ich nicht denken. Träumen ist Denken ohne Worte. Wie wunderbar hast du uns das rübergebracht, lieber Komödiant.

Wo bleiben die Utopien? Für die Utopien bleibt in unserer Gesellschaft nicht mehr viel Raum. Utopien für die Zukunft entwerfen heutzutage die Computer. »Das ist nicht meine Welt«, möchte manch ein Zeitgenosse ausrufen. Viele tun sich mit der fremden, computergesteuerten Welt schwer. Doch mag hier ein Aphorismus neue Hoffnung schaffen. Alte weise Männer sollen den Leitsatz geprägt haben: »Das Schwere ist die Wurzel des Leichten.«

Die Welt wird sich weiter drehen. Und sie tut dies trotz der Tatsache, dass der Mensch nicht die Krone der Schöpfung ist. Irgendwann und hoffentlich erst viel später wird die Sonne zu einem Feuerball werden, und alles wird in Asche versinken. Dann wird es Zeit abzutreten.

Ja, ja, du alter Komödiant. Jetzt klebst du den Briefumschlag zu. Du stempelst ihn ab. Du setzt dein Käppi wieder auf. Und du folgst der Regieanweisung, die immer dann im Drehbuch steht, wenn der Vorhang fällt:

»Alle ab«

Mein Nachbar Raoul und sein Archaeopterix

Nur gerade ein Jahrhundert ist es her, da schienen die Alpen noch unüberwindbar. Nur mutigen Alpinisten gelang die Kletterpartie über die Alpen. Und über die Alpen fliegen? Wer sich nur schon mit derartigen Ideen herumschlug, der galt als wahnsinnig, verrückt und anmassend. Im Jahr 1910 trug sich dennoch Unglaubliches zu. Mit einem Blériot XI Eindecker schaffte der Peruaner Geo Chavez die Überquerung der Alpen.

Gut hundert Jahre später versuchte nun mein Nachbar Raoul Geiger die originale Flugstrecke von Geo Chavez nachzufliegen. Mit seinem Fluggerät namens »Archaeopterix« überquerte er im Stile von Geo Chavez die Alpen. Raoul betreibt in Ried-Brig, unmittelbar neben dem damaligen Start- und Landeplatz des legendären Flugpioniers Chavez, eine Flugschule.

Flugabenteuer damals und heute – was ist anders geworden? Darüber unterhielt ich mich mit meinem Nachbar Raoul. Geo Chavez wurde 1910 als der Bezwinger der Lüfte gefeiert, obschon er in Domodossola bei der Landung verunglückte. Geo Chavez flog damals einen Blériot XI Eindecker, angetrieben von einem 50 PS-Gnôme-Rotationskolbenmotor. Mehr als 100 Jahre später hat sich diese Technik massiv entwickelt. Auch die Aviatik ist mittlerweile perfekter geworden, so nützen heute die Flugzeugbauer die Solarenergie und das leichte und trotzdem dauerhafte Karbon. Raoul Geiger flog die gleiche Strecke über den Simplon wie damals Geo Chavez. Sein Fluggerät zählt zu den Hängegleitern und ist bestückbar mit einem Elektromotor. Als Raoul vor wenigen Monaten die Flugstrecke von Geo Chavez nachflog, da konnte er von besseren Wetterbedingungen profitieren, als sie Geo Chavez vor gut hundert Jahren hatte. Raoul war aber auch dringend angewiesen auf ideale Bedingungen, denn er bezwang die Alpen mit Hilfe der Thermik. Sein Fluggerät zählt zu den Hängegleitern und ist bestückbar mit einem Elektromotor. Geo Chavez dagegen sass in einem sehr fragilen und baufälligen Flugapparat, was zur Folge hatte, dass er den schlechten Wetterbedingungen Tribut zahlen musste.

Raouls Faszination für das Fliegen ist bis heute geblieben. Wie er mir verriet, habe ihn die 100-Jahr-Feier für Geo Chavez in Ried-Brig extrem motiviert und fasziniert. Nur wenige Monate nach der Feier habe er in Ried-Brig ein Haus gekauft. In den folgenden Wochen habe er alles gelesen, was er über Chavez habe finden können. Raoul Geiger übernahm gar das Präsidium der Chavez-Stiftung. Die Verbundenheit mit Chavez' Geschichte und mit den damaligen Ereignissen haben ihn selber ebenfalls zum Abenteurer werden lassen.

Trotz der Faszination fürs Fliegen, fliegt auch immer die Angst vor einer Bruchlandung mit. Natürlich sei immer eine gewisse Nervosität und Anspannung da, gestand mir Raoul. Aber er habe sich für seinen Flug auf der legendären Chavez-Route über den Simplon bestens vorbereitet, so dass von Angst nicht die Rede sein könne. Natürlich sieht der Betrachter im Film, wie das Fluggerät von Raoul Geiger arg durchgeschüttelt wird. Der Eindruck täuscht jedoch. Obschon sich der Flug für einen laienhaften Betrachter recht wackelig anlässt, seien die Turbulenzen für den Piloten keineswegs einschüchternd. Wichtig sei aber immer, dass der Pilot das Wetter richtig beurteile, und dass er sich auf eine eingespielte »Task Force« stützen könne, führte Raoul weiter aus.

Hatte Chavez damals zu viel Risiko genommen? Nun, es habe ja funktioniert, Chavez habe die erste Alpenüberquerung geschafft, resümiert mein Nachbar Raoul. Was sich ganz zum Schluss ereignet habe, müsse wohl auf eine Materialschwäche zurückgeführt werden. Vielleicht habe Chavez damals bei der Landung zu viel Geschwindigkeit aufgenommen und den einen Flügel zu stark belastet, vermutet Geiger. Wenn Chavez besseres Wetter gehabt hätte, wäre er sicher lockerer geflogen und hätte zu einer sanften Landung ansetzen können, ist Raoul überzeugt.

Gerne möchte Raoul Geiger einmal in seinem Leben noch auf einem Gletscher landen. Sein Grossvater war ja der bekannte Gletscherpilot Hermann Geiger. Vielleicht fliegt ja Raoul Geiger demnächst einen der legendären Flüge des Gletscherpiloten Hermann Geiger nach. Hermann Geiger (1914 – 1966) war ein Walliser Rettungsflieger von Weltruf und ein Pionier des Gletscherflugs. Er gilt als der Erfinder einer Landetechnik für Schneehänge, um in Not geratene Berggänger zu retten. Hermann Geiger führte im Hochgebirge über 600 Rettungseinsätze mit seiner einmotorigen Piper PA-18 durch. 1966 verunglückte er tödlich, als er zusammen mit einer Flugschülerin bei der Landung mit einem Segelflugzeug kollidierte.

Momo und der Zeitforscher

Wir alle kennen das kleine Mädchen MOMO aus dem Roman von Michael Ende. MOMO ist das Kind, das den Menschen die gestohlene Zeit zurückbrachte. Von dieser Kinderbuch-Figur hat sich der Unternehmer und Zeitforscher IVO MURI motivieren lassen.

MOMO ist mitschuldig daran, dass IVO MURI zum Zeitforscher wurde und dass heute in Gondo ein Zeitforschungsinstitut steht. MOMO aus dem Roman von Michael Ende zeigt anschaulich, was uns modernen Menschen heute fehlt: Man muss dem Vogel zuhören können, auch wenn er nicht zwitschert. Denn plötzlich beginnt er zu zwitschern aus lauter Freude, dass ihm jemand zuhört, ihn beachtet und liebt. Wir haben heute die Wahl zwischen grenzenloser Freiheit und Geborgenheit, sagt Ivo Muri. Grenzen abzuschaffen, erscheine uns heute als grosse Freiheit. Ein Freiheitsgefühl wolle dabei aber nicht so recht aufkommen, stellt er fest. Die heutige Gesellschaft schaffe es nicht, den Menschen ein wirkliches Gefühl von Geborgenheit zu vermitteln. Wir fühlen uns hoffnungslos und unfrei, weil die Liebe fehlt.

Menschen, die keine Zeit haben, fehlt es an Liebe – nicht eigentlich an Zeit, weiss Ivo Muri. Im Buch MOMO soll eine Figur namens Fusi die Zeit sparen und einzahlen auf die Zeitsparkasse. Man verspricht Fusi dafür ein besseres Leben. Das ist grenzenlos egoistisch, Ivo Muri spricht von Individualegoismus, der sich heute überall breit macht. Wer anderen zu helfen versucht, kommt selbst in des Teufels Küche. Die Folge davon ist, dass in der Arbeitswelt gepfuscht wird. Der Handwerker muss immer billiger arbeiten, um zu überleben und kann qualitativ nicht mehr zu seiner Arbeit stehen. Die Kunden müssen billig einkaufen, weil auch sie unter Geld- und Zeitdruck leiden. So dreht sich die Hektik-Spirale immer weiter.

Es geht heute bei uns zu und her wie im Buch MOMO: Sobald man die Leute von der Zeitsparkasse auf die Liebe anspricht, wird es gefährlich. Die Leute fürchten, die Zeit zu verlieren. Deshalb reissen sie die Zeit an sich und speichern sie – unsere Lebenszeit. Beppo Strassenkehrer muss nun auch am Sonntag arbeiten. Er arbeitet und hat nun keine Zeit mehr, sich mit MOMO zu treffen. Die grauen Männer (die Zeitdiebe) richten alle als Verräter hin, welche sich ausserhalb der festgesetzten Zeit bewegen. Das Geheimnis der Zeitsparkasse – also des Geldes – darf nicht verraten werden. Die Menschen sollen nicht wissen, wie die Machtstrukturen des Geldes tatsächlich verteilt sind.

MOMO wagt es trotzdem, sich auch ausserhalb der festgesetzten Zeit zu bewegen. Sie wird verfolgt, denn wer denkt, der ist gefährlich. Meister Sekundus-Minutus-Hora lässt MOMO durch die Einsichtsbrille blicken, was hoch gefährlich ist, denn wo kämen wir denn hin, wenn Menschen es wagen, Einsichten zu haben, die den gesellschaftlichen Machtstrukturen widersprechen? Deshalb müssen wir den Mut haben, auch unbequeme Fragen zu stellen. Und wir müssen in uns selber hineinhören.

Im eigenen Herzen hat jeder seine Zeit – seine Melodie. Wir spüren sie nur nicht mehr. Oder wir trauen uns nicht, der Melodie in uns zu folgen. MOMO ist zurück in unserer Zeit. Sie erschrickt ob der Situation, die sie antrifft: Verkehr, Hektik, Fastfood. Kinder laufen im Gleichschritt. Sie haben keine Zeit und müssen sich auf ihre Zukunft in der Erwachsenenwelt vorbereiten. Da ist niemand mehr, mit dem du deine Zeit teilen kannst. Stundenblumen werden gefroren und ausgesaugt. Das gefährlichste im Leben sind die Wunschträume, die in Erfüllung gehen, sagt MOMO.

Der Zeitforscher Ivo Muri wünscht uns allen Mut, dass wir uns folgenden Fragen ohne jedes Tabu stellen: Wie ist es dazu gekommen, dass wir die im Buch MOMO dargestellten Schreckensszenarien derart präzis in die Realität umgesetzt haben? Wie können wir den Menschen die Stundenblumen auch in der Realität wieder zurückgeben?

Das Mädchen MOMO und der Zeitforscher IVO MURI haben vieles gemeinsam. Ivo Muri hat mich gelehrt, den Roman MOMO von Michael Ende noch einmal neu zu lesen. Mit ganz anderen Augen. Mit den Augen des heutigen modernen Menschen.

Mit Momo im Stockalperturm

Seit Jahren treffen sich die Zeitforscher im Stockalpertum in Gondo. Dabei versuchen sie wie weiland Momo den Menschen die gestohlene Zeit zurückzubringen. Die Interessengruppe der Zeitoptimisten sendet jeweils höchst interessante Impulse aus dem Stockalperturm in Gondo.

Eingeladen war ich als Moderator, ich hatte zum Schluss auf den Punkt zu bringen, was von Fachleuten zur Diskussion gestellt wurde. Es ging dabei um nichts weniger als um die komplette Umgestaltung unseres heutigen Schul- und Bildungssystems. Die digitale Bildungsrevolution verändert unsere Schulen und Bildungsinstitutionen radikal. Die digitale Bildungsrevolution ist für unsere Lehrkräfte auf allen Stufen auch eine grosse pädagogische und didaktische Herausforderung. Darüber unterhielt ich mich mit Michael Zurwerra, Rektor der Fernfachhochschule Schweiz und ehemaliger Rektor des Kollegiums Brig und der Kantonsschule Trogen. Mit Prof. Dr. Per Bergamin, Leiter des Instituts für Fernstudienforschung und E-Learning und Inhaber des UNESCO Lehrstuhls für adaptives Lernen, sprach ich über neue und faszinierende Technologien, die schon bald in unseren Schulzimmern Eingang finden werden.

Die messbare Zeit sei eine Erfindung des homo sapiens, meinte etwa Michael Zurwerra. Die messbare Zeit kann man mit dem Chronometer messen. Wir bezahlen heute die Löhne entsprechend der Anzahl der geleisteten Stunden. Warum aber werden in der Arbeitswelt die geleisteten Stunden bezahlt? Warum wird nicht nach der Güte der Leistung bezahlt? Es gibt eben nicht bloss die messbare Zeit, es gibt auch die Qualität der Zeit. In diesem Sinne müssen wir auch die Bildungsinhalte überdenken. Wir haben heute Studierende, die zu etwas ausgebildet werden sollen, von dem niemand weiss, wie es aussehen soll, führte Zurwerra aus. Bildung als reine Wissensvermittlung müsse in Frage gestellt werden. Zurwerra definierte: »Bildung ist die Fähigkeit, kreativ Kompetenzen zu verbinden, um konkrete Probleme zu lösen.« Welche Kompetenzen aber sind heute unabdingbar? Die Schule werde sich verändern, doch dies könne und dürfe nicht »topdown« geschehen. Nicht die Politik, sondern die Gesellschaft werde die Schule zwingen, sich zu verändern. Dabei müsse es künftig auch möglich sein, dass verschiedene Schulmodelle im gleichen Schulhaus stattfinden können, forderte Zurwerra. Er favorisierte eine projektorientierte und prozessorientierte Schule, in der die Studierenden wieder mit Freude lernen können.

Über 300 Absolventinnen und Absolventen der Fernfachhochschule Schweiz (FFHS) nehmen jährlich in Brig ihr Diplom entgegen. Rektor Michael Zurwerra weist zurecht darauf hin, dass wir nur dann erfahren, was in uns steckt, wenn wir den normalen Weg verlassen. Die FFHS gilt als Vorreiterin der E-Didaktik in der Schweiz. Ihr Studienmodell kombiniert E-Learning mit Präsenzunterricht und bietet Berufstätigen, die parallel zum Job ein Studium absolvieren möchten, die so wichtige und nötige zeitliche Flexibilität. Auch für Stars aus dem Spitzensport oder aus dem Showbusiness ist dieses Modell oft die einzige Möglichkeit, ein Studium während der Sportkarriere abzuschliessen. So konnten kürzlich auch Snowboard-Olympiasieger Nevin Galmarini in Betriebsökonomie und Eishockey-Goalie Leonardo Genoni in Business Administration ihr

Diplom entgegennehmen. Zurzeit baut die FFHS zusammen mit der FernUni den neuen Hochschulcampus Brig.

Für das durch Technologie gestützte Lernen steht Per Bergamin ein. Er ist sich dabei bewusst, dass diese neuen Lernformen uns alle vor grosse Herausforderungen stellen. Dazu gehört etwa das Vermitteln der digitalen Kompetenz, das Überbrücken der digitalen Leistungskluft, das Vorantreiben der digitalen Gerechtigkeit und der Umgang mit dem sich stetig wandelnden Wissenstand. Der Mensch ist kreativ, intuitiv, flexibel, emotional und improvisierend. Die Maschine dagegen ist schnell, genau, objektiv und neutral. Hat da der Mensch gegenüber der Maschine in Zukunft überhaupt noch eine Chance? Per Bergamin antwortete differenziert. Es komme darauf an, für welche Aufgaben eine Lösung gefordert sei. Entsprechend räumt er auch dem bisherigen klassenraumbasierten Lernen weiterhin Chancen ein, dies allerdings in Kombination mit dem Online-Learning. Er favorisiert eine Kombination der Vorteile von beiden Lehr- und Lernformen, was Bergamin mit dem Begriff »Blended Learning« zusammenfasst.

Spannend dürfte es auch bezüglich künftiger Lernhilfen werden. Es soll etwa möglich sein, aus den Gesichtern der Lernenden abzulesen, ob sie interessiert, neutral oder verwirrt reagieren. Die negative Valanz oder die positive Valanz wird dann über neue adaptive Systeme entscheiden, die den Lernerfolg sicherstellen sollen. Dabei werden pädagogische Tutoren die Rolle des Schulmeisters ab Bildschirm übernehmen. Sie heissen dann etwa »Gavin the Guide« oder »Pam the Planer«. Offene Fragen dürften allerdings die Einführung des Technologie-gestützten Lernens verzögern. Es sind dies grundsätzliche Fragen nach der Technologieakzeptanz, aber auch Fragen den Datenschutz und die Datensicherheit betreffend.

Fast vierzig Jahre lang war ich mit Leib und Seele Lehrer, Professor und Dozent. In einigen Punkten haben mich die Bildungsfachleute im Stockalperturm bestätigt. Dazu gehört etwa Michael Zurwerras klares Bekenntnis zum projektartigen Lehren und Lernen, das ich in meiner Zeit als Pädagoge zu allen Zeiten gelebt und geliebt habe. Dazu gehört auch Michael Zurwerras Forderung, dass Schule nicht ständig »topdown« reformiert und attackiert werden darf. Es gab früher mal eine Zeit, da hat sich die Politik komplett aus dem Schulbetrieb herausgehalten. Die Spezialisten waren wir, die wir täglich im Schulzimmer vor den Studierenden standen. Die Spezialisten waren die Pädagogen, die sich entsprechend ausgebildet und vorbereitet hatten. Heutzutage meinen Politiker aller Schattierungen, in Sachen Schule, Pädagogik und Methodik mitreden zu müssen. Schliesslich hat ja jede und jeder früher mal die Schule besucht.

Vorbehalte habe ich jedoch gegenüber einigen Formen des Technologie-gestützten Lernens. Niemals dürften wir die Pädagogin oder den Pädagogen ersetzen durch einen Avatar. Gegen »Gavin the Guide« oder gegen »Pam the Planer« als Alleinherrscher im Schulzimmer müsste man eigentlich protestieren. Beizupflichten ist jedoch Per Bergamin in seinem Bemühen, das Online-Lernen mit dem klassenraumbasierten Lernen zu kombinieren.

Tröstlich für die ältere Generation, die noch weitgehend ohne durch Technologie gestütztes Lernen die Karriere-Leitern erfolgreich erklommen hat, sind Beobachtungen wie diese: Hoch angesehene Ingenieure und Preisträger auf dem Gebiet der neusten Technologien rufen nach der Sekretärin, weil sie es nicht schaffen, mit der Fernbedienung die nächste Folie auf ihren Power-Points abzurufen. Dies durfte verschiedentlich bei Vorträgen von Fachleuten beobachten. Und ich tat dies nicht ohne ein leises Schmunzeln.

Sündige Frauen

»Good girls go to heaven, and bad Girls go everywhere«. Das Zitat stammt von der US-amerikanischen Filmschauspielerin und Drehbuchautorin Mae West, die im Hollywood des vorigen Jahrhunderts zu den bestbezahlten Filmstars gehörte. Auch Hollywood-

Diven durchbrachen auf ihre Weise die Schranken des Anstands. Auch Hollywood-Diven verstiessen gegen alle Gebote und gegen die herrschende Moral.

Die Sünde der Frau im Hollywood des vorigen Jahrhunderts soll darin bestanden haben, dass Stars wie Marilyn Monroe, Marguerite Duras, Jane Bowles oder Patricia Highsmith sich gegen ein »normales Frauenleben« auflehnten, das schreibt Connie Palmen in ihrem skandalumwitterten Bestseller »Die Sünde der Frau«. So wie Eva, die erste Frau im Sündenfall, lebten die weiblichen Künstlernaturen auf den Gebieten von Film, Kunst und Literatur nach eigenen Gesetzen. Sie liessen sich von keinen moralischen Leitplanken einschränken. Böse Mädchen kommen überall hin, will heissen: Gut ist, was frei, souverän und selbständig macht. Gut ist, was die eigene Karriere befeuert. Zu Beginn stand bei den weiblichen Stars die Originalität, es folgte der Ruhm und dann die Selbstzerstörung. Tatsächlich war der Preis, den sie für Selbstbestimmung und Unsterblichkeit bezahlten, sehr hoch.

Hollywood-Star Mae West lebte ein Leben als »femme fatale«. In New York aufgewachsen, wurde sie auf den Varietébühnen des Big Apple schnell zum Star. Sie schrieb als Drehbuchautorin zahlreiche umstrittene Broadway-Bühnenstücke. Das Stück »*Sex*« bescherte ihr wegen »Obszönität auf der Bühne« gar einen Aufenthalt im Gefängnis. Die Skandale waren höchst förderlich für ihre Karriere. Aufgrund ihrer Filme »*Night After Night*« und »*Ich bin kein Engel*« avancierte sie zur bestbezahlten Diva der Traumfabrik. Die Sittenwächter schnitten immer wieder ganze Szenen aus ihren Filmen heraus. Sie brillierte auch als Sängerin mit Liedern von Interpreten wie Percy Sledge (»*When a Man Loves a Woman*«). Als Inbegriff der »Femme fatale« proklamierte sie die Freiheit der Liebe und die Gleichheit der Geschlechter.

Die US-amerikanische Schriftstellerin Patricia Highsmith lebte nach dem Motto: »Der Zweck heiligt die Mittel«. Sie sprach offen in Interviews von ihrer Faszination für das Böse und dessen Sieg über das Gute. Ihre populärste Romanfigur war Tom Ripley, ein amoralischer, hedonistischer Krimineller, der auch vor Mord nicht zurückschreckte. Nichtsdestotrotz landeten die Werke der Patricia Highsmith auf der Vorschlagsliste für den Literatur-Nobelpreis.

Trotz der Abgründe und der moralischen Verwerflichkeit vieler weiblicher Künstlernaturen des letzten Jahrhunderts ist deren Bewunderung bis heute ungebrochen. Ihre Skandale waren höchst förderlich, nicht nur für ihre Karrieren. Ihnen gilt unser tiefes Verständnis. Wir leiden mit ihnen, wir bewundern sie, wir vermissen sie.

Bücherwurm trifft Leseratte

In meinem Alter wird man nicht mehr so schnell rot. Doch kürzlich trieb es mir doch tatsächlich die Schamröte ins Gesicht. Und das in einer Orell-Füssli-Buchhandlung irgendwo in der Deutschschweiz. Alles begann mit einem roten Einkaufskorb, den ich mir beim Eingang geschnappt hatte.

Um für die Fastenzeit gerüstet zu sein, befand sich im roten Einkaufskorb bereits der 600seitige Band »Ds niww Teschtamänt uf Wallisertitsch« von Hubert Theler, als plötzlich sie vor mir stand. Auch sie mit einem roten Korb und mit einem Ausschnitt bis zum Bauchnabel. Ich bemühte mich, ihr ins Gesicht zu schauen und fragte höflich: »So, haben Sie es schon gefunden, Ihr Lieblingsbuch?« Darauf sie: »Ja, ich bin die Leseratte und vielleicht sind Sie ja mein Bücherwurm???«, dabei blinzelte sie verschwörerisch mit ihren dunkel geschminkten Smoky Eyes auf meinen roten Einkaufskorb. Ich muss wohl ziemlich hilflos aus der Wäsche geguckt haben. Denn die flirtwillige Leserättin erklärte mir bereitwillig: »Oooooo, entschuldigen Sie, da bin ich jetzt wohl falsch. Wissen Sie, wer sich am Eingang einen roten Einkaufskorb nimmt, der macht mit an der Flirtaktion von Orell-Füssli, und die heisst »*Bücherwurm sucht*

Leseratte«. Seit dem Valentinstag führt Orell Füssli alle zwei Monate in zehn Filialen diese Flirtaktion durch. Und da Sie an der rechten Hand kein Ringlein tragen, habe ich gedacht…«

Hier ist diese Geschichte eigentlich für Sie, liebe Leserin, lieber Leser, zu Ende. Trotzdem noch eine Erklärung seitens der Buchhandlung Orell Füssli: »Der riesige Pluspunkt an der Aktion ist: Anders als bei Begegnungen im Fitnesszentrum, in der Bar oder im Bus kann man bei Orell Füssli sicher sein, dass das Gegenüber zumindest ein Interesse mit einem teilt: jenes an Büchern. Lesen macht bekanntlich schön und klug, deshalb ist eine Buchhandlung grundsätzlich eine attraktive Flirtzone.«

Alles klar? Dann zum Schluss noch dies: Falls Sie, liebe Leserin, lieber Leser, vielleicht demnächst eine Orell-Füssli-Buchhandlung besuchen, können Sie sich beim Eingang natürlich auch einen üblichen schwarzen oder weissen Einkaufskorb schnappen. Dann passiert Ihnen garantiert nichts.

Liebe in der Buchhandlung

Was immer nur vermutet wurde, das kann jetzt endlich hieb- und stichfest in Buchform nachgelesen werden. Auf meiner Lesetour an der Nordsee ist mir das Buch von Martina Bollinger zufällig untergekommen. Martina Bollinger ist Buchhändlerin aus Leidenschaft. Und das seit 33 Jahren. Sie lebt auf der Nordsee-Insel Amrun. Die Insel Amrun ist nicht einfach eine Insel. Amrun ist atemberaubend. Nicht nur wegen dem Kniepsand. Nicht nur wegen den Dünen mit Tausenden von Seevögeln. Nicht nur, weil am Watt das Meer im Wechselspiel der Gezeiten atmet. Sondern auch, weil Martina Bollinger auf Amrun und darüber hinaus einige romantische und überaus erfolgreiche Buchläden betreibt.

»Wie mich die Liebe in der Buchhandlung traf«. Dies ist der Untertitel des Buches, das die verliebte Martina zusammen mit 20

Autoren und Autorinnen herausgegeben hat. Ja eben, Martina war frisch verliebt, und sie hätte am liebsten aller Welt von diesem zauberhaften Gefühl erzählt. Da traf sie den Schriftsteller Titus Müller. »Er erzählte mir eine der wunderbarsten Liebesgeschichten, die ich je gehört hatte. Sie begann im Literaturhaus München«, berichtet Martina Bollinger. Und Martina Bollinger suchte weiter nach Liebesgeschichten, die »zwischen den Büchern« entflammt sind. Zusammen mit dem Herausgeber Rainer Weiss hat sie 20 Autorinnen und Autoren aufgespürt, die den Leser und die Leserin an ihren persönlichen Geschichten teilhaben lassen.

Nicht nur in Buchhandlungen, sondern auch in Literaturhäusern, im Schutz blickdichter Bücherregale oder anlässlich von Lesungen kann er die Literaten und Literaturliebhaber treffen: Amors Pfeil. Und ja, das süsse Gift hat viele schon erwischt. Da ist der Autor, der hunderte von Lesungen hinter sich hat. Da ist die junge Debütantin, die schüchtern ihr erstes Geschichtenbüchlein vorlegt. Aber da ist auch der Preisträger des bedeutendsten Deutschen Buchpreises.

Zusammengekommen sind dreizehn wahre Geschichten von Autorinnen und Autoren – und von einer Buchhändlerin. Sie alle fanden die Liebe zwischen Büchern. Sie alle traf die Liebe inmitten der Literaturszenerie. Das Buch ist selbstredend ein ideales Geschenk für Buchliebhaber und Verliebte. Mit Beiträgen von Urs Faes, Petra Hartlieb, Lidia Jorge, Franz Keller, Anthony McCarten, Perikles Monioudis, Titus Müller, Jörg Thadeusz, Sergio Bambaren, Eva Baronsky, Artur Becker, Claudia Brendler und Renatus Deckert.

Verführerischer Schriftsteller

Gibt es tatsächlich Techniken und Methoden, auf die wir als Leserin oder als Leser immer wieder hereinfallen? Wenn es derartige Verführungskünste gäbe, dann müsste eigentlich auch ein Bestseller programmierbar sein. Ja klar, wir alle seien verführbar, und ja, über einige Verführungskünste sollte man schon verfügen, verriet mir im Jahr 2017 einer, der im Jahr 2019 die höchste literarische Auszeichnung erlangte. Als Schriftsteller werde er zeigen, mit welchen dramaturgischen Mitteln wir Leserinnen und Leser verführbar seien, prophezeite er mir damals. Es gebe nämlich verschiedene Techniken und Methoden, auf die wir bestimmt hereinfallen würden! Wenn ein Schriftsteller wisse, welche Techniken erfolgreich sind, dann könne er seine Leserschaft verführen. Wer als Leser oder als Leserin allerdings diese Manipulationen und Verführungskünste kenne, der könne sich auch dagegen wehren. Der das zu mir sagte, war Lukas Bärfuss. Er hat recht behalten. Er hat sie alle verführt.

Der Georg-Büchner-Preis ging 2019 an den Romancier und Dramatiker Lukas Bärfuss. Dies teilte die Deutsche Akademie für Sprache und Dichtung anfangs Juli 2017 in Darmstadt mit. Der mit 50'000 Euro dotierte Preis gilt als wichtigste literarische Auszeichnung im deutschsprachigen Raum. Die Jury lobte Bärfuss' »hohe Stilsicherheit« und seinen »formalen Variantenreichtum«. Der Autor stammt aus Thun und lebt heute in Zürich. Er arbeitet als Dramatiker, Erzähler und Essayist. 2014 erhielt er bereits den Schweizer Buchpreis und im Jahr 2009 den Schillerpreis.

Lukas Bärfuss versteht sein Schreiben auch als eingebettet in eine globale Kultur, in ein Universum. Ob diese Art des Schreibens denn nicht auch Gefahr laufe, zuweilen klischeehaft zu wirken, wollte ich von Lukas Bärfuss wissen. Er bejahte diese Frage. Das Gegenmittel gegen die Gefahr, klischeehaft zu wirken, sei allerdings, möglichst genau eine bestimmte Situation zu beschreiben. Man dürfe sich nicht im Allgemeinen verlieren. Er halte es mit dem Papst, der zu Ostern dieses »urbi et orbi« in die Welt hinaus schicke. Jeder von uns lebe zwar in einem persönlichen Umfeld, gleichzeitig würden wir alle jedoch beeinflusst von allem, was sich auf dieser Welt ereignet. Dazu beitragen würden eine globalisierte Kultur, die Wirtschaft, die ganze Welt. Leider hätten wir noch nicht eine globalisierte Politik, bedauert Bärfuss, das jedoch sei eine Aufgabe für die nächsten Generationen.

Wo aber sind die Grenzen für den modernen Schriftsteller? Kann und darf ein Schriftsteller heute alles tun oder lassen? Bei dieser meiner Frage kommt Bärfuss ins Studieren. Das sei eine gute Frage, sagt er dann. Er glaube, dass ein Schriftsteller sich nicht alles erlauben dürfe. Auch er selber schreibe nicht immer die Bücher, die er eigentlich gerne schreiben würde. Auch er stosse immer wieder mal an die eigenen Grenzen, an die Grenzen seiner Fähigkeiten und seines Denkens. Er versuche aber, so ein »kreatives Reizklima« für seine Arbeit am Leben zu schaffen, resümiert Lukas Bärfuss.

Schon fast märchenhaft mutet sein Aufstieg an. In Thun verliess Lukas Bärfuss nach neun Jahren die Primarschule. Er verdiente sich sein Geld als Eisenleger und als Gärtner. Dann verschlug es ihn in eine Buchhandlung, wo er sich mit der Schriftstellerei befassen konnte. Seit 1997 ist er freier Schriftsteller, Lehrbeauftragter am Literaturinstitut in Biel und Dramaturg am Schauspielhaus Zürich. Seine Stücke werden weltweit gespielt, seine Romane sind in zwanzig Sprachen übersetzt.

»Das Leben ist eine Autobahn«, doziert Bärfuss. Man müsse allerdings manchmal die falsche Ausfahrt nehmen, dann passiere erst etwas Interessantes, verrät er mir augenzwinkernd. Das Unerwartete stelle sich oft nur dann ein, wenn man die falsche Abzweigung nehme. So geht es auch in »*Hagard*« zu, einem seiner Romane. Der Protagonist nimmt eine Abzweigung in seinem Leben, und »es kommt nicht nur gut heraus«, fasst Bärfuss zusammen.

Wichtige Komponenten in Bärfuss' literarischem Schaffen sind der überall grassierende Konformismus, die Gleichmacherei und das ewige Konkurrenzdenken. Konkurrenz- und Wettbewerbsdenken könne unser Leben zwar animieren, wenn dieses Denken jedoch zum einzigen Modus werde, zur einzigen Richtschnur, dann würde das die Menschen erschöpfen. Viele Zeitgenossen kämen heute gar nicht mehr zur Ruhe, glaubt Bärfuss. Die Konkurrenz trage auch dazu bei, dass sich die Leute an einander anpassen. Die Art und Weise, wie die Menschen heute ihre Ziele erreichen wollen, sei immer die gleiche. Das führe zu einer allgemeinen Anpasserei. Wichtiger wären jedoch die Unterschiede und Besonderheiten unter den Menschen.

Das Wie des Schreibens ist für Lukas Bärfuss neben den Inhalten von entscheidender Bedeutung. In seinen Werken dominiert die sogenannte »erlebte Rede«, die sich vor ihm auch schon andere Grössen der Literaturgeschichte zu eigen gemacht haben, Virginia Woolf zum Beispiel. Lukas Bärfuss erklärt: »Die erlebte Rede ist so eine innere, leise Stimme, welche durch den Autor verdeutlicht und versprachlicht wird. Der Autor verschwindet hinter dieser inneren Stimme.« Die Frage stelle sich, ob es diese innere autonome Stimme in unserer Gesellschaft überhaupt noch gebe, sinniert er.

Der Georg-Büchner-Preis 2019 für Lukas Bärfuss kam trotz des beeindruckenden Palmares überraschend. »Das ist der Engelskuss, der einen da trifft«, soll der 47-Jährige gemäss Mitteilung der Deutschen Akademie für Sprache und Dichtung nach Bekanntwerden der Preisvergabe gesagt haben. Der Büchner-Preis hat eine lange Tradition. Namensgeber ist der Dramatiker und Revolutionär Georg Büchner (»Woyzeck«), er wurde 1813 in Hessen geboren und starb 1837 in Zürich. Zu den Preisträgern gehören grosse Literaten wie Max Frisch (1958), Günter Grass (1965) und Heinrich Böll (1967). Die Auszeichnung geht an Autor*innen, die sich durch ihre Arbeit um die deutsche Literatur verdient gemacht haben. Der Büchner-Preis ist der renommierteste und seit 2011 höchstdotierte jährlich vergebene Literaturpreis im deutschsprachigen Raum.

Lukas Bärfuss ist der Casanova der aktuellen Schweizer Literatur. Er kennt Verführungskünste, über die nur wenige von uns verfügen.

Caféhausliteraten mit blonden Zöpfen

Kaffehausliteratur wird in Wiener Cafés geschrieben. Entstanden ist sie vor dem Ersten Weltkrieg. Ursprünglich vertrieben sich Intellektuelle und Schriftsteller die Zeit damit. Kaffeehausliteratur bestand aus flüchtigen Notizen, Eindrücken und Gesprächen, aus einem unverbindlichen Palaver eben. Caféhausliteraten gibt es mittlerweile jedoch überall auf der Welt. Die Klimastreik-Bewegung liefert typische Beispiele für moderne Kaffeehausliteratur. Doch nicht bloss die Streikschüler am europäischen Klimagipfel in Lausanne verhielten sich wie Caféhausliteraten. Auch renommierte Schriftsteller mutieren zu Caféhausliteraten, wenn es um die Rettung unseres Planeten geht.

Die »neue Wut auf den Kapitalismus« trägt blonde Zöpfe: Greta Thunberg ist die Identifikationsfigur der moralischen Teenie-Generation. Unter ihr und mit ihr verwandelte sich das Treffen der Klimastreik-Bewegten in Lausanne zum Kaffeehaus-Palaver. Streitereien und Tränen sorgten für einen schon fast bemitleidenswert niveaulosen Klimagipfel. Der Entschluss der Streikschüler, direkt Einfluss auf die Wahlen im Herbst zu nehmen, rief die erwachsenen Politiker auf den Plan. Sie mussten die aufmüpfigen Teenies zur Vernunft bringen, denn ihr »*Klima-Label*« ist ein Vorzeigebeispiel für klassische Kaffeehausliteratur. Zum Glück sind sich die Streikschüler untereinander selber uneins, wie ernst sie ihre »Kaffeehausliteratur« nehmen wollen. Gemeint sind ihre Forderungen nach einem »Systemwandel«. Die Ideen reichen von der »Verstaatlichung von Konzernen« über die »Abschaffung des Flugverkehrs« bis hin zum »Sozialismus« und gar »Kommunismus«. Zu einem derartigen »*Klima-Label*« wollten sich nicht mal die Grünen bekennen. Grünen-Parteipräsidentin Regula Rytz nahm Abstand: »Für uns ist klar, dass es einen Wandel braucht, aber auf demokratische Art und Weise«, sagte sie. Und FDP-Ständerat Ruedi Noser redete Klartext und sprach im »Blick« gar von Irrsinn und Verrat am Klima: »Kommunismus hilft dem Klima nicht«, sagte er, und verwies auf kommunistische Länder wie China und Russland, die sich betreffend Klimapolitik am Ende der Rangliste aller Nationen einreihen müssen. Mittlerweile sind sich die Klimaschüler nicht mehr so sicher und sagen, das sei alles noch unklar. Interessante Diskussionen seien es trotzdem gewesen. Aber eben, auch ein äusserst zutreffendes Beispiel für Kaffeehausliteratur.

Es wäre nun aber falsch, Kaffeehausliteratur einfach abzuwerten zu einem nichtsnutzigen Palaver. Anlässlich einer Reise nach Wien durfte ich dies eindrücklich erleben. Da stand ich vor dem weltberühmten Hundertwasserhaus, das ja ebenfalls aus einer Umweltdebatte heraus entstanden war. So wie die heutigen Klimastreik-Schüler demonstrierte in den 1950er-Jahren bereits der österreichische Künstler Friedensreich Hundertwasser mit Manifesten und Essays gegen die Verstädterung und gegen das Verschwinden und Zerstören der Natur in Städten wie Wien. In typischen Kaffeehausgesprächen entwarf er phantastische Ideen. Dazu gehörte etwa das Aufforsten der Dächer Wiens, die sogenannte »Dachbewaldung«. Das Bijou seiner architektonischen Träume war jedoch das »Hoch-Wiesen-Haus«, gefolgt vom »Augenschlitzhaus« und dem »Terrassenhaus«. In ausufernden Kaffeehausgesprächen diskutierte er seine Vorstellungen von einer natur- und menschengerechten Architektur zusammen mit anderen Wiener Caféhausliteraten. Und dann geschah das Wunder. In einem Brief vom 30. November 1977 an den Wiener Bürgermeister Leopold Gratz empfahl Bundeskanzler Kreisky, Hundertwasser die Möglichkeit zu geben, seine umweltfreundlichen Anliegen beim Bau eines Wohnhauses umzusetzen.

Der Umwelt-Träumer Friedensreich Hundertwasser durfte mit der Erlaubnis der Stadt Wien »ein Haus für Menschen und Bäume« bauen, so wie er es Jahre zuvor bereits in seinem Text »*Verwaldung der Stadt*« beschrieben hatte. Das bunte und ungewöhnliche Haus hat unebene Böden und ist üppig begrünt. Hundertwasser pflanzte

250 Bäume und Sträucher – einen echten Park auf den Dächern des Hauses. In Wien zählt heute das Hundertwasser-Haus zu den viel fotografierten touristischen Sehenswürdigkeiten. Das Haus vermittelt eine wichtige Botschaft: Auch hochfliegende und phantastische Pläne lassen sich realisieren! Auch Kaffeehausliteratur kann unsere Welt verändern und den Kampf für Natur und Umwelt befeuern. Das Hundertwasserhaus ist somit auch ein Monument für die heutigen Klimastreik-Schüler. Es steht für die unbegrenzten Möglichkeiten, die auch heutigen Caféhausliteraten offenstehen.

Das Wiener Kaffeehaus als kulturelle Institution diente den Autoren als Inspiration für Sozialstudien, Gelegenheitsliteratur und Feuilletons. Viele Intellektuelle verbrachten Tage im Kaffeehaus, um sich untereinander auszutauschen. Zum Stammpublikum gehörten auch jüdische Schriftsteller wie Alfred Polgar, Egon Friedell und H.C. Artmann. Friedell sah im März 1938, nach Hitlers Einmarsch in Wien, keinen anderen Ausweg mehr, als sich aus dem Fenster des Caféhauses zu werfen. Zuvor hatte er einen Passanten vor seinem herabstürzenden Körper gewarnt.

Caféhausliteraten mit blonden Zöpfen geben sich heutzutage gerne auch als »Internationales Expertenteam« aus. Deart gerüstet präsentierten sie einen Notfallplan für die Klimakrise. Mit dabei auch Kevin Anderson, der persönliche Berater der schwedischen Aktivistin Greta Thunberg. Und der Berater von Greta Thunberg war es, der die folgenden martialisch-kriegerischen Zeilen von sich gab: »Wir können die Klimakatastrophe nur durch Kraftanstrengungen verhindern, die mit der Mobilisierung im Zweiten Weltkrieg vergleichbar sind.« Ein ausgeklügelter »Schlachtplan« sollte demnach die Welt retten. Der Greta-Berater plante, die reichsten zehn Prozent der Weltbevölkerung mit elf Prozent zu besteuern, um mit diesem Geld seinen »Schlachtplan« umsetzen zu können. Das Geld der Reichen dieser Welt sollte neue Supertechnologien ermöglichen, die eine Energiewende beschleunigen. *(Paul Hawken u.a.: Drawdown. Der Plan. Wie wir die Erderwärmung umkehren können. Gütersloher Verlagshaus 2019.)* Das Buch ist nun tatsächlich »Kaffeehausliteratur« im Sinne eines unverbindlichen Palavers. Mit sozialistischen und kommunistischen Ideen gegen die Klimakatastrophe? Verstaatlichung von Konzernen? Abschaffung des Flugverkehrs? Moderne Caféhausliteraten wie Greta-Berater Kevin Anderson erweisen mit solch kriegerischen Parolen dem überhitzten Klima einen schlechten Dienst. Es wäre wohl besser, wenn sich die Caféhausliteraten auf ein konkretes Projekt konzentrieren würden, so wie dies vor fünfzig Jahren Friedensreich Hundertwasser getan hat mit seinem »Haus für Menschen und Bäume«. Aber leider ist auch das Hundertwasserhaus in Wien mittlerweile zu einer touristischen Attraktion verkommen, die kaum Nachahmer gefunden hat.

Caféhausliteraten sind spannende und liebenswerte Persönlichkeiten, aber für Handfestes leider oft kaum zu gebrauchen. Trotzdem brauchen wir ihre Ideen, Visionen und Träume von einer besseren Welt. Denn es gilt das Dichterwort: »Wirklich reich ist der, der mehr Träume in seiner Seele hat, als die Wirklichkeit zerstören kann.« Das Zitat stammt von Hans Kruppa, 1952 geboren. Hans Kruppa ist Märchendichter.

Das Fräuleinwunder

Eines Tages erhielt ich eine E-Mail von einer jungen Frau. Darin stand, sie heisse Simone Sabine Steiner, sie sei 18 Jahre jung und noch Schülerin. Im Rahmen einer »Selbständigen Arbeit« habe sie ein Buch geschrieben. Nun habe sie erfahren, dass ich mich mit Büchern beschäftige. Ob ich ihr Buch herausbringen könnte? Bereits beim ersten Durchblättern war ich zutiefst berührt und angetan von der bewegenden Story, welche diese junge Frau da zu Papier gebracht hatte. Das Schreiben dieses Buches war für sie eine Herzensangelegenheit.

Die Autorin schildert Stationen aus dem Leben des jungen Oberwallisers Dominic Eggo. Er war jahrelang drogenabhängig. Im Buch beschreibt Simone Steiner seinen Weg in die Drogen und zurück in die Abstinenz. Zusätzlich zu seiner Lebensgeschichte findet sich zu jeder Phase der Sucht ein passender Theorieteil. Somit bekommen die Leser*innen die Möglichkeit, Theorie und Praxis zu verbinden. Dies war denn auch die Intention der Autorin. Ihre Biografie trägt den Titel »*Gratwanderung – Gefangen im Rausch*«. Sie erschliesst die unterschiedlichen Aspekte, die eine Sucht ausmachen. Ursachen, Folgen und Wege aus der Drogensucht sind im Buch leicht verständlich und einleuchtend dargestellt. Mit viel Herzblut und Empathie vermittelt die Autorin aber auch das Leid, den Schmerz und den ewigen Teufelskreis der Sucht.

Was mich beim Lesen dieses Buches unendlich berührt und bewegt, das sind die persönlichen Erkenntnisse, die höchst erstaunlich sind, insbesondere aus der Feder einer doch noch so jugendlichen Autorin. Sie schreibt: Ich habe herausgefunden, dass wir allzu schnell verurteilen. Ich habe mitbekommen, dass wir alle, jede und jeder, allzu sehr in einer eigenen Welt leben. Wir sehen einander bloss als Fassade, was aber dahinter ist, das bleibt uns meistens verschlossen. Und so weckt das Buch von Simone Sabine Steiner viel Verständnis für ein Leben füreinander und nicht gegeneinander.

Der Begriff »Literarisches Fräuleinwunder« erschien erstmals im März 1999 in einem SPIEGEL-Artikel des Literaturkritikers Volker Hage. Zum Fräuleinwunder in der Literatur zählen Autorinnen wie Julia Franck, Judith Hermann, Zoë Jenny, Juli Zeh, Mariana Leky, Ricarda Junge und Karen Duve. Kritik am Ausdruck »Fräuleinwunder« übten auch schon feministische Kreise. Es sei kein »Wunder«, dass Frauen Romane schreiben. Die Autorinnen verpassen sich allerdings meist selbst das Etikett »Fräuleinwunder«, um für sich und für ihre Bücher zu werben. Das »Literarische Fräuleinwunder« gilt heute als eine etablierte Gattung. Das »Literarische Fräuleinwunder« bezeichnet eine charakteristische Art zu schreiben, die besonders jungen Frauen eigen ist.

Einem »Fräuleinwunder« durfte ich in der Person der Jungautorin Simone Sabine Steiner begegnen. Da stand ich als Laudator vor zwei jungen Menschen, die ein erfrischendes und überaus ehrliches Outing vor grossem Publikum vorbereitet hatten. Sie, die jugendliche Autorin, Simone Steiner, das Fräuleinwunder, sie, die mit ihrem grossartigen Auftritt so manche Bestseller-Autoren, die auch schon hier an gleicher Stelle aufgetreten waren, schlichtweg in den Schatten stellte. Und er, der junge Oberwalliser Dominic Eggo, der sich und seine Drogensucht outete, der es verstand, sprachgewandt, einfühlsam und zuweilen gar auf poetische Art und Weise aus seinem Leben zu erzählen, das er als eine Gratwanderung zwischen Leben und Tod schilderte.

Was mir auch Tage nach diesem grossartigen Auftritt noch nahe ging, das sind die persönlichen Erkenntnisse der Autorin, die höchst erstaunlich sind, insbesondere aus der Feder einer doch noch so jugendlichen Buchschreiberin. Sie habe herausgefunden, dass wir allzu schnell verurteilen. Beim Schreiben ihres Buches habe sie mitbekommen, dass wir alle, jede und jeder, allzu sehr in einer eigenen Welt leben. Und dass wir uns alle bloss als eine Fassade sehen, was aber dahinter ist, das bleibe uns meistens verschlossen. Ihr Plädoyer für ein Leben füreinander und nicht gegeneinander ist zutiefst berührend und bewegend, gerade auch in der heutigen Welt, in der Machtmenschen jeglicher Provenienz nur das eine beweisen, dass nämlich das politische Leben einzig und allein aus einem Gegeneinander besteht.

Was noch zu sagen wäre: Der Protagonist in Simone Steiners Buch, Dominic Eggo, ist überzeugt, dass die Drogenproblematik nicht nur ihn betrifft. Mit dieser Einschätzung liegt er zweifellos richtig. Der Wunsch, das eigene Bewusstsein zu erweitern und die Welt in leuchtenden Farben zu erleben, ist so alt wie die Menschheit selbst. Die Herstellung von synthetischen Drogen im 20. Jahrhundert hat neue Wege dazu aufgezeigt. Mit der Droge LSD haben die Menschen vor 50 Jahren erstmals »psychedelische Erfahrungen« gemacht. Es war dies auch eine geistige Revolution. Diese Revolution hat in der Schweiz ihren Anfang genommen, in einem Labor der Pharmafirma Roche in Basel. Der Chemiker Albert Hofmann war es, der als erster in einem Selbstversuch die psychoaktive Wirkung der Droge LSD entdeckt hatte. Von Basel aus hat die Droge in den 60er-Jahren die Welt erobert. An der Harvard Universität hat daraufhin der Psychologie-Dozent Timothy Leary die Droge LSD zum ersten Mal an seinen Studenten ausprobiert.Das Leben der Hippie-Generation in den späten 60er-Jahren bekam durch gezielten Drogenkonsum eine ganz neue Dimension. Erweitertes Bewusstsein, Liebe statt Krieg, freie Liebe – vieles blieb freilich Stückwerk. Doch vieles davon hat die Grundlagen geschaffen für das 21. Jahrhundert, für das Heute.

Das Leiden als Antrieb

Warum schreiben wir? Was treibt uns an? Der Maler und Dichter Marcel Eyer wartet mit einer überraschenden Antwort auf. Der Mensch handle nur unter dem Druck des Leidens, gibt er sich überzeugt. Und er formuliert pointiert:»Das Leiden hat den Menschen weiter gebracht als das Glück. Viele kreative Menschen sind nicht gesund.« In seinem Buch »Ketten« illustriert er diese seine Lebensphilosophie mit Gedichten und Sätzen.

Man mag vielleicht schockiert sein, wenn man Marcel Eyer so reden hört. Doch Hand aufs Herz: Sind nicht die grössten und schönsten künstlerischen Werke unter einem riesigen Leidensdruck entstanden? Als Literat denke ich an die Trümmerliteratur nach dem Zweiten Weltkrieg. Ich denke an Schriftsteller wie Borchert und Böll, die wohl einzig deshalb überlebt haben, weil ihnen das Leid und der Schmerz den Schreibstift in die Hand gedrückt haben. Die Biographien berühmter Schriftsteller sind diesbezüglich aufschlussreich. Und hat nicht auch Rainer Maria Rilke tausend Schmerzen gelitten, als er hoch über Siders in seinem Schlösschen Muzot die weltberühmten »Walliser Quartette« zweisprachig zu Papier brachte? Die Liste der schmerzerfüllten Literaten und Künstler liesse sich endlos fortsetzen.

Wer schreiben will, der braucht einen Druck, komme dieser Druck nun von aussen oder von innen. Das Handwerk des Schreibens ist hart. Wem es zu gut geht im Leben, der hat kaum Wesentliches zu sagen. Stimmt diese These? Vielleicht. Jedenfalls sind Emotionen vonnöten, will man Leserinnen und Leser erreichen, berühren, bewegen. Marcel Eyer schreibt, das Leben gebe »dem Mensch als Treiber Schmerz und Überdruss / Dass er sich Linderung erdenken muss / Für seine Not / Sich und seine Umwelt / Ständig neu entwirft / Und umgestaltet / Hin zu einem andern (welchem?) Sein.« (Ketten, S. 33).

Leben ist leiden und erdulden. Determiniert und vielen Zwängen unterworfen sei der Mensch, unfrei und gefangen, erläutert der Autor. Wir führen ein Leben in Ketten. Die Metapher der Ketten hat Marcel Eyer titelgebend für seine neuen Gedichte und Sätze gewählt. Er sieht keine Möglichkeit, diese Ketten noch in diesem Leben zu sprengen. Gefangen in einem Netz und fremdbestimmt von Zwangsabläufen »aus dem es kein Entrinnen gibt / Bin ich gleich mehrfach gefesselt / Und der Tod / Einzig möglicher Befreier.« (Ketten, S. 25).

Solcherlei Gedanken nähern sich dem Nihilismus eines Friedrich Nietzsche. Nichts sei unser eigenes Verdienst, sagt Marcel Eyer:

»Nichts / Was ein Mensch ist / Und wie er ist / Was er erreicht / Was er besitzt / Ist sein Verdienst.« (Ketten, S. 12).

Bei Marcel Eyers Worten erinnere ich mich an meinen verehrten Doktorvater, der mir zu meinen Studentenzeiten immer wieder in Erinnerung rief: Ein Kind zeugen, ein Haus bauen und ein Buch schreiben – das macht einen Menschen aus. Für Marcel Eyer ist sein Buch keine eigene Leistung, sondern vielmehr ein Plagiat.

»*Dieses Buch ist fremdgeschrieben / Hat eine zahlreiche Autorenschaft / Die Sprache wurde mir geschenkt / Das Wissen von Jahrhunderten mir zugetragen / Ich durfte mich bedienen / Und manches Angelernte / Später dann mein Eigen nennen / Mein Beitrag klein und unbedeutend / Ist kauen und verdauen / Des vorgedachten Wissens / Dann Wiederkäuerauswurf / Milch oder Kot.*« *(Ketten, S. 53).*

Wo bleibt aber die Lust, die Freude? Kann ein Mensch in einem solchen Tränental überhaupt leben, überleben? Ich habe Marcel Eyers Büchlein nach etwas Erfreulichem durchkämmt. Und – gottlob – ich bin fündig geworden. Zumindest sieht der Autor nicht nur die Schmerzen, sondern auch die Lust. Stöhnen lässt sich bei beidem.

»*Während die Einen / Vor Schmerzen sich winden / Und weinen und wimmern / In Betten / Zeitgleich die andern / Röhren und stöhnen / Und zucken vor Lust / Und Schreie der Schmerzen / Und Schreie der Lust / Vermischen / Dissonant / Zum Urton des Lebens.*« *(Ketten, S. 74).*

Man möchte dem Autor viel Glück wünschen. Das Glück ist auch in ihm und in seinen Werken vorhanden, wenn auch nur in homöopathischer Dosierung:

»*Früh / Den Tag / Beschliessen / Sich ausklicken / Die Lichter / Löschen / Stille werden / Das Hirn / Auf Standby / Stellen / Und schlafen / Schlafen / Traumlos tief.*« *(Ketten, S. 43).*

Marcel Eyers Erstling trug den Titel »Scherben«. Darin sah er die Welt lediglich als ein Chaos, er beschrieb eine Welt in Scherben und ohne einen gemeinsamen Nenner. Nun trägt ein weiteres Werk den Titel »Ketten«. Ketten halten zusammen. Ketten verbinden. Lässt sich da nun eine Entwicklung hineininterpretieren? Womöglich lässt sich auch etwas Zuversicht und Vertrauen herauslesen.

Hüter eines Schatzes

Er ist Bandleader und der Name seiner Band »*remember*« ist Programm. Er lässt die vielen Anhänger der Flower-Power-Zeit mit Songs der Rolling Stones, der Beatles, von Uriah Heep und anderer grosser Bands in Erinnerungen schwelgen.

Psychologe und Psychotherapeut Tony Eggel hat viele Musiker aus dieser Zeit aufgesucht und eine Dokumentation über rund 20 Oberwalliser Pop-, Beat- und Rockbands erstellt. Im Buch »*yesterday*« lässt er nochmals die Aufbruchstimmung der Zeit von 1962-1972 aufleben, die ihn, genauso wie viele andere seiner Generation, bis heute geprägt hat.

Für die »ergrauten Herren« der Band *remember* seien die Songs von damals bis heute ein Jungbrunnen geblieben, sagt Bandleader Tony Eggel. Eine politische Botschaft wie früher würden die Lieder heute zwar nicht mehr transportieren, aber immer noch seien die Songs der Rolling Stones, der Beatles, von Uriah Heep und anderer grosser Bands von politisch wichtiger Aussagekraft. Ein gutes Lied müsse für ihn drei Komponenten ethalten: eine gute Melodie, einen tollen Rhythmus und einen tiefsinnigen Text, fasst Tony Eggel zusammen.

Eine Befreiung von Fesseln sei das damals gewesen, die man unseren Eltern und den Vorfahren angelegt hatte, weiss Eggel zu berichten. »Wir hatten alles hinterfragt, wollten eigenständig denken.« Unser Umfeld schloss sich damals der weltweiten Aufbruchstimmung an, einzig die in englischer Sprache gesungenen Lieder hätten den einheimischen Bands noch etwas zu schaffen gemacht. Die englische Sprache beherrschten nämlich die wenigsten stilrein, so dass einige Bandmitglieder nur erahnen konnten, worüber sie da in Wahrheit sangen, gesteht Tony Eggel schmunzelnd.

Die Musik der Jahre 1962-1972 habe ihn und viele andere Musiker zutiefst geprägt, sagt Tony Eggel. Aus der Musik dieser Zeit heraus sei damals auch eine sozialpolitische Bewegung entstanden, berichtet er stolz. Nun sei es jedes Mal wieder ein zauberhaftes Erlebnis, das Geschehen von damals musikalisch wiederbeleben zu dürfen. Da würden Erinnerungen hochkommen und mit ihnen auch beglückende Emotionen.

Gesellschaftspolitisch waren die 60er und 70er Jahre geprägt von einer weltweiten Aufbruchstimmung und von Flower-Power. Die Musik war auch ein Transportmittel für grosse Ideen und Werte wie Frieden, Liebe und gegenseitiges Verständnis unter den Völkern. Warum wohl ist diese grandiose Strömung ins Stocken geraten oder gar ganz verschwunden? Bewegen könne man heute mit Musik vor allem die Gemüter, glaubt Tony Eggel. Die Musikgruppen, welche die Musik aus jener Zeit auch heute noch spielen, können die Menschen auf der emotionalen Ebene ansprechen, ist Eggel überzeugt, eine grosse Auswirkung auf das politische Geschehen habe diese Musik aber gegenwärtig nicht mehr.

Während in den Nachbarländern Deutschland und Frankreich die studentische Revolte in den 60er Jahren das »Establishement«, die verkrusteten Autoritäten der Gesellschaft, zu stürzen versuchte und teils auch ausartete und entartete, waren die Auswirkungen des weltweiten Aufbruchs bei uns moderater. »Ich war damals zu einem politischen Menschen geworden«, verrät mir Tony Eggel. Allerdings hätte er niemals bei einer politischen Partei mitmachen wollen. »Ich wollte unabhängig sein, ich wollte sachbezogen denken können, ein Partei-Eintritt hätte mich zu stark eingeschränkt und hätte mir die Flügel zu stark gestutzt«, sagt Eggel.

Unsinnige Einschränkungen von Institutionen wie Staat und Kirche und auch seitens der Potentaten dieser Welt, das alles gibt es auch heute wieder. Auch die »hanging fruits«, die grossen Probleme dieser Welt, harren immer noch einer Lösung, genau wie damals. Deshalb sei es auch heute noch angesagt, mit Songs anzutreten und darin die politischen Probleme zu thematisieren, meint der Bandleader. Doch müsse man auch realistisch bleiben. Alle diese grossartigen Werte wie Frieden und gegenseitiges Verständnis würden auf dieser Welt wohl ein ewiges Wunschdenken bleiben. Die Potentaten hätten die Macht und sie versuchen den Menschen (zu) einfache Mittel aufzuzeigen um die Probleme zu lösen. »Ich traue diesen Rattenfängern nicht«, sagt Tony Eggel. Die Hoffnung jedoch bleibt bestehen, denn die Hoffnung stirbt zuletzt.

Die Träume der 68er-Bewegung sind ausgeträumt, die Musik bewegt die Menschen aber weiterhin. Über die prägende Zeit der 60er und frühen 70er Jahre existierte bisher kaum eine zusammenhängende Dokumentation. Mit seiner Dokumentation »*yesterday*« füllt Tony Eggel von der Band »*remember*« nun eine kulturelle Lücke. Es ist dies nicht einfach nur eine Dokumentation. »*Yesterday*« ist ein Erinnerungsschatz für all jene Aktiven und Bewegten, deren Leben bis heute geprägt ist von grossartigen Erinnerungen und Emotionen.

Wilder Westen im Handgepäck

Im Bahnhof Brig traf ich sie. Sie kam aus Santa Fe, New Mexico. Seit vielen Jahren ist sie eine der erfolgreichsten Schriftstellerinnen der Schweiz. Seit sie nach Amerika ausgewandert ist, wirkt sie glücklicher. Die filmreife Landschaft im Wilden Westen der USA beflügelt ihre Kreativität. Milena Moser ist angekommen. Sie strahlt. Ihr Lächeln spricht Bände. Die Literaturkritik ist sich für einmal einig. Ihr Amerikaroman »Land der Söhne« ist ihr bisher bestes Buch.

Das Tragikomische blieb in der Schweiz. Die Schweiz ist für Literaten ein seltsames Land. Zu kleinkariert, mit zu wenig Entwicklungsmöglichkeiten. Jeder Studierende wird sich dessen bereits auf der Universität bewusst. Mindestens ein Auslandsemester muss schon sein. Weg aus der Enge, weg aus der Spiessigkeit. Dem Neid, der Bespitzelung, dem Überangebot entfliehen. Bereits das nationale Urgestein Friedrich Dürrenmatt schrieb, die Tragikomödie sei die einzige literarische Form, um unser Land ertragen zu können. Milena Moser lebte und schrieb tragikomisch, solange sie in der Schweiz war. Ihre früheren Bücher stehen ganz in der Tradition der Dürrenmattschen Tragikomödie. Die Titel allein sprechen schon Bände: »Die Putzfraueninsel«, »Blondinenträume«, »Das Faxenbuch«, »Schlampen-Yoga« oder »Stutenbiss«. Seit dem Jahr 2015 bricht sie mit dem Tragikomischen. Es war dies das Jahr, als sie nach New Mexico auswanderte. Jetzt heissen ihre Bücher »Das wahre Leben«, »Das Glück sieht immer anders aus«, »Hinter diesen blauen Bergen« und »Land der Söhne«.

Ob Amerika denn für sie immer noch das Land der unbegrenzten Möglichkeiten sei, wollte ich von Milena Moser wissen. Sie lächelt ihr gewinnendes Lächeln und wiederholt, was fast wörtlich so in ihrem Roman steht. Ein Vater erklärt da seinem Sohn, auf welchem Fundament Amerika ruht: »Auf Lügen. Auf Tricks. Auf Verträgen, an die sich keiner hielt. Sklaverei. Ungerechtigkeit. Und trotzdem, das ist das Wunder. Trotzdem ist Amerika das Land geworden, in dem jeder eine Chance hat. In dem alles möglich ist.« Milena Moser hat in Amerika ihre neue Chance wahrgenommen. Sie lebt ihn, den »American Dream«.

Hollywood, die Traumfabrik, produziert auch heute noch Stars wie in den »Golden Fifties«. Zumindest ist dies der Fall in »Land der Söhne«. Für Luigi, der als kleiner Junge nach Amerika ausgewandert war, beginnt in Hollywood ein Traumstart als Filmproduzent. Und sein Sohn Giò tritt in seine Fussstapfen. Der Film »Wüste ohne Wiederkehr« hatte sie beide in Hollywood verankert. Es war dies der erste ihrer sogenannten realistischen Western gewesen, eine ungeschönte Geschichte ohne Helden und Bösewichte.

Es geht bei Milena Moser um viel Grundsätzliches, um Philosophisches auch. Es geht ums Erwachsenwerden. Es geht auch um die Frage: Welchen Preis hat ein Leben in Freiheit? Was alles müssen wir opfern, um ein Leben in Freiheit verbringen zu können? So treffen wir in einer ihrer Geschichten auch auf eine Mutter, die als

Hippie-Aussteigerin auf einem mittlerweile stillgelegten Internatsgelände die freie Liebe probt. Sie lässt ihren Sohn in der Kommune zurück, um woanders ihre Selbstverwirklichung zu suchen. Ja, wie geht eigentlich Selbstverwirklichung?
Vielleicht ist dies das grosse Thema der Schriftstellerin Milena Moser. Muss man nach Amerika auswandern, um sich selbst verwirklichen zu können? Vielleicht. In Santa Fe hat sich Milena Moser ein Haus gekauft, das sie allein bewohnt. Sie will bleiben. Sie will sich dort ganz dem Schreiben widmen. Hier, in Santa Fe, erteilt sie auch ihre berühmten Schreibseminare. Zum Abschied lädt sie mich ein. Es habe noch Platz, drüben in Santa Fe, in einem ihrer Schreibseminare. Darüber will ich nachdenken. Und damit ich es nicht vergesse, schreibt sie mir eine Widmung ins Buch.
Die Begegnung mit Milena Moser lässt mich nachdenklich zurück. Einfach mal alles hier liegenlassen und ab über den grossen Teich. Vielleicht nicht für immer. Aber ein Schreibseminar bei Milena Moser? Da drüben hinter diesen blauen Bergen? In dieser filmreifen Landschaft sich inspirieren lassen? Im Roman lese ich, wovon ich träume: »Endlich auf dem Highway Richtung Süden fahren, nach Santa Fe. Für eine Million kriegst du hier eine richtige Villa. Wir könnten unser Haus verkaufen und hier bis ans Ende unserer Tage glücklich und sorglos leben.«

Leben am Steilhang

Rolf Hermann traf ich in der exquisiten und noblen Lounge der Thermal Hotels Leukerbad. Die Lounge war menschenleer, ausgestattet mit schweren Polstersesseln und so ruhig, dass ich ohne weiteres Radioaufnahmen in Studioqualität habe herstellen können. Einen Augenblick lang überlegte ich mir, ob dies für Rolf Hermann und sein literarisches Schaffen ein passender Rahmen sei. Aber es gibt wohl keinen passenden Rahmen für einen, dessen literarische

Intention darin besteht, den alltäglichen Wahnsinn einzufangen. Zumindest ist dies eines der vielen Ziele des Schriftstellers Rolf Hermann. Denn sein Werk ist äusserst vielgestaltig.

Hermanns Texte geben der Mündlichkeit den Vorrang. Das Mündliche sei auch literaturhistorisch der Schriftlichkeit immer vorausgegangen, weiss Hermann. Wie kann ich einen Text schreiben, den ich bereits jahrelang auf der Bühne vorgelesen habe? Die »*edition spoken script*« hat sich auf die Herausgabe solcher Texte spezialisiert, die eigentlich für die mündliche Performance entstanden sind. Viele seiner Texte seien ursprünglich für die Bühne geschrieben worden. Rolf Hermanns Texte sind also zuerst alle in der walliserdeutschen Sprache geschrieben. Um die Verständlichkeit auch für Nicht-Walliser sicherzustellen, habe er im Buch dann auch noch eine Fassung in hochdeutscher Sprache mitgeliefert.

In Rolf Hermanns Werk nehmen Kurz- und Kürzestgeschichten einen grossen Raum ein. Sie sind meistens auf eine Pointe hin ausgerichtet. Was mich interessiert: Hat der Schriftsteller beim Schreiben zuerst die *Pointe* im Blick oder ergibt sich diese erst während des Schreibens? Die Pointe sei für ihn absolut zentral, besonders deshalb, weil er oft Texte für das Schweizer Radio schreibe, die nicht länger als eine Minute dauern dürften. Oftmals sei die Pointe schon da, und dann müsse er den Text rund um die Pointe herum aufbauen: Eine Einleitung bauen und dann mit beim Schreiben auf die Pointe hin zusteuern. Texte jedoch, die nicht fürs Radio bestimmt sind, die würden eher aus einer Situation heraus entstehen, und da würde sich die Pointe eher während des Schreibens ergeben.

Rolf Hermanns Texte sind witzig. Welche Bedeutung der *Humor* für ihn habe, wollte ich von Rolf Hermann wissen. Zum einen seien die witzigen Sprachspiele für ihn wichtig. Der Ernst sei eher dann vorhanden, wenn er Lyrik verfasse oder hochdeutsche Sätze schreibe. Im Walliserdeutschen sei jedoch sehr häufig eine Art von »schwarzem Humor« unterschwellig vorhanden. Dieser Humor, der in den Mundart-Texten mitschwingt, könne auch dazu beitragen, dass er den Beruf des Schriftstellers hoffentlich noch lange ausüben könne, verrät mir Rolf Hermann.

Seine Texte atmen den Geist des Dadaismus, sie seien geschrieben ganz im Stil eines Ernst Eggimann oder Ernst Jandl, versuche ich eine Einordnung. Rolf Hermann ist mit dieser meiner literaturhistorischen Einordnung seines Werks absolut einverstanden. Er habe auch viele amerikanische Lyriker gelesen, dann habe er sich dem Schreiben in der walliserdeutschen Sprache zugewandt, da habe ihn auch ein Hannes Taugwalder mitgeprägt. Besonders mit seinen witzigen Fabeln habe Taugwalder ihn motiviert. In Bern hätten dann Ernst Eggimann und Kurt Marti sein Schaffen beeinflusst. Bei einer Berner Bühnengruppe habe er dann später auch Bekanntschaft geschlossen mit Pedro Lenz, Beat Sterchi, Guy Kneta und anderen, die ihn in die Mundart-Szenerie eingeführt hätten. Weil es wenige Autoren gebe, die in Walliserdeutsch schreiben, sei dies für ihn eine Herausforderung gewesen.

Wie aber verträgt sich das Witzig-Humorvolle mit den brachialen Walliser Sagen, die in seinem Werk auch immer wieder Eingang finden? Er habe festgestellt, dass sein Publikum es schätze, wenn unterschiedliche Inhalte geboten würden, erklärt mir Rolf Hermann. In seinem Werk stünden zärtliche Liebesgedichte neben absurden Texten und brachialen Sagen, vieles sei möglich. Die Vielfalt sei ihm wichtig für sein literarisches Schaffen. Er möchte sein Schreiben noch verfeinern, aber in unterschiedlichen Genres ansiedeln.

Bringen die Texte den alltäglichen Wahnsinn zum Ausdruck? Ja, das sei so, muss Rolf Hermann zugestehen, vor allem in seinem Buch »Das Leben ist ein Steilhang«. Häufig höre oder lese er Geschichten, die er dann mit einem schwarzen Humor unterlege. So entstünden unterhaltsame Texte, die einem jedoch beim Lachen auch mal den Boden unter den Füssen wegzögen.

Rolf Hermann war auch für die Bühne Mörel tätig, etwa für das Stück »*Peer Gynt*« von Henrik Ibsen. Einerseits habe er den Text von Peer Gynt übersetzt und bearbeitet. Andererseits habe er auch an der Figurenentwicklung mitgearbeitet. Wer wäre Peer Gynt geworden, wenn er im Wallis aufgewachsen wäre? Wie hätte er sich verhalten? Die Schauspieler hätten Interviews geführt mit unterschiedlichen Leuten, mit Art Furrer, mit Erika Stucky, mit Eliane Amherd zum Beispiel, aber man habe auch Lebensläufe berücksichtigt von Bergsteigern, die im vorigen Jahrhundert gelebt haben. Aus Elementen dieser Biographien seien jetzt neue Figuren entstanden. Daraus seien Szenen entstanden, welche diesen Figuren entsprechen.

Das Leben sei ein Steilhang für uns alle, die wir aus dem Wallis kommen, erklärt mir Rolf Hermann. Links und rechts unseres Tales geht's jeweils steil hinauf. Das Bild vom Steilhang lasse sich jedoch auch auf viele seiner Texte anwenden, denn diese seien auf eine Pointe hin ausgerichtet.

Mit dem Hobbit im Aletschwald

Wer kennt ihn nicht, den Hobbit? »Der Hobbit« aus dem Jahr 1937 von J.R.R. Tolkien stellt das Prequal zur Trilogie »Der Herr der Ringe« dar. Mit dem Hobbit hatte ich mich anlässlich des Musiktheaters »Forever Young« intensiv auseinandergesetzt. Unter meiner Leitung und Regie ging das Musiktheater mit rund zweihundert Mitmachenden anfangs 2015 über die Bühnen. Nach einer Aufführung von »Forever Young«, in der auch Hobbit-Szenen vorkamen, suchte mich ein schweizweit bekannter Riederalpjer hinter der Bühne auf und konfrontierte mich mit seinem höchst erstaunlichen Hintergrundwissen: Wissen Sie, dass der Fantasy-Autor J.R.R. Tolkien seine Inspirationen für die Bücher »*Der Hobbit*« und »*Herr der Ringe*« in der Aletsch-Region geholt hat? Ich war bass erstaunt, holte für uns beide zwei Stühle und der belesene Riederalpjer begann zu erzählen.

Nicht nur Figuren wie Hobbit und Gandalf sollen ihre Vorlage teils in der Aletsch Arena haben. Auch das sagenumwobene »Nebelgebirge« soll mit unseren Alpen identisch sein. *Mittelerde* läge demnach nicht in Neuseeland, wie dies der Film von Peter Jackson weismachen will, sondern im Oberwallis. Die Geburtsstunde für die Bücher »*Der Hobbit*« und »*Der Herr der Ringe*« ist anlässlich einer Schweizerreise anzusetzen, die Tolkien zusammen mit Studienfreunden vor hundert Jahren auch in unsere Alpen führte. Ab Herbst dieses Jahres bietet die Aletsch-Arena eine Tolkien-Wanderroute an.

Gerade mal 19 Jahre alt war Tolkien, als er im Jahr 1911 mit einer geführten Gruppe durch die Schweiz wanderte. Als Quellen für die damaligen Ereignisse dienen uns heute einige Briefe an seinen Sohn Michael. Daraus geht hervor, dass Tolkien von Interlaken her kommend die Alpen überquerte. Die Berner und Walliser Alpen inspirierten ihn dabei zum sagenumwobenen »*Nebelgebirge*«. Das *Silberhorn*, das der Jungfrau vorgelagert ist, entspricht dem *Berg Celebdil*, an dessen Flanke Gandalf dem Feuerdämon *Balrog* aus Moria den Garaus machte. Interessant ist die etymologische Herleitung des »*Silberhorns*« oder der »*Silberspitze*«: *Sindarin* bei Tolkien heisst *Silberspitze*, *Khuzdul* oder *Zirak-zigil* heisst *Silberhöhe* oder *Silbergipfel*.

In seinen Briefen schildert Tolkien unter anderem auch seine Wanderung entlang des Aletschgletschers. Da sollen sich plötzlich Stein- und Eislawinen gelöst haben. Eine Dame, eine ältere Lehrerin, die vor Tolkien herging, soll plötzlich einen Schrei ausgestossen und sich noch knapp mit einem Sprung vorwärts vor einem grossen Felsbrocken gerettet haben. Das Erlebnis dieses Felssturzes hat Tolkien möglicherweise in seine Erzählung von den Hobbits einfliessen lassen. Bei der Überquerung des Nebelgebirges geraten die Hobbits in ein Unwetter, das einen horrenden Felssturz auslöst.

Den Leserinnen und Lesern von Tolkiens Fantasy-Literatur ist der »*Düsterwald*« mit Sicherheit ein Begriff. Diente Tolkien der tausendjährige *Aletschwald* mit seinen knorrigen Arven als Vorlage für den *Düsterwald*? Die knorrigen und gewundenen Arven mit ihren rauen Stämmen sehen Fabelwesen ähnlich, wie sie in Tolkiens Büchern vorkommen. Wie heisst beispielsweise die schöne Halbelbin im Buch »Herr der Ringe«? Richtig, sie heisst »*Arwen*«. Der Name führt uns unschwer auf die Spur der aussergewöhnlichen Arven im Wald in der Aletsch Arena, die auf bis zu 2400 Metern Höhe anzutreffen sind.

Vielleicht sind gar einige der grossen Helden aus Tolkiens Fantasy-Literatur echte Oberwalliser. Dazu ist folgende Anekdote überliefert: Tolkien soll auf seiner Reise ins Oberwallis eine Postkarte gekauft haben, die eine Reproduktion des Bildes *»Der Berggeist«* des deutschen Malers Josef Madlener zeigt. Man sieht darauf einen alten Mann mit langem weissem Bart, er ist in einen langen Mantel gewickelt und auf dem Kopf hat er einen runden Hut mit einer breiten Krempe. Tolkien selbst schrieb auf die Postkarte: »*Origin of Gandalf*«.

Der belesene Riederalpjer lud mich denn auch gleich ein auf eine Tolkien-Wanderroute in die Aletsch-Arena. »Als Tolkien-Fan und Mittelerde-Enthusiast kann man sich da oben grossartige Inspirationen holen«, schmunzelte mein Gast. Ende September und Anfang Oktober sei die beste Zeit dafür. Dann würden die Herbstnebel über dem Nebelgebirge dräuen und die Hobbits würden sich auf die Reise machen. Barfuss, in knielanger Leinenhose und mit einem Schwert am Gürtel.

Der Japaner in mir

JAPANISCHER FRÜHLING IM RHONETAL – das wäre ein Headliner für ein aktuelles literarisches Phänomen. Tatsächlich haben verschiedene Oberwalliser Literat*innen und Künstler*innen das Land der aufgehenden Sonne in ihr Herz geschlossen. Mein ehemaliger Radio-Kollege Patrick Rohr etwa bereiste das Land und berichtet in seinem Foto-Buch über ein Japan, »abseits von Kirschblüten und Kimono«.

Tokio kenne ich vor allem aus den Büchern des Schriftstellers Haruki Murakami. Eine Seelenverwandtschaft verbindet mich mit dem Schriftsteller Haruki Murakami. Er hat sich vom Barbesitzer in Tokio zum erfolgreichen Autor hochgeschrieben. Ermöglicht haben dies seine zwei Leidenschaften, die auch die meinen sind.

Für Haruki Murakami – wie auch für mich – bedeutet das Laufen ein zweites Leben, indem man sich Energie, Inspiration und vor allem die Zähigkeit zum Schreiben und Lesen holt. Der Einfall und Entschluss, Romanautor zu werden, kam Haruki Murakami beim Laufen. Seither gleicht er das viele Sitzen am Schreibtisch mit dem Laufen aus. Dabei hat er sich in den letzten dreissig Jahren zu einem erstaunlichen Athleten entwickelt. Zu den jährlichen Marathons sind auch Ultraläufe hinzugekommen.

Wie sich Laufen und Schreiben kombinieren lassen, das erklärt Haruki Murakami in seinem Welt-Bestseller »Wovon ich rede, wenn ich vom Laufen rede«. Darin beschreibt Murakami den geregelten Tagesablauf eines disziplinierten Autors und Marathonläufers. Sowohl das Schreiben als auch das Laufen bedingen sich gegenseitig, das eine geht also gar nicht ohne das andere. Murakami betrachtet die literarische Phantasie als eine Art Kraftstoff, der durch eine starke Laufbewegung aktiviert werden muss. Zudem wird das Ringen des Autors mit dunklen Mächten durch das Laufen ausbalanciert.

Diese Philosophie des Schreibens und Laufens sehe ich in der typisch japanischen Tradition begründet. Um diese zu erklären, muss ich etwas ausholen und in die japanische Kulturgeschichte eintauchen. Ab dem 4. Jahrhundert wurde das Land immer wieder von Bürgerkriegen verwüstet. In diesen kriegerischen Epochen stieg der Schwertadel, die Bushi (später als Samurai bezeichnet), zur wichtigsten Schicht auf. Neben der Kriegskunst bildete sich auch das Zen heraus, eine neue Form des Buddhismus, die den Kriegern entsprach. Der Einfluss des Zen spiegelt sich in Dichtung, Malerei und Musik wieder. Kriegskunst und Zen setzen sowohl das Physische (das Laufen) als auch das Kognitive (das Schreiben) und Emotionale (das Dichten) in Abhängigkeit voneinander.

In der Edo-Zeit, im 17. Jahrhundert also, kam das Land dann einigermassen zur Ruhe. Die Samurai wurden zu einer Beamtenschicht, sie bewahrten aber ihre Kriegertugenden in den Kampfkünsten (bujutsu). Das Physisch-Körperliche (das Laufen) und das Kognitiv-Emotionale (das Schreiben und Dichten) gingen so untrennbar ineinander über. Wettkampfmässiges Laufen und literarisches Schreiben bilden seither eine harmonische Einheit, eine perfekte Work-Life-Balance.

Der Schriftsteller Haruki Murakami lebt die Harmonie von literarischem Schreiben und wettkampfmässigem Laufen in Perfektion. Wie sich Laufen und Schreiben kombinieren lassen, das zeigt er in seinen Büchern. Die Philosophie des Schreibens und Laufens aus dem Land der aufgehenden Sonne hat auch mir klar und deutlich aufgezeigt: Es gibt einen Japaner in mir.

Splitternackt im Hollywood Sign

»Es ist mein Traum, einmal splitternackt in den Buchstaben des Hollywood Sign zu posieren«, sagt die Schlangenfrau Nina Buri. Das Hollywood Sign ist der bekannte Schriftzug in den Hollywood Hills über dem heutigen Hollywood, einem Stadtteil von Los Angeles. 14 Meter hoch sind die Buchstaben des Schriftzugs und zusammen 137 Meter lang.

Nina Burri bezeichnet ihre Herkunft als typisch schweizerisch. Der Vater arbeitet als Polizist, die Mutter betreibt einen Verleih für Schweizer Trachten. Als kleines Mädchen versuchte sie ihre ersten Schritte auf der Studiobühne Bern. Aus eigener Kraft und auf eigene Initiative hin hat sie es an die renommierte Bejart-Tanzschule geschafft. Erst mit dreissig Jahren hat sie dann den Wechsel hin zur Torsionskunst vollzogen. In China hatte sie sich zur Schlangentänzerin ausbilden lassen.

Als »Snake Lady«, als Schlangenfrau, zeigt sich Nina Burri in mannigfachen Erscheinungsformen. Als Catwoman streift sie filmreif über die Dächer der Stadt, und sie nimmt den Betrachter mit auf eine Sightseeing-Tour. Sie setzt Phantasien und Träume frei. Etwa dann, wenn sie bekennt: »Ja, es ist mein Traum, einmal splitternackt in den Buchstaben des Hollywood Sign zu posieren.« Wie spannend sich die Arbeit der Künstlerin gestaltet, lässt sich nur erahnen. Sie schreibt: »Jeden Tag was anderes! Von Hollywood in die Berliner Wohnung meines Fotografen und die High Heels seiner Ex, vom alten Militärmantel ins eiskalte Tanzstudio. Der Körper als Architektur. Peitschen, Perücken und eine Hommage an Audrey Hepburn…«

Nina Burri liebt ungewöhnliche Schauplätze. Unter dem Arbeitstitel »City Life« etwa versucht die Künstlerin das Flair einer Grossstadt einzufangen. Sie schwärmt für das Leben in einer Grossstadt, für die endlosen und faszinierenden Möglichkeiten, die eine Stadt wie New York bietet. Spannend und geheimnisvoll ist, was Nina Burri unter »Uncovering« versteht. Der englische Begriff liesse sich übersetzen mit »aufdecken, zeigen, sichtbar machen«. Die Schlangenfrau zeigt, wie sich aus wenig sehr viel machen lässt. Da performt sie etwa mit einem Tuch als Tanzpartner in der Wüste Nevada. Das Ganze stellt sie mit Hilfe von viel technischem Knowhow in ein mystisch-magisches Licht. Die Starfotografen spielen mit der Belichtungszeit und malen mit farbigem Licht ein lebendiges Kunstwerk.

Nina Buri durfte ich anlässlich einer ihrer Performances erleben. Sie hat dabei einen tollen Bildband mit dem Titel *Body in Motion* präsentiert. Darin sind kurze, poetische Texte versammelt, illustriert mit zauberhaften Fotos. Wer in dem grossformatigen Bildband blättert, dem fällt die Entwicklung auf, welche Nina Burri durchlebt hat. Es ist dies eine Entwicklung vom unsicheren Mädchen zu einer selbstsicheren Frau, die weiss, was sie im Leben will, und was sie selber als Künstlerin zu bieten hat. Heute versuchen viele, sich einem gängigen Trend anzupassen. Falsch, sagt Nina Burri. Was heute »in« oder »out« ist, das ändert sich mit den Launen der Fashion-Industrie ständig. Was ist erlaubt? Was ist verboten? Egal. Jede und jeder soll selber herausfinden, wo die eigenen Grenzen sind.

Im Sommer ist Körperkult angesagt. Zeit für die Männer, den Bierbauch zurückzudämmen. Zeit für die Frauen, an der Strandfigur zu arbeiten. Zumindest suggeriert uns dies die Werbung. Sei es mit Sauerkraut-Diät, mit Eiweisspulver oder mit anderen Abnehmtricks. Wobei: Übertreiben sollte man es nicht. Steh zu deinen Pfunden, propagieren nicht nur feministische Kreise. Anders verhält es sich mit Akrobaten, Tänzern und Sportlern. Für sie ist ein schlanker und fitter Körper ein immerwährender Traum.

Schlangenfrau Nina Buri hat noch nicht ausgeträumt. Da sind noch so viele Ideen, Visionen und Entwürfe. »Tief unter Wasser, da will ich eine schöne Meerjungfrau sein – aber das ist schwieriger, als es aussieht«, bekennt Nina Burri. Oder: »Bond-Girl sein, war immer mein Traum. Den Gegner mit meiner Kunst und Wendigkeit zu erledigen…« Das Unmögliche versuchen. Nina Burri zeigt, wie das geht. Sie lebt gemäss dem Motto von Nelson Mandela. »It always seems impossible until it's done.«

Eine männliche Claudia Schiffer

Der Mann heisst Florian Burkhardt, und er erlebte eine unglaubliche Jugend. Er befreite sich aus dem Würgegriff seiner Mutter, aus einer mehr als zwanzig Jahre dauernden Kasernierung, und wurde in Hollywood zu einer grossen Nummer. Als »männliche Claudia

Schiffer« zierte sein Bild die Titelseiten von grossen Modezeitschriften. Ich traf ihn in Bern anlässlich der Präsentation seines Buches »*Das Kind meiner Mutter*«.

Florians verkorkste Kindheit begann, als er noch gar nicht auf der Welt war. Seine Eltern verschuldeten einen Autounfall und verloren dabei ihr jüngstes Kind. Gewissermassen als Ersatz für den toten Buben zeugten die Eltern sofort ein neues Kind. Schwer belastet mit der Hypothek, seinen Eltern den toten Sohn zu ersetzen, hatte Florian schlechte Karten für sein eigenes Leben. Die Mutter lebte in ständiger Angst, auch dieses Kind zu verlieren. Sie schirmte Florian vor allen Einflüssen der »gefährlichen« Aussenwelt ab. Eine Horrorvorstellung der Mutter war, dass schlechte Kollegen ihren Florian zum Konsum von Drogen und Alkohol verleiten könnten.

Bis zum 21. Lebensjahr war Florian in seinem Zimmer eingeschlossen wie in einem Gefängnis. Überbehütet und abgeschirmt von seiner Mutter. Auch als Florian bereits ein Teenie war, wurde ihm lediglich erlaubt, mit ganz kleinen Kindern zu spielen. Er besass einzig ein kleines Radio und die Schallplatte mit dem Titel »99 Luftballons«. Mit 16 Jahren entdeckten die Eltern seine Homosexualität und steckten ihn in ein Internat, um die sexuelle Ausrichtung zu »korrigieren«. Das Ergebnis war, dass Florian psychisch erkrankte. In dieser Zeit entwickelte er fantastische Vorstellungen von einem Leben als Disco-King und als Hollywood-Star.

Florian lieferte sich selbst in eine psychiatrische Klinik ein, wo man eine Angststörung diagnostizierte und eine soziale Phobie. Mit 21 Jahren haute Florian dann von zu Hause ab. Es folgten wilde Jahre und ein Absturz nach dem andern. Darüber hat der Regisseur Marc Gisler den Film »Electroboy« gedreht. Florian trieb sich in der Zürcher Party-Szene herum. Die elektronische Musik faszinierte ihn, und er organisierte Techno-Partys. Es waren dies erste Ausbrüche aus der »Kasernierung«, in die ihn seine Eltern geschickt hatten.

Dann folgte Florian Burkhardt dem Lockruf von Hollywood. Er »verkaufte« sich als Schauspieler und als Top-Model. »Ich war eine männliche Claudia Schiffer«, berichtet Florian Burkhardt stolz. Und er sei nicht etwa als Model nur im »Vögeli-Katalog« erschienen, nein, grosse Mode-Zeitschriften wie die »*Vogue*« hätten ihn als Model auf der Titelseite abgebildet. Mit seinen 1,79 Metern sei er zwar der Zwerg unter all den Models gewesen, aber trotzdem der »Grösste«. Dass er ständig unter dem Einfluss starker Medikamente stand, nimmt er heute gelassen. Eigentlich hätten die Medikamente eine beruhigende Wirkung haben sollen, erzählt Florian Burkhardt schmunzelnd. Doch die Mediziner hätten selber nicht gewusst, wie die verabreichten Medikamente wirken. Ihn hätten die vielen Medikamente hyperaktiv gemacht und er sei nicht selten auch sexuell »erregt« durch die Welt gelaufen.

Florian Burkhardt ist stolz auf seine ganz besonderen Techno-Partys. Bei einem Unterwäsche-Shooting habe er sich in einen Schweizer Bauernbub verliebt, gesteht Florian. Seither organisiert er Partys für Schwule und mischt diese Partys mit elektronischer Musik für Schwule auf. Heute zieht er es vor, in seinem Bett zu sitzen und mit DJ's und mit seiner Fangemeinde zu »töggelen«, wie er sich auszudrücken pflegt.

Florian Burkhardts wahre Leidenschaft und Begabung aber ist das Schreiben. Weiterentwickelt habe er diese Begabung während der Zeit seiner »Kasernierung«, als ihn seine Eltern bis zur Volljährigkeit in sein Zimmer eingeschlossen hatten, berichtet der Autor von »*Das Kind meiner Mutter*«. Seine mittlerweile 83-jährigen Eltern sind auf das Buch ihres Sohnes nicht ansprechbar. Auch er, Florian, habe mit seinen Eltern kaum je darüber gesprochen, gesteht er. Florian Burkhardt ist flügge geworden. Aus eigener Kraft und aus eigenem Antrieb heraus.

Mein kleiner Enkel und die Bienenkönigin

Zur gleichen Zeit, als ich erstmals das Baby meines Sohnes im Arm halten durfte, erschien der Roman »*Die Geschichte der Bienen*«. Welche Zukunft hinterlassen wir unseren Kindern? Wofür sind wir bereit zu kämpfen? Wie gehen wir um mit der Natur und ihren Geschöpfen? Einige der drängendsten Fragen unserer Zeit behandelt die Norwegerin Maya Lunde in ihrem Roman. Sie zeigt, wie alles mit allem zusammenhängt. Sie erzählt vom Miteinander der Generationen und dem unsichtbaren Band zwischen der Geschichte der Menschen und der Geschichte der Bienen, die – wie andere Lebewesen auch – so langsam von unserem Planeten verschwinden.

Lange habe ich über diese Fragen nachgedacht, während ich meinen Enkel erstmals im Arm halten durfte. Welche Zukunft hinterlassen wir unseren Kindern? Irgendwann wird mich mein kleiner Enkel fragen, was wir mit dieser Welt angestellt haben. Er wird mich fragen, warum wir einfach zugeschaut und es geschehen liessen. Da waren doch Wälder ohne Zahl, Seen hell wie Kristall, reine und klare Meere. Und: Wo sind die Tiere? Wo der Wald? Warum wird die Erde heiss? Warum habt ihr nichts getan?

Die neue Königin der Bienen heisst Maja Lunde. Nicht zu verwechseln mit der Biene Maja. Denn Maja Lunde ist eine norwegische Autorin. Die Bestseller-Autorin des Jahres 2017. Im Jahr 2017 verkaufte sich kein Buch besser als »*Die Geschichte der Bienen*« von Maja Lunde.

Maja Lunde entführt uns ins Jahr 2098. Wir sind in China. Es gibt keine Bienen mehr. Jedes Jahr müssen unzählige Menschen alle Blüten von Hand bestäuben. Die Arbeit des Bestäubens ist hart und aufwändig. Auch die Arbeiterin Tao ist Bestäuberin von Beruf. Sie ist die Mutter des kleinen Wei-Wen. Tao arbeitet hart, um Wei-Wen eine bessere Zukunft zu ermöglichen. Als aber plötzlich der kleine Wei-Wen verschwindet, bricht eine Welt zusammen.

Die Geschichte der Bienenkönigin Maja Lunde spielt im Jahr 2098. Der kleine Wei-Wen der Bestäuberin Tao und mein kleiner Enkel werden dannzumal 80 Jahre alt sein.

Die Botin aus der Fremde

»Ich bin ein Berliner« – ist ein berühmtes Zitat aus der Rede John F. Kennedys aus dem Jahr 1963 in West-Berlin. Das Zitat wurde seither vielfach weiter verwendet, immer aber in äusserst positivem Sinn. Das Zitat kam mir in den Sinn, als ich kürzlich meine Club-Kollegin Christine Pfammatter in der alten Festung hoch über dem Dorf Naters traf. Christine Pfammatter, in Leuk geboren, lebt und arbeitet als Schriftstellerin und Übersetzerin in Berlin.

»Ich bin eine Berlinerin« könnte demnach Christine Pfammatter ausrufen, auch wenn sie im Herzen wohl immer Leukerin geblieben ist. Im Sternzeichen des Stiers geboren, sei sie »geerdet«, verrät sie. Dies belegen auch ihre Erinnerungen an die Kindheit und ihre Erzählungen aus dem Wallis. Als Einwohnerin Berlins verfügt sie allerdings über eine Aussenperspektive und sieht die Verhältnisse bei uns im Wallis eher als eine »Botin aus der Fremde«. Der Wohnsitz in Berlin ermöglicht es ihr, mit der nötigen Distanz den Schönheiten, aber auch den Widersprüchen unserer Zeit nachzugehen.

Gewissermassen als ein Müsterchen erzählte Christine Pfammatter in der Festung hoch über Naters eine Geschichte über »Kunst im Kerker oder wie es ist, Tourist im eigenen Land zu sein«. Weil sie ja nicht mehr im Wallis lebe, sei sie immer zu Besuch oder auf Durchreise, weshalb sie Orte und Kunstwerke oft genug mit den Augen einer Touristin gesehen habe. In Sitten habe sie die letzte Triennale für zeitgenössische Kunst besucht. Dieser Besuch habe sie ins alte Gefängnis von Sitten geführt. Wie alle freiheitsliebenden Menschen habe auch sie eine gewisse Sympathie für Ausbrecher, gesteht die Autorin. So wie der Schriftsteller Ramuz, der dem Falschmünzer Farinet in seinem Roman ein Denkmal gesetzt hatte. Die Autorin bemängelt in dieser Geschichte, dass beispielsweise die Neue Zürcher Zeitung für derartige Sympathien kein Verständnis habe. Bei der NZZ werfe man den Hanfbauer Rappaz, Farinet und Walter Stürm in einen Topf und erfinde dazu den reisserischen Titel »Outlaws in Walliser Gefängnissen«. Dichter, Journalisten und Blogger würden diese Männer zu Helden machen, bemängelte die NZZ. Die Autorin enttarnt in ihrer Geschichte den Artikel in der NZZ als einen »Versuch der Entzauberung, der wie eine protestantische Predigt daherkam«. Und der Kommentar der Autorin dazu: »Was blieb einem da anderes übrig, als Ausbrecher zu lieben?« Sowas liest sich ungewohnt alternativ und überraschend.

Das Wallis ist ein eigener Kontinent. Zu diesem Schluss kommt, wer Pfammatters Geschichten, versammelt unter dem Titel »*Permanent Tourist*«, liest. Allerdings – und das muss auch gesagt sein – sind wir Walliser grundsätzlich verbrannte Kinder, wenn es um Klischees geht. In der Geschichte mit dem Titel »*Ist Fendant Wein?*« stehen die Sätze: »Wie überall erwartet man auch im Wallis von dir, dass du gesellig bist, und das bedeutet: Du musst trinken. Und das nächste Tourné bezahlen.« Und weiter: »Wer eine öffentliche Stellung bekleidete oder es in der Politik weit bringen wollte, musste trinkfest sein«. Bezüglich der Sauferei fällt der Leuker-Berlinerin dann aber doch ein Vergleich ein, der das Klischeehafte etwas abmindert: »Im Wallis trank man gemeinsam. In Berlin bediente sich jeder selber«.

Der Wechsel der Zeitenfolge in dieser Geschichte wirft Fragen auf. Der Satz »Du musst (im Wallis) trinken und das nächste Tourné bezahlen« steht im Präsens, während dann ein Wechsel ins Präteritum stattfindet: »Wer eine öffentliche Stellung bekleidete oder es in der Politik weit bringen wollte, musste trinkfest sein«. Das Präsens ist eine Erzählzeit, die andauert und nicht abgeschlossen ist. Das Präteritum ist erzählte Zeit, die einen abgeschlossenen Zustand wiedergibt. Eine Interpretation könnte sein: Trinken muss man im Wallis zwar immer noch um ein rechter Walliser zu sein. In der Politik aber, da ist es vorbei mit dem Saufen, das war früher, heute braucht ein Walliser Politiker nicht mehr trinkfest zu sein. Stimmt diese Interpretation? Eine Antwort auf diese Frage mögen die Politiker selber geben. Man frage aber auch deren Kritiker. Und die übrigen Walliser, müssen die wirklich alle trinken und das nächste Tourné bezahlen?

Geschichten über das Wallis werden wahrscheinlich nie frei sein von Vorurteilen, Klischees und Verallgemeinerungen. Man darf dies den vielen Autorinnen und Autoren, die sich bereits am Kontinent Wallis die Finger wund geschrieben haben, auch nicht verargen. Auch wenn seitens der Literaturkritik ein leiser Seufzer in Kauf genommen werden muss. Doch Nachsicht ist angesagt. Hat nicht schon der grosse Maurice Chappaz die Walliser in einen Topf geworfen, indem er sie als die »Zuhälter des ewigen Schnees« bezeichnete? Literatur darf das. Geschichten dürfen das. Denn Geschichten handeln auch mit Fiktion. Und eigenes Erleben muss nicht historischen oder ethnologischen Kriterien genügen.

Christine Pfammatter wirkt auf uns Daheimgebliebene wie eine »Botin aus der Fremde«. In der Literaturgeschichte wurde das Kunstmittel »*Der Bote aus der Fremde*« 1885 eingeführt. Es war dies eine Figur im Drama des deutschen Naturalismus, die Bewegung in die Handlung bringt. »*Der Bote aus der Fremde*« kann auch als eine Art Unruhestifter gesehen werden. Er bringt die Handlung aus dem Gleichgewicht und gibt eine neue Richtung vor, in der sich das Geschehen entwickeln soll.

Mit ihren Geschichten bringt Christine Pfammatter etwas Bewegung in die Diskussion um das Wallis und die Walliser. Dabei wirkt sie in manchen Geschichten wie eine Unruhestifterin, die mutig eine neue Richtung vorgibt. Was man denn im Wallis verändern und besser machen könne, wollte ich von ihr wissen. »Die Walliser müssen sich öffnen, sie müssen eine breitere Perspektive einnehmen«, gab Pfammatter schlagfertig zur Antwort.

Frau Guo ist China

»Nennen Sie mich einfach Guo«, lässt mir die chinesische Regisseurin durch ihre Übersetzerin ausrichten. Am Filmfestival von Locarno hat Guo den Goldenen Leoparden gewonnen. Sie fühlt sich als Repräsentantin ihres Landes bei uns im Westen. Sie sagt und schreibt »Ich bin China« aus voller Überzeugung. Die Frage, die sie zeitlebens beschäftigt, ist diese: Was für eine Rolle hat eine Künstlerin in dieser Welt zu spielen? Was für eine Rolle habe ich in einer von ideologischen Kämpfen zerrissenen Welt zu spielen? Wie kann ich als chinesische Frau Guo diese Welt verändern? Wie kann ich als chinesische Künstlerin auch im Westen reüssieren? Es scheint, als habe Guo eine Antwort gefunden mit ihrem Film »*She, a Chinese*«.

Leicht hat man es Guo in China nicht gemacht. Sie wuchs in einem Fischerdorf im Süden Chinas auf. Ihr Vater arbeitete als Maler, während ihrer Kindheit allerdings sass er zehn Jahre lang im Gefängnis. Trotzdem schaffte es die zwanzigjährige Guo an die Pekinger Filmakademie. Dort musste sie erfahren, dass in China mit mutigen und provokativen Werken kein Weiterkommen möglich ist. Die harte chinesische Zensur verunmöglichte die Realisation eines eigenen Films. Ihren kritischen Texten gelang es dagegen eher, durch die Maschen der Zensur zu schlüpfen. Zum Beispiel schaffte dies der persönlich gefärbte Text »Who is my mother's boyfriend?«

»She a Chinese«, so heisst der Film, mit dem sie völlig überraschend am Filmfestival von Locarno den Goldenen Leoparden gewann. In diesem Filmdrama erzählt Guo vom erfolglosen Integrationsversuch einer jungen Chinesin. Nach dem Gewinn des Filmpreises in Locarno blieb sie im Westen. Ein halbes Jahr lang genoss sie es, als »Writer in Residence« am Literaturhaus Zürich zu arbeiten. Ihren Wohnsitz verlegte sie ins weltoffene London. Dort fand sie nun Aufnahme in die renommierte »Granta's list of Best Young British Novelists«. Nach acht literarischen Werken, darunter

Romane und Erzählungen, veröffentlicht sie nun von London aus weitere Erzählungen.

Was Guo umtreibt und bewegt? Es ist das Erwachsenwerden und das Zusammenleben in einer Partnerschaft. Empfehlen darf ich zum Beispiel Guos »*Kleines Wörterbuch für Liebende*«, das im Knaus Verlag in deutscher Sprache erschienen ist. Philosophisch hoch interessant ist ihr Werk über das Erwachsenwerden »*Once upon a Time in the East. A Story of Growing Up.*«

Die Begegnung mit der äusserst facettenreichen und faszinierenden chinesischen Regisseurin Guo habe ich mit der Lektüre ihres zutiefst persönlichen Buches vertieft. Der Titel des Buches? Der war schnell gewählt, lächelt Guo. Ganz einfach:»Ich bin China«. Doch worauf gründet dieses neugewonnene chinesische Selbstbewusstsein? Ein Augenschein in Hongkong offenbart Chinas Griff nach Europa.

Wer sich in Honkong in einen Buchladen verirrt, der findet viele Bücher über den Westen. Möglich, dass Donald Trump mit seinem »America first«–Getue die chinesische Supermacht herausgefordert hat. Der Titel eines Buches heisst »*Freundliche Übernahme*«. Die Autoren dokumentieren, wie China sich auch in den westlichen Industrienationen wichtige Rohstoffquellen ergattert, die dann mit chinesischem Knowhow erschlossen werden sollen.

Doch in Hongkong fragt man sich auch ganz ungeniert: Wie können wir (Chinesen) auf den Westen noch mehr Einfluss nehmen? Wie funktioniert die westliche Industriespionage? Wie effektiv ist die westliche Internetsicherheit? Chinas Griff nach Europa ist überall spürbar. Selbst die älteste Institution des Westens, der Vatikan, sucht den richtigen Umgang mit der aufsteigenden Supermacht.

Wie gross Chinas Einfluss auf die westlichen Industrienationen ist, das zeigen Künstlerinnen wie Frau Guo anhand von Beispielen aus der Wirtschaft, aus der Politik und auch ganz allgemein anhand von Fallbeispielen aus unserer Gesellschaft. Sowohl ein Besuch in Hongkong als auch die Lektüre der einschlägigen Bücher stimmen nachdenklich.

Waren wir nicht alle bis noch vor kurzem überzeugt, China werde sich bezüglich seiner wirtschaftlichen Entwicklung dem Westen und dessen Wertesystem anpassen? Das war ein grosser Irrtum, das Gegenteil ist eingetreten: China bietet uns Westlern eine verhängnisvolle Alternative. Es wäre fatal, wenn sich die westliche Führungs-Elite von der autoritären chinesischen Politik und von der gelenkten chinesischen Wirtschaft blenden und verführen liesse.

Intellektuelle Kreise rund um Frau Guo stellen uns westlichen Lesern denn auch provokativ die Frage, ob nicht tatsächlich China den Westen und die europäischen Länder verändere. Die Chinesen bauen bei uns Flughäfen, sie kümmern sich um die westliche Stromerzeugung und sie sind auch gross im Geschäft in Sachen Technologie und Robotertechnik.

Wer den chinesischen Einfluss auf unsere westlichen Länder gerne in Zahlen ausgedrückt hätte, bitte schön: Im vergangenen Jahr investierte Peking in den Ländern der Europäischen Union rund 35 Milliarden Euro, dies entspricht im Vergleich zum Vorjahr einem Zuwachs von – sage und schreibe – 77 Prozent!

Waren die europäischen Firmenbosse bis noch vor kurzen der Meinung, Chinas Griff nach Europa stärke den Standort, schaffe Arbeitsplätze und eröffne für Länder wie die Schweiz auch Absatzmärkte im fernen Asien, hat jetzt die Stimmung umgeschlagen. Nicht bei allen lösen Chinas Investitionen nur Beifallsstürme aus.

Europa muss sich der Konsequenzen bewusst sein, welche die konsequente chinesische Industriepolitik auslöst. Chinas Suche nach Rohstoffen ist mittlerweile zu einer Jagd nach europäischem Knowhow geworden.

Selbstbewusst und mutig wagt die chinesische Gesellschaft den Sprung nach Europa. »*Ich bin China*« ist inzwischen nicht mehr bloss eine originelle Titelgebung, welche sich die Regisseurin Guo zugelegt hat. »Ich bin China« ist mittlerweile zu einer programmatischen Ansage zahlreicher chinesischer Zuwanderer geworden.

Nihil solidum nisi solum

Jahrelang sind wir als Gymnasiasten am Stockalperschloss vorbei hinauf zum Kollegium auf den Briger Bildungshügel marschiert. Viel an Allgemeinbildung hat man uns da oben mitgegeben. Nur hat der Oberwalliser Jugend nie jemand Genaueres über den Palast am Wege vermittelt, dessen Erbauer ein Leben führte, das Stoff böte für ein grandioses Theaterstück. Zum Glück hat nun ein Zürcher Journalist getan, was wir Walliser Autoren längst hätten tun müssen: Eine aktuelle Biographie schreiben über eine zwiespältige Persönlichkeit, die das Wallis seit dem 17. Jahrhundert geprägt hat.

Als politischer Journalist arbeitete er beim Zürcher *Tages-Anzeiger* und bei der Zeitschrift *Beobachter*. Heute ist er bei der *Neuen Zürcher Zeitung* tätig. Dr. Helmut Stalder ist promovierter Germanist. Er hat Erstaunliches recherchiert zu Karriere, Profit und zum tiefen Fall am Beispiel von Kaspar Stockalper. Wenn die Menschen tatsächlich aus der Geschichte zu lernen bereit wären, was könnten denn heutige Machtträger von Stockalper lernen? Ich traf Dr. Helmut Stalder in passender Kulisse, im Rittersaal des Stockalperpalastes in Brig.

»Ich möchte nicht auf einzelne Persönlichkeiten anspielen«, versicherte er mir. Nur so viel: Damals war das Wallis bereits eine Republik. Es war sicher nicht in heutigem Sinn demokratisch, aber es gab auch schon eine politische Kontrolle. Deren Ratschlag sollten auch heutige Machtträger berücksichtigen: Hört auf das Volk! Streckt den Kopf nicht zu weit nach oben, sonst wird er einem kürzer gemacht.« Doch was hatte der Grosse Stockalper denn alles falsch gemacht? Erstmals enthüllte mir da ein Spezialist, was man uns in der Schule über Stockalper verschwiegen hatte.

Stockalper hatte es übertrieben! Man kann das nicht anders sagen. Stockalper wurde derart dominant, dass er fast in jedem gesellschaftlichen Bereich präsent war. Wenn andere auch an die Futtertröge drängten, dann war immer einer schon da, nämlich

Stockalper. Irgendwann hatte die Elite des Wallis, die anderen vermögenden Familien also, die Schnauze voll davon. Viele hegten einen abgrundtiefen Hass auf Stockalper. In dieser Situation suchten die damaligen Protagonisten nach einem Weg, um Stockalper loszuwerden. Mit Hilfe eines politischen Komplotts gelang es den Widerständigen schliesslich, Stockalper wegzuputschen.

Stockalper hatte in seiner Zeit das Talent gehabt, dass er die Leute von sich abhängig machen konnte, er konnte sie dazu bringen, dass sie ihm loyal gehorchten. Dies gelang ihm, indem er diesen Leuten Kredite gab, dadurch waren sie bei ihm verschuldet und infolgedessen auch treu ergeben. Es kam auch vor, dass er der arbeitenden Bevölkerung in seinen Unternehmungen Posten verschaffte. Auf diese Weise verfügte er über eine ganze Schicht von Leuten, die ihm zur Seite standen, und die ihm seinen Aufstieg ermöglichten.

Stockalper war ein Arbeitgeber. Er hatte eine Baufabrik für alle Bauwerke entlang der Passroute, da waren Hunderte von Leuten beschäftigt. Dies galt auch für die Bergwerke, die er betrieb. Forscher haben ausgerechnet, dass etwa 5'000 Leute für Stockalper gearbeitet hatten. Zusätzlich kam noch der eigene Hausstand hinzu mit Mägden und Knechten. Dank Stockalper hatte eine ganze Gesellschaftsschicht um ihn herum Brot und Auskommen. Wer für Stockalper arbeiten durfte, der musste ein williger Diener in dessen Klientelwirtschaft sein.

Doch was ist mit dem bisherigen Geschichtsbild, das uns Kaspar Stockalper als gewieften Diplomat und Menschenfreund vermittelte? Dr. Helmut Stalder bilanziert ziemlich ernüchternd: Das Pendelspiel zwischen den Grossmächten kam vor allem wegen dem Salz und den Söldnern zustande. In Europa tobte der Dreissigjährige Krieg, und die Königshäuser, die diesen Krieg führten, brauchten Söldner. Walliser waren als Söldner äusserst beliebt, nicht, weil sie besonders zuverlässig gewesen wären, sondern weil sie nicht irgendwelchen Kontingenten unterstanden. Stockalper konnte unbegrenzt Söldner liefern. Damit half er den Königshäusern. Diese wiederum gewährten ihm im Gegenzug Privilegien, zum Beispiel eine Monopolstellung für den Handel mit Gütern wie Salz. Das ging lange Zeit gut. Vor allem mit dem französischen König hatte Stockalper ein gutes Auskommen. Gleichzeitig bändelte Stockalper aber auch mit den Habsburgern an, in Spanien und in Mailand brauchten diese immer wieder Truppen, um die Pässe zwischen Italien und den spanischen Niederlanden zu sichern. Stockalper war auch für diese Regionen als Schutzherr zuständig, immerhin.

»Nihil solidum nisi solum« – Nichts ist beständig ausser Grund und Boden. Diese Lebensweisheit liess Kaspar Stockalper in das Geländer an der Freitreppe meisseln, die zu seinem Palast hinaufführt. Vielleicht ahnte er schon zu Lebzeiten, dass ihn »der älteste Walliser«, der Neid, schliesslich seinen Kopf kosten würde.

Die Pferdeflüsterer

Im Reitstall »Cavallo« in Baltschieder, wo auch unser Familienpferd »Fibi« steht, leben wir einer ganz besonderen Philosophie nach. Die Philosophie nennt sich abgekürzt »Parelli«. Die Philosophie ermöglicht es, wirklich exzellente Resultate mit dem Pferd zu erreichen. »Parelli« ist allerdings keine Reitart, sondern eine Grundausbildung für Mensch und Pferd. Wer »Parelli« kann, der ist im wahrsten Sinne des Wortes ein »Pferdeflüsterer«. Vor vierzig Jahren gründete der US-Amerikaner Pat Parelli ein Ausbildungsprogramm, welches er »Parelli Natural Horsemanship« nannte.

»Horse-Man-Ship« bedeutet einfach übersetzt: Das Pferd und der Mensch tun etwas gemeinsam. Dabei lässt sich unterscheiden zwischen drei Arten: *Chemisches Horsemanship, Mechanisches Horsemanship* und *Natürliches Horsemanship*. Nur ganz kurz erklärt: Wenn Pferde für Umzüge, zum Beschlagen oder Einladen sediert werden, also mit Medikamenten ruhig gestellt werden, sind dies alltägliche Situationen für *Chemisches Horsemanship*. Auch für

Mechanisches Horsemanship lassen sich leicht alltägliche Beispiele finden, alle Arten von Hilfszügeln gehören etwa dazu. Chemisches und Mechanisches Horsemanship haben die Verantwortlichen des »Cavallo« ganz aus ihrem Reitstall verbannt.

Die Parelli-Philosophie gehört zum *Natural Horsemanship*. Der natürliche Umgang mit dem Pferd steht dabei im Vordergrund. Dies bedingt, dass der Mensch sich mit dem Charakter und dem Wesen des Pferdes auseinandersetzt. Pferde sind Fluchttiere, entsprechend verfügen sie über für uns ungewohnte Verhaltensweisen. Eine gut funktionierende Kommunikation zwischen Mensch und Tier ist deshalb von immenser Bedeutung. Es ist dies jedoch eine Kommunikation, die nicht mit Hilfe von Zügel, Sporen und Peitsche funktioniert. Es geht vielmehr darum, das natürliche Verhalten des Pferdes kennenzulernen und dieses Wissen in einer gegenseitigen Kommunikation anzuwenden, die auf Respekt und Vertrauen zwischen Mensch und Tier basiert. Dabei spielt es gar keine Rolle, ob man »Englisch« oder »Western« reitet, ob man mit seinem Pferd gar Ambitionen im Sport hat, oder ob man einfach mit seinem Pferd nur die Freizeit verbringen möchte.

Ein Pferdeflüsterer ist kein Zauberer. Spielerisch baut er Vertrauen und Respekt zum Tier auf. Dies geschieht mit den bewährten »Seven Games«, sie werden anfangs »On Line« gespielt, später erst »At Liberty«. Das *»Friendly Game«* etwa dient dazu, die Aufmerksamkeit des Pferdes zu erhalten und Vertrauen aufzubauen. Ich konfrontiere mein Pferd mit einer ungewohnten Situation, die es erschrecken könnte. Im Idealfall bleibt das Pferd ruhig und gelassen, was grosses Vertrauen zu mir beweist. Beim »*Stachelschweinspiel*« (Porcupine Game) übe ich einen unangenehmen Druck auf eine beliebige Stelle des Pferdekörpers aus. Den Druck bringe ich sofort zum Verschwinden, wenn das Pferd ihm weicht. Unmittelbar danach folgt ein vertrauliches Einreiben der Stelle, um dem Pferd zu sagen, dass seine Reaktion richtig war. Weitere Spiele sind etwa das »*Jo Jo*«, bei dem ich das Pferd mit einem Wedeln des Seils vorwärts und rückwärts schicke, oder das »*Circling Game*«, das ist eine feinere Art des Longierens, bei der ich dem Pferd vermittle, an einem Seil im Kreis um mich herum zu laufen, und zwar in der Gangart, die ich ihm vorgebe.

Viel Spannendes und Faszinierendes habe ich während meiner Reitstunden erfahren. Braune oder schwarze Pferde halten sich grundsätzlich von hellen und weissen Pferden fern, und das sogar im eingezäunten Freilaufstall. Weshalb tun sie das? Es handle sich dabei wohl um »kluge Voraussicht«, denn früher, als die Wildpferde in freier Wildbahn noch sich selber überlassen waren, hatten sie gelernt, sich vor den Angriffen von Raubtieren zu schützen. Weil aber weisse Pferde weithin sichtbar sind und eine für Raubtiere ideale Angriffsfläche bieten, halten sich die braunen und schwarzen Pferde von ihren weissen Artgenossen fern, erklärte mir mein Reitlehrer. Keine Frage, unsere Pferde sind intelligent! Dass sich die Intelligenz sogar noch fördern lässt, das beweist die Verhaltensforscherin Dr. Vivian Gabor.

Vivian Gabor zeigt, wie man seinem Pferd das Zählen beibringen kann. Das soll die Intelligenz (des Pferdes) fördern, motivieren und sogar beim Reiten helfen. Die Forscherin hat »Untersuchungen zu höheren kognitiven Leistungen beim Pferd« an der Universität Göttingen angestellt. Sie kam zum umwerfend spektakulären Ergebnis: Pferde können bis fünf zählen! »Das Zählen läuft bei Pferden vermutlich nicht so ab, dass sie 1, 2, 3, 4, 5 zählen, denn sie erkennen Summen direkt – wenn man ihnen das beigebracht hat«, doziert Dr. Vivian Gabor.

Sollte ich jetzt unserem Pferd das Zählen beibringen? Nun, es sei eingestanden, die Mathematik gehörte nie zu meinen ganz grossen persönlichen Stärken. Und Summen direkt erkennen, so wie das Pferde anscheinend können? In solchen Fällen rettet mich auch heute noch der Taschenrechner. Sollte mich also unsere »Fibi« dereinst in Mathe überflügeln, wäre der offene Streit unter uns »Besserwissern« programmiert. Natural Horsemanship hin oder her.

Ein Herz für Unterdrückte

Mit beiden Händen auf dem Herzen posierte sie für ein Foto vor der Kulisse des Leuker Schlosses. Sie hat ihre Wohnung in Leuk bezogen, die ihr als Spycher Peisträgerin für ein paar Wochen im Jahr zusteht. Radka Denemarkovà, 1968 geboren, ist Schriftstellerin, Dramatikerin, Drehbuchautorin, Essayistin und Übersetzerin deutscher Literatur. Lange vor der #MeToo-Bewegung hat sich die tschechische Autorin mit sexistischer Gewalt literarisch auseinandergesetzt.

Politisch, provokant und poetisch zugleich ist ihr Roman mit dem wohl auch etwas zynischen Titel »*Ein Beitrag zur Geschichte der Freude*«, geht es doch um sexuelle Gewalt, die sich über Jahrhunderte hinweg in das kollektive Gedächtnis von Frauen eingeschrieben hat. Wie kann aber Denemarkovàs Erzählung von Demütigung und Ausbeutung ein »Beitrag zur Geschichte der Freude« sein? Im Roman sind drei ältere Damen als weibliche Nazi-Jägerinnen unterwegs. In einer Villa in Prag haben sie ein riesiges unterirdisches Archiv angelegt, in dem sie Hunderte Fälle von Gewalt gegen Frauen dokumentieren. Doch nicht genug damit. Die drei schlüpfen in die Rolle von Rachegöttinnen, gleich den Erinnyen aus der griechischen Mythologie, die aus dem Blut entstanden sind, das aus dem abgetrennten Glied des Uranos tropfte. Denemarkovà versucht, erlittene sexuelle Gewalt mit Hilfe von sprachlichen Mitteln mitzuteilen. Dies gelingt ihr zumindest teilweise, indem sie Metaphern und mythologische Überhöhungen beizieht. Beispielsweise bemüht sie Symbole und Chiffren aus der Vogelwelt. Eine Verhaltensstudie von Schwalben bietet jeweils dann einen Ersatz, wenn die menschliche Sprache zur Schilderung des Grauenhaften nicht mehr ausreicht. Dies gelingt nicht immer. Manchmal versagt die Sprache und es bleibt nur noch die angedeutete Geste:

»*Die Schwalben fliegen und zwitschern. Sie erzählen sich Witze über Männer und Frauen. Sex ist Freude. Die Witze wiederholen sich über die Jahrhunderte, die Schwalben sammeln Beiträge für die Geschichte der Freude. Dabei sind sie auf ein Schlachtfeld gestossen, das keine Friedenszeiten kennt.«* Als Leser begegnet man drei älteren Frauen, sie heissen Erika, Diana und Birgit, man sieht sie auch immer wieder mal als Schwalben durch die Geschichte flattern. Sie versuchen Gerechtigkeit herzustellen, und sie schrecken auch nicht zurück vor drastischen Massnahmen. Scheut sich die Autorin davor, ihre weiblichen Protagonistinnen im Roman als radikale Feministinnen auftreten zu lassen? So literarisch kunstvoll die Schwalben-Metapher auch ist, sie vernebelt den Blick auf die Missstände dieser Welt, die von menschlichen Abgründen zeugen. Einzig Birgit setzt sich als Person (und nicht als Schwalbe) dafür ein, dass Vergewaltigungen zu Kriegsverbrechen erklärt werden, was ihr aber misslingt. Sie versagt kläglich: *»Birgit spricht nie über weibliche Körper oder über Vergewaltigung. Vor allem mit Frauenzeitschriften nicht. Die sind die ergebensten Diener der Sklavenhalter und besonders geschickt darin, ihre Opfer zu erniedrigen.«*

Die Autorin ist eine Kämpferin mit Worten, und das ehrt sie. Ihr Roman reicht jedoch weit über das hinaus, was gemeinhin als feministischer Roman in die Literaturgeschichte eingegangen ist. Drei Frauen mutieren zu rachesüchtigen Todesengeln, die »Schwalben« können sich auf ein cleveres und durchdachtes System stützen. Doch kann (soll) man Gewalt mit Gegenwalt bekämpfen? Kann (soll) man sich zum Rache-Engel aufspielen, wenn man selber Ungerechtigkeit und Gewalt erlitten hat? Unter einer »Schwalbe« versteht man im Fussball den Versuch eines Spielers, ein Foul vorzutäuschen. Oftmals gerät »die Schwalbe« zum Eigentor, dann nämlich, wenn der Spielleiter die Absicht des Spielers durchschaut. Ist nicht auch die Rache ein falsches Signal, das oftmals noch zusätzlich zu einer Eskalation von Gewalt beiträgt?

Zweifellos gewinnt ein Roman an poetischer Kraft, wenn er sich literarischer Kunstmittel bedient. Die Poetik und die Symbolik des

Erzählten können jedoch der ursprünglichen Intention der Autorin auch abträglich sein, denn sie verschlüsseln und vernebeln das kämpferische Moment, im vorliegenden Fall ist es der Kampf für eine bessere gesellschaftliche Stellung der Frau.

Wie von einem anderen Stern

Wortakrobatik in Dialekt, in Hochdeutsch, auf Französisch und in Sprachen, die nie zuvor gehört wurden, gibt das Duo Noëlle Revaz und Michael Stauffer zum Besten. In Zeiten, da Sprach- und Lesekompetenz zur Mangelware geraten, ist das Gebotene ein Leckerbissen erster Güte. Das eingespielte Tandem versteht es, Alltägliches derart gekonnt auf die Schippe zu nehmen, dass Vieles, was im Alltagstrott zur Selbstverständlichkeit geworden ist, plötzlich in einem ganz anderen Licht erscheint. »Spoken Word« heisst dieses spezielle Genre der Darstellenden Kunst.

Eine mit Abkürzungen voll gepackte SMS wirkt – pointiert vorgelesen – wie eine Message von einem anderen Stern. Oder: Ein Märchen der legendären Basler Geschichten-Erzählerin Trudi Gerster, mal vorgetragen von einem etwas burschikosen Herrn namens Trude Gerster, beginnt dann sinngemäss mit der nicht ganz so noblen Einleitung: »Wo isch das huere Schloss…«, statt wie üblich mit »Es war einmal vor langer Zeit, da lebte ein König in seinem Schloss….«

Was mich immer wieder erstaunt, sind die nahezu perfekten Interviews, die etwa Tennisspieler oder Radrennfahrer in verschiedensten Sprachen abzuliefern im Stande sind. Roger Federer überzeugt mit seinen Englisch-Kenntnissen in Wimbledon derart, dass man manchem Studierten mit Englisch-Matura und B2-Diplom den Roger als Englisch-Lehrer empfehlen müsste. Michael Stauffer persifliert diesen Sachverhalt mit lustig-holperigen Übersetzungen wie etwa »when the sun is shining the world is different«. Kein Problem, man versteht's ja, unser Schulenglisch.

Da ist es ein Trost, dass unsere lieben Nachbarn, die Romands, sich mit unserer Sprache, und insbesondere mit unserem Dialekt, auch ziemlich schwer tun. Noëlle Revaz in einer Yoga-Stunde auf Berndeutsch – ein Erlebnis der Sonderklasse, das sich nicht schildern lässt. Dieses »Iiiiiischnuuuufe–Uuusschnuuuuuufe–Komik« ist vom Feinsten! Und wenn dann Kollege Michael Stauffer noch die dazu passenden artistischen Verrenkungen ausführt, darf man die Geburt einer zirkusreifen Clown-Nummer feiern.

Die Walliser Schriftstellerin Noëlle Revaz gewann 2015 den Schweizerischen Literaturpreis mit ihrem Roman »*L'infini livre*«. Das Buch ist soeben auch in deutscher Sprache erschienen mit dem Titel »Das unendliche Buch«. Noëlle Revaz schreibt Novellen, Kinderbücher, Theater und Radiostücke. Der Berner Michael Stauffer ist Verfasser von Erzählungen, Theaterstücken, Hörspielen, Lyrik sowie Spoken-Word-Performances. In Bern ist er Mitglied eines »Spoken-Word-Ensembles«.

»*Spoken Word*« (engl. für gesprochenes Wort) bezeichnet ein Genre der Darstellenden Kunst, bei dem ein lyrischer Text oder eine Erzählung vor Publikum vorgetragen wird. In der Entwicklung des Spoken Word waren die Poeten der Beat Generation wie William S. Burrough oder Allen Ginsberg wichtige Vorreiter. Die derzeit populärste Vortragsform des Spoken Word findet sich im Poetry Slam.

Im Seminar mit Donna Leon

Sie ist die Krimi-Lady unserer Tage. Im Gommer Dorf Ernen ist sie ebenso willkommen wie in der Lagunenstadt Venedig, wo alle ihre Geschichten sich abspielen. Seit mehr als 30 Jahren lässt sie sich vom morbiden Charakter Venedigs und von der romantischen Italianità in den venezianischen Gassen inspirieren. Weil es in ihrer Lieblingsstadt Venedig zu viele Touristen hat, zog Donna Leon in ein Dorf in Graubünden, nahe der italienischen Grenze. Im Oberwallis kennen wir sie als Leiterin von Literaturkursen.

In Ernen erteilt Donna Leon gemeinsam mit Judith Flanders seit mehreren Jahren Literaturkurse. Die Kurse sind Teil des Festivals Musikdorf Ernen. Das Publikum schätzt die Leidenschaft, mit der die Krimi-Autorin die Schreibfreudigen motiviert und begeistert. Ihre Kurse sind umrahmt von Barockkonzerten, aufgelockert durch Wanderungen und sommerliche Apéros. Die Literaturliste wird jeweils bereits im Vorjahr erstellt. Dabei kommt nebst der modernen Literatur auch der eine oder andere literarische Klassiker zum Zuge.

Die Kursteilnehmer in Ernen haben sich unter der Leitung von Donna Leon mit den verschiedenen Ebenen der Sprache auseinanderzusetzen, mit der Erzählchronologie oder mit dem Schreiben aus verschiedenen Perspektiven heraus. Und Donna Leon doziert: Wer selber schreiben will, der muss zuerst richtig lesen lernen. Er muss einen Plot (Handlungsablauf, Handlungsstränge) entwirren und sortieren können. Das Schreiben von Romanen erfordert viel Hintergrundwissen, es müssen gesellschaftskritische Ansätze diskutiert werden, und es ist darauf zu achten, dass der kulturellen Vielfalt genügend Raum zugestanden wird. Insbesondere die Roman-Leserinnen reagieren sehr sensibel auf die Geschlechterdarstellung.

In Ernen können die Kursteilnehmer von einer geschickten Aufgabenteilung zwischen Donna Leon und Judith Flanders profitieren. Judith Flanders kommt eher vom Historischen her, sie achtet besonders auf geschichtliche und gesellschaftliche Anknüpfungspunkte, die das Setting und das Thema eines Romans mit beeinflussen. Donna Leon ihrerseits feilt eher an den literarischen Nuancen und an den jeweiligen Schreibstilen. Nebst all dem findet auch immer eine Prise amerikanischen oder britischen Humors Eingang in den Literaturkurs.

Wer Donna Leon schon mal während einem ihrer Literaturkurse in Ernen erlebt hat, der fragt sich: Hätte sie nicht auch das Rüstzeug für eine wundervolle Literaturprofessorin? Genau das war eigentlich der Traumberuf der jungen Donna Leon gewesen. Doch ein Zufall verhinderte ihre ursprüngliche Lebensplanung: Fünf Jahre soll sie im Iran in ihre Doktorarbeit investiert haben, dann jedoch ging die Arbeit im Chaos der iranischen Revolution unter. Donna Leon wird dies später als »göttliche Fügung« bezeichnen. Hätte sie nämlich doktoriert, wäre sie wohl Professorin geworden und nicht Autorin. Dann wären der Welt die 26 venezianischen Krimis mit Commissario Guido Brunetti verloren gegangen.

Geboren ist die Figur des Commissario Guido Brunetti aus Donna Leons Liebe zur Oper und zu Venedig. Es wird erzählt, sie hätte sich während des Besuchs einer Probe im venezianischen Opernhaus gemeinsam mit ihrem Sitznachbarn mächtig über einen unmöglichen Dirigenten aufgeregt. Ihr Begleiter habe sich dabei ereifert: »Ich könnte den Dirigenten umbringen!« Worauf Donna Leon geantwortet haben soll: »Ich mach das für dich, aber in einem Roman.« Zusammen kundschafteten sie das Haus des Dirigenten aus, um mögliche Fluchtwege für einen Täter zu finden. Dies soll denn auch die Geburtsstunde für den Commissario Guido Brunetti gewesen sein. Es resultierte der erste Band der Brunetti-Reihe mit dem Titel »Venezianisches Finale«.

Mit ihren Krimis hat Donna Leon ein neues Genre geschaffen. Entgegen dem gewohnten Krimi-Schema »Mord – Ermittlung – Täter überführen« setzt Donna Leon andere Schwerpunkte. Nicht immer wird am Schluss der Geschichte das Böse überführt und nicht immer landet der Bösewicht hinter Gittern. Für Donna Leon ist das »Warum« wichtig. Sie will wissen, was jemanden zur verbrecherischen Tat getrieben hat.

»Venezianisches Finale« hiess Donna Leons erster Brunetti-Krimi. 29 weitere folgten seither, jedes Jahr ein neuer.

In einer anderen Welt

Die Sommergäste haben sich bereits verflüchtigt. Das Dorf Leukerbad träumt sich dem Winter entgegen. Der Kurort ist nun nur noch über die Winterstrasse erreichbar. Hektik und Lärm der Hochsaison sind einer beschaulichen Ruhe gewichen. Ich schlendere die Rathausstrasse empor und suche nach einem Hinweisschild, das mir den Weg zum Hotel Beau-Séjour weist. Direkt neben der Gemmibahn mit einer atemberaubenden Aussicht auf die Berge steht das Hotel Beau-Séjour. Eingebettet in eine wunderschöne Landschaft und umgeben von beeindruckenden Bergen. Sie erwartet mich an der Rezeption, Joanne Gattlen, Hotelmanagerin und Fantasy-Autorin.

Wir kennen uns seit drei Jahren, Joanne und ich. Im Dezember 2016 moderierte ich eine Lesung in der Bibliothek Steg. Nach dem Auftritt kam eine junge Frau auf mich zu, kaum dem Teenie-Alter entwachsen, aber schon sehr selbstbewusst und mit einer klaren Message: »Ich habe eine Idee. Und Sie wissen sicher, wie man daraus ein Buch macht. Ich heisse Joanne.« Etwas verdutzt, entfuhr es mir: »Aha, Joanne, wie die grosse Joanne K. Rowling, die Harry-Potter-Autorin…« – »Ja genau«, strahlte Joanne übers ganze Gesicht, »auch ich möchte einen Fantasy-Roman schreiben.«

Wir haben uns seither viele Male getroffen, sie hat mir erzählt, von sich, von ihren Figuren und auch von Irland, dem Traumland, das ein Setting abgeben sollte für die Fantasy-Geschichte, in die sie sich nun schon seit Primarschultagen hineinträumt. Der Zufall wollte es, dass in dieser Zeit die Gründung des Club73 erfolgte, ein Club, der sich die Förderung des literarischen Schaffens auf die Fahne geschrieben hat und dessen Gründungs-Präsident ich immer noch bin. Fasziniert von Joannes Ideenreichtum bat ich sie, den Vorstand des Club73 nach Erscheinen ihres Buches zu verstärken.

Schon in der Primarschule habe sie Fantasy-Romane »verschlungen«, gesteht Joanne Gattlen. Alles habe mit den Harry-Potter-

Romanen begonnen, dann habe sie querbeet alles gelesen, was ihr in die Finger gekommen sei. In der Orientierungsschule dann habe sie erstmals Kurzgeschichten zu Papier gebracht. »Da keimte in mir die Idee auf, selber ein Buch zu schreiben«, berichtet sie. Und immer wieder sind es die Feen, die Joanne besuchen, sie verfolgen sie bis in ihre Träume. Manchmal ein kurzes Flattern am Ohr? Ein merkwürdiges Schimmern im Gras? Es sind dies untrügliche Anzeichen, dass Feen im Anflug sind.

Nein, es sei ihr denn doch noch nie passiert, dass sie ein Techtelmechtel mit einer Fee angefangen habe, lacht Joanne. Diese Feen-Geschichten seien eher aus einer Idee heraus geboren. Während eines Amerika-Aufenthalts habe sie ein Gastmädchen mit der Faszination für Feen angesteckt. Was ihr aber problemlos gelinge, das sei ein Abtauchen in eine andere Welt. Auch das Verschwinden im Leben eines anderen beim Lesen, dafür müsse sie sich nicht anstrengen. Beim Lesen könne sie sich gut hineinversetzen und die »richtige« Welt eine Zeitlang vergessen. Das sei ja auch eine explizite Funktion des Lesens: Man könne sich in ein anderes Leben einfühlen und in eine andere Geschichte eintauchen. In eine andere Welt abtauchen, sich in die Geschichte eines anderen Menschen einfühlen – das Lesen eröffnet ungeahnte und unerwartete Perspektiven.

Was ist denn nun das »Unerwartete« an Joanne Gattlens »Meravella-Story«? Die Hauptperson in ihrer Geschichte sei im Glauben gewesen, dass sie ihre Sommerferien in einem kleinen Ort in Irland verbringen müsse. Doch dann komme alles ganz anders… mehr will sie nicht verraten, Joanne, die Jungautorin.

Nun arbeitet Joanne an einer englischen Übersetzung von »Meravella«. Wie es dazu kam, ist wieder eine eigene Geschichte. Ein Aufenthalt in den USA inspirierte Joanne zu ihrem Fantasy-Roman *»Meravella«*. Sie betreute damals in einer Gastfamilie zwei Mädchen. Die Mädchen erzählten ihrer »Nanny« Joanne immer wieder von ihren Begegnungen mit Feen. Die beiden Girls hatten gar einen Feengarten angelegt. Den Nachbarskindern überbrachten sie immer wieder neue Feen-Storys. Zu erfinden brauchten sie die Storys eigentlich gar nicht, denn sie konnten ja beobachten, was die Feen in ihrem Feengarten an Zauberhaftem vollbrachten. So ist es eigentlich nur logisch, dass Fantasy-Autorin Joanne Gattlen ihren Roman nun ins Englische übersetzt. »Für die Mädchen in den USA«, wie sie versichert.

In den USA boomen Fantasygeschichten. Sie hantieren mit magischen Schwertern, sie reiten auf Drachen, sie führen kämpferische Heerscharen an, sie weisen gestandene Rüpel und Krieger in die Schranken: Die Heldinnen der grossen Fantasy-Epen sind junge und bezaubernde Frauen. Unsere klein karierte Welt, spiessig und hoffnungslos, liefert dabei die ideale Bühne und die passenden Kulissen für die erotischen Protagonistinnen mit Herz. Sie erkämpfen sich ihren Platz in unserer armseligen Welt nötigenfalls auch mit List und mit dem Einsatz aller Waffen, die Frauen wie ihnen zur Verfügung stehen. Starke und machtvolle Frauen inszenieren monumentale Schlachten und brachiale Kämpfe. Ob sie dabei auch das überkommene Frauenbild, das Bild der Frauen als »das schwache Geschlecht«, korrigieren können, ist allerdings fraglich. Zu extrem und zu provokativ schwappt die aktuelle Fantasy-Welle auch auf unseren Kontinent über.

Joanne Gattlens »*Meravella*« verweigert sich dieser brachialen Fantasy-Welle. Ihre Welten sind bevölkert von Feen, und sie sind verankert im mythischen Denken. Joanne Gattlen lässt leise, philosophische und kluge Töne erklingen.

Fantasy-Literatur zeigt uns Möglichkeiten zur Flucht aus einem grauen und oftmals lieblosen Alltag auf. Als eigenes Literaturgenre entstand Fantasy erst im 20. Jahrhundert. Als ihr Begründer gilt J.R.R. Tolkien (»Der Herr der Ringe«). Mit seinen Werken löste er in den späten 1960er-Jahren einen ersten Fantasy-Boom aus. Viele Autoren nahmen sich Tolkien als Vorbild. In diesen Kanon stimmt auch die Jungautorin Joanne Gattlen mit ein. Allerdings geht Joanne Gattlen viel weniger weit als Tolkien, insbesondere was ihre rührend sparsame Einführung von phantasievollen Settings und auch von phantastischem Personal in ihrem Roman anbelangt. Joanne Gattlen hebt sich mit »*Meravella*« wohltuend vom Kanon all jener Autoren ab, die im Gefolge von Tolkien diesen noch zu überbieten versuchten, ich denke dabei etwa an Marion Zimmer Bradley und Stephen R. Donaldson in den 1970er-Jahren, Terry Brooks und Raymond Feist in den 1980er-Jahren.

Zweifellos erfreut sich Fantasyliteratur wachsender Beliebtheit. Das Genre hat sich in den vergangenen Jahren erfolgreich gegen den Vorwurf des Trivialen gewehrt. Der Vorwurf, dass Fantasy eine vereinfachend strukturierte Gesellschaft darstellt und somit die gesellschaftlichen, politischen und kulturellen Realitäten und Probleme unserer Zeit ausblendet oder verdrängt, ist unüberhörbar. Diesen Vorwurf müssen sich auch noch viele moderne Fantasy-Storys unserer Tage gefallen lassen. Zeitgenössische Fantasy greift aber zunehmend und immer häufiger auch aktuelle Fragestellungen auf wie Krieg, Nationalismus und religiöser Extremismus.

Heute sind es vor allem junge Frauen, die für Harry-Potter-Bücher und -Filme sowie Herr-der-Ringe-Verfilmungen schwärmen. Aus den USA schwappte zudem in den 2000er Jahren eine wahre Fantasywelle auf Europa. Die Neuverfilmungen der *Chroniken von Narnia* oder die Buchreihen *Percy Jackson* und *Eragon* waren die Auslöser dieser Fantasywelle, auf der nun auch Joanne Gattlens »Meravella« balanciert.

Auf der aktuellen Fantasy-Welle reiten wilde Frauen, jung, schön, sexy und ehrgeizig. Zumindest in der Fantasy-Literatur hat die Weiblichkeit die Macht für sich entdeckt. Gross angesagt sind etwa die Hexer-Romane eines Andrzey Sapkowski, seine Renner auf dem Buchmarkt sind »*Der letzte Wunsch*« oder »*Das Erbe der Elfen*«. Über eine Eigenheit verfügt der All-Age-Roman »*Cursed. Die Auserwählte*« von Thomas Wheeler. Dieser Roman ist konzipiert als sogenannte Transmedia-Erzählung. Das heisst, parallel zum Roman mit Buchdeckeln schreibt der Autor das Drehbuch zu einer TV-Serie, die man auf Netflix herunterladen kann. Der Autor entwirft also für seinen Roman zusätzlich auch noch eine visuelle Welt. Ein Einwand gegen derartige Transmedia-Erzählungen lässt sich jedoch nicht von der Hand weisen: Es fehlen Figuren mit einem Innenleben, sie sind oftmals einfach schön oder schaurig zum Anschauen, aber sie machen keine Entwicklung durch. Transmedia-Erzählungen weisen viel Atmosphäre und Action auf, sie sind seriell und voller Technologie. Und vor allem: Immer noch sind Sex, Intrigen und blutige Schlachten verantwortlich für deren Erfolg. Ganz anders geht Joanne Gattlen in »*Meravella*« zu Werke. Sie wagt eine Rückkehr zu den Anfängen der Fantasy-Literatur, zurück in die Frühromantik.

Joanne Gattlens »*Meravella*« wagt einen mutigen Rückzug zu den Anfängen der Fantasyliteratur. Sie teilt die philosophisch motivierte Begeisterung für übersinnliche Welten, so wie sie in der Zeit der Phantastik des 19. Jahrhunderts gelebt wurde. Damals entstanden Volksmärchensammlungen, Kunstmärchen und Bildungsromane mit phantastischen Komponenten, denen sich »*Meravella*« nahtlos anschliesst. Im 19. Jahrhundert nahmen Autoren wie Novalis (»Heinrich von Ofterdingen«), Ludwig Tieck (»Die Elfen«) und Friedrich de la Motte-Fouqué (»Undine«) strukturell und inhaltlich wesentliche Elemente der Fantasy-Literatur vorweg.

Besonders der zentralen Forderung nach einer romantischen Universalpoesie, die eine Vermischung der literarischen Gattungen zulässt, folgt auch Joanne Gattlens Fantasyroman »*Meravella*«. Ihr Werk lässt sich aufgrund des Personals (realistisch handelnde Menschen in Zusammenspiel mit Feen) dem Schreibstil eines Ludwig Tieck und dessen Hauptwerk »*Die Elfen*« zuordnen.

Welche Hürden gilt es zu nehmen, um den Fantasyroman in eine englischsprachige Fassung zu übersetzen? Eine anspruchsvolle und äusserst motivierende Übersetzungsarbeit sei das, verrät uns die angehende Betriebsökonomin. Jenseits des grossen Wassers warten Feen-Expertinnen auf das Erscheinen der neusten Feen-Geschichten, erzählt von ihrer Ex-Nanny.

Irland ist mehr als James Joyce

Wer am Schreibtisch stundenlang vor einem weissen Blatt Papier sitzt und auf kreative Einfälle hofft, der riskiert zu einem Schreibtischtäter zu werden, dem die Phantasie und die Kreativität abgehen. Eine Schreibblockade ist in diesem Fall meistens vorprogrammiert. Erzählen und schreiben kann nur, wer seine Gefühle in Wallung zu bringen versteht. Mit dem Erzählen und Schreiben ist es wie mit dem Wetter, das sich zwischen Hochs und Tiefs entwickelt. Am *Irish Folk Festival* durfte ich erleben, dass nur phantasievoll erzählen und schreiben kann, wer seine Energiespeicher regelmässig mit Musik, Tanz und Gesang füllt.

Musik und Tanz befeuern das Erzählen. Das *Irish Folk Festival* beginnt mit erdigen und mythischen Tönen, sie brauen Gefühle und Stimmungen zusammen, sie füllen die Energiespeicher für die irischen Songwriter, welche ihre gespeicherten Emotionen in einem grandiosen Finale, in der berühmt berüchtigten »Session«, versprühen. Gleichzeitig sprudeln auch die Geschichten von Göttern, Feen und Kobolden und es kommt auch der wohlig-kribbelige Horror rüber, befeuert durch Erzählungen von Jenseitigem, von Übernatürlichem, von Gespenstern.

Irland ist mehr als James Joyce. Unbestritten ist James Joyce der berühmteste irische Autor. Im Herzen blieb er immer seiner »grünen Insel« treu, auch wenn viele seiner Werke im Ausland entstanden. Seine Kurzgeschichtensammlung *Dubliners* ist ein pulsierendes Porträt der Hauptstadt und vor allem lebensechter als sein experimenteller Roman *Ulysses*. Aber eben, die irische Literatur spannt sich von der keltischen Mythologie bis zum heutigen Mainstream. Die Iren sind nun mal ein erzählfreudiges Völklein, das waren sie immer schon, und das nicht nur am St. Patrick's Day in einem der vielen Pubs. Die Quellen der irischen Literatur nähren sich aus den keltischen Sagen der Druiden.

Die Wiege der irischen Literatur bilden die Mythen und Sagen. Seit dem Mittelalter werden sie immer noch vorwiegend mündlich weitererzählt. Damals war es unter den Druiden und Barden gar ein Sakrileg, die Geschichten schriftlich festzuhalten. Naturgeister, beseelte Dinge und magische Tiere lassen sich nun mal nicht zwischen Buchdeckel pressen. Wie sollte man auch den berühmten irischen Kobold *Leprechaun*, der am Ende des Regenbogens einen Tropfen Gold bewacht, schwarz auf weiss beschreiben? Einzig die menschliche Phantasie verfügt über ausreichend Farbe und Gestaltungsmittel, um sich diese Welt der Mythen und Märchen vorzustellen.

In dunklen irischen Winternächten geht es immer wieder auch mal schaurig und gruselig zur Sache. Ein Ire war es, der im 19. Jahrhundert eine der berühmtesten Gruselgestalten der Weltliteratur erschuf: In Bram Stokers Roman taucht erstmals der Vampir Dracula auf. Bram Stoker liess sich für seine Dracula-Figur vom irischen Autor Sheridan Le Fanu inspirieren. Und der Ire gab ja eigentlich auch nur wieder, was man sich in dunklen irischen Nächten in den Pubs erzählte. Diese vielversprechende Mischung aus Liebes-, Abenteuer- und Horrorgeschichten ist es, die seither als ein erfolgreiches Genre in die Weltliteratur eingegangen ist.

Am Anfang stand das blumige und ausschmückende Erzählen. Daraus entstand das berühmte Genre der irischen Short Story. Die Insel-Romantik von damals dient heute Fantasy-Autorinnen wie Cecilia Ahern und Maeve Binchy als ein reicher Fundus für ihre »Frauenromane«. Etwas nonchalant spricht die Literaturtheorie von »Chic Lit«, denn selbstredend weisen derartige Geschichten nicht eben besonders viel Tiefgang auf, aber darum geht es ja auch gar nicht. Es geht in diesen Fantasy-Storys um eine erholsame Flucht aus dem grauen Alltag mit einer freudvollen Aussicht auf ein grandioses Happy-End.

Die irische Märchenliebe hat aktuell Eingang gefunden in den Chroniken von Narnia von C.S. Lewis. Es ist dies die spielerische und kindliche Seite der seit Urzeiten überlieferten irischen Erzähltradition. Dabei ist das, was Erwachsene und Kinder gleichermassen fasziniert, oftmals das Naheliegendste: Durch den eigenen Kleiderschrank schlüpfen und in einer magischen und zauberhaften Welt landen.

In den letzten Monaten durfte ich den Fantasy-Roman der Deutschwalliser Autorin Joanne Gattlen als Lektor begleiten. In *Meravella* hat sich die junge Autorin von der phantastischen irischen Erzähltradition inspirieren lassen. Eine Reise auf die grüne Insel hat bestätigt, dass sich Joanne Gattlen würdig und echt in die Reihe der grossen irischen Fantasy-Autorinnen stellt. Auch bei ihr fasziniert das Naheliegendste. Auch bei Joanne Gattlen öffnen sich die Türen nach Meravella mit Hilfe von etwas sehr Naheliegendem:

»Ich wischte den Staub von dem kleinen Anhänger und erblickte das gleiche Zeichen, welches sich nach Mayas und meiner ersten Begegnung auf meinem Arm abgezeichnet hatte. Vorsichtig fuhr ich über den kleinen Fussabdruck, der von Ranken umgeben war, und spürte wie mich die Erleichterung überkam: ich hatte das Armband doch nicht verloren und somit noch immer die Chance nach Meravella zu gehen.«

Anna der Indianer

Hoch über den Dächern von Bern und mit Blick auf »ihren« Theaterberg, den »Güschä«, den Gurten, durfte ich mich an Fronleichnam ausgiebig mit Livia Anne Richard unterhalten. Wir sprachen über ihre Pläne und vor allem auch über ihren Roman-Erstling *»Anna der Indianer«*.

Mit ihren Produktionen auf dem Gurten und auf Riffelberg oberhalb von Zermatt hat sie sich weithin einen Namen geschaffen, mit »Dällebach Kari« etwa oder mit *»The Matterhorn Story«*. Nun hat Livia Anne Richard nochmals Neuland betreten – diesmal als Roman-Autorin. Mit Rückblenden und mit Regressionen, vor allem aber mit idyllischen Kindheitsmustern, zeichnet sie im Roman *»Anna der Indianer«* die Entfaltung ihrer Protagonistin bis ins Erwachsenenalter nach. Der Roman gerät so zu einer eigenwilligen Entwicklungsgeschichte, die dazu ermutigt, gesellschaftliche Fesseln zu sprengen und das Denken in Schwarz-Weiss-Bildern aufzubrechen.

Die Protagonistin Anna im Roman *»Anna der Indianer«* lässt sich nicht in irgendwelche Muster oder Klischees hineinpressen, die andere für sie im Leben vorgesehen haben. Ihre italienische Nonna etwa, die das alte Rollenverhalten vertritt. Eine Frau soll Knöpfe annähen, abstauben, bügeln. Ein Mädchen soll nicht pfeifen, nicht Fussball und nicht Indianerlis spielen wie die Jungs. Eine Frau soll vielmehr einen guten Sugo kochen können. Derart angelegten und vorbestimmten Mädchen- und Frauenbildern verweigert sich Anna. Weder die geliebte Nonna, noch die alleinerziehende Mutter, weder die Kindergärtnerin noch die Spielkameraden des Quartiers können Anna daran hindern, mutig und tapfer ihren eigenen Weg zu gehen und nötigenfalls ihn sich auch zu erkämpfen wie der Indianerhäuptling Winnetou. Trotzdem ist *»Anna der Indianer«* kein feministisches Buch. Es geht vielmehr um das einfachste und wichtigste Menschenrecht: Es geht darum, sich selber sein zu dürfen, sich selber immer wieder neu erfinden und weiter entwickeln zu dürfen. *»Anna der Indianer«* ist trotz des umstrittenen Debattier-Themas jedoch keineswegs allzu ernst geschrieben, sondern in einem humorvollen Ton erzählt, vor allem aber auch befeuert durch eine befreiende und wohltuende Situationskomik.

Auf der Suche nach der eigenen Realität entwickelt Anna wunderbar kreative Visionen, wie ihre eigene Abenteuergeburt ins Selbständigsein-Wollen vonstatten gehen könnte. Annas Vater entpuppt sich als Kuckucksvater, er ist also nicht ihr leiblicher Vater. Für Anna ist dies zunächst zweifellos eine traumatische Erkenntnis. Im Verlauf der Geschichte erkämpft sich Anna jedoch ihren eigenen Weg. Dabei schaut sie weder nach links noch nach rechts. Anna kämpft sich wie weiland Winnetou durch einen Dschungel von Hindernissen und Mutproben. Insbesondere während eines Kalifornien-Aufenthalts erwacht sie zu einer Erwachsenen. Auf dem Weg zum Frausein erlebt sie den alltäglichen Rassismus, auch Drogen- und Alkoholprobleme bei ihren Gefährtinnen und Gefährten, drohender sexueller Missbrauch in der Gastfamilie, aber auch das Aufflammen der ersten Liebe in mannigfachen Spielarten. Anna geht ihren Weg jedoch nicht egoistisch. Anna ist keine Selbstdarstellerin. Sie entwickelt vielmehr ihre eigenen Ideen und Visionen, wie sie ihr Dasein gestalten und formen möchte. In Annas Leben spielt die Vater-Tochter-Geschichte also nicht eine derart beherrschende Rolle. Trotz Annas komplexem Naturell hält der Roman mit der Auflösung eines Geheimnisses einen überraschenden und versöhnlichen Schluss für sie bereit.

Erst beim Schreiben sei ihr bewusst geworden, welche Botschaft ihr Buch eigentlich vermittle, verriet mir Livia Anne Richard im persönlichen Gespräch. Diese Botschaft versuche sie im zweiten Buch, an dem sie nun arbeite, noch stärker rüberzubringen. »Wir müssen alle unseren Kopf lüften, neue Ideen generieren und »abfahren« mit so alten Fragestellungen wie: Was ist typisch Mann, was ist typisch Frau? Was ist gut, was ist schlecht? Was ist schwarz, was ist weiss?« Und dann gibt sich Livia Anne Richard kämpferisch, fast genauso wie ihre Protagonistin Anna im Roman. Alle Welt ruft zurzeit »Black lives Matter«, da könne sie nur antworten: What else? Warum ist sowas heute noch nötig? Darum geht es auch in »*Anna der Indianer*«. Wie lassen sich all die Fesseln sprengen, die uns die Gesellschaft anlegt?

Waldmensch

Von der internationalen Literaturkritik wird er vor allem für seinen Roman »Die dunkle Seite des Mondes« hochgelobt, den er punktgenau aufs neue Jahrtausend hin ablieferte. Damals durfte ich mit ihm ein langes und ausführliches Gespräch über sein Schreiben und über »Die dunkle Seite des Mondes« führen.

Der Durchbruch gelang Martin Suter mit dem Roman »Small World«. Das Grundproblem in diesem Roman ist die Altersdemenz. Zuvor arbeitete der gebürtige Zürcher als Werbetexter und Creative Director. Bekannt wurde er durch seine Kolumnen wie »Business Class« und »Richtig leben mit Geri Weibel«. Als freischaffender Autor holte er sich seine Inspirationen an seinen Wohnsitzen in Ibiza und Guatemala, bevor es ihn in die Schweiz zurückzog. Martin Suter ist aktuell der Schriftsteller mit den meisten Auflagen in der Schweiz. Viele seiner Romane befassen sich mit dem Thema Persönlichkeitsveränderung. Seine Werke sind eine Mischung aus Thriller und Psycho-Roman.

Martin Suters vielleicht bester Roman ist bislang »Die dunkle Seite des Mondes«. Der Protagonist in diesem Roman ist der Wirtschaftsanwalt Urs Blank. Er lebt mit seiner langjährigen Freundin Evelyn Vogt zusammen. Alles scheint perfekt. Doch dann trifft er auf einem Zürcher Flohmarkt die exotische Lucille. Die beiden kommen sich näher. Urs Blank geniesst das Leben mit Lucille in vollen Zügen und lässt sich von ihr sogar zu einem meditativen Wochenende überreden. Lucille und ihr Kollegenkreis verführen Urs Blank zu einem Pilz-Trip im Wald. Während des Trips verändert er sich stark. Er hat das Gefühl, er regiere die Welt, und er verwandelt in seiner Vorstellung seine Freunde und Bekannten in Waldpflanzen. Nun läuft ihm alles aus dem Ruder. Er verkracht sich am Arbeitsplatz. Er wird gewalttätig. Er realisiert, dass der Pilz-Trip an den Veränderungen seiner Persönlichkeit schuld ist. Sein Freund und Psychiater rät ihm, den Trip zu wiederholen. Blank muss jedoch erkennen, dass eine Wiederholung des Trips nicht ausreicht. Blank möchte fortan sein Leben im Wald verbringen. Da findet er heraus, dass der Grund für seine Veränderung ein sehr kleiner Pilz ist. Nur wenn es Blank gelingt, das *Safrangelbe Samthäubchen* zu finden und den Trip korrekt zu wiederholen, wird er sein Gewissen zurückerlangen und seine Gewalttätigkeit ablegen können. Inzwischen ist Urs Blank aber sein Konkurrent Pius Ott auf den Versen, und der hat noch eine Rechnung offen mit ihm.

Persönlich durfte ich mit Martin Suter ein Gespräch über »*Die dunkle Seite des Mondes*« führen. Dabei habe ich einen Literaten entdeckt, der weit mehr vorlegt als lediglich einen gut gebauten Roman über modische Drogen. Das nachfolgende Gespräch gebe ich in einer stark gekürzten Version wieder.

»*Ist »Die dunkle Seite des Mondes« eine Aufforderung an Wirtschaftsleute, in der Krise zu halluzinogenen Pilzen zu greifen?*«

»Nein, das ist kein Buch über die Drogenproblematik. Der Pilz-Trip der Hauptfigur erhält lediglich dramaturgische Bedeutung. Der Trip ist ein Mittel zum Zweck, er ist nur ein Vehikel. Es ist ein Buch, das beschreibt, wie Leute sind, die das Gefühl haben, es gebe nur eine einzige Person auf dieser Welt.«

»*Ist der in bunten Farben geschilderte Pilz-Trip demnach nur eine schillernde Fiktion?*«

»Ein Psilozybin-Trip ist etwas, was im Prinzip funktioniert. Das ist eine Botschaft des Buches und dagegen stemme ich mich auch nicht. Bei einem Trip macht man die Türe auf zu sich selber, und man erfährt Dinge, die man vorher nicht gewusst hat.«

»*Der Roman vermittelt die Einsicht, dass die Geschäftswelt und die Welt im Wald gar nicht so verschieden sind...*«

»Evelyne, die Lebensgefährtin der Romanhauptfigur, bringt auf den Punkt, was Sache ist. Sie sagt: Das ist Kitsch, Urs. Hör mir auf mit deinen Welten. Du lebst in der gleichen Welt wie zuvor. Mit dem einzigen Unterschied, dass du jetzt eine junge Freundin hast. So wie jeder Spiesser Mitte vierzig, der es sich leisten kann. Ich habe weder ein Buch über Drogen geschrieben, noch eines über einen Generationenkonflikt. Und ich möchte auch kein Trendautor sein.«

»*Ihr Roman mündet letztendlich ein in die moralisch-ethische Fragestellung nach dem, was wir gemeinhin als »Gewissen« bezeichnen. »Etwas« hindert uns daran, Dinge zu tun, die wir später bereuen. Was genau ist dieses Etwas?*«

»Mich hat beim Schreiben das Folgende interessiert: Was passiert mit einem etablierten, herkömmlichen, konventionellen, braven

Menschen, wenn dieses Bisschen, das ihn daran hindert, jemandem eine Ohrfeige zu hauen, worauf er grosse Lust hat, wegfällt… Durch ein kleines, unscheinbares Pilzli kommt der Hauptfigur plötzlich all das abhanden, was sie bis anhin als Lebensprinzip hochgehalten hat. Es ist ein Buch über die Freiwildbahn im Wald, und es ist auch ein Buch darüber, was wäre, wenn jemand annimmt, es gebe niemanden anders ausser sich selbst.«

»*Was ist die abschliessende Botschaft des Romans? Liesse sich Ihr Anliegen beim Schreiben auf den Punkt bringen? Ein persönliches Resümee?*«

»Wenn es eine Botschaft gibt, dann ist es diese: Nehmt euch nicht so wichtig! Als Autor bin ich angetan von der Vorstellung, dass ein überzivilisierter Zeitgenosse plötzlich im Naherholungsgebiet verschwindet und zu einem Waldmenschen wird. Im Buch hat der Wald die Bedeutung des Unbewussten, des Unschuldigen. Der Wald ist ein Ort, wo Gut und Böse aufgehoben werden. Und genau das sucht die Figur, die sich schuldig gemacht hat. Urs Blank wurde Teil des Waldes – so ist es auf den letzten Seiten nachzulesen. Und die Geschichte endet mit einer überzeugenden Pointe.«

Sonne im Herzen

Nach dem Gottesdienst in der Kirche von Kippel traf sich die Bevölkerung im »Grossen Saal« und feierte zusammen mit der Familie Bellwald, mit Mutter Bernadette, Vater Paul und Sohn Daniel. »Mama, jetz chund d'Sunna« – unter diesem Titel hatte Bernadette Bellwald ihre Gedichte mit Zeichnungen ihres behinderten Kindes Daniel veröffentlicht. Der Kulturverein Kippel mit Präsident Peter Meyer sorgte für den stimmungsvollen Rahmen.

Daniel habe von der jeweiligen Stimmung abhängige Bilder geschaffen, sagte Peter Meyer, der Präsident des Kulturvereins, einleitend. Und die Autorin ergänzte, dass der Titel des Buches aus

Kindermund stamme, der siebenjährige Daniel habe den Satz »Mama, jetz chund d Sunna« ausgesprochen, als die Sonne eines Morgens ihre Strahlen ins Badezimmer schickte. Zugleich sei für sie alle die Sonne auch in ihren Herzen aufgegangen.

Ein Kind lässt uns teilhaben an seiner Welt. Es tut dies mit farbenfrohen und aussagekräftigen Bildern. An der Mutter ist es, die Hochs und Tiefs herauszulesen, die das Kind in seiner Malerei versteckt und ausgelebt hat. Mutter Bernadette Bellwald erweist sich dabei als eine Dichterin, die gekonnt das natürliche Erleben des Kindes auf eine erklärende Ebene hievt, und sie ist es auch, welche die kindlichen Äusserungen, das Bangen und das Hoffen, für uns Aussenstehende mit Texten erlebbar, nachvollziehbar und mitfühlend gestaltet.

Autorin Bernadette Bellwald lässt sich vom primären Erleben ihres Kindes zu philosophischen Traktaten, gegossen in Reim und Vers, animieren. Dabei dringt in ihren Gedichten immer wieder das Hoffnungsvolle, das Wunderbare und Zauberhafte durch, auch inmitten einer düsteren Novemberstimmung oder im Tanz der fallenden Herbstblätter. Da, wo das Traurige, das Sorgenvolle und das Vergängliche sich paart mit dem Frohen, dem Zuversichtlichen und dem Tröstlichen, da sprechen die Texte zum Leser, sie ziehen ihn in ihren Bann. Die Dichterin personifiziert die unbeseelte Natur und erhebt damit das Unbegreifliche ins menschlich Fassbare. Dies geschieht dann etwa, wenn sie das Fallen und Absterben der herbstlichen Blätter, die »ihre letzte Reise antreten«, von der Sonne vergolden lässt, und wie Liebende, die im Schicksal vereint sind, »liegen sie, aneinander geschmiegt – ganz ängstlich, das traurige Schicksal erduldend.«

Bernadette Bellwald bedient sich in ihren Texten, an deren Ursprung ja das kindliche Erleben steht, oft des Paarreims. Der Paarreim begegnet uns recht häufig in Kinderreimen, Kinderliedern, Abzählreimen und auch in populärer Musik. Dieses eingängige Reimschema erlaubt es, das kindliche Empfinden und Erleben auch der Welt der Erwachsenen wieder nahezubringen, etwa mit den Zeilen:

»*Es gibt ein Land, / ohne ein Stäubchen Sand. / Alles so weiss wie Schnee, / verklärt und zauberhaft wie eine Fee.*« *(Aus: Das Land der Liebe).*

Bei den grossen Themen des menschlichen Lebens bedient sich die Dichterin eher des Kreuzreims:

»*Wie schön sind die Blätter eines Baumes, / wenn er sich wiegt im Frühlingswind. / Es ist, als gedächte er eines Traumes, / den er träumte einst als Kind.*« *(Aus: Der Lebensbaum).*

Bei einigen Texten allerdings verlässt die Dichterin ihr Gestaltungsprinzip. Hier geht sie nicht mehr vom ursprünglichen Erleben des Kindes aus, sie schreibt vielmehr aus der Erwachsenenperspektive:

»*Irgendwann und irgendwo / treffen einmal alle Wege sich. / Was einst nicht verstanden wurde, / wird dann dort begriffen. / Wo aber ist das Dann? / Wo das Dort?*« *(Aus: Schicksalsmelodie).*

Konsequenterweise verlässt die Dichterin beim Wechseln von der Kinderperspektive zur Erwachsenenperspektive auch das kindliche Reimschema und geht zu freien Rhythmen über.

Die Präsentation von »*Mama, jetz chund d'Sunna*« war einzigartig in ihrer Art. Da gab es keine passiven Konsumenten, sondern nur aktive und mitfühlende Besucher. Wer den »Grossen Saal« gegenüber der Kippeler Pfarrkirche betrat, der erhielt Notenblätter in die Hand gedrückt zum Mitsingen und Mitgestalten. Gefühlvoll und berührt von der andächtigen Stimmung sang jede und jeder mit, die altbekannten Volkslieder, zwei- und mehrstimmig, je nach persönlichem gusto. Eher vorsichtig und abtastend noch »*Wo der Lonza Wellen fliessen*« oder »*Die Alpenrose*«. Dann aber brachen alle Dämme und all das viele Volk sang mit Inbrunst »*Das Lied vom Hirtenknab*«. Und so traf Vergangenheit auf Gegenwart, Kinderzeit auf Erwachsenendasein, die weite laute Welt auf das enge stille Tal. Und, obschon es in den heimeligen Gassen des Dorfes schon eindunkelte, war man versucht auszurufen: »Jetz chund d'Sunna!«

Leben, in Stücke zerbrochen

Zoltan Danyi, Lyriker, Hochschullehrer und Rosenzüchter, traf ich in der Alpentherme in Leukerbad. Der ungarische Serbe verarbeitet schreibend das Trauma eines Krieges. Der Protagonist in seinem Roman »Der Kadaverräumer« ist ein gebrochener Überlebender der Jugoslawien-Kriege. Er mordete und vergewaltigte, ist nun aber selber traumatisiert. Er ist nun Täter und Opfer zugleich. Ein junger Mann lebt im Danach. Die traumatisierenden Erlebnisse liegen weit zurück, aber immer noch versucht der Traumatisierte in Zoltan Danyis Roman sein in Stücke zerbrochenes Leben zusammenzuflicken.

Zoltan Danyi wurde 1972 als Angehöriger der ungarischen Minderheit in Jugoslawien geboren. Damals war er als Zwanzigjähriger im wehrdiensttauglichen Alter. Er entzog sich dem Wehrdienst, indem er zum Studium der Philosophie und der Literatur nach Ungarn emigrierte. Doch was in seiner Heimat geschah, verstörte ihn zutiefst. Welche Folgen hat eine Gewalterfahrung und wie zerstört sie einen Menschen? Danyi hat dazu eine eigene These entwickelt. Er sieht und versteht Waffengewalt und den ganzen Wahnsinn des Mordens als eine fehlgeleitete sexuelle Aggression.

Zwar wird dem Schreiben oft auch eine therapeutische Wirkung attestiert. Bei Zoltan Danyi funktioniert dies jedoch nicht. Das Trauma verunmöglicht ein Erzählen und dessen Versprachlichung. Der ständige Wechsel zwischen Innen- und Aussenperspektive, zwischen Gegenwart und Vergangenheit, verweigert dem Traumatisierten das Rekonstruieren und Widerherstellen der verlorenen Harmonie in seinem Leben. So schickt Zoltan Danyi in seinem aufrüttelnden Romandebüt einen namenlosen Protagonisten auf eine Irrfahrt durch den eigenen Kopf.

Zürcher Silvesterlauf

Zürcher sind der Zeit weit voraus. Bereits Mitte Dezember steigt der Zürcher Silvesterlauf. Kein Mensch weiss, warum der Lauf ins neue Jahr schon Mitte Dezember stattfindet. Der Lauf auf den schneebedeckten Strassen gerät aber meistens immerhin saisongerecht zu einem »Rutsch« ins neue Jahr. Keine Chance für uns Walliser Landeier, sich an der Rutschpartie durch Zürichs Strassen auch nur einen Blumenstrauss, vergiss einen Platz auf dem Podest zu ergattern. Was tun? Zürich kann schön sein. Und Zürich hat viele Geschichten zu erzählen.

Zürcherinnen und Zürcher erzählen in »HelloZurich« originelle Zürcher Geschichten in Deutsch und Englisch. Da gibt es spannende Fotoreportagen, Geschichten von aussergewöhnlichen Menschen, Berichte, Kolumnen, Interviews und Meinungen in allen Schattierungen.

Statt zum Silvesterlauf für Läufer starten wir zu einem improvisierten Silvesterlauf für Kultur-Fans. »HelloZurich« dient als Reiseführer. Ausgangspunkt ist das schwimmende *Salon Theater Herzbaracke* auf dem Zürichsee. Vor über zwanzig Jahren baute Federico Pfaffen das Theaterschloss auf dem Zürichsee. Hier tragen die Servierdamen noch rauschende Röcke und allzeit ein warmes Lächeln auf den Lippen, was wir mit Freude konstatierten. Auf der Bühne treffen Geschichtenerzähler auf Zauberer, und zu hören gibt es hemdsärmelige Seemannslieder oder mitreissenden Blues.

Vom schwimmenden Salontheater führt uns der improvisierte Silvesterlauf zur alternativen *Cafébar Zähringer*. Seit 1981 wird das Zähringer im Kollektiv geführt. Deshalb hat das Café tatsächlich 15 Chefs, denn alle, die hier arbeiten, sind gleichzeitig Chef und Angestellte. Politische Ziele formulieren wollen die Mitglieder des Zähringer-Kollektivs jedoch nicht, es genügt, dass sie einfach politisch links sind. Punkt.

Toll sind auch die Geschichten über Zürcher Originale. Da gibt es zum Beispiel den Fritz Schneiter. Der steht seit 50 Jahren am Limmatquai und verkauft Blumen. Seine Karriere als »*Rosenkavalier*« hat er schon mit siebzehn begonnen. Er sagt uns klar und deutlich – und nicht etwa durch die Blume – wie wichtig seine Blumen sind, besonders dann, wenn es um die entscheidenden Augenblicke im Leben geht. In grossen Eimern mit Wasser stehen adrett gebundene Sommerblumen-Sträusse.

Heinz Hofer gilt als der Coiffeur ohne freie Termine. Will man »HelloZurich« Glauben schenken, dann ist der Coiffeur verschwiegener als der Pfarrer nach der Beichte, und dies trotz all der Geschichten, die er von seiner Kundschaft aufgetischt bekommt. Schon seit 1970 ist Heinz Hofer mit seinem Coiffeur-Geschäft »Haar-Schopf« am Neumarkt die erste Adresse für modische Haarschnitte. Da wir reiferen Männer selbstbewusst einer üppigen Haartracht entbehren, sparen wir uns den Boxenstopp im »Haar-Schopf« und gewinnen so wertvolle Minuten für unseren Silvesterlauf.

Schläuche flicken ist das, was der Kreis-5-Veloladen von Enrico Mounayer am häufigsten macht. Enrico ist aber auch gerne bereit, eigenhändig von ihm zusammengebaute Zweiräder zu verkaufen. Und er verkauft garantiert keine E-Velos. Dagegen soll Enrico eine Schwäche haben für alte Exemplare mit hochwertigem Zubehör. Sowas gefällt uns. Nachdem wir aber als Läufer für die Rutschpartie am Zürcher Silvesterlauf forfait erklärt haben, könnte ein Wechsel aufs Zweirad im Triemli-Spital enden.

Unseren improvisierten Silvesterlauf für Kulturfans beschliessen wir im *Kafi Paradiesli* bei Katja Graber. Die sympathische Wirtin empfängt ihre Gäste gerne mit einem Stück weissem Schokoladenkuchen. Bei Katja fühlt man sich wie im Paradies. Es ist ruhig im Kafi Paradiesli und die laute Stadt ist weit weg. Im »HelloZurich« ist nachzulesen, dass Katja sich die Namen ihrer Stammgäste partout nicht merken könne. Auch ein Spickzettel habe da nichts gebracht. Aber das mache sie mit Freundlichkeit wieder wett. Davon können wir uns überzeugen. Man darf sich duzen. Kinder spielen nebenan. Und Katja experimentiert mit ihrem weissen Schokoladenkuchen. Silvesterlauf ist's in Zürich und es ist Mitte Dezember. Da passt ja bestens ins Bild, dass auch der Zirkus Conelli schon sein Weihnachtsprogramm präsentiert. Die Zürcher sind eben ihrer Zeit immer weit voraus. Mit dem Silvesterlauf, mit dem Weihnachtszirkus, vor allem aber mit den Zürcher Geschichten. Und die gibt's bereits ebenfalls bereits Mitte Dezember auf einem improvisierten Silvesterlauf für Kulturfans zu erleben.

Erzähler am Open Air

Weshalb geht man ans Open Air? Wegen der Party. Vielleicht auch wegen der Musik. Aber wegen den Texten? Wohl eher nicht. Auf jeden Fall reagierten meine zwei jungen Begleiterinnen Alicia und Valerie amüsiert auf meine Frage, ob es an einem Open Air auch gute Songtexte gebe. Dabei ist meine Frage nach guten Songtexten gar nicht so abwegig. Hat nicht kürzlich Bob Dylan sogar den Literaturnobelpreis erhalten für seine Songtexte? Spätestens seitdem Dylan seinen Literaturnobelpreis auch abgeholt hat, müsste eigentlich klar sein: Songtexte sind auch Literatur.

Einen heissen Tipp verdanke ich meinen zwei Begleiterinnen am Open Air. Gute Texte seien zwar Mangelware, aber »Milky Chance« hätten einigermassen gute Songtexte, die sollte ich mir anhören, rieten sie mir. Das Kasseler Duo »Milky Chance« besteht aus Clemens Rehbein und Philipp Dausch. Die beiden waren bereits als Schüler ein Duo. Im Keller unter dem eigenen Kinderzimmer sassen sie früh hinter einem veralteten Laptop und schrieben ihre eigenen Songtexte. Beim Hören dieser Songtexte stellt sich bei mir der Eindruck von versteckter Genialität ein. Zwar sind die Strukturen simpel, die Beats geradlinig. Die Texte jedoch haben es in sich. Allerdings habe ich sie vorerst aus dem Englischen ins Deutsche übersetzen müssen.

Ausgekoppelt aus dem Album »Blossom« ist der Song »Cocoon«. Ein Kokon ist ein Rückzugsort. Schmetterlinge schlüpfen aus einem Kokon. Eine Metapher, eine schöne literarische Figur also bereits im Titel. Und auch der Rest ist ganz okay:

»Ich weiss, du musst dich fühlen wie mit Ruinen konfrontiert (…) Und ich weiss nicht, wie ich mit mir selbst auskommen soll, wenn ich geschwächt bin. Lass mich bluten anstatt dich. Lass uns zurück in unseren Kokon gehen. Denn alles, was wir brauchen, ist zu entkommen«.

Der Text hebt sich ab von den sonst üblichen Selbst-Beweihräucherungen der Popstars. Das Erzähler-Ich in diesem Songtext ist umwerfend ehrlich, ist sich der eigenen Schwächen und Unzulänglichkeiten bewusst. Das Erzähler-Ich legt auch eine gehörige Portion Empathie an den Tag, etwa im wiederkehrenden Vers

»Ich sehe, dein Herz blutet auch, lass mich bluten anstatt dich.«

Ebenfalls vom Duo »Milky Chance« stammt der Song »Stolen Dance«. Das Erzähler-Ich in diesem Songtext trauert der verlorenen Zeit nach. Irgendwelche netten Leute haben das Liebespaar getrennt, so haben die beiden Verliebten viel wertvolle Zeit verloren, die sie zusammen hätten verbringen können. Um sich über die verlorene Zeit hinweg zu trösten, wollen die beiden unglücklich Verliebten zusammen tanzen gehen:

»Wir können es auf der Tanzfläche ausleben. Du hast noch niemals zuvor so getanzt. Aber wir reden nicht darüber. Wir tanzen den Boogie die ganze Nacht lang und wir sind »stoned« im Paradies. Aber wir sollten nicht darüber reden«.

Zwei Dinge sind mir beim Song »Stolen Dance« aufgefallen. Zum einen ist der Titel falsch gewählt. Da steht nicht drauf, was drin steht. Ein Liebespaar trauert der Zeit nach, die es nicht gemeinsam verbringen konnte; jetzt soll ein Tanzabend darüber hinweg trösten. Also müsste der Titel lauten »Stolen Time«, nicht »Stolen Dance«. Und: Zwar hat der Song ein Happy End, denn die beiden Liebenden sind am Schluss »stoned im Paradies«. Im Englischen bedeutet »stoned« einerseits »versteinert«. Anderseits bezeichnet

»stoned« auch einen Zustand, der durch Drogen hervorgerufen werden kann. In dieser Bedeutung könnte »stoned« übersetzt werden mit »verladen mit Drogen«.

Schöne Bilder und Vergleiche finden sich im Songtext »Stolen Dance«:

»Kältester Winter für mich. Keine Sonne scheint mehr. Das einzige, was ich fühle, ist Schmerz. Hervorgerufen durch deine Abwesenheit. Ungewissheit bestimmt meinen Verstand. Ich finde den Weg hier nicht heraus.«

Auch wenn sich die Inhalte vieler Songtexte ähnlich sind, lassen sich doch Qualitäts-Unterschiede ausmachen. Songtexte mit rhetorischen Figuren, Bildern und Vergleichen wirken poetisch. Songtexte mit einem einfühlsamen und empathischen Ich-Erzähler wecken Anteilnahme und Mitgefühl auch beim Hörer und der Hörerin.

So gesehen, haben die Songs des Duos »Milky Chance« durchaus literarische Qualität. Auch wenn sie vielleicht nicht die ganz grosse Literatur repräsentieren. Musikalisch sind die Songs leicht zugänglich. Das Duo setzt auf schrammelige Gitarren und straighte House-Beats. Künstlerisch und literarisch allerdings sind die Songs harmlos. Aber trotzdem, das reicht für eine grandiose Pop-Platte.

Expertisen

Mitte Juni lacht das Glück den Tüchtigen. Jedes Jahr wieder eine riesen Freude: Die Abschlussfeiern an unseren Schulen. Überall glückliche Gesichter, erleichterte Herzen, berechtigter Stolz. Und ja, vereinzelt auch Tränen und Traurigkeit bei jenen, die es nicht geschafft haben. Seit Jahren amte ich als Experte für das Fach Deutsch am Gymnasium. Und ich konnte mich einmal mehr freuen über das breite und profunde Wissen der Maturandinnen und Maturanden.

In diesen Tagen förderte eine Studie des Bundes Erstaunliches zu Tage. Gemäss dieser Studie soll der Anteil junger Erwachsener ohne Ausbildung rapide ansteigen. Die Zahl junger Erwachsener ohne Abschluss auf der Sekundarstufe II, also ohne Matura oder Lehrabschluss, soll sich demnach zwischen 2010/11 und 2014/15 nahezu verdoppelt haben. Jeder zehnte junge Erwachsene verlässt die Schulbank ohne Abschluss und nimmt auch keine Ausbildung auf sich. Zu denken gibt die Ursache für dieses bedenklich stimmende Ergebnis: Der bescheidene finanzielle Hintergrund vieler Familien erlaubt es nicht, den jungen Menschen eine Ausbildung zu ermöglichen. Anscheinend bieten auch die staatlichen Ausbildungshilfen und Stipendien keine ausreichende Unterstützung mehr.

Eine solide Ausbildung in jungen Jahren ist Voraussetzung für ein erfülltes Leben. Die Literatur steht dabei an vorderster Stelle. Die Literatur bietet Muster für echte Lebenshilfe an. Aus der schöngeistigen Literatur, aus der Belletristik, lässt sich mit Hilfe ausgewählter Werke so manche Lebenssituation analysieren, planen und meistern. Die Literatur schärft sowohl das Analytische und Logische als auch die Phantasie, die Intuition und das Vorstellungsvermögen. Die Literatur liefert Anwendungs- und Betätigungsfelder für fast alle Lebenslagen. Die Literatur schult insbesondere unsere psychologische, philosophische und kommunikative Lebensführung.

Was alles umfasst Maturanden-Literatur? Die literarischen Epochen sind auch heute noch eine Möglichkeit, die vielen Aspekte und Strömungen einzuordnen und zu bündeln. Nach Goethe und Schiller ist es die Aufgabe der Kunst, einen menschlichen Idealzustand zu beschreiben. In der literarischen *Klassik* spätestens ist erlebbar, was heute noch Idealbild und Lebensziel von uns allen sein muss. Die literarische *Romantik* lehrt uns, den Blick von allem, was uns umgibt, auf unser Inneres zu lenken. Die Überwindung alltäglicher Begrenzungen und das Verlangen nach unbeschränkter Freiheit – diese beiden romantischen Forderungen können in verschiedenen Lebenslagen wichtig werden. Kritisch Stellung beziehen zu Themenbereichen wie Volk, Vaterland, Gesellschaft und Staat – wie dies zu geschehen hat, zeigt exemplarisch die Epoche des *Vormärz und Biedermeier*. Unser Weltbild verändert sich je nach Lebensphase, in der wir uns befinden. Mal dominieren die Schattenseiten des Lebens wie im *Naturalismus*, mal beherrscht uns eine resignative Stimmung wie im *Realismus*. Nicht immer ist das Leben ein Zuckerschlecken, immer wieder mal macht sich eine Weltuntergangsstimmung breit wie im *Expressionismus*. Unsere gelebte Vergangenheit muss bewältigt werden, die *Nachkriegsliteratur* hilft bei der Bewältigung von Traumata in einer Welt voller Kriege, Dramen und Tragödien. Und natürlich ist Literatur auch immer wieder aufbauend, tröstlich und sorgt für konstruktive Lebenskonzepte.

Eine kleine Auswahl von literarischen Zitaten für Matura- und Diplomfeiern möchte ich allen Schulabgängern mit auf den weiteren Lebensweg geben:

»Das Ziel der Schule sollte immer sein, harmonische Persönlichkeiten und nicht Spezialisten zu entlassen.« (Albert Einstein)

»Es mag sein, dass wir durch das Wissen anderer gelehrter werden; weiser werden wir aber nur durch uns selbst.« (Michel de Montaigne)

»Gebildet ist, wer weiss, wo er findet, was er nicht weiss.« (Georg Simmel).

»Ausbildung heisst, das zu lernen, von dem du nicht einmal wusstest, dass du es nicht wusstest. / Der Mensch findet die grösste Freude in dem, was er selbst neu findet oder hinzulernt.« (Carl Philipp von Clausewitz).

Miggi erzählt aus alter Zeit

Miggi erfindet Geschichten. Miggi knipste früher in seinem Fotogeschäft Bilder aus dem wahren Leben. Jetzt entspringen die Bilder seiner eigenen Phantasie. Es sind Geschichten für grosse und kleine Kinder. Und es sind vor allem Geschichten aus alter Zeit. Es handelt sich bei Miggis Geschichten um Märchen und Sagen, manchmal ist die Grenze zwischen Fiktion und Realität auch fliessend, so wie bei seiner neusten Erzählung »Ds beesch Mannji«. Der Protagonist in dieser Geschichte lebte und arbeitete in Heidelberg und Wien, bekannt wurde er aber als Kurator am Metropolitan Museum in New York. Der bekennende Nihilist ist in Miggis Geschichte kurzerhand zum Bischof befördert worden.

Persönlich kenne ich Michael Schmidt noch aus jener Zeit, als man im Fotogeschäft 12er-, 24er- oder 36er-Filme kaufte, die man dann sorgfältig in den Fotoapparat einlegte und nach dem »Foto-Shooting« wieder im Fotogeschäft zum Entwickeln abgab. Es war dies auch die Zeit, als die Stars der Schweizer Kinderliteratur wie Trudi Gerster oder Jörg Schneider ihre Tonkassetten mit Kindergeschichten aufnahmen und tausendfach vervielfältigten, damit kleine und grosse Kinder zu Hause die heiss begehrten Kassetten im Recorder immer und immer wieder abspielen konnten bis die Ohren glühten. Im Fotogeschäft von Michael Schmidt liefen die Kassetten, und die Stimmen der Märchenerzähler beeindruckten und berührten den kinderliebenden Michael zutiefst. So tief, dass er seinen Vornamen populär und leicht einprägsam zu »Miggi« abänderte.

Michael Schmidt – wir dürfen ihn fortan Miggi nennen – gab sich schon bald nicht mehr damit zufrieden, in seinem Geschäft die Kassetten der Mundarterzähler in Endlosschlaufe abzuspielen. Während er auf Kunden wartete, vertrieb er sich die Zeit mit der Niederschrift der Märchen, die ihm seine üppig blühende Phantasie in die Schreibmaschine diktierte. Ausschliesslich in die Schreibmaschine. Ein Computer kam ihm sein Leben lang nicht ins Haus, auch heute noch sind seine Manuskripte fein säuberlich auf Maschine getippt und nicht lieblos in den PC gehauen, wie dies mittlerweile wohl alle seine Zeitgenossen tun. In seinem Fotogeschäft produzierte und kopierte er denn auch seine erste Märchenkassette. »Die ging weg wie warme Semmeln«, erinnert sich Miggi heute. Gut erinnere ich mich an seine Prinzessin Semiramis, die ihm als Autor gehörig den Kopf verdrehte, und die mir als eine seiner Protagonistinnen aus den 1990er-Jahren in Erinnerung geblieben ist. Mehr Farbe ins Leben! Das wohl mag ein Motto für sein Schreiben gewesen sein. Immer wieder flüchtete er aus dem Fotolabor ins Poetenstübchen und setzte darin seine Visionen von einer besseren und liebevolleren Welt um. Und wiederum sollten die grossen und kleinen Kinder davon profitieren: Zusammen mit dem Fotografen Alfons Jordan produzierte Michael Schmidt ein erstes Fotobüchlein.

Wenn ich meine Ferienfotos in Miggis Geschäft zum Entwickeln brachte, bat er mich manchmal darum, seine Geschichten »zu lesen«. Was Miggi aber von mir in Wirklichkeit erwartete, das war nicht bloss die Korrektur einiger Tippfehler, sondern vor allem interessierte ihn, ob die Geschichte »rüberkomme« und ob es eine gute Geschichte sei. Bestens kann ich mich an »Das zerstrittene Dorf« erinnern. In dieser Geschichte erzählt Miggi von einem Mädchen, das in einer Welt lebte, die sich ausschliesslich in grauer Farbe präsentierte. Das Mädchen verfügte jedoch über eine erstaunliche und wunderbare Fähigkeit: Immer, wenn es Blumen pflückte, verloren diese ihre graue Farbe und erstrahlten alsdann in grandiosen Farben. Die Mitmenschen glaubten deswegen, das Mädchen sei verhext, und sie sperrten es in einen tiefen und dunklen Keller ein. Eine Elfe jedoch erlöste das Mädchen aus dem finsteren Verliess und brachte den Menschen mit dem Mädchen auch die Farbe und die Phantasie zurück.

Im November des vergangenen Jahres schlug eine weitere Sternstunde für den Märchendichter Miggi. Er durfte anlässlich von BergBuchBrig einige seiner Geschichten von einer Schauspielerin vorlesen lassen. »Aus alten Zeiten« so möchte Miggi seine Geschichten übertitelt wissen. Wenn er auftritt, dann hat Miggi meistens sieben Geschichten mit im Gepäck. »Sieben – die heilige Zahl passt doch bestens«, schmunzelt er. Darunter finden sich Geschichten für kleine Kinder und auch für grosse Kinder. Ausschliesslich für grosse Kinder hat er sich Geschichten ausgedacht, die bereits im Titel den Inhalt erahnen lassen: »Ds beesch Mannji«, »Ds Schnaps-Toni«, »Dr Balduin«, »Ds Bärthi und dr Sigrischt«, »Ds Xufi«, »Die Zweiköpfige«, »Der blinde Papst«. Es finden sich in Miggis eigener Märchensammlung jedoch auch Geschichten, die sich für kleine und grosse Kinder gleichermassen eignen: »Das unheimliche Geisterschiff« und »Minuxie«. Miggi hat mir dazu einen Zettel beigelegt. Darauf steht: »Du kannst sie deinem Kinde vorlesen. Ihr werdet euch beide daran erfreuen«.

Kürzlich hat mir Miggi wieder einmal einen Karton voller selbst verfasster Geschichten geschickt. Auf dem Karton klebte ein Zettel. Was darauf stand, las ich mit Erstaunen. Wie rätselhaft muss denn ein Autor sein, bis er sowas schreibt: *Und sollte dein Kind dich fragen: »Es hat doch noch andere Geschichten in diesem Buch! Willst du mir diese nicht auch vorlesen?« Dann sag ihm nur: »Es lohnt sich nicht, mein Liebes, die sind langweilig!«* Verraten diese Zeilen psychologisches Kalkül oder ist es lediglich die Bescheidenheit des Autors, die ihn diese Zeilen schreiben liess? Miggis Notiz ist auf jeden Fall bestens geeignet, die Neugier der kleinen und grossen Leserschaft zu wecken.

Malerin goldgerahmter Texte

Eine befreundete Künstlerin hat mir ein wunderschönes Bild geschenkt. Ich liebe das Bild. In warmen Farben hat sie die Stadt Venedig eingefangen. Venedig ganz ohne die vielen Touristen. Da ist das Meer im Vordergrund mit den Bootsanlegern. Bei genauem Hinsehen ist im Hintergrund eine Gondel zu erkennen, die sich, vertäut und leicht schaukelnd, an den Palazzo anschmiegt. Welch wundervolles Bild! Es wärmt mir in den kalten Tagen die Seele. Und es nährt meine Sehnsucht nach den sommerlichen Tagen. Für mich ist es ein goldgerahmtes Bild, obschon es in keinen goldenen Rahmen passt.

Können Bilder zu Literatur werden? Ich denke schon. Bilder können in unseren Köpfen zu Sprache und zu Text werden. Und umgekehrt können Sprache und Texte in unseren Köpfen zu Bildern werden.

Das goldgerahmte Bild ohne Rahmen erinnert mich an Hermann Hesse, den ich sehr verehre. Die Erinnerung holte Hermann Hesse in seinem Tessiner Refugium ein. In schlaflosen Nächten tauchten Bilder aus seiner Vergangenheit auf. Es waren Bilder voller Blumenduft. Es waren aber auch Bilder mit einer zärtlichen Sehnsucht nach Streichelhänden und einer milden Neigung zu Trauer und Todesbitterkeit. Am schönsten aber waren die ungerahmten Bilder, die ihn von seiner Kindheit an bis ins hohe Alter hinein begleiteten. Im Tessin, im spätsommerlichen Montagnola, bin ich auf Hermann Hesses Spuren gewandelt. Tief beeindruckt bin ich an seinem Schreibtisch vor dem geöffneten Fenster gestanden.

Auf Hermann Hesses Schreibtisch liegt ein loses Blatt. Darauf lese ich die Zeilen, die von einem »goldgerahmten Bild« berichten. Sie passen auch zum Bild, das mir Myriam geschenkt hat:

»Wenn jetzt noch die Kindheit zuweilen an mein Herz rührt, so ist es als ein goldgerahmtes, tieftöniges Bild, an welchem vornehmlich eine Fülle laubiger Kastanien und Erlen, ein unbeschreiblich köstliches Vormittagssonnenlicht und ein Hintergrund herrlicher Berge mir deutlich wird. Alle Stunden meines Lebens, in welchen ein kurzes, weltvergessenes Ruhen mir vergönnt war, alle einsamen Wanderungen, die ich über schöne Gebirge gemacht habe, alle Augenblicke, in welchen ein unvermutetes kleines Glück oder eine begierdelose Liebe mir das Gestern und Morgen entrückte, weiss ich nicht köstlicher zu benennen, als wenn ich sie mit diesem grünen Bilde meines frühesten Lebens vergleiche. So ist es mir auch mit allem, was ich als Erholung und höchstem Genuss mein Leben lang liebte und wünschte, alles Schreiten durch fremde Dörfer, alles Sternezählen, alles Liegen im grünen Schatten, alles Reden mit Bäumen, Wolken und Kindern.« (Hermann Hesse: Meine Kindheit. Geschrieben 1896).

Die sommerlichen Reisetage sind vorbei. Sie bleiben in Erinnerung, vielleicht vor allem wegen ihrer zeitlichen Begrenztheit. Was bleibt sind die Bilder. Unsere Erinnerung speichert sie ab für alle Zeiten. Es sind aber nur die goldgerahmten Bilder, die unsere Erinnerung speichert. All das Traumatische und Triste wird überdeckt und überlagert vom Vergessen. Was wirklich bleibt, das sind die goldgerahmten Bilder. Es sind Bilder ohne Rahmen. Es sind Bilder, die uns begleiten, berühren und wärmen.

Wenn jetzt noch ein vergangener Sommer an mein Herz rührt, so ist es als ein goldgerahmtes, tieftöniges Bild. Ich halte es fest, das Bild aus sommerlichen Tagen. Ich lasse es wohnen in meiner Erinnerung, auf dass es mich begleite, berühre und wärme.

Ein Foto von der Dame vis à vis

Ich sitze im Restaurant in schöner Gesellschaft an einem Tischchen. Das Abendessen lässt auf sich warten. Mein Smartphone vibriert, ich hole es reflexartig aus der Tasche. Eine Bekannte schickt ein Foto, nein zwei, nein eine ganze Fotostrecke. Während ich die Fotos durchscrolle, kommt plötzlich ein neues Foto herein. Das Foto zeigt mich lesend im Lichte meines Smartphones. Das Foto stammt von der Dame, die vis à vis von mir sitzt, und die mit mir zusammen auf das Abendessen wartet. Peinlich berührt, lasse ich das Smartphone in meiner Tasche verschwinden, murmele ein »sorry« und bin erleichtert, dass der Kellner mit dem feinen Abendessen an den Tisch tritt und unser beider Aufmerksamkeit auf sich lenkt. Einmal mehr wird mir da bewusst: Die digitale Welt hat mich im Griff.

Wohin treibt sie uns, die digitale Welt? Davon erzählt der Roman »Die Hochhausspringerin« der Autorin Julia von Lucadou. Und Romane übertreiben häufig, besonders wenn sie thematisch auf verbrauchten und ausgeleierten Themen bauen, so wie die Digitalisierung eines ist. Die Autorin Julia von Lucadou hat sich ein digitales System ausgedacht, das die totale Überwachung unserer Gesellschaft anstrebt. In dieser Gesellschaft finden sich Heiratswillige mit Hilfe von Algorithmen. Die Kinder besuchen zentrale Schulen, wo sie zu gleichgeschalteten Bürgerinnen und Bürgern herangezüchtet werden. Das Individuum darf sich keine eigenen Gedanken und Vorstellungen mehr erlauben. Auch persönliche Regungen, Gefühle und sogar Sexualkontakte werden vom System erfasst und analysiert, ausgewertet und sanktioniert.

Julia Lucadou geht noch weiter als der Klassiker »1984« von George Orwell, der um 1948 entstand. In »Die Hochhausspringerin« haben die Bürgerinnen und Bürger zu funktionieren. Wer nicht funktioniert, auf den wartet eine Hirnwäsche. Widerstand ist strikte verboten. Im Roman spielt die junge Frau Riva in diesem System der totalen Überwachung nicht mehr mit. Riva ist eine professionelle Sportlerin, die sich täglich im Flysuit kopfüber von Hochhäusern herab in Strassenschluchten stürzt. Erst kurz vor dem Aufprall wird sie vom Sprungseil wieder nach oben katapuliert. Das sogenannte »Skydiving« hat Riva zum Superstar werden lassen. Doch dann weigert sich Riva plötzlich, weiter zu springen. Dies darf aber nicht sein, das System der totalen Überwachung hat Derartiges nicht vorgesehen. Vom System muss sich Riva deshalb einer persönlichen Überwachung unterziehen lassen. Der widerspenstigen Riva wird eine einheimische Therapeutin namens Hitomi an die Seite gestellt.

Überall auf der Welt nimmt die totale Überwachung noch zu. Die Protagonistin Riva im Roman von Julia Lucadou erfährt dies am eigenen Leib. Überall, wo sie sich aufhält, sind Kameras und Mikrofone versteckt. Doch dann taucht ein Retter auf. Eingeschleust vom »System«, besteht seine Aufgabe zwar darin, Riva durch sanften Druck zum Einlenken und Mitmachen im »System« zu überreden. Doch der Retter entwickelt eine Eigendynamik, er spielt das böse Spiel nicht länger mit. Unter anderem kreiert er

Freiräume, die es ihm erlauben, vom System digital unerreichbar zu sein. Er schlägt sich auf Rivas Seite. Kann ein einzelner etwas ausrichten gegen ein totales System der Überwachung? Die Autorin hat sich als Antwort auf diese Frage etwas ganz Besonderes einfallen lassen.

Die allgegenwärtige Abhängigkeit der Menschen von digitalen Geräten übertrifft alles bei weitem, was George Orwell in seinem Klassiker »1948« bereits vor siebzig Jahren prophezeit hat.

Nicht immer erreichbar sein, das bedeutet frei sein. Es ist dies eine Freiheit, die sich jede und jeder Einzelne teuer erkaufen muss. Arbeitgeber, Firmen und Unternehmen erwarten heute von ihren Angestellten eine permanente Erreichbarkeit. Wer dagegen protestiert, der läuft Gefahr, als Querulant zu gelten. Und noch schlimmer: Wer es sich leistet, der globalen Digitalisierung entgegenzutreten und sich eigene Freiräume offenzuhalten, der wird als Teamplayer schon bald nicht mehr ernst genommen.

Sie lebt, was sie schreibt

Abendstimmung über dem Bergdorf Birgisch. Marianne Künzle empfängt mich in ihrem zauberhaft angelegten Naturgarten. Die Blüten der gelben Nachtkerzen haben sich bereits zur Nachtruhe eingerollt. Marianne Künzle fordert mich auf, eine der schlafenden Blüten zu berühren. Und tatsächlich! Die Blüte entrollt sich und begrüsst mich offenherzig. Bei Marianne Künzle erscheint alles wie aus einem Guss: Die naturbelassene Wohnumgebung, ihre Naturverbundenheit und ihr Schreiben. Den Volljob als Kampagnenleiterin für ökologische Landwirtschaft bei Greenpeace hat sie eingetauscht gegen einen Teilzeit-Job bei der Schweizerischen Flüchtlingshilfe, dadurch habe sie jetzt mehr Zeit zum Schreiben, freut sie sich. Die schicksalshafte Verbundenheit des Menschen zur Natur, das ist ihr grosses Thema. Vergangene Woche hat sie aus ihrem Buch über den Kräuterpfarrer Künzle gelesen, bereits ist ihr nächstes Buch in Arbeit, es wird von der Gletscherschmelze handeln und vom Klimawandel. Das ist es, was mich zurzeit so sehr beschäftigt, sagt sie, die Öko-Autorin, zweifellos eine Hoffnungsträgerin für all die Bewegten, die sich eine Umkehr wünschen zu mehr Umweltbewusstsein und zu mehr vernetzter Naturverbundenheit.

Marianne Künzles biographischer Roman über den Kräuterpfarrer Johann Künzle erzählt von dessen wichtigster Botschaft: Leute, öffnet die Augen für alles, was vor eurer Haustüre wächst! Benutzt die heilenden Kräuter, um euch gesund zu behalten! Der liebe Gott lässt am Wegrand wachsen, was euch helfen kann! Pfarrer Johann Künzle lebte im 19. Jahrhundert, damals, als Glaube und Religiosität noch fest im Volk verankert waren. In den Jahren zwischen 1910 und 1921 schuf sich der Kräuterpfarrer aus dem Sanktgallischen Rheintal einen legendären Ruf, die Menschen pilgerten zu ihm im Vertrauen und in der Hoffnung auf seine Kräutermischungen und Tinkturen. Das ausgehende 19. Jahrhundert traf auf die Moderne mit Rebellion und Aufstand, eine spannende Zeit, ein geschichtlicher Hintergrund, den die Autorin gekonnt mit ihrer Romanstory verquickt.

»Das war der Grund, weshalb mich die Story um Kräuterpfarrer Künzle derart gepackt hat, deshalb beschloss ich, über diesen Mann zu schreiben: Er war einerseits die Verkörperung des erzkonservativen Katholizismus, er war auf Traditionen fixiert, er vertrat die alten Werte, damit konnte ich persönlich zwar nichts anfangen, vor allem nicht mit dem katastrophalen Frauenbild, das er hatte«, erzählt die Autorin. Doch ihr Protagonist zeige in der Wirklichkeit wie auch in ihrem Buch auch sehr sympathische Seiten. Pfarrer Künzle sei auf Menschen eingegangen, er habe ein offenes Ohr gehabt für ihre Probleme, er habe selbstlos überall geholfen, wo es nötig gewesen war. Nicht zuletzt aber habe der Kräuterpfarrer auch immer wieder seine eigenen Werte über den Haufen geworfen, etwa dann, wenn er über die Konfessionsgrenzen hinweg die

Menschen gepflegt oder wenn er den Religionsunterricht nicht im Schulzimmer, sondern im Wald abgehalten habe, um den Kindern dort die Heilpflanzen zu erklären.

Pfarrer Künzle hatte kranke Menschen »abgependelt«, was der katholischen Kirche sauer aufgestossen war. Mit Hilfe des Pendels versuchte der Kräuterpfarrer herauszufinden, was den Menschen fehlte. Dem Bischof von Sankt Gallen sei das denn doch zu viel geworden, er fürchtete um das Image der katholischen Kirche. Vor hundert Jahren spielt Marianne Künzles Story. Ob sich denn aus der Perspektive einer Frau seither Entscheidendes verändert habe, wollte ich von ihr wissen. Eine einzige Frau komme in ihrer Story vor, es sei dies die Frau des Arztes Benedikt Prodin, aber sie sei gefangen in der traditionellen Frauenrolle, obschon sie zuweilen auch Züge aufweise, die sie eigenständig erscheinen lassen, erklärt sie mir. Doch sei die Rolle der Frau damals »katastrophal« gewesen. Allerdings habe es auch schon damals vor allem in urbanen Gebieten Bewegungen von Frauen gegeben gegen die patriarchalischen Strukturen – eine unglaublich bewegte Zeit sei das gewesen.

Der Abend kriecht die Hänge des Natischerbergs empor. Der Blick übers Tal hinweg endet hoch über dem Simplon. Die Abendsonne küsst da oben den ersten Schnee. »In meinem nächsten Buch wird es um die schicksalshafte Verbundenheit des Menschen mit der Natur gehen«, verrät mir Marianne Künzle, »Gletscherschmelze und Klimawandel werden wichtige Themen darin sein, denn das ist es, was mich zutiefst beschäftigt.«

Frau Blum und der Milchmann

Peter Bichsel ist ein gewiefter Erzähler, der abwägt, der mit seinen Geschichten nicht rechthaberisch Wahrheit vermitteln will, der vielmehr Vorschläge unterbreitet. Seine Geschichten lassen Möglichkeiten offen. Ganz im Sinne von: So könnte es gewesen sein.

Oder vielleicht war alles auch ganz anders. »*Auch der Esel hat eine Seele*« – so sind Bichsels frühe Texte betitelt. Wir glauben daran. Daran, was Peter Bichsel erzählt. Und auch daran, dass Esel eine Seele haben. Man muss die Geschichte vom Esel und von der Seele nur gut erzählen.

Mein Gespräch mit Peter Bichsel ist wie eine Geschichte, es ist lange her und war völlig überraschend. Es passt bestens zu seinen frühen Texten und Kolumnen. Ich habe mit Peter Bichsel über das Erzählen gesprochen, aber auch über seine Ideen von einer Welt ohne Kriege und ohne das amerikanische Bösewicht-Denken. Ich habe dabei einen politisch engagierten Literaten entdeckt, der weit mehr vorlegt als Kolumnen und Geschichten.

Was eigentlich macht gutes Erzählen aus? Dies wollte ich vom leidenschaftlichen Erzähler Peter Bichsel wissen. Für ihn sei Erzählen ein Umgang mit der Zeit, erläuterte er mir. Erzählen bedeute, einem Ereignis eine künstliche Zeit zu geben. In der Erzählung könne ein Menschenleben auf fünf Minuten zusammenschmelzen. Unser Alltag sei voller Geschichten, man müsse sie nur erkennen. Warum er aber in seinen neueren Werken so viele Informationen in Anmerkungen verpacke? »Gute Erzähler brauchen Anmerkungen«, beschied mir da Peter Bichsel schlagfertig. Nur wer abschweife und Assoziationen habe, der sei ein guter Erzähler. Und er erklärte mir an einem Beispiel, was gemeint ist: Wer etwa aus der Wüste komme und von ihr erzähle, der assoziiere und vergleiche die Wüstenlandschaft mit den Verhältnissen auf dem Land bei uns in der Schweiz.

Gibt es den amerikanischen »Antichrist«? Seit dem Vietnamkrieg habe ihn nichts mehr so sehr beschäftigt wie der vergangene Serbien-Krieg, gestand mir Peter Bichsel. Dahinter stehe die Vorstellung der Amerikaner, dass es einen Antichrist gebe. Früher sei der Antichrist Saddam Hussein gewesen oder Gaddafi, später die Serben. Die Amerikaner führten militärische Straffeldzüge gegen immer neue »Bösewichte«. Persönlich sei er nicht gegen Gewalt, er sei nur gegen Militär, fasste Peter Bichsel seine Einschätzungen zusammen.

Als Alternativen zum »Antichrist-Denken« und zur Kriegsführung der Amerikaner empfiehlt Peter Bichsel einen Wirtschafts-Boykott. Der funktioniere allerdings nur, wenn alle mitmachten. In der Vergangenheit habe es die Schweiz versäumt, dieses Mittel entschieden einzusetzen, sagte Bichsel.

Mit dem schmalen Bändchen »Eigentlich möchte Frau Blum den Milchmann kennenlernen« hat er sich gleich zu Beginn seiner Schriftsteller-Karriere in den literarischen Olymp geschrieben. Die Diskussion darüber, ob es sich dabei wirklich um Geschichten für Kinder handelt, ist immer noch nicht abgeflaut. Die Protagonisten in den »Kindergeschichten« sind allesamt ältere Männer, alle einsam und ein bisschen »verrückt«. Die Lektüre dieser Geschichten amüsiert bis heute Junge und auch Ältere. Beim Wiederlesen offenbaren diese Geschichten aber auch etwas Trauriges und Melancholisches.

Als Sohn eines Handwerkers in Luzern geboren, wuchs Peter Bichsel ab 1941 in Olten auf. Am Lehrerseminar von Solothurn liess er sich zum Primarlehrer ausbilden, bis 1968 unterrichtete er auf Primarschulstufe. Er ehelichte im Jahr 1956 die Schauspielerin Therese Spörri und wurde Vater einer Tochter und eines Sohnes. Sich selber bezeichnet Peter Bichsel als Sozialist. Zwischen 1974 und 1981 schuf er sich als persönlicher Berater und Redenschreiber für Bundesrat Willi Ritschard einen Namen. Mit dem Schriftsteller Max Frisch war er bis zu dessen Tod eng befreundet. Unvergesslich sind Peter Bichsels Bestseller über die Schweiz wie »Des Schweizers Schweiz«, »Schulmeistereien« oder »Die Totaldemokraten«.

Unvergesslich sind die Kürzestgeschichten aus dem Bändchen »Zur Stadt Paris«. Paris ist für den Literaten Peter Bichsel ein Sehnsuchtsort. Um sich diese Sehnsucht zu bewahren, hatte er sich geschworen, niemals nach Paris zu reisen. Bichsels Geschichten drehen sich meist um Alltägliches, etwa: Fühlt man sich anders, wenn man sich anders kleidet? Zuweilen durchbricht Bichsel aber das Alltägliche und provoziert seine Leser*innen mit einem offenen Schluss. Etwa in der Geschichte von Franz Grütter, der plötzlich eine Frau in seinen Armen hält und nun nicht weiss, was er mit dem unverhofften Geschenk anfangen könnte.

Haben nun aber Esel tatsächlich eine Seele? Bichsels frühe Texte tragen immerhin programmatisch den Titel: »Auch der Esel hat eine Seele«. Die Antwort auf diese Frage dürfte lauten: Geschichten lassen Möglichkeiten offen. Geschichten wollen nicht rechthaberisch Wahrheit vermitteln. Ein gewiefter Erzähler unterbreitet lediglich Vorschläge. Es könnte so sein, dass Esel eine Seele haben. Aber vielleicht ist es auch ganz anders.

Der Publikumsliebling

Für viele war Simone Lappert der Publikumsliebling anlässlich der Verleihung des Buchpreises in Basel. Nebst einem brisanten Thema überzeugt ihr Buch »Der Sprung« mit einer graziösen, leichten und sehr flüssigen Sprache. Sprachlicher Rhythmus und Klang sind bei ihr ebenso wichtig wie das Erzählte selbst. Damit unterscheidet sich Simone Lappert fundamental von der bruchstückhaften und für viele Leser auch ermüdenden Sprache im Werk »GRM. Brainfuck« der Buchpreis-Gewinnerin Sibylle Berg. Und während sich Sibylle Berg beim Lesen und Talken hinter Wassergläsern und Blumensträussen verkroch, eroberte Simone Lappert mit mutigen schauspielerischen Einlagen die Herzen des Publikums.

Da stand Simone Lappert am Bühnenrand und es schien, als würde sie den »Sprung« aus ihrem gleichnamigen Roman nun gleich nachvollziehen. Frei rezitierte sie aus ihrem Roman die titelgebende Szene. Der Roman greift fiktionalisierend ein dramatisches Ereignis auf: Eine Frau steht auf dem Dach eines Hauses und weigert sich, herunterzukommen. »Spring doch!«, rufen ihr erboste Passanten zu. Und eine Zuschauerin versteigt sich sogar zur bitterbösen Aufforderung: »Die da oben sollte man erschiessen!«

Warum lockt eine dramatische Szene so viel schaulustiges Volk an? Warum zücken viele sogar das Handy, um eine menschliche Tragödie zu fotografieren und zu filmen? Das sind Fragen, die Simone Lappert in ihrer Erzählung aufgreift und verarbeitet. Es handle sich dabei um ein altbekanntes Phänomen in unserer Kulturgeschichte, erklärt uns die Autorin. Bereits die Gladiatorenkämpfe im Alten Rom lockten viel schaulustiges Volk an, später auch die Hexenverbrennungen. Das Volk giert nach dem Schrecklichen und geilt sich am Unglück der Mitmenschen auf. Manchmal braucht es eine Störung unseres Alltags, damit sich zeigt, wer man wirklich ist. Autorin Simone Lappert fesselte das Publikum mit überraschenden Thesen.

In Simone Lapperts Roman heisst die Frau, die oben auf dem Dach steht, Manu. Und Manu ist eine Störgärtnerin. Der Begriff ist zweideutig. Manu bietet ihre Dienste auf Balkonen und in Blumenbeeten an. Aber sie »stört« auch, indem sie eines Tages aufs Dach eines Hauses steigt und die Passanten in Atem hält. Springt sie oder springt sie nicht? Simone Lapperts Buch ist jedoch kein Buch über Suizid, im Gegenteil, es ist ein Buch über das Leben geworden. Doch manchmal braucht es eine Störung, damit man sich »entwickeln« kann. »Dort, wo eine Lawine niedergegangen ist, wird die Erde am fruchtbarsten«, erklärt die Autorin ihrem staunenden Publikum.

Im persönlichen Gespräch mit Simone Lappert klären sich auch noch die letzten Fragen, die mich beim Lesen von »Der Sprung« beschäftigt haben. Warum belässt es Simone Lappert bei der »Störung«, warum lässt sie die Frau auf dem Dach stehen und bietet keine Lösung an? »Ich möchte die Störung nicht stummschalten«, sagt die Autorin. Die Fragen sollen die Leser*innen weiterhin beschäftigen: Warum löst ein Mensch in einer tragischen Situation sowas aus? Warum reagieren die Passanten derart verstört und menschenfeindlich in derartigen Situationen? Das Buch sei ein »Wimmelbuch«, denn es wimmelt darin von Fragen, die uns alle beschäftigen sollten. So gesehen, ist Simone Lapperts Buch »Der Sprung« auch eine Frage- und Auslegeordnung.

Simone Lappert hat es als erste Schweizer Autorin geschafft, ihr Buch »Der Sprung« beim renommierten Verlagshaus Diogenes zu veröffentlichen. Und dabei ist dieser Roman gerade erst ihr Zweitling. Zuvor war sie »verlagsobdachlos«, wie Simone Lappert gestand. Ein Geheimnis ihres Erfolges besteht wohl darin, dass sich die Autorin ihre Figuren »erschreibt«: Es handelt sich bei den Protagonisten meist um Personen aus dem Alltagsleben. Während des Schreibens aber würden sich Abgründe auftun, die Figuren entwickeln dann ein Eigenleben, verrät sie.

In freier Wildbahn

Sie legt ihre Texte irgendwo in die Landschaft. Sie schreibt sie auf Baumrinden, Blätter oder auf Holzstückchen. Manchmal schreibt sie auch auf einen flachen Stein, dann wirft sie ihn weg. »Vielleicht liest ja jemand, was auf dem Stein steht«, meint die Lyrikerin Jolanda Brigger-Ruppen. Und sie erklärt: »Ich suche nach Möglichkeiten zum Veröffentlichen, aber möglichst auf originelle Art und Weise.«

Wenn Jolanda unterwegs ist, dann schreibt sie Kurzgedichte, Senryus und Haikus auf Steine, Baumrinden, Blätter oder Holzstückchen. Dann legt sie diese in die Landschaft, irgendwo, wo sie vielleicht ein unbekannter Leser findet. Jolanda ist jedoch keine Heimlichtuerin, ganz im Gegenteil, sie wartet nur darauf, dass jemand ihre »weggeworfenen« Texte liest. »Ich schreibe manchmal auch meine Mailadresse hin«, gesteht sie.

Auch ausgediente Zigaretten-Automaten mutieren unter Jolanda zu Lyrik-Verlagen. Gerne darfs auch mal »auswärts« sein, in einer Stadt wie Basel, wo ihre Gedichte aus dem »Basler Literaturautomaten« für Furore sorgen. Der Literaturkonsum auf die Schnelle ist in der schnelllebigen Stadt beliebt, fast so wie ein Kaffee oder (früher) eine Zigarette im Stehen. Gerne ziehe ich für Sie, liebe

Leser*innen, beispielhaft an einem Schublädchen des Basler Literaturautomaten. Und das kommt da raus:

»*Gerade war da noch / das Meer in deinen Augen, / und beim nächsten Wimpernschlag war's fort. // Gerade war da noch dein Lächeln auf den Lippen / und im nächsten Augenblick / war's nicht mehr. // Gerade war da noch – / Etwas griff nach dir. / Du legtest deinen Körper ab, / wie Kleider, die du gestern trugst. // Gerade schlug dein Herz / vom Mond herunter. / Die Erde klingt / viel härter ohne dich.*«

Das pralle Leben draussen in freier Wildbahn inspiriert sie zu ihren Texten. Plötzlich kann es dabei geschehen, dass ein kurzes Gedicht derart unter die Haut geht, dass man sich fragt: Wie nur kann das geschehen? Die Antwort kann nur sein: Die Lyrikerin schöpft ein erfülltes Leben mit all den dazugehörenden Erfahrungen in einen Sechszeiler:

Was von Glück / am Wegrand wächst, / will ich pflücken / dir allein. / Und muss ich gehen, / bis Sterne unter mir. (Aus: Zeit der Erkenntnis).

Trotz all der Ernsthaftigkeit beglückt die Lyrikerin ihre Leserschaft am Wegrand jedoch immer wieder auch mit einem versteckten Lächeln zwischen den Zeilen:

»*Wenn der Tau in den Gräsern liegt, will ich einmal früh aufstehen, damit ich die Bedrängnis schlafen sehe.*«

Jolanda gehört zu jenen unermüdlichen Literaten, für die das Leben eine wundervolle Spielwiese ist. Nicht nur erfindet sie sich immer wieder neu, sie experimentiert im phantastischen Labor, das uns Natur und Umwelt bereitstellen. Neuerdings versucht sie sich in visueller Poesie. Es sind dies Texte fürs Auge, die fast schon an aussereuropäische Traditionen erinnern, insbesondere an den japanischen »Shikakushi«. Als Lyrikerin arbeitet sie nun im Grenzbereich zwischen Poesie und Bildender Kunst.

Kehrt die Lyrikerin Jolanda Brigger-Ruppen in Zukunft vielleicht doch wieder zum herkömmlichen Veröffentlichen zurück? Wer sie kennt, der weiss: Jolanda fährt wohl einfach mehrgleisig, will heissen: Sie kann so oder so. Oder auch so. Sie liebt es, ihre

Werke »live« vor Publikum darzubieten, so wie sie dies sommers nun schon einige Male anlässlich der Grächner Kulturabende getan hat. Dass nun aber endlich auch das Dorfblatt »*Grächen Aktuell*« in seiner Herbstausgabe ihr einen gebührenden Platz einräumt, das war wohl fällig. Nun sollen Jolandas Gedichte hier regelmässig abgedruckt werden.

Wer im eigenen Feld-, Wald- und Wiesenverlag ebenso zu Hause ist wie in Literaturautomaten und zwischen preisgekrönten Buchdeckeln, der weckt bei der Leserschaft eine Erwartungshaltung. Während viele Autorinnen und Autoren ihre Werke teuren Bezahlverlagen anbieten und sich dabei finanziell ruinieren, während andere ein Leben lang darauf warten, von einem Grossverlag entdeckt zu werden, beschreitet die Lyrikerin Jolanda Brigger-Ruppen eigene, originelle und alternative Wege. Was sie von ihren schreibenden Kolleginnen und Kollegen unterscheidet, das ist ihre Selbstzufriedenheit. Sie ruht in sich selbst, sie schreibt aus dem Leben und für das Leben, das Schreiben ist für sie auch eine lustvolle Spielerei. »Ich möchte Texte vermitteln, ich gehe dabei aber unkonventionelle Wege«, fasst sie ihr dichterisches Wirken zusammen.

Ein experimentelles Gedicht von Jolanda Brigger-Ruppen trägt den Titel »*nein machen*«. Was haben viele von uns für hochfliegende Pläne! Viele verzagen, weil sie zu viel überlegen, weil sie zu verkopft sind, weil sie »es« allen recht machen wollen. Das Leben plätschert dahin, das Leben vergeht. »Später«, sagen viele von uns liebend gerne. »Später möchte ich dann noch…« Und nur zu oft ist dann »später« zu spät.

Jesus Christus mit der Knarre

Wenn man ihn so am Tischchen sitzen sieht, fein beschattet von Sommerschirmen, in gelöster und lockerer Stimmung, dann kommt er rüber wie ein etablierter und bürgerlicher Professor aus

Deutschland. Doch hat Peter Schneider eine revolutionäre Vergangenheit, die so gar nicht zu seinem braven Professoren-Image von heute passt. Er war Aktivist, Wortführer und Kampfgefährte von Rudi Dutschke, damals in der wilden 68er-Bewegung. Zusammen mit der deutschen 68er-Ikone Rudi Dutschke hat Peter Schneider alle Phasen der Protestbewegung von 1966 bis in die Siebzigerjahre intensiv durchlebt. Ich habe ihn als fabelhaften Erzähler erlebt.

Als Kämpfer und Chronist der 68er-Revolte hat Peter Schneider 20 Bücher geschrieben, die teilweise in mehr als 25 Sprachen übersetzt wurden. Jetzt, 50 Jahre nach der grossen Revolution, lässt er in seinem Buch »Rebellion und Wahn« die grandiosen und legendären Zeiten von damals nochmals aufleben. Das Resümee, das Peter Schneider zieht, lässt aufhorchen. Er sagt:»Die wichtigste Errungenschaft der 68er-Bewegung in Deutschland bleibt, dass sie massenhaft – und vielleicht für immer – mit der Kultur des Gehorsams gebrochen hat.« Vielleicht war dieser Bruch mit dem Gehorsam gerade auch in Deutschland von besonderer Bedeutung. Immer noch lebten nämlich viele Deutsche im Kriegstrauma. Niemals wieder wollte man blindlings gehorchen und selbsternannten Führern folgen.

Eigentlich gibt es ja keine typischen 68er. Die Bewegung von damals war in Berlin ganz anders als etwa in Paris oder gar in San Francisco. Was jedoch viele 68er-Aktivisten verbindet, das ist ihr Weg vom Strassenkämpfer hin zum bürgerlichen Politiker oder Professor. Ein Vorzeigebeispiel in Deutschland ist der ehemalige Aussenminister Joschka Fischer, der sich vom Strassenkämpfer zum angesehenen Politiker gemausert hat. Einen ähnlichen Lebensweg hat Peter Schneider zurückgelegt. Nach seiner Zeit als Aktivist und Kampfgefährte von Rudi Dutschke lehrte er als Gastprofessor an amerikanischen Universitäten, darunter so renommierten Universitäten wie Stanford, Princeton oder gar Harvard.

Peter Schneider hat sich seiner revolutionären Vergangenheit gestellt. Er ist sich auch der Sünden bewusst, die damals begangen wurden. Als grösste Sünde der 68er-Bewegung sieht er, dass die Anführer nach einem positiven Aufbruch zu mehr Freiheit und Selbstbestimmung immer mehr einer antidemokratischen Doktrin erlagen. Dabei schreckten sie auch nicht zurück vor den Verbrechen ihrer revolutionären Vorbilder in Kuba und in China. Insbesondere das Konterfei des kubanischen Revolutionärs Che Guevara wurde zur Ikone und zum Aushängeschild der 68er-Bewegung.

Zu den Dämonen der 68er-Bewegung zählte vor allem Che Guevara. »Man trägt die Revolution nicht auf den Lippen um von ihr zu reden, sondern im Herzen um für sie zu sterben«, schrieb Che Guevara. Also starb er für sie. Doch leider war Che Guevaras Ideenwelt völlig ungeeignet, um eine neue Gesellschaft zu schaffen. Auf Kuba wollte Che die Revolution mit Gewalt durchsetzen. Viele Todesurteile gehen auf sein Konto. So taugt Che für die 68er-Bewegung lediglich als revolutionärer Mythos.

Er ist zur Ikone der 68er-Revolution geworden. In Deutschland besang ihn Wolf Biermann als »Jesus Christus mit der Knarre«.

Komm zur Ruhe, Sysiphus

Mit dem Verein SOS-Kolumbien hat René Brunner mehrere Kindergärten sowie ein Gemeinschaftszentrum und ein Landjugendheim mitfinanziert. Er tat dies mithilfe von gesammelten Geldern aus dem Oberwallis.

Ab 1998 hat René Brunner mit seiner Frau Maria in Bogotá für sieben Monate gearbeitet. Als ehemaliger Gewerbeschuldirektor verfügte er über die Kompetenzen und über das Knowhow, die Kinder in den Elendsvierteln mit dem erforderlichen Basiswissen bekannt zu machen. In den Elendsviertens Bogotàs stand ihm und seiner Frau Maria keinerlei Infrastruktur zur Verfügung. Seine Zöglinge waren schon froh, wenn nach dem Unterricht etwas Warmes auf den Tisch kam. Mit Hilfe eines gemeinnützigen Vereins konzentrierten René und seine Frau Maria sich besonders auf die Linderung der Not von Kindern. René war der Überzeugung, dass der Weg aus dem Elend über die Bildung erfolgen muss.

»Auf meinem Berg, wo ich meinen Stein hinaufrolle, steht oben ein Kreuz«, schrieb René Brunner. Als Lyriker und als Autor hat er sich einen bleibenden Platz in unserer Kulturlandschaft geschaffen. Er bezeichnete sich selbst als einen Sisyphus, weil er im Leben so manches gemacht habe, was zu wenig wichtig gewesen sei. Und dies auch noch mit 80 Jahren. Mit seiner Erzählung von Sisyphus, der einen Felsblock auf ewig einen Berg hinaufwälzen muss, hinterlässt er uns eine Botschaft. Alle jagen wir ein Leben lang nach dem grossen Glück. Wir vergessen darob aber, dass wahres Glück nicht ohne Sinnsuche zu haben ist.

Autor René Brunner empfahl, seine Erzählung »Sisyphus«, wenn überhaupt, noch im Diesseits zu lesen. Im Jenseits sei alles anders. Er bestand darauf, dies auch auf dem Buchcover zu vermerken. Sisyphus war eine Figur der griechischen Mythologie. Sisyphus verstand es trickreich, den Tod zu überlisten, indem er den Todesgott Thanatos fesselte und ihn dadurch handlungsunfähig machte. Doch dem Todesgott gelang die Befreiung von seinen Fesseln, und er wollte Sisyphus in sein Totenreich holen, in den Hades. Doch erneut gelang es Sisyphus mit Hilfe einer List, ins Leben zurückzukehren: Er verlangte von seiner Frau, ihn nicht zu bestatten und kein Totenopfer für ihn darzubringen. Der Todesgott Thanatos war darob erbost, er musste Sisyphos jedoch erneut ins Leben entlassen. Dass sich Sisyphus dem Todesgott Thanatos gegenüber verweigert hatte, kam ihn aber teuer zu stehen. Zur Strafe musste er einen Felsblock auf ewig einen Berg hinaufwälzen, der, fast oben angekommen, immer wieder vom Gipfel des Berges hinunter ins Tal rollte.

Im heutigen Sprachgebrauch ist eine Sisyphusaufgabe oder eine Sisyphusarbeit eine ertraglose und schwere Tätigkeit, die ohne eine Aussicht auf ein glückliches Ende auszuführen ist. In der Erzählung von René Brunner ist alles ganz anders. Sisyphus sieht die

Unsinnigkeit seines Tuns ein, und er versucht, von dem Felsblock loszukommen, was ihm auch tatsächlich gelingt. Er flüchtet in eine Alphütte und versucht sich selbst zu finden. Mit einigem Erschrecken wird ihm bewusst, dass die stupide Tätigkeit am Felsblock ihm trotzdem ein bescheidenes Glück vermittelt hat. Er erkennt den Wahn und die Sucht, die ihn dazu veranlasst haben, den Felsblock immer wieder von neuem den Berg hinaufzuwälzen. Und Sisyphus empfindet Ekel und Abscheu darüber, dass er diese Sucht genossen hat. In Brunners Erzählung hat Sisyphus einen anderen Namen. Sisyphus ist Bruno. Als Bruno erkennt, dass der Unsinn des Alltags ihm Spass bereitet, erkennt er die Gefährlichkeit seiner Lage, die auch unser aller Leben widerspiegelt: Wir suchen das Glück oft am falschen Ort!

Alle sind wir Glücksritter, stetig auf der Suche nach etwas Glück. Wir suchen intensiv, wir suchen manchmal sogar mit Spass, wir suchen jedoch ohne Sinn. Vieles in unserem Leben ist unwichtig, vieles ist sinnentleerte Alltagsmaschinerie. Dass wir an dieser Stelle die Handbremse in unserem Leben ziehen müssen, dies ist eine Botschaft, die uns der Autor von »Sisyphus« vermittelt. »Auf meinem Berg, wo ich meinen Stein hinaufrolle, steht oben ein Kreuz«, ist bei ihm nachzulesen. Glücklich macht nur, was Sinn macht. Und der Sinn erschliesst sich nur aus dem Glauben, aus der Theologie, aus der Religion, aus Gott.

Kollege René Brunner wird zu Grabe getragen. Wir sollten seine Erzählung noch im Diesseits lesen, im Jenseits sei alles anders, liess er sich zitieren. Bei der Lektüre von Brunners »Sisyphus« ist mir eine Stelle ganz besonders in Erinnerung geblieben. Sisyphus (alias Bruno) erinnert sich an eine Begebenheit aus früheren Jahren. Da geht ein Bruder eines Nachts ganz meditativ durch eine Doppeltüre in seinem Kloster, von einem Raum in den anderen. Er öffnet bedächtig die erste Türe; und schaut noch einmal zurück. Dann nimmt er die Klinke der zweiten Türe in seine Hand und öffnet sie ebenfalls sehr behutsam; das Licht aus dem neuen Raum flutet ihm entgegen. Und erst jetzt schliesst er sehr sorgfältig die erste Türe wieder zu. Bruno vergleicht diesen Vorgang mit dem Sterben. So hat der Sterbende immer Licht. Die unheimliche Dunkelheit zwischen zwei Türen findet nicht statt.

Nach solchen Nächten und Gedanken war Bruno (Sisyphus) morgens immer sehr müde. Er behauptete, in seinem früheren Leben, als er noch Steine den Berg hinauf wälzen musste, nie so müde gewesen zu sein. Und der Eremit machte diesen Gedanken zu seinem Nachtgebet:

»Ich bin so müd und möchte jetzt schlafen. Nun musst DU selber, GOTT, und ganz allein zum Rechten sehn. Und morgen früh kannst DU mich wecken. Dann helf ich gerne DIR, o GOTT, die Erde weiter drehn.«

Anna Maria am Aletschgletscher

Im Alpmuseum auf der Riederalp durfte ich ein paar unvergessliche Stunden mit der Walserdichterin Anna Maria Bacher verbringen. Bereits während der Gondelfahrt hinauf auf die Riederalp hatte ich einige Mühe, mich an ihre archaische Walser Mundart des Pomatt zu gewöhnen. Zuweilen behalfen wir uns mit der italienischen Sprache, um besonders altertümliche Ausdrücke und Wörter aus dem Pomattertitsch zu klären. Es braucht einen »Switch« von einigen Minuten, um sich kommunikativ einigermassen ungezwungen und locker verständigen zu können. Im Alpmuseum angekommen, setzten wir uns alle in der heimeligen Stube an einen Tisch. Es galt, den Ablauf des Abends zu besprechen. Wir einigten uns darauf, die lyrischen Texte für die Lesung in drei Kapitel aufzuteilen: Texte über existenzielle Probleme, Texte über die Zerbrechlichkeit des Lebens und schliesslich emotionale Texte.

Anna Maria Bacher gilt als die bedeutendste Schriftstellerin der Gegenwart in Walser Mundart. Anlässlich der Brauchtumstage war sie zu Gast im Alpmuseum auf der Riederalp. In der heimeligen Stube des Alpmuseums rezitierte Anna Maria Bacher ihre Gedichte in »Pumattertitsch«, das heute nur noch von wenigen gesprochen wird. Die Begegnung mit der Lyrikerin Anna Maria Bacher war der Höhepunkt der drei Brauchtumstage. Schaukäsen, Buttern, Ziegerherstellung, alte Kinderspiele, Holz sägen und das Tängilu waren weitere hoch interessante und publikumswirksame Angebote während der drei Brauchtumstage.

Am Grossen Aletschgletscher holten wir uns letzte Inspirationen vor der Lesung. Hier oben hatten sich die Heidelbeerstauden bereits herbstlich rot verfärbt, passend zum bekannten Anna Maria Bacher-Gedicht »*Minä liebä Herbscht*«, in dem die Dichterin diese Jahreszeit als ein Fest feiert, zu dem die Frauen ein Halsband aus Ahornlaub tragen sollen. Unter kundiger Führung des Berglers und Jägers Raymond Tscherrig konnten auch noch erfahrene Berggänger dazulernen, was Fauna und Flora am Aletschgletscher so zu bieten haben. Auf dem Weg zurück ins Alpmuseum, durfte ich viel Interessantes aus dem Leben der Dichterin Anna Maria Bacher erfahren.

Anna Maria Bacher ist 1947 geboren in Gurfulu/Grovella im piemontesischen Pomattertal/Val Formazza. Ihre Ausbildung erhielt sie am Collegio Rosmini in Domodossola. Lange Zeit arbeitete sie als Lehrerin in Zumstäg/Ponte. Dort lebt sie mit ihrer Familie heute noch. Sie widmet sich neben der Haus- und Gartenarbeit vor allem der Erhaltung und Förderung ihrer heimatlichen Walserkultur. Für ihre literarische Arbeit durfte sie mehrere Auszeichnungen entgegen nehmen, darunter auch den Kulturpreis der Enderlin-Stiftung. Seit 1983 erschienen von ihr sieben Lyrikbände. Im vergangenen Jahr brachte sie den Gedichtband »*Öigublêkch / Augenblicke / Colpo d'occhio*« mit Gedichten in drei Sprachen heraus. Daraus las sie auch im Alpmuseum auf der Riederalp. Welches sind nun aber die bevorzugten Stoffe und Inhalte für ihre Gedichte?

Die Tatsache, dass die Menschen die Walser Täler verlassen, dass sie in der alten Heimat keine Existenz mehr aufbauen können, bereitet der Dichterin des Walsertums Sorgen. »*Z Tälli leet – das Tal weint*«, so heisst eines ihrer bekannten Gedichte. Die Dichterin vermisst die Ruhe und die Beschaulichkeit, die früher das Leben der Walser bestimmten. Nur wenigen mehr ist eine *Lenhärtzigi Nacht* vergönnt, eine sanfte und geruhsame Nachtruhe also. Manchmal möchte sie einfach davonfliegen. *Aber wêr si Fogla* heisst es in einem ihrer Gedichte. Sie berichtet von einem Walser Dorf, das nur noch von Katzen besiedelt ist: *äs furlassäs Dörfje*.

Anna Maria Bacher kann in der italienischen Sprache oft besser ausdrücken, was gemeint ist: *Fragilità – Caducità*. Die Zerbrechlichkeit oder Gebrechlichkeit des Lebens zeigt sich beispielsweise am *Enn vam Herbscht – am Ende des Herbstes*, beim Übergang vom Herbst zum Winter also. Oder dann, wenn *T Nacht chun*, in der Dämmerung, wenn das letzte Tageslicht der tiefschwarzen Nacht weicht. Die Lyrikerin versteht es, in wenigen Worten grossartige philosophische Gedanken auszudrücken: Mit *Im Wênn fa der Waret – Im Wind der Wahrheit* ist eines ihrer Gedichte überschrieben. Und der Inhalt liesse sich wie folgt zusammenfassen: Im Wind der Wahrheit zerfällt unsere Eitelkeit in eine Handvoll Asche. Das Gedicht *Eifältigi Bletter – Einfältige Blätter* zauberte den Zuhörern im Alpmuseum ein Lächeln ins Gesicht. Warum sind Blätter einfältig, also dumm? Die Antwort: Die Blätter färben sich wunderbar rot, gelb und orange, sie freuen sich an ihrem bunten Kleid, sie wissen aber nicht, dass dies ihr Totengewand ist, sie wissen nicht, dass sie sterben müssen. Das allerdings gilt auch für das ach so kurze menschliche Leben: *Än Öigublekch êscht der Läbtag*.

Mit »*Emozioni e Esperanze*« schloss die Lyrikerin Anna Maria Bacher ihren sehr eindrücklichen und besinnlichen Rezitationsabend. Wehmütig erinnerte sie sich an das Dorf *Puneigä*, ein Dorf, in dem niemand mehr wohnt. Oftmals sind es die kleinen Dinge des Lebens, welche in der Dichterin besondere Gefühle wachrufen: »*I gaa der enki Wägje – Ich gehe durch enge Wege*«. Ganz besondere Emotionen setzt in ihr die *Bisa* frei. Die *Bisa* ist im Pomatterdeutsch der Nebel, und nicht der kalte, steife Wind, wie bei uns. »*Siwär Frind? Sind wir Freunde?*« fragt die Dichterin, und sie sehnt sich nach menschlicher Wärme. Mit dem Gedicht »*Häksä – Hexen*« verabschiedete sie sich. Es ist Vollmond, nackte Füsse tapsen über den Fussboden, es sind die Frauen des Mysteriums, unheimlich, unerklärlich, archaisch. Ihnen gehört die Nacht.

Liebe Anna Maria, hab Dank für den wundervoll poetischen Tag hoch oben am Aletschgletscher. Du weisst um die Gefährdung der walserischen Bergheimat. Begegne dieser Gefährdung nicht lautstark, aber umso eindringlicher mit den »*rumori di silenzio*«, mit den Geräuschen der Stille.

Türöffner im Land am Bosporus

An einem heissen Juni-Wochenende traf ich den türkischen Bestseller-Autor Murathan Mungan. So heiss wie die Sonne vom Himmel brannte, so heiss sind auch die Themen, die Mungan in seinen Büchern verarbeitet. Er ist der grosse Hoffnungsträger der aufgeschlossenen jungen und liberalen Leserschaft in der Türkei. Murathan Mungan öffnet der wilden und ausschweifenden westlichen Popkultur im Land am Bosporus schreibend ein Türchen. Wer den Mut aufbringt, die östlichen Mythen mit der freizügigen westlichen Kultur zu mischen, der zeigt in einer Stadt wie Istanbul viel Mut.

Wie leben türkische Frauen? Leben Sie noch wie dereinst Sheherezade in den Märchen von Tausendundeiner Nacht? Oder leben sie wie die Frauen bei uns im Westen? Leben sie noch im mythischen Orient oder bereits in der Moderne? Murathan Mungan gibt eine Antwort. Türkische Frauen sind in seinen Werken frei von scheinbar typischen Konflikten, die wir westlich orientierten Leser dem Leben einer türkischen Frau anzudichten pflegen. Murathan Mungans Schreiben liesse sich als ein hybrides Schreiben bezeichnen.

Die verschlossene und patriarchalische Welt des Islam mischt er auf mit westlichen Vorstellungen und Werten.

»Städte aus Frauen«. So heisst Murathan Mungans Erzählband, der um die Welt ging. Er versammelt in diesem Buch sechzehn Geschichten. Als Leser dürfen wir sechzehn Frauen ein Stück ihres Weges begleiten. Jede dieser sechzehn Frauen ist einzigartig und aussergewöhnlich. Es sind Frauen, die lieben, die ihren Partner verlassen oder von ihm verlassen werden. Die Frauen in Mungans Geschichten sind keine glücklichen Frauen. Es sind aber Frauen, die um etwas Glück kämpfen. Die Frauen müssen einschneidende Entscheidungen fällen. Es sind Entscheidungen, die hart und schmerzvoll sind. Viele müssen sich mit den Gespenstern der Vergangenheit auseinandersetzen.

Im Erzählband »Städte aus Frauen« begegnen wir aussergewöhnlichen Frauengeschichten. Da ist zum Beispiel das Mädchen Nurhayat. Kurz vor ihrer Verlobung macht sie die Erfahrung, dass das Leben noch so viel für sie bereithält. Und dass eine Hochzeit für eine Frau wie sie nicht das einzig Wünschbare und Erstrebenswerte ist. Oder da erzählt uns Mungan die Geschichte der älteren Frau Esme. Sie ist geschieden, hat eine Tochter und ist in ihrem Beruf erfolgreich. Eigentlich wäre sie glücklich, wenn da nicht diese Einsamkeit an den Wochenenden wäre. Die Entscheidung zum Alleinsein, zum Alleine-durch-die-Welt-Gehen, die muss immer von neuem getroffen werden. Auch wenn dabei die Gefühle verrückt spielen. Türkische Frauen sind wie Frauen bei uns. Viele unserer Vorurteile erweisen sich beim Lesen von »Städte aus Frauen« als konstruiert und abstrus. Frauen in Istanbul wünschen sich das Gleiche wie Frauen bei uns.

Und die Männer? Murathan Mungan bringt den Mut auf, gegen die Diskriminierung der Homosexuellen in der Türkei schreibend anzukämpfen. In einem Land wie der Türkei sei »schwul zu sein eine Lebensweise«, verkündet er. Furchtlos nimmt er dabei auch ein eigenes »Outing« vor. Murat Mungan schlägt schreibend kritische

Töne an. Die kritischen Töne widersprechen der gegenwärtigen Situation in der Türkei, wie sie oberflächliche Medien gerne zu vermitteln pflegen.

Die Belletristik-Verantwortliche

Sie hatte am grossen literarischen Frühlingsfest vor viel Studio-Publikum und im rro-Livestream (über 2000 Viewer) ihren grossen Auftritt: Noemi Schnydrig, deren Alltag sich vorwiegend in der phantastischen Welt zwischen Buchdeckeln abspielt. Die sympathische junge Frau verblüfft und fasziniert das fachkundige Publikum mit ihren profunden literarischen Kenntnissen. Sie ist Belletristik-Verantwortliche in der grössten hiesigen Buchhandels-Kette, den ZAP-Buchhandlungen. Zur Belletristik werden im Buchhandel die verschiedenen Formen der Unterhaltungsliteratur gezählt. Dazu gehören beispielsweise die literarischen Genres Roman und Erzählung.

Noemi Schnydrig weiss viel Interessantes über das Leseverhalten in unserer Region zu berichten. Bei uns war beispielsweise »*Elefant*« von Martin Suter ein Kassenschlager. Die weibliche Leserschaft griff bevorzugt zum Buch »*Meine geniale Freundin*« von Elena Ferrante. Auch die nordischen Krimis von Adler/Olsen seien derzeit heiss begehrte Lektüren, weiss Noemi.

Viel im Gespräch sind die Bücher der Kult-Autorin Yoyo Moyes. Überhaupt sei die breite Palette der Romanliteratur voll angesagt, verrät uns Noemi Schnydrig. Was liegt da näher, als die Autor*innen der erfolgreichsten Romane in die Buchhandlung zu holen? Von Martin Suter über Lukas Bärfuss bis zu Donna Leon.

Und was liest eine Belletristik-Verantwortliche persönlich? Von Takis Würger »*Der Club*« zum Beispiel. Tatsächlich bricht die Literaturkritik in Jubelgesänge aus ob dieser »Geschichte, die so zart und liebevoll erzählt ist« (Elke Heidenreich). Und der Kritiker Thomas Glavinic schreibt: »Es gibt nur wenige echte Schriftsteller. Ich glaube, Takis Würger ist einer.«

Noemi Schnydrig war eine echte Bereicherung für das »Literarische Frühlingsfest« unseres Lokalsenders Radio Rottu Oberwallis, das ich redigieren und moderieren durfte. Bestimmt hat die Belletristik-Verantwortliche nicht nur viele neue Leser*innen für die angesagten Bücher der Saison begeistern können. Auch ihr Traumberuf könnte jungen Menschen, die vor der Berufswahl stehen, durchaus eine originelle Schnupperlehre wert sein.

Interessant zu wissen: Die Sparte Belletristik ging aus dem Buchhandelssegment der *Belles Lettres (frz. »schöne Literatur«)* hervor. Der deutsche Buchhandel erwirtschaftet einen Gesamtumsatz von fast 10 Milliarden Euro, die Sparte Belletristik hat daran einen Anteil von 23 %. Jährlich kommen rund 16'000 neue Titel als Erstauflage auf den Markt. Die Marktanteile verteilen recht ausgeglichen auf die verschiedenen Sparten: Erzählende Literatur: 48 %; Spannung: 29 %; Humor und Satire: 9 %; Fantasy: 8 %; Lyrik und Dramatik: 2 %.

Wir sind glücklich, Noemi bei uns im Literatur Club zu wissen. Sie amtet als Fachberaterin. Willkommen im Club!

Was Frauen wollen

»Die grosse Frage, die ich trotz meines dreissigjährigen Studiums der weiblichen Seele nicht zu beantworten vermag, lautet: Was will eine Frau eigentlich?« (Siegmund Freud)

Siegmund Freud, Tiefenpsychologe, Neurophysiologe, Begründer der Psychoanalyse und österreichischer Arzt war es, der diese Frage nach jahrelanger Arbeit in seiner psychiatrischen Praxis ubeantwortet lassen musste.

In einer Publikation aus dem Jahr 1932 gab er seinen Leser*innen zu verstehen, es sei »gewiss unvollständig und fragmentarisch«, was er über die Wirklichkeit zu sagen habe, und riet dazu, die eigenen Lebenserfahrungen dazu zu befragen, sich an die Dichter zu wenden oder zu warten, bis ihnen die Wissenschaft »tiefere und besser zusammenhängende Auskünfte geben kann.« (Zitiert nach Peter Gay: Freud. A life for our time. New York. 2. Aufl. 2006, S. 562f.)

Was tun, wenn die Psychoanalyse eine der wichtigsten Fragen unseres Zusammenlebens unbeantwortet lässt? Freud empfiehlt »sich an die Dichter zu wenden«. Was will eine Frau eigentlich? Autorinnen von Frauenromanen warten mit Antworten auf. Eine von ihnen ist meine Literatur Club-Kollegin Sieglinde Kuonen-Kronig.

Kuonen-Kronigs Protagonistinnen sind Nicole, Sophie, Claudia, Michèle und Laura. Es sind dies typisierte Frauenfiguren: Eine Einheimische, eine Eingeheiratete, eine aus dem welschen Kantonsteil Kommende, eine Ausgewanderte, eine aus der Stadt Bern Übersiedelte. Jede dieser Frauenfiguren trägt mit ihrer eigenen Geschichte zur Romankonstellation bei. In der stimmigen Romanstory mischen und berühren sich diese Frauengeschichten.

Um zu zeigen, was Frauen wollen, bedient sich die Autorin eines Kunstmittels, des Katalysators. Die Frauen in Sieglinde Kuonen-Kronigs Romanen sind lebenserfahren, und sie haben sich mit einem unverhofften Ereignis oder Schicksal auseinanderzusetzen. Ein unverhofftes Ereignis beispielsweise kann wie ein Katalysator funktionieren. Seit der Antike werden chemische Reaktionen mit Hilfe von Katalysatoren ausgeführt. Der Chemiker Jöns Jakob Berzelius kam 1835 zur Erkenntnis, dass eine Vielzahl von Reaktionen nur erfolgte, wenn ein bestimmter Stoff zugegen war, der nicht verbraucht wurde. Dieser unbestimmte Stoff wird nicht umgesetzt, er liefert jedoch durch seine Anwesenheit die Energie mittels seiner katalytischen Kraft. Er bezeichnete diese Stoffe als Katalysatoren. Zusammengefasst liesse sich sagen: Die Wirkungsweise eines Katalysators beruht auf seiner Möglichkeit, den Mechanismus einer chemischen Reaktion derart zu verändern, dass die Aktivierungsenergie verändert wird. Man »geht einen anderen energetischen Weg«. Die Literatur hat die Funktionsweise des Katalysators aus der Chemie übernommen. In der Literatur, und insbesondere im Roman, verändert ein Katalysator ebenfalls die Aktivierungsenergie, in diesem Fall der Protagonisten oder Figuren. Häufig funktioniert im Roman ein Schicksalsschlag als Katalysator, der mittels seiner Aktivierungsenergie die Figuren nach einem Schicksalsschlag einen anderen Weg gehen lässt. In Kuonen-Kronigs Roman funktioniert der Tod der Mutter von Protagonistin Nicole als ein solcher Katalysator.

Was nun aber legt ein Katalysator frei? Das Kunstmittel des Katalysators legt beispielsweise die Gefühlswelt der Frauen offen, ihre Gestimmtheit, ihre Motivationen, ihr Denken, Fühlen un Handeln. Das Kunstmittel legt offen, wie Frauen sind und was sie wollen.

Am ersten Jahrestag von Marias Tod, der Mutter von Protagonistin Nicole, stehen in Kuonen-Kronigs Roman so Zeilen wie diese:

»Nicole brauchte dringend frische Luft und ging nach draussen. Vor dem Haus sah sie gelbe Tulpen, die in voller Blüte standen. Sie fing an zu weinen. Sie weinte um die Mutter und um die Tatsache, dass sie diese nicht mehr um Rat fragen konnte. Ihre Mutter hätte ihr jetzt bestimmt helfen können, hätte sicher die passenden Worte gefunden, welche ihr die Entscheidung erleichtert hätten. Genau in solchen Momenten im Leben brauchte man schliesslich eine Mutter.« (Gelbe Tulpen vor dem Haus, S. 282).

Der Sommer vorbei, der Herbst rauscht ins Wallis, ins Sommerglück mischt sich eine dumpfe Vorahnung von Winterleid? Das kennen wir doch alle auch aus dem Gedicht »Herbsttag« von Rainer Maria Rilke: »Herr, es ist Zeit, der Sommer war sehr gross…« Sommerglück und Winterleid dienen als programmatische Ansage für emotionale Beziehungsgeschichten, und zwar für stimmungsvolle Lyrik genauso wie für epische Erzählungen.

»Am frühen Morgen machte sich ein erster Wetterumschwung bemerkbar, der das nahe Ende der Jahreszeit erahnen liess. Nach einer

wochenlangen Schönwetterperiode, nicht untypisch für den Herbst im Wallis, begann der letzte Freitag im Oktober mit leichtem Regen und deutlich kühleren Temperaturen. Nicole sass mit Sophie im Dorfbistro in Burg, an dem Tisch hinten am Fenster. (…) Sie wären sich vermutlich kaum jemals begegnet, wäre da nicht dieses tragische Ereignis im Frühling gewesen.«

»Gelbe Tulpen vor dem Haus« – so heisst Sieglindes Erstling. Nein, es handle sich keineswegs um gelbe »Grängjer Tulpen«, schmunzelte die Autorin, obschon sie immer wieder von Leser*innen darauf angesprochen werde. Vielmehr symbolisiere der Neugierde weckende Romantitel eine Episode aus dem Roman: Die Protagonistin Nicole reist aus Zürich zurück ins Oberwallis, in den heimischen Ort Burg, weil ihre Mutter an Herzversagen gestorben ist. Als Nicole sich nur noch von ihrer verstorbenen Mutter verabschieden kann, da fallen ihr die gelben Tulpen ins Auge.

Tod und gelbe Tulpen? Die Farbe Gelb symbolisiert das Sonnenlicht, die Erkenntnis, das Gedeihen des Lebendigen. Ob in dieser Situation nicht eher violette Chrysanthemen die passenden Totenblumen wären? Was auf den ersten Blick hin als fieser Gegensatz erscheinen mag, erweist sich bei genauerem Hinsehen als geschickt angewandtes Kunstmittel. Die Farbe Gelb steht hier für alles Hoffnungsvolle, für das Zuversichtliche, denn nach jedem Schicksalsschlag geht das Leben irgendwie weiter. Aber mehr noch: Bereits in der frühen ägyptischen Kultur stand die Farbe Gelb für das Sanfte, das Sinnliche, das Weibliche. Und »Gelbe Tulpen vor dem Haus« erweist sich – insbesondere was die Figurenkonstellation anbelangt – tatsächlich auch als ein Frauenroman.

Die Idealisierung von Frauengestalten, wie wir sie in romantischen Romanen, Filmen und Romanzen in Hollywoodscher Manier lange Zeit vorgesetzt bekamen, verfängt heutzutage oft nicht mehr. Gefragt sind in unseren Tagen vielmehr »Geschichten, die das Leben schrieb«, lebensechte Berichte und Dramen, die aufgrund tatsächlicher oder zumindest nachvollziehbarer Ereignisse,

Schicksale und Abenteuer berühren und bewegen. Stand bereits in der frühen ägyptischen Kultur die Farbe Gelb für das Sanfte, das Sinnliche und Weibliche und damit auch für das Hoffnungsvolle und Zuversichtliche, weicht die Idealisierung von Frauengestalten nun immer öfter der Echtheit des prallen Lebens. Einzelne Verlage sind diesem Trend bereits aufgesessen und verlegen gar nur noch autobiographisch bezeugte Lebens- und Beziehungsgeschichten.

Als »Speculative Fiction« bezeichnet die kanadische Autorin Margaret Atwood ihre Erzählungen. Sie meint damit, dass ihre Geschichten der Realität sehr nahe kommen. Als typisches Beispiel für diese literarische Technik der spekulativen Fiktion kann der Roman »Der Report der Magd« dienen, ein Frauenroman, den Atwood bereits in den 80er-Jahren geschrieben hat und der zu einem Welt-Bestseller avanciert ist. Als »kanadische Königin« wurde Barbara Atwood, Trägerin des Friedenspreises, bereits geehrt. Sie schreibt spekulativ-fiktive Frauenromane. Bereits mit ihrem Erstling »Die essbare Frau« etablierte sie sich als Schriftstellerin, die es versteht, gesellschaftliche Problemzonen in eine nahe Zukunft hochzurechnen. Sie setzt sich mit dem Rollenverständnis von modernen Frauen auseinander.

Diese moderne Art, Frauenbilder literarisch zu vermitteln, lässt sich sowohl in der Weltliteratur feststellen als auch in der regionalen Literaturszene. »Die Vielfältigkeit und die Spektrumsbreite von Frauengestalten lässt sich in einem Frauenroman aufzeigen«, sagt etwa Sieglinde Kuonen-Kronig, meine Kollegin aus dem Literatur Club. Im Fortsetzungsroman »Die Tulpen haben aufgehört zu blühen – Fernweh und Abgründe in einem Walliser Dorf« legt sie viele Fährten, die zu vielfältigen, typisierten und lebensechten Frauengestalten führen. Die »spekulative Fiktion« ermöglicht es den Autorinnen, öffnender, mutiger und vielleicht auch frecher zu schreiben. Für das Publikum ergeben sich so Stoffe, die ein lustvolleres Lesen garantieren.

Die »spekulative Fiktion« im modernen Roman offenbart die Spektrumsbreite moderner Frauengestalten. Dies sind moderne

Settings, lebensechte Settings, weit weg von Hollywood-Glamour und Happy-End-Fantasien, wie sie auch in Kuonen-Kronigs Romanen auftreten.

Im Frauenroman »Die Tulpen haben aufgehört zu blühen – Fernweh und Abgründe in einem Walliser Dorf« bieten lebensechte Settings viel Raum zum Denken. Wie lässt sich die Rolle einer modernen Frau neu definieren? Kann das »unitäre Selbst«, das in früheren Zeiten von Vererbung, Erziehung und Umwelt verordnete einzigartige Selbst der Frau, heutzutage vielfältiger gestaltet werden? Wie breit darf das Entwicklungs-Spektrum einer modernen Frau sein, damit sie noch gesellschaftliche Akzeptanz findet?

Auch ein moderner Roman soll seinen Unterhaltungscharakter beibehalten und die Leselust fördern dürfen. Im Sinne einer »spekulativen Fiktion« sind moderne Frauen- oder Beziehungsromane jedoch bedeutend näher an der Wirklichkeit und vor allem auch lebensechter. Im Sinne einer zumeist unbeabsichtigten »Romantherapie« können sie dazu beitragen, den Leserinnen verschiedene Identifikationsmöglichkeiten zu bieten und Lösungsansätze zu vermitteln.

Für den männlichen Leser gestatten Frauen- und Beziehungsromane verschiedene Antworten auf die Frage, die der Psychiater Siegmund Freud nach dreissjährigem Studium der weiblichen Seele anfangs des 20. Jahrhunderts noch nicht zu beantworten vermochte: Was will eine Frau eigentlich?

Die widersprüchliche Rose

An einem goldenen Herbsttag wie aus dem Walliser Bilderbuch genoss ich das Privileg einer Privatlesung: Rilke Übersetzerin Nora Matocza las für mich aus den erstmals reimgetreu übersetzten »Walliser Quartetten«.

Es ist Zeit. Der Sommer war sehr gross. Der letzte Hochsommer-Tag verglüht. Zeit für den Spätsommer. Zeit für Rilke. Ein

Treffen mit den Rilke-Übersetzern Gerhard Falkner und Nora Matocza entfachte in mir – wie in jedem Herbst – erneut die Leidenschaft für den »Dichter des Herbstes«. Nora Matocza lud mich daraufhin zu einer persönlichen Lesung in die Spycher-Literaturpreis-Wohnung in Leuk ein. Nora Matocza nahm sich die Zeit, mir zu erklären, wie sich Rilkes dichterisches Künstlertum erst an der Realisierung des Reims festmachen lässt. Darüber lässt sich trefflich fachsimpeln. Einigkeit herrscht jedoch allerorts, wenn die Rede geht von Rainer Maria Rilke als dem »Dichter des Herbstes«.

Herbstliche Wanderungen unternahm Rilke bis hinauf ins alte Dorf Miège, hinüber ins trutzige Leuk oder hinunter ins städtische Sitten. Was er sah, schlug ihn in seinen Bann und faszinierte ihn als Dichter.

»Überall wird er begrüsst von alten Türmen, stolzen Pappeln, Weingärten und den Glockenspielen der Kirchen. Überall entfaltet sich ihm die Staffelung dieser geräumigen und von ihrer Transluzidität durchleuchteten Landschaft.« (Gerhard Falkner, Berlin 2019)

Rilke gehört uns Wallisern, zumindest im Herbst ist er ein Walliser. Denn es ist der wunderbar farbige Walliser Herbst, der Rilke zum »Dichter des Herbstes« hat werden lassen. Um 1921 hatte Rilke das Wallis entdeckt und sich im Château Muzot ob Siders niedergelassen. Zuvor war er auch schon in Dänemark, Schweden und Deutschland. In der Künstlerkolonie Worpswede bei Dresden liess er sich mannigfach inspirieren, weshalb unsere deutschen Nachbarn gerne Rilke als einen der ihren betrachten. Doch das ist auch nur die halbe Wahrheit.

Geboren wurde Rilke in Prag, am 4. Dezember 1875. Er war jedoch von Haus aus gebürtiger Österreicher. Um 1900 reiste er nach Russland. Das weite, grosse Land beeindruckte ihn zutiefst. Das orthodoxe Osterfest rüttelte ihn religiös auf. Das Ergebnis dieser russischen Inspirationen ist die »Gottesmystik«, ein Sammelbegriff für geistige Gedichte und Lieder. Einen grossen

Gegensatz zu Russland bildete anschliessend der Aufenthalt in der Weltstadt Paris. Rilke sog das sündige und sinnliche Leben der Grossstadt in vollen Zügen in sich auf. Der Bildhauer Auguste Rodin brachte ihm bei, wie man unter der Oberflächlichkeit dieser Welt zum Tiefen und Wahren vordringen kann. Das Gedicht »Der Panther« ist ein charakteristisches Gedicht aus der sogenannten »Dingmystik«.

Hat »die widersprüchliche Rose« einen Namen? Es gibt Versuche ohne Zahl, den geheimnisvollen Spruch auf dem Grabstein zu enträtseln. Auf dem Rarner Burghügel ist Rilke begraben, und da steht geschrieben: »Rose, o reiner Widerspruch, Lust niemandes Schlaf zu sein, unter so viel Lidern«. Könnte es sich bei der »widersprüchlichen Rose« um eine Frau handeln?

Der Versuch einer Erklärung sei hier gewagt. Rilke verliess Paris um in den Süden zu fahren, nach Italien. In Duino am Meer verbrachte er eine traurige Zeit und schrieb Trauergesänge, Elegien. Die Frauen wurden ihm zu einem unlösbaren Rätsel.

Die Frauen sind ein Rätsel. Einerseits sind sie wunderschön und blühend, andererseits zeigen sie aber auch ihre Dornen. »Rose, o reiner Widerspruch…« (Eine mögliche Interpretation des Grabspruchs)

Ein Rilke-Film thematisiert die Rose als das Widersprüchliche in Rilkes Leben. Der Film heisst »Paula« und er handelt von der expressionistischen Malerin Paula Modersohn-Becker. Rilke war um 1900 unsterblich in sie verliebt. Diese Liebe sollte ihm jedoch kein Glück bringen. Die romantische Beziehung endete in Trauer und Selbstzweifel: Rose, o reiner Widerspruch!

Ist vielleicht die Malerin Paula Modersohn-Becker diese geheimnisvolle und widersprüchliche Rose, die Rilke unbedingt auf seinem Grabstein verewigt haben wollte?

Ein Paradiessucher

Als ich den Dichter Pierre Imhasly im November 2000 im Visper Jazz Chälli traf, da hatte er sich eine lange poetische Reise vorgenommen. Er war voller Schaffenskraft, und so möchte ich ihn in Erinnerung behalten. Er hatte sich damals eine poetische Reise vorgenommen. Vier Stationen mindestens sollte seine poetische Reise ins neue Jahrtausend beinhalten. Mit der »Rhone Saga« hatte er eine Station bereits erreicht. Nun folgte »Paraiso si«, die zweite Station. An der dritten schrieb er bereits und von der vierten Station wusste er zumindest, wie sie aussieht.

Stellvertretend für Pierre Imhaslys Gesamtwerk lasse ich an seinem Begräbnis-Tag seine paradiesische Dichtung »Paraiso si« nochmals aufleben, ich habe mich in der Nacht durch sein langes Gedicht gearbeitet und dabei innig an Pierre gedacht und an die wenigen, aber äusserst inspirierenden Begegnungen mit ihm. Nach einer dieser Begegnungen hatte er mir eine von Hand beschriebene Karte zukommen lassen. Darauf standen die folgenden Zeilen, die ich seither sorgsam aufbewahrt habe:

»Lieber Kurt – nicht üblich, korrekterweise, in unserem Metier, will ich Dir gerne herzlich danken für den Durchbruch, Einbruch, Dammbruch, den Du mir vielleicht geschaffen hast an dieser gnadenlos ungemütlichen Heimatfront.«

Angesprochen hatte Pierre damit meine publizistische Arbeit zu seiner »paraiso«-Dichtung. »Paraiso si« ist ein langes Gedicht. Episch, lyrisch: beides. Mit kleinen Gedichten konnte er nichts anfangen. Pierre war ein Erzähler. Ein Gedicht mit vielen Formen ist es und dennoch eine runde Geschichte. Mit drei Akten, weil Corrida und Dantes Buch so gebaut sind. Eine Art profane Divina Commedia vielleicht. Den Beginn angesetzt im alten Leben, hier unten. Einen Zwischenteil angesiedelt in der Vorhölle, Purgatorio. Und schliesslich der Paradiso-Teil, hienieden, auf einem Perron im Bahnhof Genf, auch genannt La Gloria, eigentlich die Überhöhung der Madonna im Himmel. Bei Pierre profan als lebende Madonna anwesend. Auch als vita nova. Als ein neues Leben in einer neuen Welt. Als Internet-Welt, virtuell, vielleicht, wer weiss. Denn Paradiso muss auf Erden möglich sein. So weit die Pläne, die Architekturen, die Ebenen. Aber allzu schematisch ist das Ganze für den Poeten beim Versuch, sie zu installieren.

»Paraiso si« ist ein Troubadour-Gedicht, ein irdisches Gedicht mit Bodrerito, der Frau, meiner Frau, betont der Dichter. Was ist Liebe? Heute vielfach nur noch ein banales Wort, eine Worthülse. Er getraut sich, der Dichter, er macht das Thema wieder gross, das Wort wieder inhaltsschwer. Ohne Liebe macht der Mensch keinen Sinn. Der Stierkampf, die Corrida, das ist auch so ein Acte d'amour. Zu transzendieren, wie die Liebe zwischen Mann und Frau. Es gibt vielerlei Actes d'amour. So gesehen ist das Poem vor allem ein Liebesgedicht. Weil Dichtung, deckungsgleich mit Liebe, über die Sinne abläuft. Eine Dichtung mit Rhythmus, mit Symbolen, Metaphern und Bildern. Der Rhythmus animiert dazu, wegzugehen, auf die Reise zu gehen. Die Bilder sind Auslöser, schaffen Assoziationen, spulen in den Köpfen der Leser einen Film ab.

Der Leser, die Leserin muss das Werk vollenden, das ist die Intention des Dichters. Dazu gibt es hundert (Lese-)Arten. Die Worte bringen Melodie, jedes Wort hat seine Aura. Paraiso si – ein Erkenntnisprozess. Will meinen: Wenn es auf der Erde nicht möglich ist, gibt es kein Paradies.

Das ist des Troubadours vollendete Harmonie. Thanks a lot, stai bene, Pierre.

III

Betrachtungen

Übermannt von Gefühlen

Roger Federers Tränen lassen niemanden kalt. Darüber diskutiert die ganze Schweiz in Experten-Interviews, in Strassenumfragen und am Stammtisch. Jede und jeder sieht sich bemüssigt, ein Urteil abzugeben: Hat Roger zu nahe am Wasser gebaut? Darf sich »der Maestro« von Tränen übermannen lassen? Roger Federer hat angestossen, was aus psychologischer und auch genderspezifischer Sicht sehr viel wichtiger werden könnte als seine 20 Grand-Slam-Titel.

Roger Federers Tränen, vergossen erstmals vor laufenden TV-Kameras vor seinem ersten Grand-Slam-Erfolg in Wimbledon, bewirkten weit mehr als all die gescheiten Bücher der Neurowissenschaftler. Damals war sein Trainer aus Jugendzeiten, Peter Carter, bei einem Autounfall ums Leben gekommen. Er starb während seiner Flitterwochen in Südafrika. Die Botschaft, die Roger Federers Tränen vermitteln, ist berührend und bewegend: Auch Männer dürfen Gefühle zeigen! Auch Männer dürfen sich »übermannen« lassen von Emotionen.

»Hat Roger zu nahe am Wasser gebaut?«, fragte sich verwundert die Weltpresse. Und schnell traten auch die Verfechter des herkömmlichen Rollenverhaltens auf den Plan mit Sprüchen wie »Ein Indianer kennt keinen Schmerz«. Alle aber, die auf einen nicht standesgemässen Ausrutscher von Federer getippt hatten, die mussten spätestens am Final des Australian Open über die Bücher. Der Final geriet für den Maestro nicht zum totalen Triumph, sondern zur grössten Enttäuschung seiner Karriere. So gerne hätte er den 14. Grand-Slam-Titel geholt und Pete Sampras' Rekord eingestellt. Was war geschehen?

Es ist eine Viertelstunde nach Mitternacht, als der letzte Vorhandschlag Federers nach 4:22 Stunden hinter die Grundlinie hinaussegelt. Auf der anderen Seite des Netzes fällt Nadal freudetaumelnd auf den Rücken. 7:5, 3:6, 7:6, 3:6 und 6:2 lautet das Verdikt zugunsten des Mallorquiners. Dann tritt Roger Federer seinen schwersten Gang an.

»Oh God, it's killing me«, presst Federer mit bebender Stimme hervor, dann übermannen ihn die Tränen. Minutenlang brandet tosender Applaus durch die Rod-Laver-Arena.

Roger Federers Tränen sind die Türöffner für ein jahrhundertelang unterdrücktes und anerzogenes Seelenleben. Emotionen und Gefühle sind die Grundlagen der menschlichen Kultur. »Am Anfang war das Gefühl«, enthüllt der Neurowissenschafter Antonio Damasio. Gefühle verursachen in uns nicht selten ein »Problem«, wir sprechen beispielsweise von einer Gefühlsverwirrung, von einem Sturm der Gefühle oder gar von einem Gefühlschaos. Wenn wir an einer Problemlösung für die Verwirrung, den Sturm oder das Chaos der Gefühle arbeiten, dann entstehe Kunst, schreibt Damasio.

Alle kulturellen Tätigkeiten entstehen im Affekt. Dichtung, Musik, Tanz und Malerei entstehen dann, wenn ein Künstler an der Lösung eines Problems arbeitet, das durch seine Gefühle verursacht worden ist. Alle bisherigen Theorien, die besagen, dass unser Gehirn als die organische Grundlage der Kultur gilt, verkommen darob zur Makulatur. Derart überholte Lehrmeinungen vertrat beispielsweise der Soziologe Talcott Parsons. Bisher galt das Gehirn als das wichtigste Organ, das komplexe Handlungen steuert und koordiniert. Mit dieser Lehrmeinung verbunden war eine Geringschätzung der Affekte. Die Gefühlswelt ganz allgemein hatte bisher einen schlechten Ruf, viele waren fälschlicherweise der Meinung, dass zu viel »Gefühlsduselei« die Tatsachen und ein vernünftiges Denken verunmögliche.

Auch negative Affekte können Positives auslösen. Das literarische Schaffen liefert unzählige Beispiele dazu. Ohne das Gefühls-Chaos, das der Zweite Weltkrieg bei Heinrich Böll ausgelöst hat, ist sein literarisches Schaffen nicht zu verstehen. Vor genau 100 Jahren ist Heinrich Böll geboren worden. Der Krieg hat ihn geprägt, der Krieg hat ihn zum Romancier und zum späteren Literatur-Nobelpreisträger werden lassen. Die Kriegsjahre haben aus ihm einen nachdenklichen und politisch engagierten Schriftsteller gemacht.

»Man möchte manchmal wimmern wie ein Kind«. Dies der Titel, den Heinrich Bölls Kriegstagebücher tragen. In den Kriegstagebüchern konnten sich die seelische Not und die Abscheu, die Böll aus dem Krieg mit nach Hause gebracht hatte, entladen. In der Böll-Biographie von Jochen Schubert wird die emotionale Gestimmtheit Bölls thematisiert: Bereits in seiner Kölner Kindheit und Jugend habe er jeglichen Respekt vor der bürgerlichen Ordnung verloren, die Schuld dafür trage die Weltwirtschafts-Krise. Die negativen Gefühle lösten in Böll ein Handlungsprogramm aus, er widersetzte sich jeglicher Ideologien und war bereit, für seine Überzeugungen alles zu riskieren.

Emotionen, Gefühle und Affekte sind die Grundlagen der menschlichen Kultur. Diese neue und revolutionäre These lässt sich im Grossen wie im Kleinen belegen, im Positiven wie im Negativen. Emotionen und Gefühle sind in der rechten Hirnhälfte angelegt, die Vernunft und die Logik in der linken Hirnhälfte. In unserer westlichen Kultur wurde die rechte Hirnhälfte über Jahrhunderte vernachlässigt, weil Gefühle besonders bei Männern lange Zeit mit Schwäche gleichgesetzt wurden. Ein Umdenken ermöglichten erst Roger Federers Tränen. Doch nun naht Hilfe seitens der Neurowissenschaften. Werden nun endlich Emotionen, Gefühle und Affekte von ihrem »schlechten Ruf« befreit?

Iris von Roten zum Zweiten

Vierzig Jahre lang habe ich als Sprachlehrer junge Frauen auf Berufe vorbereitet, die auch heute noch als typische Frauenberufe gelten, weil sie dem Weiblichen anscheinend besonders nahestehen: Kindergärtnerinnen, Erzieherinnen, Pädagoginnen, Pflegefachfrauen, ganz allgemein Frauen, von denen in ihrem Berufsalltag eine hohe Sprachkompetenz verlangt wird. In der Freizeit habe ich einen Frauenchor geleitet und dirigiert, ich habe als Regisseur mit Schauspielerinnen Theaterstücke erarbeitet und auf die Bühne gebracht, und ich habe Sängerinnen auf ihren Part in Musiktheatern eingestimmt.

Eine liebe Kollegin liess kürzlich mir gegenüber die schalkhafte Bemerkung fallen, ich müsse als Sprachprofessor wohl auch über eine weibliche Seite verfügen. Denn auch mein Beruf als männliche Germanistin und Sprachdozentin zählt mittlerweile zu den weiblichen Domänen. Auf den Punkt gebracht lässt sich sagen, dass sich meine Zusammenarbeit mit Männern während meines gesamten Berufslebens einzig auf die Männer in der Chefetage beschränkte, auf meine Chefs also.

Zur heutigen Frauenpower in vielen Bereichen unseres Lebens hat der frühere Einsatz von Einzelkämpferinnen wie Iris von Roten viel beigetragen. Eine neue Biografie über Iris von Roten wurde deshalb schon seit langem erwartet, denn das feministische Standardwerk »*Frauen im Laufgitter*« erschien bereits 1958. Darin hatte Iris von Roten akribisch die gesellschaftlichen Verhältnisse im Griff der patriarchalischen Strukturen analysiert. Das damals als »revolutionär« und »rebellisch« eingestufte Gedankengut ist in vielem auch heute noch zutreffend. Noch immer gibt es typische Frauenberufe. Und noch immer werden in Berufen, die dem Weiblichen angeblich nahestehen, tiefe Löhne bezahlt. Damals monierten die Literaturkritiker etwas zweideutig: *Eine Frau kommt zu früh!* Eindeutig war damit gemeint, Iris von Roten komme mit ihrer Streitschrift zu früh. »*Eine Frau kommt zu früh*« – das war denn auch der Titel eines Buchs von Yvonne-Denise Köchli aus dem Jahr 1992.

In Anlehnung an die Literaturkritik von damals heisst nun die neuste Biografie über Iris von Roten »*Eine Frau kommt zu früh – immer noch?*« Die Bloggerin Anne-Sophie Keller hat einen zweiten Teil dazu erarbeitet, in dem sie untersucht, welche Bedeutung von Rotens Ideen- und Gedankengut in der heutigen Zeit noch hat. Die neue Biografie lässt manchen aktuellen Bezug ausser Acht, so etwa – wie oben beschrieben – den Zusammenhang von typischen Frauenberufen und tiefen Löhnen.

Iris von Roten hatte in ihrem Ehemann Peter von Roten einen starken Verbündeten. Er rechnete mit dem herrschenden Männerkollektiv ab, vorab in der katholisch-konservativen Walliser Politszene. Stolz sagte Peter von Roten seiner Gattin damals in den Fünfzigerjahren eine Zukunft an der Seite von Ikonen wie Simone de Beauvoir voraus. Leider war dem Ehepaar von Roten dieser Triumph in den 1950er Jahren nicht vergönnt. Im Gegenteil. Die von Rotens lösten einen Sturm der Entrüstung aus.

Und heute? Sowohl die Ideen als auch der damalige Lebensstil von Iris von Roten provozieren auch heute noch: Statt ihren Pflichten als Mutter nachzukommen, verreiste sie unmittelbar nach der Geburt ihrer Tochter. Es heisst, ihr Hobby, das Schreiben, sei ihr wichtiger gewesen. Und Hausarbeit verrichten? Vergiss es! Und dass die von Rotens eine offene Beziehung lebten und sich gegenseitig von ihren erotischen Abenteuern berichteten, das passt schon wieder fast in unsere Zeit.

Iris von Roten wird heute als eine Ikone der Frauenbewegung verehrt. Dies zu Unrecht, wie ich finde. Denn Iris von Roten hätte eine solche Zuordnung zeitlebens abgelehnt. Das Bild der »Feministin« wurde ihr aufgezwungen durch den Film von Regisseur Werner Schweizer. Der Film thematisiert die Beziehung zwischen Iris von Roten und ihrem Ehemann Peter von Roten. Wie Iris von Roten mit ihrem Buch »Frauen im Laufgitter« zur öffentlichen Skandalfigur gemacht wurde – dies ist bloss ein Nebenthema im Film »Verliebte Feinde«. Der Film bedient sich beim gleichnamigen Buch des Historikers Wilfried Meichtry, welcher den Nachlass der von Rotens, bestehend aus 1288 Briefen, durchforstete.

Wer jedoch Iris von Rotens Biographie studiert und vor allem ihr eigenes Buch liest, dem erscheint Iris von Roten viel eher als eine *femme fatale* denn als eine Feministin. Iris von Roten verkörperte einen Frauentypus, der durch Attraktivität, durch eine grossen Brise Berechenbarkeit und durch erotische Anziehungskraft Männer in seinen Bann zieht. Sie war eine provokative Frau, die das Frauenbild zwar neu definiert, die jedoch kaum etwas gemeinsam hatte mit heutigen Feministinnen vom Schlage einer Alice Schwarzer.

Der Mythos der »*femme fatale*« zieht sich durch Kunst und Literatur bereits im beginnenden 19. Jahrhundert. Die »*femme fatale*« ist literarisch sehr präsent, erstmals bei Théophile Gautier und seiner »*Carmen*«, mit der er den Prototyp der »*femme fatale*« schuf. Ohne diese Vorlage hätte sicherlich auch Wedekind nicht seine Inspiration für *Lulu* bekommen. Eine »*femme fatale*« fasziniert durch ihre Erotik, Intelligenz und durchdachte Manipulation. Heute würde man sie als ein »*Vamp*« bezeichnen. Iris von Roten als »*femme fatale*« zu typisieren, mag gewagt erscheinen. Von der Literaturbetrachtung her scheint mir diese Sichtweise jedoch zutreffender zu sein. Und auch sympathischer.

Zur Vorbild-Feministin taugt Iris von Roten mit Bestimmtheit nicht, auch wenn die Historienschreiber und Filmemacher sie gerne als solche sehen.

Männer, die lesen

Männer, die lesen, sind … gebildet, liebenswert, attraktiv, perfekt, sexy, interessant und charmant. So steht's geschrieben im Schaufenster meiner bevorzugten Buchhandlung. Auf Zettelchen, Schwarz auf Rot. Und dann sind diese verführerischen Zettelchen erst noch dekoriert mit Büchern von sexy Autoren wie Stephen King, Robert Harris, William Kelley, Hakan Nesser und… Globi. Wie zauberhaft! Die lesenden und schreibenden Männer sagen Dankeschön, liebe Buchhändlerinnen, für die Komplimente. Auch wenn wir zugeben müssen, dass wir ob derartig charmanter Verführungen zum Lesen leicht erröten, fast so wie die roten sympathischen Zettelchen, die bestimmt von wundervollen Männer-Versteherinnen beschriftet worden sind.

Schon klar, die Männer, insbesondere die jüngeren dieser Gattung, trifft man eher auf dem Fussballplatz oder (früher) auch noch an der Bar an anstatt hinter einem Buch. Was ich mich frage: Wo nur sind all die jungen Männer geblieben, wenn es um Bildung, Kultur und Musik geht? An den Lesungen treffe ich vorwiegend Leserinnen. Als Experte für Deutsch am Kollegium habe ich bei den Matura-Prüfungen je länger je mehr ausschliesslich Studentinnen zu bewerten. Im gemischten Chor, wo ich mitsinge, bin ich Teil eines knappen Dutzends Männer, die gegen eine überwältigende Schallmauer von rund fünfzig Frauenstimmen rein zahlenmässig auf verlorenem Posten singen. Für den Schweizer Buchpreis schaffen es regelmässig vier Autorinnen und nur ein einziger Autor auf die Shortlist. Bloss ein Zufall? Wo nur sind all die Männer?

Nun, reden wir nicht lange um den heissen Brei herum. Sagen wir, was Sache ist: Den Männern geht es hundsmiserabel. Die Männer leiden. Moderne Männer sind freudlos und traurig wie der Spätherbst. Heutige Männer leben in eisiger Gefühlskälte wie im tiefsten nordischen Winter. Und die Männer, die schreiben, die schreiben von Verlust, Todesfällen und von Trennungen und von anderem Horror. Sie denken jetzt vielleicht, liebe Leserin, ich hätte irgendeine Herbstdepression eingefangen? Weit gefehlt! Auf der Frankfurter Buchmesse war's, da haben die norwegischen (männlichen) Autoren so einen herbstlichen Blues mit Endzeitstimmung intoniert, der mich seither ernsthaft daran zweifeln lässt, ob Männer, die lesen und schreiben, wirklich so sexy und attraktiv sind, wie es die Schaufenster-Werbung wahrhaben möchte.

Spätestens seit den PISA-Studien wissen wir alle, dass die Nordländer im Lesen und Schreiben führend sind. Warum? Wohl vor allem deshalb, weil in den nordischen Ländern, vorab in Norwegen, auch die Männer tüchtig mitmischen im Literaturbetrieb. Ja, es sind sogar vorwiegend die Männer, welche lesen und schreiben. Aber wie sie das tun! Es ist herzzerreissend, Bücher nordischer Autoren zu lesen. Wer sich Bücher nordischer Autoren vornimmt, den packt bereits nach wenigen Seiten das blanke Entsetzen. Nordische Autoren scheinen allesamt in einer tiefen Lebenskrise zu stecken, sie gefallen sich in Selbstmitleid und Selbsterniedrigung. Die Finsternis der langen nordischen Nächte sei es wohl, die auch auf die seelische Gestimmtheit einen Einfluss habe, versuchte mir eine Kennerin der nordischen Literaturszene in Frankfurt zu erklären.

Wie sehr (nordische) Männer mit ihrem eigenen Seelenleben ringen, lässt sich am Beispiel des Autors Klaus Ove Knausgard studieren. In seinem Buch »*Mein Kampf*« (nicht zu verwechseln mit dem Buch gleichen Namens) deckt Knausgard seine geradezu kriegerisch-zerstörerische Haltung zum männlichen Leben auf. Überleben kann nur ein hartgesottener Typ wie sein Roman-Protagonist, ein kantiger, rauer Egomane, der, einmal im Überschwang der Selbstüberschätzung, dann wieder im Tiefgang der eigenen Unzulänglichkeit, immer aber sich selbst zerfleischend, durchs Leben torkelt. Oder nehmen wir das Buch von Thomas Espedal zur Hand. Die Titel seiner autobiografisch gefärbten Romane sprechen bereits Bände: In »*Wider die Kunst*« und in »*Wider die Natur*« ist das Motiv des Verlustes zentral. Ach, ersparen Sie mir, liebe Leserin, eine Aufzählung des Schrecklichen. Nur so viel: Die Ehefrau stirbt, die junge Geliebte verschwindet. Was bleibt? Ein ratloser Mann, dem sich nur der Suizid anbietet, um einigermaßen ehrenhaft von der Bühne dieses Lotterlebens abtreten zu können. So viel zum norwegischen Autor Espedal. Sein Schriftsteller-Kollege heißt Dag Solstad. Dessen Buch heißt »*Durch die Nacht*«, und der Titel verrät schon, wovon der gepeinigte Autor schreibt. Sein Leben sei eine »endlose Kette von Fehltritten«, heisst es da, dabei sei die Tatsache, dass er seine Frau betrogen habe, noch das kleinste Übel. Viel schlimmer sei das Gefühlschaos zu gewichten, diese »Ambivalenz männlicher Gefühle«. Ein Jahr nach der Veröffentlichung des Buches in Norwegen nahm sich der arme Mann das Leben.

Bringen wir es auf den Punkt. Wir Männer sind im Kern voller Romantik und voller Sehnsüchte. Unser modernes Leben hat jedoch das Konzept von Männlichkeit durchgeschüttelt und auf den Kopf gestellt. Heutige Männer sind auf der Flucht. Sie flüchten vor sich selbst, sie flüchten vor ihren eigenen Schwächen und auch vor ihren eigenen Stärken. Der Mann, das unbekannte Wesen. Der schreibende und lesende Mann versucht, sich selbst neu zu erfinden. Trotzdem wird auch er ein ewiges Rätsel bleiben. Vielleicht sind lesende und schreibende Männer gerade deswegen auch liebenswert, attraktiv und sexy, wie es die Schaufenster-Werbung vorgibt.

Männer haben es nicht einfach. Sie müssen viel Kritik einstecken. Besonders dann, wenn Männer zu Vätern werden. Was mussten wir Väter uns nicht schon alles anhören! Wir Väter engagieren uns zu wenig zu Hause. Wir arbeiten zu viel. Die Frauen sind für alles alleine verantwortlich… Nun räumt endlich jemand auf mit dieser unberechtigten Kritik. Ausgerechnet eine Frau kommt uns Männern zu Hilfe. Und erst noch eine, die es wissen muss. Sie heisst Margrit Stamm, und sie ist Professorin für Erziehungswissenschaft an der Universität Freiburg. Sie meint: Das Problem in vielen Familien besteht darin, dass die Väter schon Verantwortung übernehmen möchten, dass aber die Frauen dies gar nicht zulassen.

Viele Frauen, vor allem Mütter, sind der Überzeugung, dass insbesondere die Erziehungsarbeit reine Frauensache sei. Sie trauen den Vätern nicht. Sie glauben, dass Väter von ihrem Naturell her gar nicht fähig seien, Erziehungsarbeit zu leisten. Professorin Margrit Stamm ist jedoch überzeugt, dass »Familie« nur gemeinsam gelingen kann. Eine wichtige Bedingung dafür sei aber, dass die neuen Väter von heute auch neue Mütter brauchen. Sie brauchen Mütter, die auch anerkennen können, was alles der moderne Mann, Partner und Vater heute schon leistet.

Was alles leisten aber moderne Männer und Väter? Viele Väter bereiten sich zusammen mit ihrer Partnerin auf die Geburt eines Kindes vor, sie sind auch im Geburtssaal mit dabei. Viele sind bereit, zu jeder Tages- und Nachtzeit die Windeln zu wechseln. Moderne

Väter drehen auch ihre Runden auf dem Spielplatz oder helfen bei den Hausaufgaben. Es liegt auf der Hand, dass mit all diesen neuen Aufgaben auch der Druck auf die modernen Väter wächst. Heutige Väter müssen nämlich in vielen Rollen reüssieren. Und: Sie müssen Familie und Karriere gut unter einen Hut bringen.

Männer haben dazugelernt. Im Vergleich zu den Babyboomer-Vätern der 1970er- und 1980er-Jahre agieren Männer heute deutlich anders. Viele Männer hätten erzieherische, betreuende und begleitende Funktionen übernommen. Heutige Väter machen sich Gedanken über eine richtige Erziehung. In vielen Bereichen übernehmen die Väter zusammen mit den Müttern die Verantwortung – und das sogar auch dann, wenn sie Vollzeit arbeiten. Kurz: Die Männer haben aufgeholt.

Moderne Männer sind Allrounder. Männer sind Väter. Männer sind Brotverdiener. Männer sind Erzieher. Männer sind Beschützer. Männer sind Freizeitpartner. Männer sind Ehepartner. Männer sind … Wie aber lassen sich alle diese Funktionen unter einen Hut bringen? Eine grosse Herausforderung besteht zusätzlich noch darin, eine Balance zu finden zwischen dem Beruf und der Familie.

Das Wichtigste aber: Väter können nur dann Verantwortung übernehmen, wenn die Frauen und Mütter das auch zulassen können. Oder anders ausgedrückt: Die Mütter müssen loslassen können. Die neuen Väter brauchen auch neue Mütter.

Ein Schuss Verrücktheit

»Willst du normal sein oder glücklich?«, fragen uns die vielen Berater*innen. Ein Schuss Verrücktheit scheint heute eine wichtige Zutat zu sein für ein glückliches Leben. Insbesondere die Glücksforschung hat erkannt, dass das Beschreiten von ausgetretenen Pfaden nicht froh macht. »Jeder Mensch ist wahnfähig, das Verrückte lebt in uns«, schreibt der Psychiater Achim Hug.

Sicher kennen Sie, liebe Leser*innen, die bewegende Szene aus dem Griechen-Film »Alexis Sorbas« mit Anthony Quinn. Da sagt Alexis Sorbas zu seinem Chef, dem Schriftsteller Basil: »Verdammt nochmal, Boss, du bist so begabt, nur eines hast du nicht mitgekriegt. Was dir fehlt, Boss, ist Wahnsinn. Denn ein Mann braucht eine Portion Wahnsinn, weil er sonst nicht die Courage hat, auszubrechen, um frei zu sein.« Was dann kommt, könnte Gegenstand sein eines Therapiekurses für gestresste Zeitgenossen. Dann nämlich lehrt Alexis Sorbas seinen Boss, wie man Sirtaki tanzt.

Natürlich ist Verrücktheit nicht einfach Verrücktheit. Da ist einmal die konstruktive Verrücktheit. Sie müsste einen wichtigen Platz in unserem Leben einnehmen. Die konstruktive Verrücktheit ist der Versuch, »Denkautobahnen« zu verlassen, was in unserer westlichen Gesellschaft immer wichtiger wird. Die Verrücktheit ist eigentlich positiv, sie ist eine Quelle für Wandel, schreibt etwa der Tiroler Psychotherapeut Reinhold Bartl. Wenn man sich aber anschaue, wer in unserer Gesellschaft erfolgreich sei, dann seien es vor allem jene, die sich den Normen einer einseitig leistungsorientierten Gesellschaft unterwerfen würden, moniert Bartl.

Die moderne Philosophie geht davon aus, dass der Kapitalismus an einer »instrumentellen Verrücktheit« interessiert ist. »Damit meine ich, dass sich die gegenwärtigen Management-Theorien darum bemühen, dass Menschen einen kreativen Wahnsinn pflegen, der effizient in wirtschaftlich attraktive Projekte umgesetzt werden kann«, meint der Philosoph Andreas Oberprantacher. Für ihn sind auch Philosophierende meistens Sonderlinge, die sich mit der Realität nicht abfinden, sondern verrückterweise darüber hinaus und dahinter gelangen wollen.

»Jeder Mensch ist wahnfähig, das Verrückte lebt in uns«, schreibt der Psychiater Achim Hug. Wir alle seien »Kippfiguren«, meint Hug. Unsere Wahrnehmung von Wirklichkeit sei wenig »definitiv«. Man könne alles auch ganz anders sehen. Der Psychiater berichtet dann allerdings von Fällen aus seiner Praxis, die bereits als psychische Erkrankungen erkannt werden müssen. Beispiele? Ein Mann glaubt, er habe sich in die Tochter des Teufels verliebt. Oder: Eine Frau ist sich sicher, dass Trillionen kleiner Wesen in ihrem Körper leben, ihr Befehle erteilen und all ihr Tun kommentieren. Zweifellos sind dies Beispiele für Verrücktheit in Form von psychischen Erkrankungen. Diese grenzen sich von der konstruktiven Verrücktheit dadurch ab, dass mit ihnen ein Kontrollverlust einhergeht. Die Verrücktheit in Form von psychischen Erkrankungen verlangt nach einer adäquaten Behandlung.

Mit der Verrücktheit verhält es sich wie mit jeder anderen »Droge«. Das Ausmass macht es aus. Ein Schuss Verrücktheit tut es allemal. Nur das Erreichen eines Ziels nach Umwegen und Irrwegen beschert uns ein intensives Glücksgefühl. Auch Paarbeziehungen werden durch einen Schuss Verrücktheit und »Ausgeflipptheit« am Leben erhalten. Ein wenig Verrücktheit bringt die Lust und den Spass zurück.

Haben Sie noch alle Latten am Zaun? Diese Frage braucht Sie jetzt nicht auf die Palme zu bringen, liebe Leserin, lieber Leser, auch dann nicht, wenn bei Ihnen tatsächlich die eine oder andere Latte am Zaun fehlen sollte. Denn was berühmte und grossartige Künstler, Dichter, Schriftsteller, Komponisten, Philosophen und Denker gemeinsam haben, das ist vor allem die Tatsache, dass sie nicht alle Latten am Zaun hatten. Sie hatten einen Knall, um die Sprachgebung der Psychotherapeutin Denis Hürlimann zu benutzen. Doch bevor ich auf ihr Buch mit dem Titel »Ich habe einen Knall – Sie auch« zu sprechen komme, habe ich für alle, die glauben einen Knall zu haben, oder denen womöglich die eine oder andere Latte am Zaun fehlt, tröstliche Leidesgenossinnen und Leidesgenossen herausgesucht, die gerade deswegen (wegen dem Knall, wegen der fehlenden Latte am Zaun) die Welt verändert und Grosses geleistet haben.

Dante Alighieri (1262-1331) war schizoid-depressiv; Honore de Balzac (1799-1850) war manisch depressiv; Wilhelm Busch (1832-

1908) war depressiv; Charles Dickens (1812-1870) war manisch-depressiv; Johann Wolfgang von Goethe (1749-1832) war manisch-depressiv schizoid; Conrad Ferdinand Meyer (1825-1898) war schizoaffektiv; Jean-Baptiste Molière (1622-1673) war neurotisch; Francesco Petrarca (1304-1374) litt an Melancholie; Rainer Maria Rilke (1875-1926) war eine schizoide Persönlichkeit; Friedrich von Schiller (1759-1805) war zeitweise depressiv; William Shakespeare (1564-1616) war zeitweise depressiv; Adalbert Stifter (1805-1868) war manisch-depressiv; August Strindberg (1849-1912) war schizoaffektiv; Leo N. Tolstoi (1828-1910) war depressiv-schizoid neurotisch. Die Liste liesse sich beliebig fortsetzen. Sie alle haben Grosses geleistet – trotzdem. Oder vielleicht deswegen?

Viele von uns machen sich das Leben schwer mit Kleinigkeiten, bis dann irgendwann einmal wirklich etwas passiert, das viel gravierender ist als alles, was bisher ihr Leben bestimmt hat. Im Buch der Psychotherapeutin Denis Hürlimann hält eine Mutter ihrem Sohn einen Vortrag darüber, dass sich die Spülmachine für das Geschirr nicht von alleine leert, dass man die Spüle nun mal ausräumen müsse. Aber schon Stunden später verschieben sich die Prioritäten radikal: Ihr Mann hat die Diagnose »Krebs« erhalten.

Wie lässt sich nach einer derartigen Diagnose weiterleben? Es sind Strategien nötig, es braucht Strategien zum Überleben in schwierigen Zeiten. Und es braucht Strategien, um schliesslich auch wieder mit einem Lachen durchs Leben gehen zu können. »Ich habe einen Knall – Sie auch?« fragen Patientinnen ganz ungeniert jene, die im Jammer-Modus gefangen sind, die sich immer wieder einmal unwohl fühlen, müde und ausgebrannt. Es finden sich auch immer ganz brauchbare Geschichten, die exemplarisch zeigen, wie man »trotzdem« die Freude am Leben erhalten kann.

Viele von uns legen eine eher ablehnende Haltung an den Tag, wenn es um Psychotherapie geht. Wer nur ein klein wenig »verrückt« ist, wer nur ein klein wenig den Novemberblues spürt, der braucht sich nicht gleich auf die Couch des Psychiaters zu legen, der braucht auch nicht stundenlang sich selbst entblössende Gespräche zu führen und schon gar nicht einen Seelen-Striptease zu vollführen. In diesem Fall genügt es, einfach nur ein Buch zu lesen, das auf höchst spannende und manchmal auch amüsante Art einige Strategien aufzeigt, die uns dabei helfen, besser und gesünder über die Stolpersteine des Alltags hinwegzukommen.

Nun planen Sie schon mal Ihre nächsten Ferien! Es lässt sich bestimmt eine passende Insel finden, auf der Sie statt eines Ratgebers gegen den Winterblues einen Roman voller grosser Gefühle lesen können. Eine solche »Romantherapie« lässt sich womöglich ärztlich verschreiben und bestimmt übernimmt die Krankenkasse die Therapiekosten anstandslos.

Krieg und Frieden

Am 24. Dezember 1995 waren wir in Bethlehem. Mit grenzenlosen Erwartungen waren wir ins Heilige Land aufgebrochen. Wir suchten den Stall, die Hirten und das Christkind mit den Seelen unserer Kindheit. Es war jene Weihnacht, als Bethlehem palästinensisch wurde. Aus Angst vor Terroranschlägen waren nur wenige Ausländer gekommen. Die Israeli hatten sich in Bethlehem rar gemacht. Bethlehem war erstmals ganz in arabischer Hand. Nein, wir fanden nicht jene Weihnachtslandschaft vor, die wir uns erträumten. In diesem Schmelztiegel von Völkern und Religionen wurde an diesem Heiligabend des Jahres 1995 ein neues Kapitel Weltgeschichte aufgeschlagen. Der seit mehr als 50 Jahren andauernde Nahost-Konflikt sollte um eine neue Dimension reicher werden. Friede? Nein, ein Friede konnte das noch nicht sein.

24. Dezember 1995, 17.30 Uhr. Die Maschine der israelischen Fluggesellschaft ELAL setzt über Tel Aviv zur Landung an. Mein Gott, was wollen wir hier in diesem Land? Was wollen wir in Israel? Ich denke an unsere traditionellen Weihnachten. Zum ersten Mal

seit Jahren haben wir keine Tanne geschmückt, wir haben kein Weihnachtsessen bereitet und auch in der Christmesse werden wir fehlen. Der Stall von Bethlehem, die wunderschöne Weihnachtskrippe, sie liegt verschnürt auf dem Dachboden.

Weihnachtsabend. Es ist 17.00 Uhr. Die Heilige Nacht bricht an. Wir werden Heiligabend in Bethlehem verbringen. Flughafen Ben Gurion. Palmen, Sauberkeit und ein frischer Geruch nach Meer lässt so etwas wie Ferienstimmung aufkommen. Wir besteigen den Bus nach Bethlehem. Unser Fahrer heisst Chaim und Chaim heisst Leben. »Ich hoffe, wir sind Ende der Woche noch am Leben«, meint unsere spitzzüngige jüdische Reisebegleiterin.

Am Checkpoint eingangs von Bethlehem. Lustlos und mürrisch lassen die Soldaten der israelischen Armee unseren Bus passieren. Wenig später eine Strassensperre der Palästinenser. Die Soldaten sind kaum bewaffnet und klatschen uns Beifall. Wir sind in Bethlehem. Es ist ein grün-weiss-rotes Bethlehem. Der Ort unserer Kinderträume entpuppt sich als eine lärmige Festhütte.

»You're welcome!« – Bethlehem geht in die palästinensische Autonomiebehörde über, erklärt Lea, die jüdische Begleiterin. Die Erklärung war unnötig. Denn Palästinenserführer Arafat ist omnipräsent. Arafat auf Plakaten, Arafat auf Litfasssäulen, Arafat als aufblasbare Puppe. Vor dem Hotel »Paradise« springt ein Junge mit einer Spielzeugpistole vor unseren Reisebus. Einige zucken zusammen, andere lachen. Das Hotel Paradise ist weihnachtlich dekoriert. Wir bewohnen zwei riesige Zimmer mit Blick auf die Strasse, die zur Geburtskirche hinaufführt. Bethlehem blinkt und leuchtet. Flackernde Kerzen an Weihnachtsbäumen, glimmende Sterne und Engel an Strassenlaternen.

Bethlehem in rotweissgrün. Immer wieder Arafats, aufblasbare Arafats, und immer wieder rotweissgrün. Autos rasen vorbei, auf deren Heck sitzen rotgewandete Weihnachtsmänner und schwenken lärmig hell klingende Glocken. Ein kaum enden wollender Strom von Autos rollt in Richtung der Geburtskirche. Polizei,

Ambulanzwagen und UNO-Jeeps blockieren die Strasse hinauf zur Geburtskirche. Als wir die Geburtskirche betreten, steigen Feuerwerke in den dunklen Himmel über Bethlehem und ein merkwürdiger Geruch von in Öl gebratenem fremdländischem Essen hängt in der Luft. Arabische Köstlichkeiten verströmen exotische Düfte. Dann stehen wir an jener Stelle, wo das Christuskind geboren wurde.

Ein Ereignis für die Geschichtsbücher. Wir warten in der Geburtskirche auf ihn, auf Palästinenserführer Arafat. Kommt er als Rächer oder als Friedensstifter? Kurz vor Mitternacht drängt die Menschentraube plötzlich zur Seite. Er kommt. Ein Wagenkonvoi rast den Hügel herauf zur Geburtskirche. Wir blicken in Gewehrläufe und in aufgeregt funkelnde Soldatenaugen. In einem der Wagen entdecken wir Arafat. Sein gepanzertes Auto ist umgeben von mitlaufenden Soldaten mit dem Gewehr im Anschlag, sie schaffen Platz für Arafats Konvoi. Für Sekunden bin ich Auge in Auge mit dem PLO-Chef Yassir Arafat. Jetzt gibt es kein Halten mehr, denn in Wahrheit bin ich ja nicht als Tourist unterwegs, sondern auch als akkreditierter Reporter für einige Medien. Ich dränge mich durch die Menschenmassen. Ein Raunen geht durch die Menge in der Geburtskirche. Eine Sternstunde der Weltgeschichte. Arafat erstmals in der Geburtskirche von Bethlehem. Bethlehem, vor ein paar Tagen noch jüdisch, ist jetzt endgültig palästinensisch. Judentum trifft auf Palästinensertum.

Am ersten Weihnachtstag fahren wir weiter nach Jerusalem. Auf dem Platz vor dem höchsten Heiligtum der Juden, der Klagemauer, debattieren orthodoxe Juden über das historische Ereignis des Weihnachtsabends. Nur wenige Schritte davon entfernt, vor dem höchsten Heiligtum der Araber, dem Felsendom, das gleiche Bild mit palästinensischen Arabern. Gibt es Gemeinsamkeiten zwischen David Ben Gurion, dem Gründer Israels, und Arafat, dem Palästinenserführer? Wie David Ben Gurion nennen sie auch Arafat »den Alten«. Wer will, sieht eine Parallele zu dem alten Juden mit

Löwenkopf. Im Abstand von vierzig Jahren verfolgen beide das gleiche Ziel: ein Volk retten, einen Staat gründen.

Juden, Moslems, Armenier, Christen. Das »ewige«, das historische Jerusalem ist nur einen Quadratkilometer gross und mit einer mächtigen Mauer umgeben. Vier Weltreligionen mit ihren höchsten Heiligtümern sind hier vereint, manchmal friedlich, häufig aber stehen sie sich feindlich gegenüber. Im Laufe der Geschichte haben sich innerhalb der Altstadt vier Stadtviertel (»quarters«) herausgebildet, die nach der Religionszugehörigkeit ihrer Bewohner und ihrer religiösen Zentren benannt werden. Das *Muslimische Viertel* umfasst den Tempelberg mit den beiden grossen Moscheen und der Basarstrasse. Im *Jüdischen Viertel* im Westen der Klagemauer, das über alten Ausgrabungen neu erbaut wurde, erhalten heute nur Juden Wohnrecht. Im *Christenviertel* befinden sich die Grabeskirche sowie mehrere Dutzend Klöster und Kirchen. Das *Armenierviertel* mit der Jakobuskirche ist das ruhigste innerhalb der Altstadt.

»American Christmas« im Heiligen Land. Jerusalem und das Heilige Land – das ist ein Schmelztiegel der Religionen und der Völker. Wir haben das Heilige Land mit Bethlehem mit den Augen unserer Kindheit gesucht, und wir haben »American Christmas« gefunden. Bethlehem und die Weihnachtsgeschichte sind im »Good Shepherds Store« präsent mit einer Flut von Andenken und Mitbringseln für die Lieben zu Hause. Verkaufshits sind Miniaturkrippen mit Kordel zum Umhängen und künstliche Miniaturbäumchen mit Kerzchen. Billige Andenken für jene, die weihnachtlich gestimmt ihren Hamburger mit Cola sitzend im Auto vertilgen. Ein Anflug von entgangener Festfreude und etwas Weihnachtstraurigkeit machen sich breit. Wir entfliehen.

Am anderen Morgen geht's zeitig in die judäischen Berge, dann Richtung Totes Meer. Plötzlich das Unerwartete. Da sind sie. Die Hirten auf dem Felde. Wie in biblischen Zeiten. In ihren Zelten und mit ihren Herden. »Schau, da unten ist Weihnachten«, ruft meine Frau mit verklärtem Blick. Wir sind bei den Nomaden vom Stamm der Jahalin. Und es gibt Fladenbrot und Tee. Es sind unsere Weihnachtsgeschenke.

Und plötzlich ist es Weihnacht. Wir feiern Weihnacht mit den Hirten auf dem Felde. Sie freuen sich über unseren Besuch. Sie teilen mit uns Speis und Trank. Und vor ihren Zelten streiten sich die Völker und Religionen.

~

Seit die UNO im Jahr 1947 beschloss, Palästina in einen jüdischen und einen arabischen Staat aufzuteilen, ist der israelisch-palästinensische Konflikt allgegenwärtig. Die Berichterstattung in den Medien beschränkt sich auf grosse Worte der Mächtigen, auf Konferenzen und Terroranschläge. Wie aber lebt die Bevölkerung unter einem Besatzungsregime?

In den vergangenen zwanzig Jahren war ich viermal in Israel und in den palästinensischen Gebieten. Erstmals 1995, als Ministerpräsident Rabin an einer Friedensdemo von einem jüdischen Extremisten erschossen wurde, dann als Korrespondent für eine Zeitung, als Netanjahu zum Ministerpräsidenten gewählt wurde. Ein drittes Mal organisierte ich als Präsident des Laufsportverbands einen Friedenslauf von Bethlehem über Jerusalem bis nach Tel Aviv. Aus meiner Sicht gibt es Defizite und Versagen auf beiden Seiten.

Auf all diesen Reisen durch Israel und durch die Westbank hatte ich unvergessliche persönliche Kontakte mit Palästinensern und mit Juden. Eindrücklich war aber auch die wunderbare Gastfreundschaft der Beduinen in der judäischen Wüste, die uns in ihren Zelten bewirteten und uns einen Einblick in ihren Alltag ermöglichten. Meine Eindrücke und Schilderungen verpackte ich in Artikel und Berichte für verschiedene Zeitungen.

Man kann es drehen und wenden wie man will. Die israelische Sichtweise erhält in den Medien viel mehr Gewicht und Präsenz als die palästinensische. Das hat wohl vor allem mit den Machtverhältnissen zu tun, die einseitig auf israelischer Seite auszumachen sind. Aus offizieller israelischer Sicht rechtfertigt das Verhindern palästinensischer Gewaltakte alles. Wie das Leben der Palästinenser in den besetzten Gebieten aussieht, wie sich der Alltag in ständiger Angst und Bedrohung bewältigen lässt, geht leider allzu häufig in der Berichterstattung unter.

Es sind erschreckende Zustände, die vor der Weltöffentlichkeit verschwiegen werden. 40 Prozent aller Männer in der Westbank sassen schon einmal im Gefängnis. Selbst kleine Kinder, die Steine werfen, werden erschossen. Für ein kleines Kind, das einen Stein geworfen hat, verlangt ein israelischer Staatsanwalt fünfzehn Jahre Haft. Nächtliche Hausdurchsuchungen, Deportationen, Zerstörung von Häusern, Folter und Checkpoints, all das behindert jede wirtschaftliche Entwicklung.

Heute sind bereits 60 Prozent der Westbank im Besitz von jüdischen Siedlern und der Armee. Tausenden von Bauern und Beduinen wird die Lebensgrundlage entzogen. Das Wasser ist eines der grossen ungelösten Probleme. In vielen Dörfern fliesst das Wasser nur ein paar Stunden in der Woche.

In einer Zeit, in der dem Friedensprozess im Nahen Osten kaum noch Chancen eingeräumt werden, stellt sich die Frage, wie Menschen das alles so lange ertragen können.

~

Besonders eindrücklich war meine Reise auf die Golanhöhen. Ich war da oben während des Bürgerkriegs in Syrien. Der Konflikt zwischen Israel und dem Iran eskalierte.

Was man als Beobachter an der syrischen Grenze erlebt, geht unter die Haut. Auf den Golanhöhen wird der zündende Funke gelegt. Dort oben, wo ich vor kurzem noch die grossartige Sicht auf Israel und Syrien genoss, gehen jetzt die Raketen und Bomben nieder. Hier oben auf den Golanhöhen könnte ein verhängnisvoller Funke das Pulverfass Nahost zum Explodieren bringen. Israel greift in den syrischen Bürgerkrieg ein.

Furchtbare Szenen spielen sich in Spitälern und Flüchtlingslagern ab. Die EU wäre gefordert. Vor allem aber müssten die USA und Russland aktiv werden. Die ehemalige Bundesanwältin Carla del Ponte träumt von einem letzten grossen Coup in ihrem Leben: Sie möchte den syrischen Diktator Baschar al-Assad hinter Gitter bringen!

Die vielen Opfer aus den Kriegen dieser Welt verfolgen Carla del Ponte, sie bereiten ihr Albträume. Die Kämpferin gegen das Böse in dieser Welt will noch ein letztes Mal sprechen, und dann für immer schweigen. Noch will sie nicht resignieren. Nach dem Ex-Jugoslawien-Tribunal und nach dem Ruanda-Tribunal sei sie für kurze Zeit in Hochstimmung gewesen, schreibt sie. Sie habe geglaubt, den vielen Opfern aus diesen Kriegen sei nun Gerechtigkeit widerfahren. Vor allem sind es die vielen Kinder, deren Leid ihr ans Herz geht.

Die Jugend in Syrien ist traumatisiert. Es zirkulieren Bilder von Kindern, die enthauptet werden oder sogar selbst töten.

Die Welt bessert sich nicht. Dies ist das niederschmetternde Fazit. Auch Carla del Pontes Ermittlungen gegen Kriegsverbrecher hatten am tristen Zustand dieser Welt absolut nichts ändern können. Was bleibt, das ist die Hoffnung, dass Politiker wie Assad eine lebenslange Haftstrafe bekommen. Doch auch diesbezüglich ist Carla del Ponte realistisch geworden. Milosevic ist während des Prozesses gestorben, andere Kriegsverbrecher laufen immer noch frei herum.

Sie habe Indizien dafür, dass Schweizer Firmen über Saudi-Arabien ihre Waffen nach Syrien liefern, enthüllt Carla del Ponte in ihrem Buch »Im Namen der Opfer«. Beweisen allerdings lasse sich das nicht. Es weist allerdings vieles darauf hin, dass del Pontes Vermutungen zutreffen. Alt Bundesrat Didier Burkhalter soll gesagt haben, er sei auch deshalb aus dem Bundesrat ausgetreten, weil er die Waffenexporte der Schweiz moralisch nicht mehr habe verantworten können. Müsste nicht auch diese Aussage die Schweizerinnen und Schweizer mobilisieren?

Zurück auf die Golanhöhen. In den späten Neunzigerjahren stand ich als Beobachter oben auf den mehr als 2000 Meter hohen Bergen. Schützengräben und ausgediente Geschütze erinnern an den Sechstagekrieg. Das Gebiet wurde 1967 von der israelischen Armee erobert und wird seitdem von Israel kontrolliert. Israel rechtfertigt die anhaltende Besetzung mit der militärstrategischen Bedeutung. Von hier oben lässt sich der Nordosten Israels, der Südosten Libanons und der Südwesten Syriens leicht kontrollieren. Was Israel grösste Furcht bereitet, ist dies: Syrien könnte hier oben die Quellflüsse des Jordan zurückhalten und die Versorgung Israels mit Wasser unterbinden.

Damit Israel gegen seinen Todfeind Syrien bestehen kann, bändelt nun Premierminister Benjamin Netanyahu mit Russlands Präsident Putin an. Und dies obschon eigentlich die US-Amerikaner die engsten Verbündeten der Israeli sind. Doch die Beziehungen der Israeli zu Moskau sind auf einem Tiefpunkt angelangt. Schwer vorstellbar, dass sich die Verhältnisse in Syrien und in ganz Nahost vor diesem Hintergrund in Kürze normalisieren werden.

Sie sei gepanzert wie ihr Auto und wie ihre Wohnung, schreibt Carla del Ponte in ihrem Buch. Sie meint damit den Panzer, den sie sich während all der Jahre als Bundesanwältin in Uno-Untersuchungskommissionen hat um ihre Seele legen müssen. Gefühle habe sie sich nicht leisten können. Ich kann Carla del Ponte verstehen. Ich kann nachvollziehen, dass nur überleben kann, wer sich zurückzieht und sein eigenes Süppchen kocht. Resignieren jedoch ist absolut verboten. Die vielen Opfer dieser Welt brauchen uns.

~

An Karfreitag werden in Jerusalem jedes Jahr aus völlig normalen Touristen falsche Jesusse, falsche Jungfrauen Maria, falsche Apostel oder auch mal ein falscher Gott. Es handelt sich dabei um eine Psychose, um eine psychische Erkrankung. In der Literatur ist das Phänomen bekannt als das »*Jerusalem-Syndrom*«.

Am Karfreitag werden wieder Tausende der Via Dolorosa, dem Leidensweg Christi folgen. Der Weg führt in neun Stationen durch die Altstadt zur Grabeskirche. Viele fromme Christen wollen am eigenen Leib nachempfinden, wie es Jesus auf dem Weg zur Hinrichtung ergangen ist. Doch für einige ist das Erlebnis in der Heiligen Stadt so überwältigend, dass sie plötzlich den Boden der Realität unter den Füssen verlieren. Sie haben religiöse Visionen und Halluzinationen. Dies geht so weit, dass sie die eigene Persönlichkeit aufgeben und eine biblische Figur werden. Wer vom »Jerusalem-Syndrom« heimgesucht wird, der muss in die Psychiatrie eingeliefert werden. Zum Glück reicht zum Abklingen der akuten Psychose meistens schon die Heimreise.

Persönlich war ich bisher viermal in Jerusalem und das Spektakel des »*Jerusalem Syndroms*« an der Via Dolorosa faszinierte mich als Theater-Regisseur jedes Mal aufs Neue. Bei meinem letzten Besuch beobachtete ich einen Jesus aus Kalifornien. Er trug seine Haare schulterlang, auf dem Kopf sass eine Dornenkrone und sein nackter Oberkörper war mit künstlichem Blut (Ketchup?) bespritzt. Und dann diese Mimik! Mit einer Leidensmiene, die mir kalte Schauer den Rücken hinunterlaufen liess, schleppte er das schwere Holzkreuz durch den »schmerzhaften Weg«, die Via Dolorosa.

Wer am »*Jerusalem Syndrom*« erkrankt ist, der wird in die geschlossene Psychiatrie Kfar Shaul eingeliefert. Gregory Katz ist der Direktor der psychiatrischen Notaufnahme des Kfar-Shaul-Spitals. Er therapiert die akuten Fälle vorerst mit Beruhigungsmitteln. Einmal habe er drei Jungfrauen Maria gleichzeitig beherbergt. Und er sagt: »Wenn man es nicht selbst gesehen hat, glaubt man es kaum. Es ist ein sehr dramatischer Zustand.« Einmal habe er einen Messias zum anderen ins Zimmer gelegt. Sie beschuldigten sich dann gegenseitig Betrüger zu sein.

~

Eine meiner Reisen durch Israel führte mich von Tel Aviv nach Jerusalem. Jerusalem ist heilig, Tel Aviv ist irdisch. Es sind dies zwei Städte, die unterschiedlicher nicht sein könnten. Trifft man in Jerusalem auf die frommen und orthodoxen Juden, bietet Tel Aviv jede Menge irdisches Vergnügen. In Tel Aviv hat es Theater, Kinos, Popkonzerte und vor allem ein überaus freizügiges Leben. Im orthodoxen Jerusalem sollten Männer einen Hut und Frauen ein Kopftuch tragen sowie Schultern und Oberarme bedecken. In den Strassen Tel Avivs dagegen trifft man auf aufreizend gekleidete und freizügige Menschen. Grell geschminkte Frauen zeigen viel Haut. In der einen Hand raucht eine Zigarette, an der anderen Hand führen sie ihren Lover spazieren.

Ein historischer Schnappschuss gelang mir an der berühmten Strandpromenade von Tel Aviv. Er zeigt die vielgestaltige Gesellschaft Israels. Ganz links im Bild auf dem Fahrrad ein jüdischer Mann mit der obligaten Kippa auf dem Kopf. Rechts im Bild ein Soldat der israelischen Streitkräfte mit dem Maschinengewehr im Anschlag. In der Mitte ein freizügig gekleidetes Pärchen. Im jüdischen Sprachgebrauch zeigt das Bild eine *Schickse*, eine aufreizend gestylte nichtjüdische Frau.

»Wolkenbruchs wunderliche Reise in die Arme einer Schickse« - dies ist der Titel eines Romans von Thomas Meyer. Der Roman erzählt von einem jungen Juden aus der Schweiz, der durch die Liebe zu einer *Schickse* seiner Erziehung entfliehen möchte, in der immer noch die Mutter das Sagen hat. Das Buch wurde von Michael Steiner verfilmt. Die Schweizer Romanverfilmung ist in vielen Schweizer Kinos ein echter Abräumer. Regisseur Michael

Steiner hat die Romanvorlage weitgehend adaptiert. So begegnen wir im Buch wie auch im Film dem sprichwörtlichen jüdischen Witz. Die Geschichte ist voller Übertreibungen und die Sprache ist für sich schon ein Ereignis. Das Hochdeutsche hat der Autor Thomas Meyer jiddisiert, also mit dem Jiddischen vermischt. Ein Beispiel? Da sagt einer in einer Gaststätte zum anderen: Itzt, Bruder, trink ich, und wenn es roischt in Kop, faif ich oif der ganzer Welt…« Das ist jiddisches Hochdeutsch. Originales Hebräisch dagegen ist die Bezeichnung *Schickse*.

Eine *Schickse* meint im jiddischen Sprachgebrauch ursprünglich ein nichtjüdisches Mädchen, das für Heirat und Familiengründung nicht in Frage kommt. Später entwickelte sich daraus zusätzlich die Bezeichnung für eine zu grell geschminkte, zu aufreizend gekleidete und sexuell zu freizügige junge Frau. *Schicksen* trifft man auf dem Dizengoff-Boulevard, der bekanntesten Flanierstrasse der Stadt. Sie hoffen auf eine Mitfahrgelenheit. Das Wort *Schickse* ist zudem ein jüdisches Schimpfwort, das auch Eingang gefunden hat in die deutsche Sprache. Hier wird es als abwertende Bezeichnung für leichtlebige Frauen gebraucht. In manchen Gegenden Deutschlands, etwa im Ruhrgebiet, bezieht sich die Bezeichnung *Schickse* auf eine attraktiv erscheinende Frau, die für Männer eine Versuchung darstellen könnte. Das männliche Gegenstück zur *Schickse* ist im Jüdischen der *Schegez*.

Die Romanverfilmung »Wolkenbruchs wunderliche Reise in die Arme einer Schickse« handelt von Motti, einem orthodoxen Juden. Seine Mutter (jiddisch: *mame*) sucht für ihn eine Frau zum Heiraten. Pech für Motti ist nur, dass alle diese Frauen genau gleich aussehen wie die *mame*. Dies ganz im Gegensatz zu Laura, der adretten Mitstudentin von Motti. Aber eben – leider ist Laura eine *Schickse*. Als *Schickse* ist die attraktive Laura eine echte Versuchung für Motti. Sie trinkt Gin Tonic, und wenn sie spricht, braucht sie Ausdrücke, die nun wirklich nicht stubenrein und druckreif sind. Den orthodoxen Motti überkommen Zweifel an seinem bisherigen Lebensweg. Je länger je mehr löst er sich von seiner *mame* los. Motti verweigert seiner *mame* den blinden Gehorsam. Dafür entbrennt in Motti die wilde Leidenschaft für die *Schickse* namens Laura. Doch als schliesslich die *Schickse* Laura mit dem *Jid* Motti im Hause ihres (anderen) Liebhabers übernachtet, kommt es zur handgreiflichen Katastrophe.

In den Armen einer Schickse könnte jeder von uns mal landen. Das jüdische Bild der *Schickse* entspricht dem stereotypen Fantasiebild der hypersexuellen fremden Frau. Die *Schickse*, dieser weibliche Vamp, ist wohl in allen Kulturen der Inbegriff von feuchten Männerträumen. Im Judentum kommt aber noch die angsterfüllte Vorstellung vom Verlust der kulturellen Identität durch Assimilation hinzu.

Liebe nach Drehbuch

Filme, TV-Serien und Bücher lehren uns, wie man heute liebt. Filme und Romane beeinflussen unsere Beziehungen. In Filmen und Romanen sind alle möglichen Beziehungsmuster verarbeitet, die wir als Zuschauer oder als Leser entschlüsseln und aufnehmen. Aktuelle Bücher verbreiten Muster wie »*Treue ist auch keine Lösung*«. Oder wie »*Nimm mich, zerstör mich!*« Wollte man diese Beziehungsmuster alle mal ausprobieren, könnte einem dabei schwindlig werden.

Filme und Romane sind dankbar für die Liebe in allen ihren Spielarten. Kein anderes Thema berührt und bewegt mehr. Die Literaturwissenschaftlerin Daniela Otto hat Hollywoods geheime Liebesbotschaften entschlüsselt. Lieben, Leiden und Begehren. Jede und jeder von uns kann davon ein Lied singen, einige sogar einen Roman schreiben. Andere schmachten während TV-Erfolgsserien wie »*Sex and the City*« nach Liebe. Den Erfolg dieser Serie begründet die Literaturwissenschaftlerin damit, dass »*Sex and the City*« den Frauen alle möglichen Beziehungsformen vorspielen würde. Sie sieht darin eine moderne Version der »*Handbücher für Frauen*«, mit denen Mädchen des 19. Jahrhunderts den ehelichen Verhaltenskodex lernen sollten.

Romane vermitteln Muster, nach denen sich Liebe heute gestalten lässt. Beispiele? Die Literatin Daniela Otto zeigt die Varianten moderner Beziehungskultur. Die Vampirromanze »*Twilight*« vermittelt das Bedürfnis nach Keuschheit in der Ehe. In »*House of Cards*« wird das Thema Liebe durch Macht abgehandelt. Dieses Thema ist immer wieder aktuell, auch wenn Shakespeare mit »*Macbeth*« das Zusammenspiel von Liebe und Macht schon viel früher zwischen Buchdeckel verpackt hat. In »*Avatar*« wird die grenzenlose Liebe thematisiert, Liebe als Verschmelzung mit einer Urgemeinschaft aller Liebenden dieser Erde. Das hört sich doch sowas von romantisch an! Weit weniger romantisch sind US-Serien wie »*The Girlfriend Experience*« oder Martin Scorseses »*The Wolf of Wall Street*«. In Zeiten von Konsum und Kapitalismus geht es in diesen Serien folgerichtig um die Käuflichkeit von Liebe und Sex.

Können Beziehungsmuster aus Filmen und Romanen unsere moderne Beziehungskultur tatsächlich aufmischen? Können sie verhindern, dass mehr als 90 Prozent der Ehen den Bach runter gehen? In »*Fifty Shades of Grey*« verhandeln die Protagonisten die Sexualpraktiken sachlich am Konferenztisch. Man darf sich fragen, ob »*Fifty Shades of Grey*« – eine der meistverkauften Buchserien der Moderne – den Paaren wirklich sexuell auf die Sprünge helfen kann? Immerhin wartet Kollegin Daniela Otto in ihrem Buch »*Lieben, Leiden und Begehren*« mit einem guten Ratschlag auf. Es sei wichtig, moniert sie, dass sich die beiden Liebenden mit ihrer Wunschvorstellung in ihrem Skript wiederfinden. Sie meint damit wohl: Wenn eine Frau sich als Märchenprinzessin à la Meghan Markle träumt und der Mann als Pirat à la Johnny Depp, dann gestaltet sich eine gemeinsame Zukunft eher schwierig.

Ich denke, dass es sich auch umgekehrt verhält. Wichtige Beziehungsmuster aus dem echten Leben finden sich in Filmen und

Romanen wieder. Nehmen wir beispielsweise die romantische und zugleich kompromisslos radikale Liebe. Sie findet sich im Shakespeare-Drama *»Romeo und Julia«* genauso wie im modernen Musicalfilm *»La La Land«*. Allerdings schafft die Zeit kleine Unterschiede. Ist es im Shakespeare-Drama eine Familienfeindschaft, welche die Liebenden trennt, ist es in *»La La Land«* die Karriere, die einer wunderbaren Liebe profan im Wege steht.

Beziehungsmuster aus Kultfilmen verfangen nicht mehr. Das ist doch ein ernüchternder Befund. »Schau mir in die Augen, Kleines!«, schmachtete und stöhnte Humphrey Bogart seine Filmpartnerin Ingrid Bergmann im Film *»Casablanca«* vor mehr als achtzig Jahren an. Ist Zärtlichkeit tatsächlich nicht mehr in, wie die Literaturwissenschaftlerin Daniela Otto vermutet? Immerhin antwortet sie mit einem Zitat, das hoffen lässt. Es ist ein Satz von Eugen Drewermann, und er lautet: »Wer liebt, berührt die Unendlichkeit.« Schön gesagt. Aber dann ist wohl nichts mehr mit einander in die Augen schauen… oder wie jetzt?

~

Wie viele Literaten haben sich schon an den verrückten Eskapaden der Liebe und der Liebenden abgearbeitet! Was Alain de Botton in seinem Buch *»Der Lauf der Liebe«* glaubt herausgefunden zu haben, das ist detailliert protokollierte Normalität. Jede und jeder, der eine amtliche Beziehung eingegangen ist, wird sich in den Fallstudien dieses Buches wiedererkennen. So viele Aha-Erlebnisse erzeugen beim Lesen aber vor allem auch eins: Langeweile. Alain de Botton handelt die Liebe ab wie ein Kommunikationsmittel und nicht als das, was die Liebe wirklich ist: ein undurchdringlicher Dschungel von Gefühlen.

Es sind nicht die grossen Probleme, die eine Liebe belasten. Häufig sind es die kleinen Dinge, die eine Ehe scheitern lassen, und die schliesslich zur Scheidung führen: Ein Ehepartner vergisst häufig, das Deckelchen auf die Zahnpasta-Tube zu schrauben. Ein anderer vergisst, die gebrauchten Kleider wegzuräumen. Wir nehmen uns zu wenig Zeit, solche »Nichtigkeiten« anzusprechen und zu klären, meint der Erfolgsautor Alain de Botton in seinem Buch »Der Lauf der Liebe«.

Der aus der Schweiz stammende und in London lebende Alain de Botton will nun endlich herausgefunden haben, warum sich so viele Ehepaare schon nach wenigen Jahren Ehe verkrachen. Ja und warum? Wenn es um das Scheitern in der Liebe geht, da spielen Nebensächlichkeiten meistens eine Hauptrolle. Anscheinend sind es lächerliche Kleinigkeiten, die dazu führen, dass sich Ehepaare schliesslich scheiden lassen. Die Eheleute realisieren oftmals viel zu spät, wie gefährlich solch scheinbar banale Dissonanzen sind. Seltsamerweise hält sich die Vorstellung hartnäckig, dass nur ganz grosse Probleme die Liebe belasten, alte Familienstreitigkeiten etwa oder unlösbare Konflikte. Doch dem ist nicht so. Die Minenfelder einer Ehe liegen anderswo versteckt.

Interessant ist die Frage, weshalb wir uns nicht auch um die Nichtigkeiten und Kleinigkeiten kümmern, die eine Ehe gefährden können. Die Antwort auf diese Frage ist überraschend und erstaunlich zugleich: Wir alle haben das Ideal einer romantischen Liebe im Kopf. In Büchern und Filmen begegnen uns Paare in ausserordentlich romantischen Lebenssituationen: Niemand muss ins Büro, niemand beschwert sich über die dreckige Wäsche oder über die Strassenschuhe, die man vergessen hat vor der Haustür auszuziehen. Die Liebesgeschichten in Filmen und in Büchern bestärken uns in der Meinung, dass wir doch eigentlich eine Prinzessin oder einen Prinzen verdient hätten.

Es ist also höchste Zeit, dass wir uns auch um die Liebe im Alltag kümmern. Das ist nicht immer spannend, häufig sogar langweilig. Eine Partnerschaft ist auf Dauer ein Hochseilakt, und wir alle, die wir uns darauf einlassen, müssen ganz schön verrückt sein, kommt Alain de Botton in »Der Lauf der Liebe« zum Schluss. Aber immerhin hat er auch Tröstliches aufzutischen: Menschen können in Liebesdingen auch reifen. Echte Liebe besteht nicht nur darin, die Stärken des anderen zu bewundern, sondern sie fordert auch Grosszügigkeit gegenüber seinen Schwächen.

Auffallend ist, wie heutzutage jedes Geschreibsel frech als ein »Roman« daherkommt. Das Buch mit dem Titel »Der Lauf der Liebe« ist ein Eheratgeber, vielleicht auch ein psychologisches Lehrbuch. Aber doch bestimmt kein Roman! Da hat der Autor allerlei Plattitüden und längst Bekanntes in der Psychologenküche zu einem dünnen Wässerchen zusammengebraut, das einem zwar gut tut, das aber kaum Wirkung erzeugt.

~

Seit der Antike existiert die Vorstellung, dass wahre Literatur nur im Zustand rauschhafter Entrückung geschrieben wurde. *Die Liebe* ist mit Bestimmtheit ein Rauschzustand, der viele Schriftstellerinnen und Schriftsteller zu grossen Werken getrieben hat. Ohne die Liebe würde die Weltliteratur auf ein kleines Regal passen.

Die Vorstellung, dass rauschhafte Entrückung eine dichterische Produktion erst möglich macht, geht bis auf den griechischen Philosophen Platon zurück. Später hat Nietzsche diese These beglaubigt. Nietzsche formulierte ultimativ: »Damit es Kunst gibt, damit es irgendein ästhestisches Tun und Schauen gibt, dazu ist eine physiologische Vorbedingung unumgänglich: der Rausch.«

An einem rro-Literaturabend, den ich im Studio Barrique organisierte und moderierte, thematisierte ich verschiedene Zugänge zum Lesen und Schreiben. Am Ende des Literaturabends stand das folgende Resümee: Nicht wenige Schriftstellerinnen und Schriftsteller profitieren von einer Grenzsituation, die sie zum Schreiben motiviert und zwingt. Im Lieraturbetrieb ist das nichts Neues. Goethe wagte mitten im Winter die Überquerung des Furkapasses. Damit löste er eine Schreibblockade, die eine unglückliche Liebe bei ihm ausgelöst hatte. In unseren Tagen hat Adolf Muschg diesen Prozess in seiner aktuellen Erzählung »*Der weisse Freitag*« beschrieben.

~

Bei der »Liebe nach Drehbuch« bilden sogenannte Ein-Satz-Storys ein eigenes Genre. Eine der bedeutsamsten Ein-Satz-Storys ist von Prinzessin Lady Diana überliefert. Am 31. August jährt sich jeweils der Unfalltod von Prinzessin Diana. Bücher, Dokus und Berichte versprechen neues Material über die »Königin der Herzen«. Fasziniert hat mich eine Doku des britischen Senders »Channel 4«. In der Doku »*Diana: In Her Own Words*« spricht die Prinzessin über einen Satz, der ihr Leben verändert hat. Am 24. Februar 1981 soll es gewesen sein, da verkündeten der britische Thronfolger Charles und Diana ihre Verlobung. Ein etwas unbedarfter Reporter soll dabei dem Paar die Frage gestellt haben: »Ich vermute, Sie lieben sich?« Die schüchterne Diana reagierte mit einem Lächeln. »Natürlich«, sagt sie. Und da stiess Charles diesen unglaublichen Satz hervor: »Was immer auch Liebe heissen mag«. Viele Jahre später, nach der Trennung von Charles, gestand Diana, dass dieser Satz ihr Leben verändert habe. Der herzlose Satz mit gerade mal sechs Worten habe sie traumatisiert. Der Satz mutiert damit zu einer Ein-Satz-Story.

Wie kommt es, dass ein Satz ein ganzes Leben verändern kann? Der Satz »Was immer auch Liebe heissen mag« ist objektiv gesehen korrekt. Tatsächlich hat die Liebe viele Spielarten. Wie verrückt diese Emotion sein kann, machte schon Friedrich Nietzsche deutlich in seinem Buch »Also sprach Zarathustra«. Darin schreibt er: »Es ist immer etwas Wahnsinn in der Liebe. Es ist aber auch immer Vernunft im Wahnsinn«. Wenn Liebe im Spiel ist, dann kann das Leben schon mal ganz schön kompliziert werden. Der Grund dafür ist, dass es viele Arten von Liebe gibt. Was wir unter Liebe verstehen, hängt ab von unseren bisherigen Erfahrungen und von unserer

Persönlichkeit. Genau dies ist der Ausgangspunkt von unzähligen Songtexten, Hollywoodfilmen und Liebesromanen.

Ein Erzählband mit Ein-Satz-Storys der Amerikanerin Lydia Davis liefert illustrative Beispiele. Die Titelgeschichte besteht aus einem einzigen Satz: »Samuel Johnson ist ungehalten, dass Schottland so wenig Bäume hat«. Wer ist Samuel Johnson? Warum ist er ungehalten? Warum soll es in Schottland so wenig Bäume haben? Warum sollte es mehr Bäume haben? – Die Ein-Satz-Story verlangt von der Leserin und vom Leser, dass er/sie die Geschichte in seinem/ihrem Kopf vollendet.

In der Schweiz gilt Peter Bichsel als der Vater der Ein-Satz-Storys oder Kürzestgeschichten. Mit seinem Erzählband »*Zur Stadt Paris*« hat er bereits im Jahr 1993 vorgemacht, wie eine Ein-Satz-Story funktioniert. Die Titelstory in diesem Erzählband besteht allerdings aus drei kurzen Sätzen. Peter Bichsel schreibt: »In Langnau im Emmental gab es ein Warenhaus. Das hiess Zur Stadt Paris. Ob das eine Geschichte ist?«

Während Peter Bichsel noch etwas unsicher ein Fragezeichen hinter seine Kürzestgeschichte setzt, schreibt aktuell Lydia Davis ungeniert solche Ein-Satz-Storys. Manchmal allerdings schreibt auch das Leben eine Ein-Satz-Story. So wie im Fall von Prinzessin Diana.

~

Man liebt nicht weil, sondern trotzdem. Martin Heidegger und Hannah Arendt liebten sich wie in einem Drehbuch, passend zu einem Melodrama. Er war der Star unter den Philosophen. Sie war die Rebellin unter den Literatinnen. Beide zählen sie zu den bedeutendsten Denkern des 20. Jahrhunderts. Er war Professor, sie war seine Schülerin. Er war ein Hitler-Sympathisant, völkisch, antisemitisch und totalitär. Als Hitler an die Macht kam, predigte er gegen die »Verjudung des deutschen Geistes«. Sie war Jüdin und leistete Widerstand gegen das Hitler-Regime. Sie wurde als »feindliche Ausländerin« in ein Lager gesteckt. Die beiden liebten sich abgöttisch. »Wie und was ich bin, geht auf Heidegger zurück; ihm verdanke ich alles!«, wird Hannah Arendt später ihrer Biographin zu Protokoll geben.

Wer will eine solche Liebe verstehen? In einer Serie mit dem Titel »Liebe ohne Grenzen« hat die NZZ am Sonntag unter anderem auch die rätselhafte Beziehungsgeschichte der Literatin Hannah Arendt und des Philosophen Martin Heidegger recherchiert. Neuere Quellen enthüllten schon viel früher die schier unmögliche Liaison zwischen der Jüdin und dem Antisemiten. Joachim Fest etwa in »Das Mädchen aus der Fremde«. Oder die Arendt-Biografin Elisabeth Young-Bruehl, welche als erste die Affäre Arendt-Heidegger öffentlich machte.

Eine Affäre sorgt für eine »Beunruhigung unseres eigenen Daseins«, was ein Grundgedanke ist in Heideggers Philosopie. Martin Heideggers Philosophie war revolutionär. Ihm ging es weniger darum, Antworten auf Fragen zu liefern. Die Aufgabe der Philosophie sah er vielmehr darin, das Fragen selbst wach zu halten. Seiner Meinung nach sollte die Philosophie nicht Gewissheit und Sicherheit bieten. Die Philosophie sollte eine Beunruhigung unseres eigenen Daseins bewirken. Die bisherige Philosophiegeschichte interpretierte er vor allem als eine Geschichte der Verdeckung der grundsätzlichen Fragen. Die Philosophie habe nicht nur die Grundfragen vergessen, sondern vor allem die Frage nach dem Sein, moniert er. Ziel des Fragens sei somit nicht, eine Antwort zu bekommen, sondern durch das Fragen aufzudecken, was sonst in Vergessenheit geriete. Für Heidegger wurde das Fragen zum Wesensmerkmal des Denkens. »Sein und Zeit« ist das Hauptwerk von Martin Heidegger. Es gehört zu den Jahrhundertwerken der Philosophie.

Sind wir in Liebesdingen zu vernünftig geworden? Auch dies ist so eine Frage im Sinne von Heideggers Philosophie. Braucht es mehr Verrücktheit in der Liebe? Für die Jüdin Hannah Arendt war die Liebe mit dem Antisemiten Heidegger der »Segen meines Lebens«. Martin Heidegger weckte in Hannah Arendt die Leidenschaft des Denkens. Und damit auch die grösste Liebesleidenschaft ihres Lebens. Von der Gestapo, der Geheimpolizei Hitlers, wurde sie inhaftiert. Sie flüchtete nach New York und war nach dem Krieg in den USA eine bekannte Autorin. Sie radikalisierte sich. In ihrer Thesenschrift über die »Banalität des Bösen« setzte sie sich weltweiter Kritik aus. Darin kritisiert sie die Rolle der Juden im Holocaust. Dem Nazi-Funktionär Adolf Eichmann attestiert sie darin eine gewisse »effiziente Bürokratie«.

Im Liebessommer 1924 beherrschte die Liebe das Paar. »Er rief, ich kam«, ist bei Arendt-Biografin Elisabeth Young-Bruehl nachzulesen. Heidegger soll in dieser Liaison der Dominante gewesen sein. In seinen Briefen ermahnte er sie, ihre »Attribute der Weiblichkeit« zu bewahren, die strahlenden Augen, die scheuen Hände. Die ansonsten blitzgescheite und mutige Hannah Arendt fügte sich diesem sexistischen Getue. Immer habe sie Heidegger gegenüber so getan, »also ob ich nicht bis drei zählen kann«, wird sie später in einem ihrer Briefe gestehen. Was als leidenschaftliche Affäre begonnen hatte, endete in einer unerfüllten Sehnsucht. Heidegger wie Arendt waren mit anderen Partnern verheiratet. Beide suchten sie nach einem anderen Leben. Das Leben mit Frau und Kindern erfüllte sie nicht. Sie war »verzaubert von seiner Poesie«. Sie, die Jüdin, und er, der Antisemit. Eine Liebe ohne Grenzen.

Manche Beziehungen sind ganz einfach unerklärlich. Die Liebe ist nicht dazu da, verstanden zu werden. Denn wahrhaftig liebt man nicht weil, sondern obwohl und trotzdem.

~

Der faszinierende und wunderbar emotionale Briefwechsel zwischen Maurice Chappaz und Corinna Bille ist ein weiteres Beispiel für eine »Liebe nach Drehbuch«. Oder sollte man vielleicht in diesem Fall eher von einer »Liebe aus dem Briefkasten« sprechen? Die Liebesgeschichte nahm ihren Anfang in den Tagen des Zweiten Weltkriegs und zog sich hin bis zum Tode von Corinna Bille im Jahr 1979. Wie Nomaden zogen Maurice Chappaz und Corinna Bille durchs Wallis, meist getrennt voneinander. Um schreiben zu können, brauchten sie ein freiheitliches Leben. Für die Literatur stellt sich diese Lebenseinstellung nun als glücklicher Umstand heraus: Die Liebe war buchstäblich »federführend«, denn dadurch, dass die beiden kaum je zusammen waren, hatten sie sich viele Briefe geschrieben. Es sind Briefe, die die Liebe schrieb.

»Ich werde das Land durchwandern, das Du bist«. So heisst das Buch, das den Briefwechsel aus den Jahren 1942-1979 zwischen Corinna Bille und Maurice Chappaz umfasst, herausgegeben und hervorragend übersetzt von Lis Künzli. Die Schauspieler Imboden / Ospelt hielten sich in einer szenischen Lesung chronologisch strikte an die literarische Vorlage und übernahmen auch die inhaltliche Einteilung in drei Kapitel: »Die Anfänge« – »Wahre Bücher und wahre Kinder« – »Über die Insel hinaus«.

Damals, in diesem erzkonservativen Wallis, war das eine sehr provokative Liebschaft zwischen dem Dichter Maurice Chappaz und der Schriftstellerin Corinna Bille. Als verheiratete Frau hatte Corinna Bille ihre Liebe zu Maurice Chappaz oft verheimlichen müssen, und als ein uneheliches Kind aus dieser verbotenen Liebesbeziehung hervorging, musste dieses Kind heimlich in einem Versteck aufwachsen. Maurice Chappaz war zudem kein pflegeleichter Geliebter. Oftmals bezeichnete er sich selbst als »ein Hippie«. Er hatte unter Bäumen geschlafen und auch im Glockenturm von Kirchen. Von da aus hatte er immer wieder berührende Briefe als Ausdruck inniger Gefühle an seine Geliebte geschrieben, an die verheiratete Corinna Bille. Sie sorgte sich wegen des zweifelhaften Umgangs, den ihr Maurice mit der »Glockenturmbande«, insbesondere aber mit dem Waadtländer Dichter und Lehrer Henri Gaberel pflegte, und übernahm in dieser Beziehung die Rolle einer moralischen Instanz:»Gaberel ist gar nichts, nicht einmal eine Fliege, ein Staubkörnchen höchstens. Bei ihm muss man immer damit rechnen, dass er Abscheulichkeiten zum Besten gibt. Also wundern Sie sich nicht über meine Gleichgültigkeit oder gar Freundlichkeit ihm gegenüber.«

Zuweilen sehnten sich Corinna und Maurice nach einer ruhigen Oase, um ihre gemeinsame Liebe zu leben. So eine Oase war ein Chalet in Chandolin im Val d'Anniviers. Auch im deutschsprachigen Kantonsteil hatte sich das Liebespaar ein Refugium eingerichtet. In der Nähe von Raron, im Weiler Geesch, hatten die Unverheirateten ein hab verfallenes Chalet gemietet. Da, in Geesch, seien sie so glücklich gewesen wie nirgends sonst, wird Maurice Chappaz in seinen Briefen später festhalten. Das Paar bezog später ein eigenes Haus im Pfynwald, und kurz vor ihrem Tod durften die Beiden gar in ein feudales Haus in Veyras, einem Dorf oberhalb von Siders, einziehen.

Was die szenische Lesung der Schauspieler Imboden / Ospelt gekonnt rüberbrachte, das war diese unglaublich faszinierende Poesie, die den Briefwechsel zwischen Chappaz und Bille erst zu wahrer Literatur emporhebt. Es sind dies Sätze wie diese:

»Meine liebe Fifon, ich möchte Dir alle meine Gründe nennen, Dich zu lieben, jene, die aus der Liebe selbst, der Zärtlichkeit hervorgehen, denn jede Regung, jede Gabe des Herzens, erfüllt mich mit solcher Freude. Oh nein! Das Nestvögelchen, die Béliote, ist nie aufdringlich, ich brauche all das, was sie so gut zu sein und zu tun versteht; und dann gibt es noch all diese Gründe, die mit der Weiblichkeit, der Poesie zusammenhängen: ihre Geschichten, ihre Träume, die Edelsteine, die Rhone-Kiesel, die nach Honig schmeckenden Berberitzenblätter, die Marionetten und all die Wunderwerke, wie dieser lange, von zwei Büscheln Vegissmeinnicht begleitete Brief.«

Die beiden Schauspieler verliehen dem Briefwechsel zwischen Maurice Chappaz und Corinna Bille eine einfühlsame Interpretation. Sie setzten Akzente, hoben Worte und Formulierungen hervor, liessen auch mal die Stille zwischen den Worten und Sätzen wirken und untermalten das Versprachlichte mit sparsamer Gestik. Maurice (Ingo Ospelt) gab sich eher ruhig und gesetzt, rechtfertigend und argumentierend. Corinna (Regula Imboden) eher beunruhigt, gefühlsbetont, das Innerste preisgebend und kämpferisch. Das Publikum war gut beraten, die eine oder andere Paraphrasierung im Poesiealbum des eigenen Herzens festzuhalten. Wie wunderbar lesen und hören sich Schöpfungen wie diese an: »Für eine Verbindung kämpfen, heisst lieben.«

~

Was manchmal allzu leicht in Vergessenheit gerät, das ist die Tatsache, dass es nur ganz besondere Liebesgeschichten zwischen Buchdeckel schaffen. Vor allem sind es verrückte Liebesgeschichten, die den Mythos von der grossen und ewigen Liebe in Frage stellen. Auch diese Erkenntnis scheint einem Denken geschuldet zu sein, das sich an Drehbüchern orientiert, die in Hollywoodscher Manier nur dann erfolgreich sind, wenn sie die Liebe als eine heisse Affäre von kurzer Dauer und mit stets wechselnden Partnern propagieren. Beipiele dazu lassen sich endlos anführen.

»Die Liebe ist gar nichts«. Mit diesem provokativen Titel eroberte der Schriftsteller Günter Ohnemus die Herzen einer breiten Leserschaft. Es ist dies die Geschichte von Gloria »mit dem goldenen Herzen« und von Tom »mit dem gebrochenen Herzen«. Im Flugzeug lernen sich die beiden kennen, eine lose Beziehung verbindet sie über Jahrzehnte. Alle Versuche, aus der offenen Beziehung einen bürgerlichen Alltag zu machen, scheitern. Liebe ist gar nichts. Trotzdem geht es immer irgendwie weiter. Der Roman ist eine Gratwanderung zwischen der romantischen Suche nach Geborgenheit und dem Misstrauen gegenüber der grossen Liebe.

Wenn man sich zurückerinnert an die erste Liebe, dann sieht man diese erste Liebe oftmals ganz verklärt und in einem goldenen

Rahmen. Im Alter erinnert man sich gern an die erste Liebe, und sie ist nicht selten die ganz grosse Liebe des Lebens gewesen. Zumindest im Roman »Grosse Liebe« des Autors Navid Kermani ist das so. »Sie war 19 und er gerade 15. Sie hiess Jutta, war die Schönste des Schulhofs, und seit sie ihn verliess, hat er nie wieder so gross geliebt« – so beginnt der Roman. In hundert kurzen Kapiteln erinnert sich der Erzähler »an das Anhimmeln der Schönsten, an zarte Berührungen«. Warum aber funktioniert die »Erste Liebe« oftmals nicht? Es ist der Alltag, der graue Alltag, der das Leben langweilig macht. Er nimmt der Liebe die Romantik. So endet denn auch dieser Roman nüchtern und illusionslos: »Von dieser grossen Liebe ist nicht mehr geblieben als viele erste Male und ein ordentliches Rezept zum Kochen von Spaghetti Bolognese.« Warum sollte man solche Geschichten trotzdem lesen? Vielleicht damit der ewige Traum von der grossen Liebe weiter geträumt werden kann. Navid Kermani hat im Jahr 2015 den Friedenspreis des deutschen Buchhandels zugesprochen erhalten.

Manchmal kann nur ein Wunder eine angeschlagene Liebe noch retten. Davon erzählt die Geschichte »Die Wunderübung« des Autors Daniel Glattauer. Es ist die Geschichte von Joana und von Valentin. Beide streiten sich. Sie nehmen die Dienste eines Paartherapeuten in Anspruch. Doch die Beziehung von Joana und von Valentin ist ein hoffnungsloser Fall. Der Paartherapeut ist ratlos, und er unterbricht die Sitzung für eine Viertelstunde. Als der Paartherapeut zurückkommt, ist er am Boden zerstört. Seine Frau hat ihm mit einer SMS die Liebe gekündigt. Jetzt kommt es zu einem Gespräch zwischen den zerstrittenen Eheleuten und dem geknickten Paartherapeuten. Als Leser ist man sich da nicht mehr sicher, wer jetzt hier wen therapiert. Der Roman gerät zu einer Psychokomödie mit Tiefgang.

~

Die Liebe hat kein so gutes Image. Man kann sie nicht erzwingen, anders als einen Waschbrettbauch oder eine Bikini-Figur. Zur »Liebe nach Drehbuch« gehören auch die Kapriolen des Wetters. Das Wetter ist in der Lage, eine Liebe zu beeinflussen. Das ist statistisch bewiesen: Im Sommer verlieben wir uns häufiger als im Winter. Logisch. Im Winter hat man andere Probleme, rauhe Lippen zum Beispiel oder kalte Hände, und all das verträgt sich mit der Liebe nicht.

Eine liebe Kollegin von mir – eigentlich eine gelernte Chemikerin – behauptet, Liebe sei im Wesentlichen eine chemische Reaktion. Das allerdings finden Romantiker wie ich allzu banal. Aber gut, versuchen wir das Phänomen »Sommer-Liebe« mal chemisch zu erklären: *Chemische Reaktionen* werden durch Wärmezufuhr (= Sommer) forciert, zwei Elemente (das weibliche und das männliche) reagieren schneller und heftiger miteinander (= Sex bzw. Liebe – oder gar beides).

Für alle, die mal echt Liebe machen wollen – ich meine jetzt im chemischen Sinn – die sollten versuchen, diese lustfördernde chemische Substanz herzustellen, die im Gehirn das *Liebessyndrom* auslöst. Wie immer, kommt auch dieses moderne »Zeugs« aus Amerika: $C_6 H_5 (NH_2) CH_3$ = chemische Substanz, die im Gehirn das Liebessyndrom auslöst, entdeckt von Michael Liebowitz / USA.

Es sei an dieser Stelle vor dieser Substanz auch gewarnt. Für Risiken und Nebenwirkungen steht Ihnen keiner gerade. Ein Folgeproblem stellt sich dann ein, wenn Sie das chemisch erzeugte Liebessyndrom wieder wegbekommen möchten. Meine oben erwähnte Kollegin mit abgeschlossener Chemielehre hat dafür eine Lösung parat, die ich an dieser Stelle jedoch nicht weitergeben darf, weil sie nicht ganz jugendfrei ist.

Kaum ein Schriftsteller oder eine Schriftstellerin, die sich nicht schon schreibend des Liebessyndroms bedient hätten. Und sie tun »es« in mannigfacher Form. Da erzählt Arthur Schnitzler in seiner Geschichte »*Das Himmelbett*« von den intensiven ersten Wochen einer Liebesbeziehung, gemeint ist die Zeit, in der die Schmetterlinge im Bauch gerade noch am Flattern sind, bevor sie dann zur Landung ansetzen. Hansjörg Schneider erklärt wortgewaltig und mit Beispielen, weshalb sich der öffentliche Verkehr besonders gut auch für den privaten Verkehr eignet: In der Eisenbahn trifft er sich mit *Henriette*.

Für alle, die es gern literaturhistorisch haben: In der Geschichte »*Marroca*« schildert Maupassant die Liebe eines Franzosen zu einer Marrokanerin, wobei das Liebespaar beinahe vom Ehemann erwischt wird. Man merke: Geschichten über Amateure machen eben Mut, »es« selber besser zu machen.

Kurt Tucholsky hat thematisch mit seinem »*Bilderbuch für Verliebte*« ebenfalls den einen oder anderen Steilpass für die »Liebe nach Drehbuch« geliefert. Verraten sei an dieser Stelle, dass in seiner Geschichte die Verliebten das Bilderbuch nicht bloss anschauen. Aber darauf wären Sie, liebe Leserin, lieber Leser, wohl auch ohne meinen Hinweis gekommen.

Innerhalb des Rahmenthemas »Liebe nach Drehbuch« sind unterschiedliche Genres vertreten und auch ganz unterschiedliche Autoren. Fabio Volo wird erotisch, Banana Yoshimoto auch, seine Geschichte ist aber auch sehr erschreckend. Doris Dörrie nimmt einen mit nach Ibiza, als Alt-Hippie lässt man sich gerne dahin mitnehmen.

Kurz: Ob ein hitziges Schäferstündchen zu Hause oder eine Foreign Affair, ob ein flüchtiger Urlaubsflirt oder vielleicht doch wieder mal das Experiment einer grossen Liebe, eine Love Story nach Drehbuch bewahrt unserem Dasein die Spannung und die Attraktavität.

~

Kompliziert wird es, wenn Wissenschaftler uns die Liebe erklären wollen. Sie warten mit Studien auf. Wohl jede und jeder von uns hat schon mal in seinem Leben diese Achterbahn der Gefühle, auch

»Liebe« genannt, mitgemacht. Doch nur wenige fragen sich, was da eigentlich los ist, und was da im Innern eines Menschen vor sich geht. Vielleicht sollte man ja auch gar nicht danach fragen. Der Volksmund sagt, dass Liebe blind mache. Das muss so sein, denn nur die blinde Liebe ermöglicht ein Verhalten, das mit wachen Sinnen kaum möglich wäre.

Wie wir lieben und begehren – auch darüber gibt es viel Literatur. Mit einer neuen Mischung versucht es der sizilianische Molekularbiologe Giovanni Frazzetto. Es schwört auf die Mischung von romantischer Liebe und wissenschaftlicher Erkenntnis. Er erzählt verschiedene Beziehungsgeschichten, die er jeweils mit einem wissenschaftlichen Teil verbindet. So schreibt er über die Verbindung zwischen einem One-Night-Stand und Dopamin-Rezeptoren, zwischen Berührung und Blutdruck, zwischen Hautkontakt und Hirnarealen. Beim Lesen war es mir, als stünde ich zuerst inmitten einer blumigen und sonnenwarmen Frühlingswiese, um mich anschliessend von einem bitterkalten Regenschauer auskühlen zu lassen. Nun ja, menschliche Beziehungen sind nun mal eine Wundertüte. Man weiss nie genau, was da jetzt rauskommt, wenn man hineinlangt.

Das Gefühlschaos lässt sich auch ganz unromantisch und ohne Drehbuch erklären. Wenn wir jemanden lieben und begehren, verändert sich der Stoffwechsel im Körper und im Gehirn. Da ist das Dopamin, es beeinflusst das Wollen und die Erregung. Dazu gesellt sich das Serotonin, das auch als Glückshormon bekannt ist. Paradox ist allerdings, dass ausgerechnet der Serotoninspiegel im Zustand des Verliebtseins absinkt. Warum? Weil Verliebte auf ihr Objekt der Begierde regelrecht fixiert sind. Zusammen mit dem Dopamin, dem Serotonin und den Endorphinen entsteht jedoch eine magische Mischung, die ein berauschendes Glücksgefühl auslöst und die Hemmschwelle zwischen zwei Menschen herabsetzt. Bei körperlicher Nähe, insbesondere beim Sex, wird zusätzlich das Oxytocin ausgeschüttet. Das Oxytocin trägt auch den Spitznamen »Kuschelhormon«. Eine wichtige Rolle spielen in der Liebe zudem die Geschlechtshormone, insbesondere das Testosteron. Bei verliebten Männern sinkt der Testosteronspiegel ab, was bewirkt, dass aus wilden Kerlen plötzlich kuschelige Bärchen werden. Bei verliebten Frauen verhält es sich umgekehrt. Bei ihnen steigt der Testosteronspiegel an und ihre Lust auf Sex nimmt schlagartig zu.

Liebe ist schön und schrecklich zugleich. Wenn wir lieben und begehren, befinden wir uns in einer Situation, die unseren Körper und unsere Psyche nicht selten überfordert. Wir verzehren uns vor Sehnsucht und wir sind süchtig nach der Partnerin oder dem Partner. Wir benehmen uns unvernünftig. Wir geben unser Innerstes preis und machen uns verletzbar. Im Rausch der Gefühle sind wir machtlos, was wir zuweilen nicht nur als lustvoll erleben. Trotzdem. Liebe fordert uns, und sie ist wichtig für unsere Persönlichkeitsentwicklung. Wir definieren uns über Beziehungen.

Wissenschaft kann vieles erklären. Wenn es um die Liebe geht, sind jedoch noch viele Fragen offen. Auf eine der wichtigsten Fragen hat die Wissenschaft bis heute keine Antwort gefunden. Es ist dies die Frage, warum ein bestimmter Mitmensch in uns das Feuer der Liebe entfacht. Und warum uns ein anderer komplett kalt lässt. Wer nur findet in Bälde eine Antwort auf diese brennende Frage?

Liebe beginnt mit Beziehungsgeschichten. Mit einer heimlichen Affäre zum Beispiel. Und sie endet für einige wenige nach einer jahrzehntelangen Ehe. Liebe beginnt dann, wenn die Schmetterlinge des ersten Verliebtseins im Bauch flattern. Liebe endet dann, wenn die flatternden Schmetterlinge zu Motten geworden sind, die alles zerstören.

Die Liebe ist und bleibt ein Wunder. Egal, ob man nun die Liebe wissenschaftlich betrachtet, oder ob man sich mit dem Bild der flatternden Schmetterlinge zufrieden gibt. Die Liebe bringt Spannung in unser Leben. Und die Liebe sorgt dafür, dass unser Leben seinen Zauber niemals verlieren wird.

Alle Liebenden dieser Welt sehnen sich nach einem glücklichen Ende. Auch diese Erkenntnis lehrt uns die »Liebe nach Drehbuch«.

Die unendliche Sehnsucht nach einem Happy End habe ich vor Jahren als Regisseur eines bekannten Shakespeare-Stücks hautnah erlebt. Unser Stück trug den Titel »*Ein Happy End für Romeo und Julia*«. Daran erinnerte ich mich im virenverseuchten Krisenjahr 2020. Mit Panikmache und mit Alarmismus war niemandem gedient, denn auch Schwarzmalerei und ständige Unkenrufe können krank machen. Wie auch unser Bundesrat, so bauten viele Menschen auf die Hoffnung, sie erhofften sich für die gegenwärtige globale Krise ein baldiges Happy End.

In dieser Situation erinnerte ich mich an unser Shakespeare-Stück, das wir vor Jahren aufgeführt hatten. Liebe, Tod und Auferstehung sind die grossen Themen des jugendlichen Sturm und Drang. Shakespeare hinterliess mit »*Romeo und Julia*« allen aufgeschlossenen Menschen ein Experimentierfeld, das schier unbegrenzt erscheint, sich aber während des Lesens, und insbesondere auch während der Theaterarbeit, als echte Herausforderung entpuppt: Gruppendynamische Prozesse setzen ein, eigenes gefühlhaftes Erleben und faktenorientierte Historie sind abzumischen.

Zu allen Zeiten haben sich Bühnen sehr frei und experimentell mit dem unsternbedrohten Liebespaar aus dem Shakespeare-Drama herumgeschlagen. Bereits 1660 wurde das Stück von englischen Theatergruppen in einer starken Umarbeitung mit einem »happy ending« aufgeführt – erstaunlich! Erstaunlich deshalb, weil sich auch die jungen Darstellerinnen meiner früheren Theatertruppe darum rissen, dem Stück eine Schlussszene im Himmel zu verpassen. Sie taten dies in Unkenntnis darüber, dass sich zu allen Zeiten Regisseure mit dieser unglaublich heiklen Aufgabe schwer getan haben. Davon zeugt die Zeffirelli-Verfilmung ebenso wie Prokoffiefs Ballet oder Bernsteins West Side Story. Zeugt diese schwierige Suche nach einem Happy End aber nicht auch davon, dass der Stoff ein zutiefst menschlicher ist?

Unsere Inszenierung von »*Romeo und Julia*« endete nicht originalgetreu mit dem Tod der unglücklich Verliebten. Meine jungen Darstellerinnen schwelgten einerseits in der blumig-sentimentalen Sonettdichtung Shakespeares, andererseits komponierten sie eigenes Szenarium hinein: Auf einer angebauten Vorbühne tanzten Dämonen in heissen Ur-Rhythmen gegen Romeo und Julia, und in der klassichen Guckkastenbühne spielte sich der uralte Stoff des Liebespaares aus Verona ab. Diesem Bühnen-Arrangement fügten wir eine weitere Ebene bei, und zwar durch die modernen »Heaven Dancers«, welche den Kick zum aktuellen Denkanstoss lieferten.

Wo kämen wir hin, wenn das mittelalterliche Verona einzige Kulisse für all die geschundenen Lieben und Tode und Endzeitstimmungen dieser Erde abgeben würde? So wurde aus dem Shakespeare-Theater ein Verfremdungstheater im Brechtschen Stil, illusionstötend und Kritik erheischend, vielleicht aber gerade auch deswegen geeignet, neue Phantasien aufzubauen. Bei aller Experimentierfreude blieb aber der klassische Hauptstrang der Handlung unangetastet. Der Zwist zwischen zwei verfeindeten Familien, den Montagues und den Capulets, der verzweifelte Versuch der Kinder Romeo und Julia, ihre Liebe entgegen aller Widerstände zu verwirklichen, das alles wurde originalgetreu übernommen. Einzig das glückliche Ende, getanzt und himmlisch zelebriert, folgte als eigene Kreation.

Ja, die Liebe. Sie legt die Lunte, sie provoziert komische Intermezzi, sie verwandelt uns manchmal in tragische Clowns und in rachsüchtige Bestien. Die Liebe, sie stirbt nicht mit Romeo und Julia, sie lebt weiter in den Romeos und Julias unserer Tage. Sie ist Leuchtturm in stürmischer Nacht und Nordstern in polarischer Kälte. Sie ist das Leichte und das Schwere. Sie verhilft zu einer glücklichen Schlussszene in jedem Drama und in jeder Krise. Mit oder ohne Drehbuch. Sie, die Liebe.

Von der Muse geküsst

So manches literarische Werk wäre ohne eine Muse und ohne eine Affäre nicht entstanden. Künstler brauchen oftmals Musen, damit sie kreativ und fantasievoll sein können. Damit sie überhaupt arbeiten können. Johann Wolfang von Goethe, der deutsche Dichterfürst, hat es vorgemacht. Und nicht nur Goethe liess sich von der Muse küssen. Auch Franz Kafka, Friedrich Dürrenmatt, Ernest Hemingway, Scott Fitzgerald, Rainer Maria Rilke und viele andere.

Doch bleiben wir bei Goethe. Im Rittersaal des Stockalperschlosses erwartete uns »Vertonte Liebe«. Eine Sopranistin und eine Pianistin präsentierten ein Liedprogramm, das thematisch den *poetisch-amourösen Austausch zwischen Johann Wolfgang von Goethe und Marianne Willemer* wiedergibt. In der Vorschau war zu lesen: »Das Liedprogramm umfasst thematisch den poetisch-amourösen Austausch zwischen Johann Wolfgang von Goethe und Marianne Willemer, der sich in Goethes Gedichtsammlung »*West-östlicher Divan*« verewigt hat. Die leidenschaftliche Liebe im Orient tröstet über die unerfüllte Liebe im Westen hinweg, entfacht poetische Höhenflüge und verdichtet sich in Raum und Zeit.«

Das ist schön gesagt. Marianne Willemer? Sie war Goethes Muse für ein Jahr. August 1814 erste Bekanntschaft mit Goethe, September 1815 letzte Begegnung mit Goethe. Sie war verheiratet mit einem Bankier. Sie verewigte sich in der Figur der »*Suleika*« in Goethes Gedichtsammlung »*West-östlicher Divan*«.

Und vorher und nachher? Es gab noch annähernd ein Dutzend weitere Musen, die Goethe zum »Grössten« der deutschsprachigen Literatur haben werden lassen. Und es war keineswegs so, dass Goethe seine Musen bloss »bedichtet« hätte, ihnen also aus der Ferne Gedichte gewidmet hätte. Vielmehr war es die leidenschaftliche Liebe der Musen, welche die hervorragenden Werke des grössten Dichters und Denkers befeuerten und wohl auch erst möglich gemacht hatten. Einige Beispiele mögen diesen Sachverhalt illustrieren.

Beginnen wir mit dem »alten« Goethe. Der 74-jährige Goethe lernt im Juli 1821 in Marienbad die 17-jährige *Ulrike von Levetzow* kennen. 1822 sieht er sie täglich. 1823 hat Goethe bei ihrer Mutter um die Hand Ulrikes anhalten lassen. Ulrike war Goethes Muse für das Werk »*Marienbader Elegie*«.

In leidenschaftlicher Liebe entbrennt Goethe 1807 zu *Wilhelmine* (*»Minchen«*) *Herzlieb*. Sie war zwar verlobt, aber ihm war's egal. «Minchen« erscheint in Goethes fantastischem Alterswerk »*Die Wahlverwandtschaften*«. Darin trägt die Figur der Ottilie die Züge von »*Minchen*«.

Nach Goethes Rückkehr aus Italien 1788 zieht *Christiane Vulpius* in sein Gartenhaus ein. Sie lebt mit Goethe in »wilder Ehe«, was bei der Weimarer Gesellschaft eine grosse Entrüstung auslöst. 1806 kommt es wohl deswegen zu einer Heirat. Christiane Vulpius inspiriert Goethe zu seinen »*Römischen Elegien*« und »*Venetianischen Epigrammen*«. Das Lehrgedicht »*Die Metamorphose der Pflanzen*« hat Goethe eigens für sie geschrieben.

Charlotte von Stein war eine verheiratete Hofdame. Ab Juni 1775 lebt sie ihre leidenschaftliche Neigung zu Goethe aus. Mit Goethe verbindet sie eine tiefe Seelenverwandtschaft. Sie ist lange Zeit wichtigste Empfängerin von Briefen Goethes. Sie bricht den Verkehr mit Goethe ab, nachdem sie von dessen Beziehung zu Christiane Vulpius erfährt. Ab 1801 kommt es dann aber doch wieder zu einer Annäherung. Charlotte von Stein spiegelt sich in den grossen Frauenfiguren von »*Iphigenie auf Tauris*« und »*Torquato Tasso*« wieder. Diese Werke gehören heute zum Bildungskanon eines jeden Gymnasiums.

Mit der Bankierstochter *Anna Elisabeth Schönemann* (»*Lili*«) verlobt sich Goethe zu Ostern 1775. Er löst die Verlobung im gleichen Jahr wieder auf. Zurück bleiben Goethes berühmte »*Lili-Lieder*«.

Zu *Charlotte Buff* (»*Lotte*«) entbrennt Goethe 1768 in leidenschaftlicher Liebe. Sie war verheiratet mit Johann Christian Kestner. Die beiden verewigt Goethe in den Figuren Lotte und Albert in seinem Briefroman »*Die Leiden des jungen Werthers*«.

Zur Pfarrerstochter *Friederike Brion* entflammt Goethes Liebe während seiner 2. Reise in die Schweiz im Jahr 1770. Die Sesenheimer Lieder sind als Briefgedichte an Friederike gedacht. Deshalb werden sie auch »*Friederikenlieder*« genannt.

Auch die Nonne *Susanna Catharina von Klettenberg* war eine Freundin und Muse Goethes. Er besucht sie 1774, ein halbes Jahr vor seinem Tod. Sie vermittelt ihm die Vorstellungswelt des Pietismus. Sie erscheint als »die schöne Seele« im 6. Buch von »*Wilhelm Meisters Lehrjahre.*«

Anna Katharina Schönkopf, das »*Käthchen*«, war die Tochter eines Weinwirts. Goethe verliebt sich 1766 in sie. Für ihren Freundeskreis organisiert Goethe spezielle Liebhaberaufführungen, z.B. Lessings Lustspiel »*Minna von Barnhelm*«. Goethe widmet seinem Käthchen ein Liederbuch und das Schäferspiel »*Die Laune des Verliebten*«.

Goethe und die Frauen – das ist ein weites Feld. Seine Beziehungen zu Frauen waren von entscheidender Bedeutung für die jeweiligen Phasen seines Schaffens.

~

Ernest Hemingway war der erfolgreichste Schriftsteller des 20. Jahrhunderts. Lange Zeit galt er auch als der einsame Einzelgänger der Literaturgeschichte. Dies wohl aufgrund der Tatsache, dass er für seine Novelle »*Der alte Mann und das Meer*« den renommierten Pulitzer-Preis erhalten hatte. Seither galt er selber als der alte Mann und das Meer, war doch Hemingway nicht bloss Schriftsteller, sondern auch Hochseefischer, Grosswildjäger und Abenteurer. Erst heute wissen wir, dass es die Frauen an seiner Seite waren, die Ernest Hemingway als Musen zum Star und zum Literaturnobelpreisträger veranlasst und inspiriert haben. In der Öffentlichkeit galt bloss Martha Gellhorn, genannt Marty, als die Frau an seiner Seite. Es war dies jedoch nur die eine grosse Liebe des Schriftstellers Ernest Hemingway. Er war ein Literat, der seine Kreativität nicht nur aus der eigenen Begabung, sondern aus personalisierten Inspirationsquellen, den Musen, schöpfte.

Es hat bis in unsere Tage hinein gedauert, bis es der amerikanischen Autorin Paula McLain gelungen ist, ein faszinierendes Porträt der starken Frau an Hemingways Seite in Buchform herauszugeben. Wer war diese Frau? Mit 28 Jahren begegnete Marty in einer Bar dem bis anhin noch kaum bekannten Ernest Hemingway. Das war 1938. Marty folgte dem zehn Jahre älteren Mann in den Spanischen Bürgerkrieg. Von dort aus berichteten Hemingway und Marty über die Gräuel des Krieges. An Ernests Seite legte Marty nicht nur den Grundstein für ihre eigene Karriere als Kriegsreporterin – es war dies auch der Beginn einer stürmischen Liebesbeziehung. Doch es ist Ernest, dem der grosse Durchbruch gelingt. Marty bringt Ernest auf den Weg, einer der bedeutendsten Schriftsteller seiner Zeit zu werden. Marty allerdings kann selber nur kleine Erfolge feiern. So fürchtet sie, immer nur Hemingways Geliebte und damit »die Frau an seiner Seite« zu bleiben. Während die ganze Welt während des Zweiten Weltkriegs im Chaos versinkt, muss Marty eine überaus harte Entscheidung treffen.

Die Karriere der Marty Gellhorn begann im Weissen Haus. Ihre Mutter war mit der First Lady Eleanor Roosevelt befreundet. Sie glaubte vorerst, ihre schriftstellerische Laufbahn in Europa lancieren zu müssen. In Paris begann sie für United Press und für Vogue zu schreiben. Später entdeckte sie ihr grosses Talent, das darin bestand, historischen Persönlichkeiten Leben einzuhauchen. Sie berichtete über den Eichmann-Prozess, die Befreiung des KZ Dachau, den Vietnamkrieg, über den Tod von Francisco Franco und den Bürgerkrieg in El Salvador. Von 1940 bis 1945 war sie mit Ernest Hemingway verheiratet und von 1954 bis 1963 mit dem damaligen Chefredaktor des *Time*-Magazins. Fast 60 Jahre lang arbeitete sie als Auslandskorrespondentin und Reporterin.

Für Ernest Hemingway hatte die Muse einen Namen: Marty. »Von der Muse geküsst« konnte er literarische Werke erschaffen, die zu den Klassikern der Weltliteratur zählen. Dazu zählen etwa die Romane »*In einem anderen Land*« und »*Wem die Stunde schlägt*«. Auch Kurzgeschichten gerieten zu Klassikern, so beispielsweise »*Das Ende von Etwas*« oder »*Schnee auf dem Kilimandscharo*«. Doch war Marty nicht seine einzige Muse.

Als sich Hemingway im Ersten Weltkrieg freiwillig an die italienische Front meldete, wurde er durch eine Granate schwer verwundet. Drei Monate lang lag er im Spital in Mailand und verliebte sich dort unglücklich in die Krankenschwester *Agnes von Kurowsky*, eine Amerikanerin aus Washington. Seine Liebe und seine Fronterlebnisse verarbeitete er 1929 im Roman »In einem anderen Land«. Er heiratete jedoch eine andere Frau, sie hiess *Hadley Richardson*. Mit ihr zog er nach Paris, wo sie ihn dazu inspirierte, vom journalistischen Schreiben abzulassen und ein Schriftsteller zu werden.

Kaum zwei Jahre später verliebte Hemingway sich in *Gertrude Stein*, eine Künstlerin, die ihn die *Kunst des Weglassens* lehrte. Als seine Lebensgefährtin brachte sie ihm bei, gemäss der Eisberg-Theorie viel kürzere Geschichten zu schreiben und dem Leser deren Interpretation zu überlassen. Die Freundschaft mit Stein zerbrach, an deren Stelle trat *Pauline Pfeiffer*, ein Mannequin, das als Moderedaktorin tätig war. Mit ihr ging Hemingway eine Affäre ein, welche die Trennung von seiner Frau Hadley zur Folge hatte. 1925 heiratete er das Model *Pauline Pfeiffer*, was ihn zum Schreiben des Romans »*Fiesta*« inspirierte. Der Roman bedeutete den internationalen Durchbruch als Schriftsteller. Doch auf den alternden Hemingway wartete noch die damals erst 18-jährige *Adriana Ivancich*. Während eines Venedig-Aufenthaltes im Dezember 1948 verliebte er sich in die junge Frau, die ihn zu dem Roman »*Über den Fluss und in die Wälder*« inspirierte. Diese Affäre belastete Hemingways Ehe ernsthaft.

Für sein Gesamtwerk erhielt Ernest Hemingway 1954 den Nobelpreis, was massgeblich durch die Neubewertung seines bisherigen Werkes, infolge der Veröffentlichung von »*Der alte Mann und das Meer*«, geschah. Auch in diesem modernen Klassiker gelang es dem einzelgängerischen Abenteurer Hemingway, aussergewöhnliche Begegnungen einzufangen. Der alte Mann kämpft mit einem riesigen Schwertfisch, der ihn jederzeit aufgrund seiner Stärke besiegen könnte. Auch wenn der alte und einsame Mann am Ende mit leeren Händen heimkehrt, hat er sich doch in einem zähen Kampf bewährt.

»Der alte Mann und das Meer« war ein Abbild Hemingways selber. Damals galt er als der grosse Einzelgänger der Weltliteratur. Erst heute stellt sich heraus, dass »Der alte Mann und die Muse« ebenfalls ein zutreffender Titel für einen grandiosen Liebesroman hätte sein können. So weit ist es jedoch nicht mehr gekommen. Am frühen Morgen des 2. Juli 1961 beendete Hemingway sein Leben im Alter von 61 Jahren selbst. Er erschoss sich. Das Gewehr, das er für seinen Suizid verwendete, hatte er bereits seit längerem als seine »*glatte, braune Geliebte*« bezeichnet.

~

Lou Andreas Salomé war die Traumfrau und Muse des Dichters Rainer Maria Rilke. Sie brachte allerdings nicht nur Rilke, sondern auch noch andere Genies ihrer Zeit um den Verstand. Der grosse Philosoph Friedrich Nietzsche wollte am Ende nur noch wie ein Paket in einem Zimmer von Lou Salomés Haus abgesetzt werden. Und Sigmund Freud, der grösste Psychiater des letzten Jahrhunderts, hatte Lou Salomé vergöttert als die »Versteherin par excellence«.

Viele herausragende Männer sind für diese Frau freiwillig aus dem Leben geschieden. Lou Salomé hinterliess aber nicht nur eine ganze Deponie von gebrochenen Herzen, selber hatte sie als Schriftstellerin und auch als Psychoanalytikerin auch viel bewegt.

Lou Salomé konnte sich wie keine andere in Männer einfühlen. Der grosse Dichter Rainer Maria Rilke, der auf dem Burghügel in

Raron begraben ist, hätte seine Stimme als Dichter vielleicht gar nie gefunden, wäre er nicht durch die Liebe von Lou Salomé zum Dichten gekommen. Sie hatte den Dichter Rilke als Muse nach Berlin und nach Russland begleitet, und mit ihrer Liebe machte sie ihn zum Schriftsteller. In seiner Verliebtheit hatte Rilke sogar seinen Namen gewechselt. Hatte er vorher René geheissen, nannte er sich nun Rainer, und er verbrannte in Russland alles, was er bis anhin geschrieben hatte. Vor allem Liebesgedichte waren fortan die Stoffe, aus denen seine Träume waren.

Trotzdem hatte Lou Salomé den grossen Dichter Rilke eines guten Tages einfach sitzen lassen, auf dem Eisenbahn-Perron von Sankt Petersburg war es, und sie hat sich auf und davon gemacht. Warum? Um – nach ihren eigenen Worten – weiter und weiter zu wachsen.

Im richtigen Moment Adieu sagen – das war ein wichtiges Element ihres Erfolges. Auf dem Höhepunkt der gegenseitigen Zuneigung hatte Lou Salomé eine Liebesbeziehung regelmässig abgebrochen. Für sie war klar, dass nur »die unvollendete Liebeserfahrung einen durch nichts zu überbietenden Zauber« hat. Treue – das war definitiv keine Kategorie für Lou Salomé.

Lou Salomé – nein, so ein echter Vamp, der die Männer mit den Waffen einer Frau um ihren Verstand bringt, so ein männermordender Vamp war sie nicht. Im Gegenteil. Sie setzte auf ihre Intelligenz, ganz nach dem Motto »Intelligenz ist sexy«. Mit ihrem IQ hatte sie bei den Männern gepunktet. Sie verwickelte ihre Männer in intellektuelle Diskussionen, bis diese buchstäblich hin und weg waren. Und immer versuchte Lou Salomé auch, eine dunkle Seite von sich selber zu bewahren. Denn zu einer interessanten Persönlichkeit gehört eine dunkle Seite, ein Mysterium, ein Geheimnis.

Einer hatte es dann schlussendlich doch noch geschafft, Lou Salomé in den Hafen der Ehe zu lotsen. Am Vorabend der Verlobung setzte er sich mit ihr an den Tisch und rammte sich vor ihren Augen als Liebesbeweis ein Taschenmesser in die Brust. So erzwang er das »Ja« von Lou Salomé, er, der Sprachprofessor Friedrich Carl Andreas. Nach diesem Ereignis legte sich Salomé einen neuen Namen zu: Lou Andreas Salomé.

Zu jung für alt

Mit gut sechzig Jahren noch Schrittmacher für Junge sein? Das funktioniert nicht nur im Sport. Manche von uns sind einfach zu jung für den Ruhestand. Man fühlt sich physisch und geistig noch topfit. Da geht doch noch was! Den Kopf voller Ideen und Projekte. Und endlich die langgehegten und immer wieder aufgeschobenen Träume verwirklichen. Man zählt zwar zu den Älteren. Doch wer schon bringt derart breitgefächerte Kenntnisse, Erfahrungen und souveräne Routine mit wie die Oldies? Wirtschaftskreise und fortschrittliche »Think Tanks« haben das Potenzial der sogenannt »jungen Alten« erkannt. Dem ist aber lange nicht überall so. Vielerorts gelten die reiferen Jahrgänge schlichtweg als entbehrlich. Pantoffeln anziehen, Knabberzeug bereitlegen und fernsehen? Fehlanzeige. An manchen Tagen möchte ich Transparente und Plakate malen gegen diese Altersdiskriminierung und wie früher im Protestzug durch die Strassen der Stadt marschieren. Wie viele Kilometer, lange wohl der Protestzug wäre?

Was tun, wenn man auf dem Höhepunkt der Karriere von Staat und Chefs aus dem Berufsleben reglementarisch und aufgrund von Paragraphen herauskomplimentiert wird? Gut, einige sind amtsmüde, sie sind bereits mit fünfzig Jahren angeschlagen, ausgebufft und ausgebrannt. Was aber ist mit den anderen? Warum werden diese ebenfalls in den Ruhestand zwangsversetzt? Der langjährige »Spiegel«-Redakteur Dieter Bednarz hat jede Menge Gleichgesinnte getroffen. Sie alle wollen sich vom Alter nicht ausbremsen lassen. Dieter Bednarz hat das selbst erlebt. Er ermutigt seine Alters- und Schicksalsgenossen zu einem Aufstand gegen die grassierende Altersdiskriminierung. »Da geht noch was«, davon ist der Autor überzeugt. Er stellt entscheidende Fragen: »Warum machen wir uns nicht selbständig oder werden sogar Unternehmer? Erfahrung und Kontakte haben wir genug!« Endlich wäre ja jetzt die Chance gekommen, die Energien und Fähigkeiten nicht mehr in den Dienst eines Arbeitgebers zu stellen, sondern selbst darüber zu bestimmen.

Offen und ehrlich müsste man an dieser Stelle auch über die Krisen schreiben, die Frauen und Männer durchstehen, wenn die Karriere an ihr Ende kommt, und wenn die erste Rentenhochrechnung die Ängste vor der Altersarmut schürt. Soll das nun das Ende sein? Nein, es ist die Initialzündung dafür, langgehegte Träume und Lebensziele zu konkretisieren. Allerdings sollte dies nach der kritischen Sichtung der noch vorhandenen Ressourcen geschehen. Dann muss es darum gehen, sein Leben neu zu vermessen und berufliche Alternativen zu suchen. Das Schöne am Alter ist ja gerade, dass man nicht mehr um jeden Preis das grosse Rad drehen muss. Jede und jeder darf selber entscheiden, was man sich zumuten will. Und ja, manchmal ist das kleine Rad ja letztlich sogar das viel grössere – weil es uns Erfüllung schenkt.

Seniorenteller, Seniorenticket und Seniorenzusammenkünfte? Vielleicht später. Wenn überhaupt. Warum nicht gemeinsam mit Jüngeren durch ein erfülltes Leben gehen? Beide Seiten können voneinander irgendwas abschauen. Die Älteren erfahren, was Jüngere bewegt. Und die Jüngeren erhalten von den Routiniers wertvolles Knowhow. Im Herzen jung bleiben, das kann jede und jeder.

Anfangen! Jetzt! Das Drehbuch für das neue Stück. Das Manuskript für das neue Buchprojekt. Die Reise in den Norden. Das stimmungsvolle Weihnachtskonzert mit dem gemischten Chor. Als Gastdozent an der Hochschule wissenschaftliches Arbeiten vermitteln. Die Einrichtung des neuen Hauses… Aber zuerst gehe ich jetzt joggen. Am Samstag ist der Stadtlauf in der Hauptstadt.

~

Bei einem Kaffee mit Milena Moser sprachen wir über »Das schöne Leben der Toten«. Wir trafen uns in der Briger Bahnhofshalle. Milena Moser, die erfolgreiche Schweizer Schriftstellerin, war auf Durchreise. Sie lebt jetzt in Santa Fe und San Francisco. Beim Kaffeegespräch wirkte sie sehr aufgestellt und lebenslustig. Erstaunlich, was sie derzeit beschäftigt. Es ist dies nichts weniger als das Leben nach dem Tod, und dieses Leben soll ganz anders sein, als wie wir uns das vorstellen. Mexiko ist in ihr Lebenszentrum gerückt, denn jenseits des grossen Teichs lebt sie mit einem mexikanischen Künstler, einem Indianer, zusammen. In Mexiko gibt es keine traurigen Engelchen aus Kunststoff auf den Gräbern. Die Friedhöfe dort leuchten in frühlingshafter Blumenpracht. Gemäss dem Glauben der mexikanischen Indianer kommt die beste Zeit im Leben erst nach dem Tod. Milena Moser hat dafür den passenden Titel: »Das schöne Leben der Toten«. Aber warum denn so lange warten? Bis endlich unser letztes Stündlein schlägt, ist eine lebensfrohe und beschwerdefreie Zeit angesagt, eine sehr lange Zeit. Kein Problem, 113 Jahre alt zu werden! Wie das geht, das beschreibt jedoch nicht Milena Moser, das haben Forscher der renommierten Harvard Universität herausgefunden. Einer von ihnen ist David A. Sinclair. Er verspricht nichts weniger als »Das Ende des Alterns«.

Möchten Sie 113 Jahre alt werden? Kann man machen, kein Problem. 113 Jahre alt werden, das kann jede und jeder. Das schreibt der australische Genetiker David Sinclair, der an der exzellenten Harvard Universität lehrt. Für Sinclair ist Altwerden kein natürlicher Prozess. Altwerden ist eine Krankheit, und die »Krankheit Altwerden« ist verantwortlich für alle anderen Krankheiten wie Krebs, Herzinfarkt, Arthritis und Alzheimer. Alle diese Krankheiten seien bloss Symptome des Altwerdens, will der Harvard-Forscher herausgefunden haben. Wenn wir also das Altwerden bekämpfen können, dann verschwinden auch alle anderen Krankheiten, lautet seine

Schlussfolgerung. Das hört sich logisch an. Wie lässt sich aber das Alter bekämpfen?

David Sinclair hat Sensationelles herausfunden: Verantwortlich für unsere Lebensdauer sind die sogenannten Langlebigkeitsgene. Sinclair hat nun das Molekül entdeckt, das unsere Langlebigkeitsgene stoppt, und das so den Zeitpunkt unseres Todes bestimmt. Wenn man also dieses Molekül zu manipulieren versteht, das unsere Stunde des Todes bestimmt, dann lässt sich der Tod um Jahrzehnte hinausschieben, mindestens bis zum 113. Geburtstag, hat der Harvard-Forscher Sinclair berechnet. Wer demnach locker die hundert Jahre Lebenszeit überschreiten möchte, der müsste ganz einfach einen medizinischen Cocktail zu sich nehmen. Und dann, ja dann sei ein langes Leben, mindestens bis zum 113. Lebensjahr, möglich.

Wie seriös sind derartige Versprechungen? Lässt sich das Älterwerden tatsächlich medikamentös bekämpfen? Kann man 113 Jahre alt werden? Eine gewisse Skepsis ist wohl angebracht. »Das Ende des Alterns« – das hört sich doch schon fast unglaublich optimistisch an. Was Sinclair und seine Forschungen in ein zweifelhaftes Licht rücken, das sind seine Anbindungen an die Pharmaindustrie. Sinclair ist an kommerziellen Unternehmungen beteiligt. Doch auch wenn die Prophezeiungen des ansonsten seriösen Harvard-Forschers zutreffen sollten, müsste man sich auch noch ganz andere Fragen stellen: Ist eine Welt, in der es Milliarden Patienten gibt, die von der Krankheit des Älterwerdens geheilt werden möchten, überhaupt wünschenswert?

David Sinclait wartet immerhin auch noch mit anderen, durchaus brauchbaren und sofort umsetzbaren Ratschlägen auf. Dazu gehören die folgenden Tipps für ein längeres Leben: 1. Die Kalorienzufuhr drastisch einschränken, also nur sehr wenig essen. 2. Immer in Bewegung bleiben. 3. Proteinarme Ernährung. 4. Unterkühlung, also sich bewusst der Kälte aussetzen und die Heizung abschalten. Dies sind vier wirksame Ratschläge für ein langes (längeres) Leben, die nicht viel kosten und die ziemlich sicher funktionieren. Nur, auch dies muss gesagt sein: Irgendwann geht es mit uns zu Ende, auch dann, wenn man wenig isst, auch wenn man sich viel bewegt, und auch, wenn man sich einen abgefroren hat und komplett unterkühlt ist. Irgendwann geht es mit uns zu Ende. Irgendwann ist die Party aus. Das ist todsicher.

David Sinclair und Milena Moser haben einiges gemeinsam. Beide versuchen, uns die Angst zu nehmen. Der eine vor dem Älterwerden, die andere vor dem Tod und dem Leben danach. David Sinclair verspricht sich einen medizinischen Sieg gegen das Älterwerden, Milena Moser vertraut auf den indianischen Jenseitsglauben. Beide versuchen mit Lockerheit und Unbeschwertheit die letzten unausweichlichen Tabus der Menschheit abzumildern und wegzuzaubern.

Diese Strategie ist altbekannt und hat sich bewährt. Auch Schauspieler Humphrey Bogart, bekannt aus dem Film Casablanca (»Schau mir in die Augen, Kleines«), soll kurz vor dem Tod in Lockerheit gemacht haben. Es sei ein Fehler gewesen, von Scotch auf Martini umzusteigen, soll er auf dem Sterbebett gesagt haben.

~

Gibt es so etwas wie einen literarischen Altersbonus? Viele von uns können dem Älterwerden nicht viel Gutes abgewinnen. Die Literaten und Schriftsteller sind da eine Ausnahme. Viele der erfolgreichsten Romanciers und Bestseller-Autoren haben das sechzigste Altersjahr weit überschritten. Martin Suter, Lukas Hartmann und Hansjörg Schneider stehen dabei exemplarisch für die Elite der Schweizer Literaten. Warum ist das so? Warum muss in die Jahre kommen, wer von der Muse geküsst werden will? Es sei vorweggenommen: Ohne ein inspirierendes Umfeld und ohne ein persönliches Motivations-Knowhow küsst die Muse nicht.

Ist es vermessen, zu behaupten, dass es für einen guten Roman auch etwas »Weisheit des Alters« braucht? In unzähligen Seminarien an Universitäten befassten sich die Germanisten dieser Welt schon mit der Altersdichtung, angefangen bei Walther von der Vogelweide und endend bei Schriftstellern unserer Tage. Dem Dichterfürsten Goethe kommt innerhalb dieser literarischen Altersforschung eine exemplarische Bedeutung zu. In seiner Altersdichtung spiele er eine »riesige weisheitsvolle Überlegenheit« aus. Dabei könne er auch eine gewisse »Altersmilde« in die dichterische Wagschale werfen, er »akzeptiert lächelnd und verliebt«, hält etwa Martin Walser, der 80-Jährige, in seinem Roman über Goethe fest. Der Roman über Goethe trägt den Titel »*Ein liebender Mann*«. Darin zitiert Martin Walser den alten Goethe und rühmt dessen amouröse Euphorie: »Meine Liebe weiss nicht, dass ich über siebzig bin.« Einzig den Komplimenten, die sein Aussehen betrafen, stand Goethe kritisch gegenüber: »Er hat sich gut gehalten, sieht gut aus« – solche Aussagen waren für den alten Goethe »krass beleidigend«, denn er wollte nicht auf sein Aussehen reduziert werden.

Der literarische Altersbonus ist angesagt, das »Fräuleinwunder« verfängt nicht mehr. In der Vergangenheit hat der Buchmarkt schon alles ausprobiert, was Erfolg verspricht. Verkauft sich ein Buch besser, wenn es von »jungen, hübschen, blonden, frechen, flirty Ladies« geschrieben oder zumindest präsentiert wird? Im Jahr 1999 tauchte im »Spiegel« der Begriff »Fräuleinwunder« auf, um eine Reihe deutscher Autorinnen zu bezeichnen, die das Erzählen wieder populär machten: Judith Hermann, Karen Duve, Mariana Leky, Alexa Henning und Juli Zeh sollten dazu gehören, und – aus schweizerischer Sicht – sollte auch noch Zoe Jenny dieses »Literarische Fräuleinwunder« komplettieren. Bei allen diesen Autorinnen spielte das Bild einer »sexy, kessen Frau« mit. Dazu muss ergänzt werden, dass die Bezeichnung »Fräuleinwunder« ursprünglich aus den amerikanischen Medien nach Deutschland herübergeschwappt war. In den 50er-Jahren bedachten die US-Medien eine neue Generation junger, attraktiver, kesser und sexy Frauen aus Nachkriegsdeutschland mit dem Begriff »Fräuleinwunder«. Der

Begriff stammt aus dem Kontext der Miss-Wahlen und bedeutete vor allem nur eines: dass diese Frauen begehrenswerte sexy Frauen sind. Was aber sollte das nun zu tun haben mit der Leistung einer Frau als Schriftstellerin? Fast alle der angesprochenen Schriftstellerinnen haben sich deshalb von diesem Begriff distanziert. Das deutsche Feuilleton rückte zurecht das schriftstellerische Werk in den Mittelpunkt und verbat sich Beschreibungen von Autorinnen, wie sie angezogen sind, wie ihre Figur geformt ist oder wie sie sich bewegen. Sie empfanden solche Aussagen, lediglich das Aussehen betreffend, als »krass beleidigend«, so wie dies schon der alte Goethe getan hatte. Das »Fräuleinwunder« erwies sich somit auf dem Buchmarkt als Fehlplanung, was dann wieder das literarische Werk ins Zentrum rücken liess. Autorinnen und Autoren im reifen Alter profitierten davon.

Sie gehören zu den aktuell erfolgreichsten Schweizer Autoren: Martin Suter (geboren 1948), Lukas Hartmann (geboren 1944) und Hansjörg Schneider (geboren 1938). Was sie gemeinsam haben? Alle sind sie sehr spät Romanciers geworden, der Durchbruch gelang erst mit über sechzig Jahren. Dies mag wohl damit zusammenhängen, dass erst eine breitgefächerte Lebenserfahrung einen literarisch ernstzunehmenden Romancier formt. *Lukas Hartmann* liess sich zuerst zum Primar- und Sekundarlehrer ausbilden, anschliessend nahm er ein Weiterstudium in Germanistik und Psychologie in Angriff. Er arbeitete als Jugendberater, Redaktor beim Radio und als Medienberater. Reisen durch Indien, Südamerika und Afrika prägten sein Schreiben. Heute ist er freier Schriftsteller in Spiegel bei Bern. *Hansjörg Schneider* wuchs in Basel auf, er promovierte in Germanistik, Geschichte und Psychologie. Anschliessend arbeitete er als Lehrer, Journalist und Regisseur am Theater Basel. Mit seinen Kommissär-Hunkeler-Krimis gelang im spät der literarische Durchbruch. *Martin Suter* liess sich zum Werbetexter ausbilden, anschliessend führte er als Creative Director eine Werbeagentur. Als Kolumnen-Schreiber für die »Weltwoche«, für den

»Tages-Anzeiger« und für das »NZZ-Folio« holte er sich das schriftstellerische Rüstzeug. Der Durchbruch gelang ihm erst spät mit den Romanen »Small World« und mit »Die dunkle Seite des Mondes«, dies erst kurz vor der Jahrtausendwende.

Mit der vielzitierten »Weisheit des Alters« lässt sich der Erfolg der reifen Schriftsteller noch nicht gänzlich erklären. Vielmehr ist es ein inspirierendes Umfeld, das reife Schriftsteller ausgetretene Pfade zu verlassen zwingt. Bei *Martin Suter* wirkt ein stets wechselndes Umfeld kreativitätsfördernd. Zu diesem Zweck pendelt er zwischen seinen drei Wohnsitzen hin und her, zwischen Zürich, Guatemala und Ibiza. Bei *Lukas Hartmann* sorgen ausgedehnte Reisen durch Indien, Südamerika und Afrika für Inspiration im Alter. Bei *Hansjörg Schneider* wirkt die Medienwelt inspirierend, als Lokalreporter bei der Basler Zeitung habe er gelernt zu schreiben, »klar, möglichst knapp, damit es die Leute auch lesen«, verrät er im Vorwort zu »Im Café und auf der Strasse«.

Den literarischen Altersbonus gibt es nicht vergebens. Die Weisheit des Alters muss sich paaren mit einem inspirierenden Umfeld und mit einem persönlichen Motivations-Knowhow. Reife Schriftsteller sind nicht selten auch Freiluftfanatiker und Sportjunkies. Die Literatin Beatrice von Matt schreibt über Hansjörg Schneider:

»Mit Schwimmen, winters auch mit Joggen und Langlauf, bereitet sich Schneider vor auf das Schreiben, jeden Morgen: »De bin i zwäg.« Er sagt's, zieht Luft in die Lungen, drückt die Ellbogen im Rücken zusammen und schaut unternehmungslustig. Nein, Schreibkrisen kenne er eigentlich kaum.«

Der literarische Altersbonus zeigt auf, welche Möglichkeiten sich den Menschen im reifen Alter erschliessen. Auch die Wirtschaft beginnt allmählich das grosse und meist brachliegende Potenzial der Senioren zu erkennen, in vielen Betrieben möchte man nicht auf den Erfahrungsschatz der »Alten« und »Pensionierten« verzichten. Bei kantonalen Stellen und Ämtern will man jedoch nicht auf reife Menschen zurückgreifen. Ein Beispiel? Bei uns konnten gleich für acht Schulklassen keine Lehrpersonen gefunden werden. Studentinnen müssen unterrichten. Man geht mit einem derart »visionären Konzept« lieber Risiken ein, denn »auf pensionierte Lehrpersonen wollte man beim Kanton nicht zurückgreifen« (Walliser Nachrichten auf rro vom 13.08.2019). Warum eigentlich nicht? Ob und wie man »die Pension geniessen« möchte, das sollte jede und jeder wohl selber entscheiden dürfen. Ähnliches gilt für Lehrpersonen im Ruhestand, die sich punktuell für kulturelle Anlässe an den Schulen einspannen lassen.

Landesweit rüsten sich Senioren zum Widerstand gegen den staatlich verordneten Ruhestand. Gleich zwei Initiativen gegen die staatliche Diskriminierung der älteren Menschen sind hängig. Dabei formiert sich insbesondere der Widerstand gegen Altersgrenzen für gewisse Ämter oder die Ausmusterung im Job. »Das defizitäre Bild des Alters ist nicht mehr zeitgemäss.« Dieses Zitat stammt nicht von Literaten, es ist dem letzten Bericht des Bundesrats zur Alterspolitik entnommen. Der Bericht ist zwölf Jahre alt.

~

Die Lebenserwartung steigt. Der Herbst des Lebens – wie es so schön heisst – dauert länger. Das bedeutet, dass wir nach der Pensionierung nochmals mindestens 25 Jahre zur Verfügung haben. Unsere Grossväter und Grossmütter hatten davon nur träumen können. Damals brannten sie darauf, die paar Jährchen nach der Pensionierung einfach nur in Beschaulichkeit und in Ruhe zu verbringen. Damals hatte vielleicht auch noch die Religion eine Perspektive geboten, man hatte über den Tod hinaus gedacht und im Jenseits noch etwas erwartet. Auch der körperliche Verfall war damals viel früher eingetreten. Heute aber sind viele von uns mit 65 noch fit und vital, und da sind noch etliche Jahre nach der Pensionierung, die dazu einladen, nochmals etwas zu bewegen, nochmals etwas zu reissen, nochmals Träume, Wünsche und Sehnsüchte zu verwirklichen.

Ein Plädoyer für ein Alter, das noch was vorhat, kommt nun auch von Fachleuten. Der Philosoph Ludwig Hasler hatte an den Universitäten von Bern, Zürich und St. Gallen gelehrt. Nun hat er den siebzigsten Geburtstag längst hinter sich. Er hat ein Plädoyer verfasst, das die Gemüter vieler älterer Menschen in Wallung versetzt. Es handelt sich um ein Plädoyer für ein tätigeres Alter. Damit zieht er den Ärger nicht weniger älterer Zeitgenossen auf sich. Ein tätigeres Alter? Das hören nicht alle, welche die 65 überschritten haben, besonders gerne. Oh, nicht das diese gar nichts mehr tun würden. Natürlich machen fast alle im letzten Lebensabschnitt noch dies oder das: man geht reisen, man geht jassen, man treibt vielleicht sogar noch etwas Sport, man geht ab und zu ins Kino oder man grilliert zumindest bei schönem Wetter im eigenen Gärtchen. Das alles sei zwar gut und recht, meint Ludwig Hasler, das alles sei aber heutzutage nicht mehr das Gelbe vom Ei. Denn irgendwie würden so typische Tätigkeiten wie reisen, jassen, fernsehen und grillieren ganz einfach nicht glücklich machen.

Um im Alter rundum glücklich und zufrieden zu sein, müsse man etwas mehr bewegen als nur sich selbst, doziert Ludwig Hasler. Mit reisen, jassen und grillieren bewege man nämlich nur sich selbst, und das mache auf die Dauer nicht glücklich, im Gegenteil, man werde auf die Dauer unzufrieden und gelangweilt. Um rundum glücklich zu sein, gebe es nur eins: Auch im Alter noch an der Zukunft mitwirken! Und dies auch dann, wenn die Zukunft vielleicht nicht mehr die eigene Zukunft sein wird. Auch im Alter könne man doch noch mitwirken an der Zukunft der Gemeinde, an den gelebten Bräuchen und Traditionen, an der Biodiversität, an Poesie und Literatur… kurz: Auch im Alter könne man doch noch mitarbeiten an der Zukunft, man könne Verantwortung übernehmen und sich aktiv für die Allgemeinheit engagieren.

Man muss schon sehr lange leben, um jung zu werden. Diesen unglaublich tröstlichen Satz hat der 91-jährige Maler Pablo Picasso formuliert. Der Satz kam mir in den Sinn, als ich kürzlich am Grab des Dichters Hermann Hesse in Montagnola stand. Im Fall von Hermann Hesse trifft zu, was sein Biograph Hugo Ball über ihn sagte: Er fühlte sich alt in der Jugend und jung im Alter. Wer etwas in die Jahre gekommen ist und trotzdem noch diesen Hunger nach Leben verspürt, der kennt die Relativität von Alter und Jugend. Hesse schrieb: Alle begabten und differenzierten Menschen sind bald alt, bald jung, so wie sie bald froh und bald traurig sind.

Wer intensiv lebt, der hat eine kürzere Lebenserwartung, glaubte man noch bis vor ein paar Jahrzehnten. Denn meistens bleiben diejenigen, die von der Norm abweichen und eigene Wege einschlagen, früher auf der Strecke als andere, die sich mit der Welt, wie sie nun einmal ist, abfinden. Stimmt diese traditionelle Sichtweise heute noch? Lebt heute tatsächlich derjenige länger, der sich anpasst und unterwirft?

Im Zeitalter von Modekrankheiten wie Burnout und Depression haben jene ein längeres Leben zu erwarten, die noch bis ins hohe Alter »von solch einem Lebenshunger getrieben werden, dass sie erstmals im Leben Tanzstunden nehmen, die Nächte auf Maskenbällen verbringen und sich dabei selber mit Humor zusehen«, schrieb Hesse. Es brauche die Erkenntnis, dass »Alter nicht schlechter als Jugend ist, Lao Tse nicht schlechter als Buddha, Blau nicht schlechter als Rot«. Alter werde nur dann lächerlich und unwürdig, wenn es Jugend spielen und nachahmen wolle.

Wir werden uns der erfreulichen Aspekte des Alters bewusst, wenn wir es aufgeben, gegen das Alter anzukämpfen. Welches aber sind diese erfreulichen Aspekte des Alters? Der Zuwachs an Gelassenheit steht dabei an erster Stelle, sie macht uns unempfindlicher gegen die Widerwärtigkeiten und gegen die feinen Nadelstiche und

Hiebe des Lebens. Dazu kommt ein riesiger Fundus an Erfahrungen, Bildern und Erinnerungen aus einem gelebten Leben.

Viele Dichter und Schriftsteller liefern mit ihren Texten beste Medizin gegen die Melancholie des Alters: »Im Alter bereut man vor allem die Sünden, die man nicht begangen hat«, gab sich William Somerset Maugham überzeugt. Und Marie von Ebner Eschenbach warnte: »Wenn die Zeit kommt, in der man könnte, ist die vorüber, in der man kann.« Und Erich Maria Remarque brachte auf den Punkt: »Vergessen können ist das Geheimnis ewiger Jugend.«

Der viel umschwärmte Hollywood-Schauspieler George Clooney legt sein Geheimnis offen, wie ewige Jugend möglich werden kann. Deshalb für alle, welche den altehrwürdigen Literaten misstrauen, hier ein Zitat von George Clooney: »Mein Vater gab mir den besten Rat meines Lebens. Er sagte: Was du auch tust, auf keinen Fall darfst du mit 65 aufwachen und darüber nachdenken, was du versäumt hast«.

Frühling wie er im Buche steht

Der Vorfrühling braust mit Föhnwind ins Tal, vertreibt den Winter auf die Schneeberge und treibt die samtenen Weidenkätzchen aus. Es ist Weidenkätzchen-Zeit. Ein Fest für die Dichter und Romantiker! Der Vorfrühling holt sie alle hinter dem Ofen hervor, die Liebhaber von Wärme, von Blütenduft und von erwachender Natur. Neues Leben! Frische Ideen und grosse Pläne! Aufbruch und Sehnsucht nach der grossen weiten Welt! Vorfrühling ist's! Die hohe Zeit der Romantiker! Kennen Sie diese Vorfrühlings-Erzählung? Sie beginnt mit folgenden Sätzen:

»Das Rad an meines Vaters Mühle brauste und rauschte schon wieder recht lustig, der Schnee tröpfelte emsig vom Dache, die Sperlinge zwitscherten und tummelten sich dazwischen; ich sass auf der Türschwelle und wischte mir den Schlaf aus den Augen; mir war so recht wohl in

dem warmen Sonnenscheine. Da trat der Vater aus dem Hause; er hatte schon seit Tagesanbruch in der Mühle rumort und die Schlafmütze schief auf dem Kopfe, der sagte zu mir: »*Du Taugenichts! da sonnst du dich schon wieder. Der Frühling steht vor der Tür, geh auch einmal hinaus in die Welt und erwirb die selber dein Brot.*« *Ich ging also in das Haus hinein, holte meine Geige, und so schlenderte ich durch das lange Dorf hinaus. Mir war es ein ewiger Sonntag im Gemüte…*« *(Joseph von Eichendorff: Aus dem Leben eines Taugenichts).*

Wer, wie Eichendorff, um 1850 herum Student war, der pilgerte zu den zauberhaften Zentren der deutschen Romantik. In Heidelberg, in Berlin und Wien lebten und lehrten damals die Romantiker: Arnim, Brentano, Görres, Tieck, Schlegel. Studieren zur Zeit der Romantik beinhaltete vor allem die Frage: Wie lässt sich die Wirklichkeit in Poesie umwandeln? Meistens geschah dies in Gedichten, die häufig zu echten Volksliedern geworden sind. Ein Beispiel? »Wem Gott will rechte Gunst erweisen, den schickt er in die weite Welt, dem will er seine Wunder weisen, in Berg und Wald und Strom und Feld…« Die Natur war für die Romantiker »das grosse Bilderbuch, das der liebe Gott uns draussen aufgeschlagen hat.«

Kaum ein Dichter, den der Vorfrühling und die aufblühende Natur nicht zu einem romantischen Gedicht inspiriert hätte! Die Weidenkätzchen waren zu allen Zeiten ein dankbares Motiv und auch eine Metapher für neues Leben, für das Träumerische, für das Zärtliche, für das geliebte Schätzchen. Über die weichste aller Blüten hat Christian Morgenstern ein zauberhaftes Gedicht geschrieben. Es handelt sich dabei um ein Zwiegespräch zwischen den Weidenkätzchen und dem »lyrischen Ich« (das ist die Ich-Person in Gedichten):

Kätzchen ihr der Weide, wie aus grüner Seide, wie aus grauem Samt! Oh, ihr Silberkätzchen, sagt mir doch, ihr Schätzchen, sagt, woher ihr stammt!

Wollens gern dir sagen: wir sind ausgeschlagen aus dem Weidenbaum, haben winterüber drin geschlafen, Lieber, in tieftiefem Traum.

In dem dürren Baume, in tieftiefem Traume habt geschlafen ihr? In dem Holz, dem harten, war, ihr weichen, zarten, euer Nachtquartier? Musst dich recht besinnen; was da träumte drinnen, waren wir noch nicht, wie wir jetzt im Kleide blühn von Samt und Seide hell im Sonnenlicht.
Kätzchen ihr der Weide, wie aus grauer Seide, wie aus grauem Samt! Oh, ihr Silberkätzchen, ja, nun weiss, ihr Schätzchen, ich, woher ihr stammt.
(Christian Morgenstern 1871-1914)
Die seidigen Weidenkätzchen bereiten besonders auch Kindern grosse Freude. Kinder streicheln die winzigen weichen Kätzchen und behüten sie sorgsam. Kindern kann man keine grössere Freude machen, als wenn man das Gedicht mit verschiedenen Stimmen vorliest. Am besten lesen Sie mit einer hohen, kindlichen Stimme für die Weidenkätzchen und mit einer tieferen, erwachsenen Stimme für den »Frager«.

~

Die Schneeglöckchen klingeln die Romantiker aus dem Winterschlaf. Sie klingeln unter dem Schnee. Sie sammeln ihre Kräfte und wollen die ersten sein, die nach dem langen Winter die Sonne einfangen. Aus dem Winterschlaf geweckt hat sie das Klopfen der vielen Schneetautropfen. So läuten sie schon bald das Fest des Frühlings ein. Viele Legenden ranken sich um das Schneeglöckchen. Eine Legende erzählt, dass nach der Vertreibung von Adam und Eva aus dem Paradies die beiden Sünder während eines harten Winters in einer Schneelandschaft bitter weinten. Eva zeigte Reue, und überall, wo ihre Tränen hinfielen, entstand eine kleine Pflanze mit einer Blüte in Form von Tränen. Mit ihrem symbolischen Läuten sollen die Schneeglöckchen das menschliche Herz erwärmen:
»*Horch, liebliches Läuten! Was will es doch sein? Ei, Frühling soll's sein! Und hast du im Herzen noch Eis und noch Schnee, noch Sorgen*

und Schmerzen, nun fort mit dem Weh! Schneeglöckchen rührt helle die Glöckchen so fein. Wie ist's, du Geselle, du stimmst doch mit ein?« (Franz Alfred Muth, 1839-1890).

In der Poesie wird das Schneeglöckchen nicht selten gleichgesetzt mit Ungeduld, die bestraft wird. Wer nicht warten kann, der bezahlt oftmals teuer dafür. Das trifft auch für das menschliche Leben zu:

»Und aus der Erde schaut nur alleine das Schneeglöckchen. So kalt ist noch die Flur, es friert im weissen Röckchen. Ach, sie konnten es nicht erwarten. Aber weiss vom letzten Schnee war noch immer Feld und Garten. Und sie sanken um vor Weh. So schon manche Dichter streckten sangesmüde sich hinab, und der Frühling, den sie weckten, rauschte über ihrem Grab.« (Nach Theodor Storm, 1817-1888).

Manchmal muss man es einfach versuchen, auch wenn die widrigen Umstände dagegen sprechen. Die Schneeglöckchen sind eine Aufforderung an uns Menschen, unsere Träume zu leben, unseren geheimen Wünschen mutig Raum zu geben:

»Sie ist erwacht, des Winters einzige Blume. In Tod und Nacht träumte die Botin des Frühlings von Licht und Leben. Du einsame Blume, dein Blühen tröstet die Menschenkinder. Nichts ist vergebens. Auch nicht dein kurzes Bemühen. Mit neuem Glauben blickst du auf deine Bahn. Das Brausen und Glühen, das uns der Frühling schickt, du fühlst es nahen!« (Nach Richard Dehmel, 1863-1920).

Das Erwachen der Natur ist vergleichbar mit einem grossen Theater, das ruhig und zaghaft vom Schneeglöckchen eröffnet wird:

»Die Schneeglöckchen, ohne Furcht vor der grimmigen Kälte, spitzen fleissig nach oben. Sie müssen sich sputen, dass sie fertig sind, eh das Gesträuch über ihnen Blätter kriegt und ihnen die Sonne wegnimmt. Das Frühlingstheater wäre also auch wieder mal eröffnet.« (Nach Wilhelm Busch, 1832-1908).

Wer als erster kommt, dem gehört die Welt. Wer zu spät kommt, den bestraft das Leben. Deshalb wohl gilt: »And the winner is … Das Schneeglöckchen!«. Etwas poetischer formuliert:

»Und ich sage euch, keine Siegespalme, kein Baum der Erkenntnis, kein Ruhmeslorbeer ist schöner als dieser weisse, zarte Kelch am blassen Stängel, der im frostigen Wind schaukelt...« (Karel Capek, 1890-1928).
Und Sie, liebe Leser*innen? Haben Sie es nicht gehört, das leise Klingeln im Garten gestern Nacht? Ihnen sei es verraten: Es war kein Klingeln, es war kein Singen, es war ein Küssen. Rührt die stillen Glöckchen sacht, dass sie alle tönen müssen von der künftigen bunten Pracht. (Frei nach Joseph Freiherr von Eichendorff, 1788-1857).

~

Willkommen im Frühling! Natürlich dürfen dabei altbekannte Verse nicht zu kurz kommen. Ich denke dabei an Verse, die wir alle kennen und die Generationen verbinden. Die Sehnsucht nach dem Frühling hat Eduard Mörike (1804-1875) mit Versen verewigt. Er war evangelischer Pfarrer und haderte bis zu seiner frühen Pensionierung mit seinem Pfaffen-Dasein, womit er lediglich seinen Lebensunterhalt bestritt. Seine Liebe galt der Lyrik und dem Erzählen. Unsterblichkeit erlangt hat er mit seinem Frühlingsgedicht.
»Er ist's. – Frühling lässt sein blaues Band / Wieder flattern durch die Lüfte; / Süsse, wohlbekannte Düfte / Streifen ahnungsvoll das Land. / Veilchen träumen schon, / Wollen balde kommen. / Horch, von fern ein leiser Harfenton! / Frühling, ja du bist's! / Dich hab ich vernommen!«
Der bedeutendste Lyriker und Schriftsteller der deutschen Romantik war Joseph Freiherr von Eichendorff (1788-1857). Er hat die frühlingshafte Aufbruchstimmung wie kein anderer in Verse gefasst. Frühling ist die Jahreszeit des Wanderns und Reisens, die Jahreszeit auch, die dazu einlädt, auf grosse Fahrt zu gehen. Der Postillon, der die Pferde anspannt, und der hoch auf dem gelben Wagen ins Posthorn bläst – dies ist eine zutiefst romantische Metapher für die frühlingshafte Aufbruchstimmung:

»*Frische Fahrt. – Laue Luft kommt blau geflossen, / Frühling, Frühling soll es sein! / Waldwärts Hörnerklang geschossen, / Mut'ger Augen lichter Schein; / Und das Wirren bunt und bunter / Wird ein magisch wilder Fluss, / In die schöne Welt hinunter / Lockt dich dieses Stromes Gruss. / Fahre zu! Ich mag nicht fragen, / Wo die Fahrt zu Ende geht!*«

Das Aufblühen des Frühlings tut sich besonders auch im Volksmund kund mit Sprüchen und Bauernregeln:

»*Die erste Liebe und der Mai, gehen selten ohne Frost vorbei.*«

Die Frühlingsgefühle und die Hormone sind am Brodeln und am Kochen. Wer allerdings den Frühling erleben will, der muss raus aus der Stadt und ab in den Wald! Rainer Maria Rilke dichtete:

»*Der Frühling ist waldeigen und kommt nicht in die Stadt.*«

Und in seinem Schlösschen Muzot hoch ob Sierre kam er zur Erkenntnis:

»*Nur die zu zweien gehen und sich bei den Händen halten, dürfen ihn, den Frühling, mal sehen.*«

Der Wiener Dichter Emil Kuh (1828-1876) sah sich als bekannter österreichischer Literaturkritiker in der Pflicht, die Wienerinnen und Wiener vor dem Lenz zu warnen, der die menschlichen Triebe befeuert:

»*Ich sag euch was, der Lenz geht um, / Nehmt euch in Acht, ihr Leute, / Er ist so heimlich, still und stumm, / Und er geht aus auf Beute!*«

Und der Frühlingsdichter Franz Hessel (1880-1941) schlug poetisch in die gleiche Kerbe:

»*Manchem Dichter ist's gegeben, / Bei dem angenehmen Wetter / In dem Schatten grüner Blätter / Ganz allein sich auszuleben. / Aber ich verlorner Knabe / Fluche zu dem holden Lenze / Wenn ich niemand bei mir habe, / Der entsprechend mich ergänze.*«

Also, aufpassen, liebe Leute, der Frühling geht um! Oder wie es der Dichter Morgenstern formuliert hat:

»*Wer die Welt nicht von Kind auf gewohnt wäre, müsste über ihr den Verstand verlieren.*«

~

Welche Farbe hat der Frühling? Die Literatur und die Modebranche sind sich im Frühjahr zufällig einig. Der Frühling wird blau! Wir alle kennen das Frühlingsgedicht von Eduard Mörike: »Frühling lässt sein blaues Band, wieder flattern durch die Lüfte…« Das Gedicht ist ein Steilpass für die Modebranche. Eines der besten Orakel, was Farbtrends angeht, ist das Pantone Institut. Pantone veröffentlicht den *Fashion Color Report* für jedes Frühjahr. »Niagara« heisst die Farbe, die wir im Frühjahr am häufigsten sehen. Bei dieser Farbe handelt es sich um ein klassisches Denim-Blau.

Die blaue Farbe in Gestalt einer blauen Blume ist ein zentrales Symbol der literarischen Romantik. Sie steht für Sehnsucht und Liebe und für das Streben nach dem Unendlichen. Die blaue Blume ist in der Literatur auch ein Sinnbild der Sehnsucht nach der Ferne und ein Symbol der Wanderschaft. Besonders die Frühlingszeit ist in der Literatur die Zeit der blauen Farbe. Sie steht stellvertretend für die romantische Sehnsucht nach dem Unerreichbaren. Das Motiv der blauen Blume (Farbe) geht zurück auf den deutschen Dichter Novalis. In seinem Roman *Heinrich von Ofterdingen* wird Heinrich, der Protagonist des Werkes, von einer blauen Blume angezogen, woraus sich in der Folge das Sehnsuchts-Symbol der Romantik ableitete. Auch heute noch machen wir »eine Fahrt ins Blaue« oder, wenn uns alles zu viel wird, dann machen wir einfach mal »blau«. Genau so wie dies bereits im Jahre 1818 der grosse Romantiker Joseph von Eichendorff mit seinem Frühlings-Gedicht *Die blaue Blume* getan hatte.

~

Die Nacht vor dem 1. Mai ist die Nacht der Hexen. Aus der Tragödie *Faust* von Goethe aus dem Jahr 1808 ist der Name »Walpurgisnacht« überliefert. Der Gelehrte Faust und der Teufel Mephisto besteigen in der Walpurgisnacht gemeinsam den Blocksberg, auf dem der Hexensabbat abgehalten wird. Von überall her fliegen die Hexen auf ihren Besen auf den Blocksberg im Harzgebirge. Es gelingt Mephisto, den Doktor Faustus in das wüste Treiben der Hexen hinein zu ziehen, und ihn zu einem obszönen Tanz mit einer liebreizenden Hexe zu bewegen. Die Walpurgisnacht wird für Doktor Faustus damit zu einem »Erlebnis der Leidenschaft«.

Faust und Mephisto tanzen mit den sexgierigen Hexen auf dem Blocksberg. Wie bei einem Hexensabbat üblich, mündet der Tanz mit den Hexen schliesslich in einer ausschweifenden Orgie. Dabei tanzen Doktor Faustus und der Teufel Mephisto nur knapp am Verderben vorbei. Denn mitten im Hexentanz macht Faust sich über zwei Huren des Teufels her, er treibt es mit zwei »Buhlteufelinnen«. Das aber hätte er besser lassen sollen, denn die beiden zwielichtigen Damen wollen ihn endgültig dem Bösen einverleiben. Doch Doktor Faustus – gescheit wie er ist – bricht die Orgie mit den beiden Fräuleins gerade noch rechtzeitig ab.

Sex-Reiz, Zauberei und Tanz sind die wichtigsten Indizien, an denen man eine Hexe erkennen kann. Goethe seinerseits bezog dieses Wissen aus dem Buch »*Bloks-Berg Verrichtung*« von Johannes Praetorius aus dem Jahr 1669. Die Wurzeln der Walpurgisnacht gründen aber noch viel tiefer, sie reichen zurück bis in die heidnische Vorzeit. Die Walpurgisnacht, wie sie Goethe in seiner Tragödie »Faust« beschreibt, hat ihren Ursprung in der frühen keltischen Kultur.

In keltischer Tradition fand in der Nacht auf den 1. Mai der Wechsel von der Winter- zur Sommerzeit statt. In dieser Nacht feierten die Kelten das Fest Beltane oder Belenus. Es war dies ein grosses und wunderschönes keltisches Fest zum Winter-Ende, und zwar ohne jeglichen religiösen Inhalt. Dass bei diesem Fest auch getanzt wurde, missfiel der römisch-katholischen Kirche derart, dass sie das Fest verteufelte. Und noch schlimmer: Die Kirche verdammte und verketzerte die erotischen und reizvollen Frauen, die sich dem

Tanze hingaben, und sie machte sie zu Huren und zu Hexen. Während des Beltane-Festes feierten die Kelten die Auferstehung der Natur in Fauna und Flora. Dieser »Auferstehung« bemächtigte sich später die katholische Kirche, sie erscheint nun im katholischen Dogma zu Ostern als Auferstehungsfest der christlichen Kirche.

Den Fundamentalisten der römisch-katholischen Kirche ist es nicht gelungen, den Mythos der Walpurgisnacht zu zerstören. Moderne Hexen feiern auch heute noch die Walpurgisnacht. Sie leitet den Sommeranfang ein und steht ganz im Zeichen der Lebenslust und der Fruchtbarkeit. Auch in der Schweiz treffen sich Hexen und Hexer in der Nacht zum 1. Mai. Sie entfachen im Wald ein Feuer, sie singen, tanzen und zelebrieren ihre Lebensfreude. Sie huldigen der Natur und sie vertreiben die Wintergeister. Lichtvolle Kerzenrituale sind angesagt, und manche räuchern ihr Haus mit reinigenden Harzen und Kräutern aus.

Heute trifft die Hexe ihren Hexer allerdings nicht mehr auf dem Blocksberg im Harzgebirge, wie dies noch in Goethes »*Faust*« beschrieben ist. Moderne Hexen und Hexer nehmen am Internationalen Hexentreffen in London teil. An diesem jährlichen Treffen finden sich 5000 bis 7000 Hexen ein. Es ist Ehrensache, dass eine Hexe, die etwas auf sich hält, nach London *fliegt*. Wenn möglich, auf dem Besenstiel. Für den Hexenflug braucht es allerdings etwas Flugsalbe. Für alle, die es mal mit einem Hexenflug versuchen möchten, sei hier die Rezeptur zur Herstellung von Flugsalbe verraten. Die Flugsalbe setzt sich zusammen aus Nachtschattengewächsen wie Tollkirsche, Bilsenkraut und Stechapfel. Also dann: Besenstiel und Flugsalbe bereitmachen! Guten Flug!

~

Der Frühling 2020 war ob eines heimtückischen Virus ein Frühling voller Panik und voller Aufruhr. Fast wie in Kriegszeiten wurde vielen Menschen ein weltweiter Lockdown auferlegt. So einen »Panischen Frühling« mit weltweitem Lockdown gab es auch schon vor genau zehn Jahren.

Erinnern Sie sich noch, liebe Leser*innen, an den Frühling 2010? Es war der Frühling, als auf Island der Vulkan *Eyiafjallajökull* mit ungeahnter Vehemenz ausgebrochen war. Mit seinen Aschewolken hatte der Vulkan den Flugverkehr in ganz Europa lahmgelegt. Die Aschepartikel erschwerten das Atmen. Risikogruppen mit Vorbelastungen mussten eine wochenlange Ausgangssperre erdulden. Eine ausgesprochene Ausnahmesituation entstand für alle, die verreisen wollten. Wie wirkte sich diese Ausnahmesituation auf die Menschen aus? Darüber schrieb die Innerschweizer Autorin Gertrud Leutenegger vier Jahre später, im Jahr 2014 also, einen Buch-Bestseller mit dem Titel »*Panischer Frühling*«, der es auf die Shortlist für den Schweizer Buchpreis schaffte.

Kann das Schreiben in der Krise therapeutisch wirken? Wie sich eine Ausnahmesituation mit europaweitem Lockdown literarisch verarbeiten lässt, das hat vor genau zehn Jahren Gertrud Leutenegger mit ihrem Roman »*Panischer Frühling*« grossartig und vorbildlich gezeigt. Ein Notstand bietet mannigfach Gelegenheit, sich im Leben neu zu orientieren. Es braucht zuweilen einen schockartigen Schub von aussen, damit wir aus dem abstumpfenden Alltagstrott ausbrechen können. In ihrem Roman »*Panischer Frühling*« lässt Gertrud Leutenegger die Ich-Erzählerin, es handelt sich dabei um eine ältere Frau, durch London flanieren. Sie nutzt die »Flugstille über Europa« dazu, in Gedanken versunken die Stadt zu durchstreifen. Während sie den Londoner Himmel nach Aschepartikeln absucht, taucht sie in die eigene Kindheit ab.

Ein Stillstand, ein Lockdown, bringt immer auch viel Zeit und Ruhe mit sich, um Erinnerungen aus dem Unterbewusstsein an die Oberfläche zu holen. In »*Panischer Frühling*« schlägt die Ich-Erzählerin in Gedanken eine Brücke zwischen dem Vergangenen und dem Gegenwärtigen. In der Psychologie nennt sich sowas eine »Regression«, ein Zurückfallen in kindliche Verhaltensmuster also.

Um persönliche Erinnerungen einer breiten Leserschaft mitzuteilen, ist ein Gegenüber vonnöten. In »*Panischer Frühling*« tritt uns dieses Gegenüber in Gestalt von Jonathan entgegen. Jonathan ist ein Mann Mitte Zwanzig, dem die Ich-Erzählerin rein zufällig auf der London Bridge begegnet. Ins Zentrum rücken die Sommerferien, die sie als Kind auf dem Pfarrhof eines Onkels verbringen durfte. Die sonnigen Bilder aus der Kindheit sind ebenso frisch wie die Sicht auf die Strassenzüge in Londons Westend.

Mit wenigen Sätzen gelingt es der Autorin, einfühlsam und für die Leserschaft nachvollziehbar den zauberhaften Schwebezustand zwischen Kindsein und Erwachsenenwelt auszukosten. Der Raum des Vergangenen weitet sich beim Lesen, und der Roman versprüht einen wunderbaren Charme, eine Magie, die den Leser in seinen Bann zieht. Präzise Vergleiche und Metaphern lassen auch die eigene Jugendzeit wieder auferstehen. Ja, es lohnt sich, in die eigene Vergangenheit abzutauchen und nach dem Kind zu suchen, das man einmal war. Und es lohnt sich, das Hier und Heute mit dem Gestern zu vermählen.

Immer wieder mal habe ich in den vergangenen Jahren tief bewegt ihre wunderbare Bildersprache genossen, und diese Autorin hat es immer wieder verstanden, im Kopf ihrer Leserschaft unvergleichlich phantasievolle Bilder zu erschaffen. Derartige Bilder waren mir auch im Krisenfrühling 2020 behilflich. Sie halfen mir dabei, auch im »Panischen Frühling« die Aufbruchstimmung eines neuen Frühlings mit dem Herzen zu suchen.

~

Frühlingsgefühle trotz verordnetem »Social Distancing«? Trotz Frühlingsgefühlen waren Umarmungen in Zeiten von Corona tabu. Das war fatal. Die nationale Notlage schrieb uns räumliche Distanzierung vor. Zwei Meter Abstand mindestes, dies erforderte das »Social Distancing«. Die Sache mit der Berührung ist aber kompliziert. Ohne Berührung verkümmern wir. Bei einer angenehmen Berührung tanzen die Glückshormone. In Zeiten von Corona litten deshalb viele an ungestilltem Berührungshunger.

Werden wir von einer anderen Person berührt, zieht dies in unserem Körper eine hochkomplexe Kettenreaktion nach sich. Ein aufmunternder Klaps auf die Schulter kann einen Energieschub freisetzen. Eine liebevolle Umarmung löst Glücksgefühle aus. Angenehme Berührungen benötigen wir wie Luft und Wasser. Was bei einer Berührung im Körper passiert, lässt sich medizinisch messen: Die Herzfrequenz sinkt, die Blutgefässe weiten sich, die Atmung wird tiefer. Die Literatur zum Thema ist umfangreich und hoch spannend.

In seinem Buch »*Homo hapticus*« stellt der Hirnforscher Martin Grunwald die These auf, dass wir uns unserer körperlichen Existenz erst durch den Tastsinn bewusst werden. Ums Jahr 1640 herum hatte der Philosoph René Descartes den Grundsatz formuliert »Ich denke, also bin ich« (lat. cogito ergo sum). Grunwald fordert nun, dass dieser philosophische Grundsatz abgewandelt werde in »Ich fühle, also bin ich«. In den Zeiten nach Corona boomen die Berührungsseminare. In den Schulen müsste eine Berührungslehre Eingang finden und das Ausbildungs-Fach »Berührungskunde«. Weil Körperkontakt kein selbstverständliches Kommunikationsmittel mehr ist, brauchen wir eine Berührungskunde, und wir müssen uns darüber verständigen, wie eine gute Berührungskultur aussehen kann.

Wie wichtig ist eine Balance zwischen räumlicher Distanzierung und der Sehnsucht nach Berührung und Umarmung? Es ist dies auch die Frage, was eine lang dauernde Liebesbeziehung ausmacht. Gibt es ein Geheimrezept für eine ewige Liebe? Im Buch *»Ja, ich will«* von Ueli Oswald erzählen erfolgreiche Paare über ihre langjährige Beziehung. Ein gemeinsamer Nenner ist die Balance zwischen räumlicher Distanzierung und der Sehnsucht nach Berührung und Umarmung. Krisenzeiten können auch stark machen und sie lassen Ehepaare manchmal näher zusammenrücken. Die ewige Liebe ist aber nicht einfach nur Zauber, Magie oder ein Wunder. Sie ist vielmehr das Ergebnis einer intensiven Beziehungsarbeit, die auch ein ausgewogenes Verhältnis von Nähe und Distanz mit einschliesst. Was die Geschichten erfolgreicher Paare eindrücklich belegen ist die Tatsache, dass ein äusserst schmaler Grat zwischen räumlicher Distanzierung und der Sehnsucht nach Berührung beschritten werden muss.

Geschichten eines Sommers

Wie müssen Sommergeschichten beschaffen sein, damit sie auch Sommergefühle rüberbringen? Es sind dies meistens Geschichten von Abschied und von Neubeginn. In einem faszinierenden Ambiente und in einer ungewohnten Ferien-Sommer-Welt zu sich selber finden, das ist es, was vielen von uns vorschwebt. Nicht wenige erhoffen sich von einem Tapetenwechsel auch neue Impulse. In der emotionalen Anderswelt eines Urlaubs-Paradieses fällt es leichter, Unbequemes und Belastendes zu verarbeiten und zurückzulassen. Die Seele baumeln lassen.

Es ist eine besondere Fähigkeit von Autorinnen und Autoren, ihrer Leserschaft einen Blick in die Seele ihrer Protagonisten zu ermöglichen. Eine, die sich mit ihrem »Seelen-Striptease« einen Namen geschaffen hat, ist die deutsche Autorin Nina George mit ihrem Roman »*Die Schönheit der Nacht*«. Das Besondere an dieser Sommergeschichte ist das Setting an der bretonischen Küste. Die sinnliche Sprachgebung der Autorin macht den Sommer an der bretonischen Küste spürbar und fühlbar. Beim Lesen riecht und schmeckt man förmlich den Duft von Meer und Küste. Nein, das ist kein Buch zum einfach schnell mal Durchlesen. Es ist dies eine sehr poetische und melancholische Geschichte.

Die Protagonistin in dieser Sommergeschichte ist die Biologin Claire Cousteau. Sie ist so Mitte Vierzig, sie ist also mitten im Leben angekommen. Sie hat eine Familie und einen Beruf, hat einiges erreicht in ihrem Leben, ist aber dennoch noch nicht ganz zufrieden. Irgendetwas scheint in ihrem Leben noch zu fehlen. Gemeinsam mit ihrer Familie will sie den Sommer in einem malerischen Ferienhaus in der Bretagne verbringen. Dort, umschlossen von Küste, Hitze und Stürmen, möchte sie zu sich selbst finden.

Mitten in das bretonische Ambiente hinein platzt urplötzlich eine Frau namens Julie. In der Literaturtheorie kennen wir dafür die Bezeichnung »Bote aus der Fremde«. Der sogenannte »Bote aus der Fremde« treibt die Handlung vorwärts oder gibt ihr eine entscheidende Wendung. Claire und Julie finden sich. Die zwei Frauen kommen aus verschiedenen Welten. Julie ist so ganz anders als die Biologin und Wissenschaftlerin Claire. Die viel jüngere Julie arbeitet in einem Hotel und möchte Sängerin werden. Die ältere Claire hat eine ganz andere Art zu denken als die jüngere Julie. So lernen die beiden Frauen voneinander.

Das zentrale Thema in typischen Sommergeschichten ist die Suche nach dem eigenen Ich und nach den eigenen Wünschen. Wer bin ich? Was möchte ich noch erreichen? Die sommerliche Lektüre inmitten einer zauberhaften Anderswelt zum Anlass nehmen, über eigene existenzielle Fragen nachzudenken. Dies gelingt nur ganz wenigen Sommer- und Feriengeschichten.

~

Die Mittsommernacht gilt als magisch und zauberhaft. Früher glaubte man, dass in der kürzesten Nacht des Jahres Elfen tanzen und Trolle hinter den Bäumen stehen. Im hohen Norden sammelt man noch heute den Morgentau der kürzesten Nacht in einer Flasche, denn man glaubt fest daran, dass er kranke Tiere und Menschen heilen könne.

Das Mittsommerfest gilt in den nördlichen Ländern als das zweitgrösste Fest nach Weihnachten. In den skandinavischen Ländern wird es in den Nächten rund um den 21. Juni kaum dunkel. Die Nordländer bezeichnen die kurzen Nächte deshalb als »Weisse Nächte«. Während dieser Nächte ist das Brauchtum besonders lebendig. Und natürlich bietet die Magie der Mittsommernacht auch reichlich Gesprächsstoff, der sich in zauberhaften Geschichten niederschlägt.

Unverheiratete Mädchen pflücken in der Mittsommernacht sieben Sorten wilder Blumen von sieben verschiedenen Wiesen, die sie dann unter ihr Kopfkissen legen. Dann sollen sie von dem Mann träumen, den sie heiraten wollen. Sie müssen aber beim Pflücken unbedingt ganz still sein und sie dürfen niemandem erzählen, vom wem sie geträumt haben, sonst geht der Traum nicht in Erfüllung.

Die schwedische Schriftstellerin Astrid Lindgren schildert in ihren Jugendbüchern ausführlich den Brauch des Blumenpflückens in der Mittsommernacht. Junge Mädchen sollen in der kürzesten Nacht folgende sieben Blumen sammeln: Klee, Margeriten, Glockenblumen, Veilchen, Wollgras, Vergissmeinnicht und Wiesen-Lieschgras. Aber – wenn es denn sein muss – tun es auch alle anderen Blumenarten. Legt man sie anschliessend unters Kopfkissen, lässt sich vortrefflich vom zukünftigen Liebhaber träumen.

»Ein Sommernachtstraum« (englisch: A Midsummer Night's Dream) ist der Titel einer Komödie von William Shakespeare. Shakespeare hat dieses Stück im antiken Athen und in einem angrenzenden Wald angesiedelt. Erzählt wird von der Hochzeit eines Herrscherpaares. Die erzählte Zeit umfasst drei Tage und drei Nächte an Mittsommer. Erstmals wurde der »Sommernachtstraum« um 1598 uraufgeführt und erschien dann um 1600 im Druck. Das Shakespeare-Stück ist heute ein Klassiker bei Schul- und Laientheaterinszenierungen.

Die Nordländer sind überzeugt, dass exzessiver Genuss alkoholischer Getränke in der Mittsommernacht die bösen Geister vertreibt. Das Lärmen und Trinken soll Glück bringen und für eine gute Ernte sorgen. An Mittsommer isst man die ersten Jungkartoffeln. Sie werden zusammen mit Hering, Sauerrahm und Käse serviert. Während des Essens kippt man mehrere Gläser voll Schnaps in sich hinein, und zwar trinkt man die Gläser am besten auf Ex aus. Die Mittsommernacht birgt mannigfache Gefahren. Man sollte in der kürzesten Nacht des Jahres nicht in einem See baden. Dort lauert nämlich der Wassergeist Neck, der spielt auf seiner Geige und lockt die Feiernden ins Wasser bis sie ertrinken…

Tatsache ist, dass es während der Mittsommernacht zu besonders vielen Unfällen kommt. Schuld daran trägt allerdings wohl nicht der Wassergeist Neck, sondern der übermässige Konsum von Alkohol. Also vielleicht doch lieber den Rat der unverheirateten Mädchen befolgen: In der Mittsommernacht sieben verschiedene Blumen sammeln, sie unter das Kopfkissen legen und von der Liebe träumen.

~

Der längste Tag geht zu Ende, die kürzeste Nacht bricht an. Es ist der 21. Juni, wir haben schon 22 Uhr. Immer noch ist der Himmel über der Simplonstrasse ganz in Sommerblau getaucht, und durch die Wolken schimmert noch die Sonne hindurch. Es ist Sommersonnenwende und Mittsommernacht. Wir sitzen draussen im Garten und erzählen uns Geschichten.

Schon seit jeher haben die Menschen diesem Tag eine besondere Bedeutung zugemessen. Die Erbauer von Stonehenge richteten ihr Bauwerk nach dem Verlauf der Sonne aus. Die Sonne bleibt an diesem speziellen Tag in manchen Regionen sogar die ganze Nacht über dem Horizont stehen. Im Norden Europas werden in dieser sommerlichen Jahreszeit die Nächte gar nicht mehr dunkel, man spricht auch von den Weissen Nächten. Deshalb haben *Sonnenwendfeiern* in Ländern wie Schweden mehr Bedeutung als in Südeuropa. In Schweden wird deshalb am 21. Juni das *Mittsommerfest* gefeiert.

Zur Zeit des Mittsommerfestes spielt der wohl beste und bekannteste Krimi von Henning Mankell. Sein Kommissar Wallander ist legendär und inzwischen auch verfilmt worden. Der Krimi »*Mittsommermord*« gilt als einer der besten überhaupt.

Die Story ist überaus spannend konstruiert: Drei junge Menschen aus der schwedischen Kleinstadt Ystad begehen das Mittsommerfest am 21. Juni. Sie kleiden sich in Gewänder des 18. Jahrhunderts und nehmen in einem abgelegenen Waldstück ein Picknick ein. Plötzlich taucht ein Mann auf, der die drei jungen Menschen erschiesst, und zwar genau dann, als sie glücklich sind und es zusammen lustig haben. Der Mörder versteht es, seine Tat geschickt zu verschleiern. Er sendet gefälschte Postkarten an die Angehörigen, um sie glauben zu lassen, die drei jungen Leute hätten sich auf eine Europa-Reise begeben.

Erst spät beginnt sich die Mutter einer Ermordeten zu sorgen. Sie alarmiert Kommissar Kurt Wallander. Als er die Ermittlungen zu diesem Fall einleitet, wird plötzlich sein Polizeikollege Svedberg mit einer Schrotflinte erschossen. Bald stellt sich heraus, dass es zwischen diesem Fall und dem Verschwinden der drei jungen Leute eine Verbindung gibt: In Svedbergs Wohnung findet Wallander ein Foto von ihnen. Der ermordete Polizist wusste also vor seinen Kollegen von dem Verbrechen; der Mörder hat dies erfahren und konsequent seinen Verfolger ausgeschaltet.

Wallander muss die Kraft und allen Mut zusammennehmen, um die richtigen Schlüsse zu ziehen. Führte sein Kollege, der Polizist Svedberg, ein Doppelleben? Warum haben sich die drei Jugendlichen verkleidet? Wieso hatte es der Täter auf junge, glückliche Menschen abgesehen?

Wie immer legt Mankell keinen einfachen Kriminalroman vor, sondern verknüpft seine Geschichte von der Jagd auf einen bizarren Serienmörder mit einem Blick auf den Zustand der modernen Gesellschaft, deren Zukunft wenig vielversprechend erscheint.

Im letzten Drittel des Romans steigt die Spannung ins Unerträgliche und sorgt bei den Leserinnen und Lesern für dunkle Augenringe. Mankells *Mittsommermord* kann man auch tief nachts nicht mehr aus der Hand legen. Vor allem in diesen Mittsommernächten nicht.

~

Nach den grauen Tagen abhängen inmitten der fröhlichen Italianità. Sich sattsehen an Palmen, an der Weite, am Meer. Im Land, wo die Zitronen blühn. Im Land der Romantik. In der deutschen Literatur stehen die romantischen Italienbilder in einer langen Tradition, die mit Goethe beginnt und in der Gegenwart mit Elena Ferrante ein abruptes Ende nimmt.

»Nach Italien, nach Italien! rief ich voller Vergnügen aus, und rannte, ohne an die verschiedenen Wege zu denken, auf der Strasse fort, die mir eben vor die Füsse kam.«

Der Satz stammt aus Eichendorffs romantischer Novelle vom Taugenichts. Mit seinem »Taugenichts« aus dem Jahr 1826 hat Eichendorff das romantische Italienbild geprägt wie kein anderer Text. Das Sehnsuchtsland Italien und seine Symbolik – das ist in der deutschen Dichtung eine prägende literaturhistorische Konstante. Viele Romantiker wie Eichendorff waren jedoch selbst gar nie in Italien. Vielleicht war dies für das romantische Italienbild von Vorteil. Diese Vermutung legen die Weltbestseller der gebürtigen Italienerin Elena Ferrante nahe.

Elena Ferrante bricht mit dem romantischen Italienbild. Geboren und aufgewachsen ist sie an der Peripherie von Neapel. Turin sei eine der wenigen italienischen Städte, die sie liebe, schreibt die Autorin. Ferrante ist nicht nur Schriftstellerin, sie ist auch Wissenschaftlerin. Sie hat einen Hochschulabschluss in Altphilologie. »Wahrhaftigkeit« ist eine der herausragenden Charakteristiken, die vor allem die US-amerikanische Literaturkritik Ferrantes Texten attestiert. Wahrhaftigkeit ist auch das schriftstellerische Credo der Elena Ferrante. Es gebe nicht bloss eine biographische, sondern auch eine literarische Wahrheit, lehrt Professorin Ferrante in ihren Kursen.

Elena Ferrantes Neapel-Saga ist ein episches Lesevergnügen. Auf über 2000 Seiten und mit über 50 Figuren gelingt es ihr, ein ganz neues Italienbild zu kreieren. Die zwei wichtigsten Protagonistinnen heissen Elena und Lila. Elena ist Schriftstellerin und Lila ist beruflich in der EDV tätig. Die eine verarbeitet Daten, die andere verarbeitet Geschichten. Die beiden führen eine komplementäre Beziehung, die jetzt, im vierten Band, noch eine Steigerung erfährt. Beide Protagonistinnen bekommen ein weiteres Kind. Elena führt eine On-/Off-Beziehung mit ihrer Jugendliebe Nino. Aber Nino ist kein Partner für eine monogame Beziehung, und so konzentriert sich Elena wieder aufs Schreiben. Sie reaktiviert mit Erfolg ihre literarische Karriere. Und spätestens jetzt wird der aufmerksame Leser hellhörig: Die Protagonistin Elena im Roman ist niemand anders als die Autorin Elena Ferrante selber.

Vorerst geht es nur um die Identität der magischen Stadt Neapel. Doch bald wird klar, dass dies zu kurz gegriffen wäre. Es geht um die Installation einer neuen literarischen Identität für ganz Italien. Die Stadt Neapel ist ein Konzentrat des ganzen Landes. Neapel steht pars pro toto für Italien. Neapel kommt immer wieder in Zusammenhang mit dem organisierten Verbrechen ins Gerede, in Zusammenhang auch mit der Mafia. Und Italien? »Italien ist ein Sumpf geworden, und wir sind alle drin gelandet«, schreibt Ferrante.

Frauen in Italien seien bloss Spielpuppen, verkündet Elena Ferrante. Nicht nur in neapolitanischen Kreisen habe man von Emanzipation noch nicht viel gehört, und man wolle solcherlei auch gar nicht hören. Besonders ein gesellschaftlicher Aufstieg in akademischen Kreisen sei für eine italienische Frau im 20. Jahrhundert immer noch behaftet mit automatischen Sexismen, und keinesfalls frei von vulgärem Verhalten der Männer, schreibt die Autorin. »Sie behandeln Frauen wie Ausgehhündchen, sagen bei jeder Gelegenheit Schweinereien zu dir und begrabschen dich genauso, wie es in den Autobussen hier bei uns üblich ist.«

In der Literatur etabliert sich ein neues Italien-Bild, eines, das zwischenmenschliche Beziehungen propagiert. Es geht fürs erste darum, literarisch zu beschreiben, was die Beziehungen im heutigen Italien so schwierig und kompliziert macht. Sind wir damit am Ende der Strada del Sole angelangt?

~

Über Wochen haben uns schreckliche Bilder aus Italien erreicht. Mit mehr als 30'000 Toten hat die Pandemie des Frühjahrs 2020 das Leben in vielen italienischen Städten zum Erliegen gebracht. »Die Schönheit Italiens wird nicht in Quarantäne bleiben«, sagte der italienische Ministerpräsident Giuseppe Conte bereits anfangs Mai. In den vergangenen Wochen ist uns Italien fremd und unheimlich geworden. Die Touristenströme blieben aus in diesem virenverseuchten Frühjahr 2020.

Mit seinem »*Porträt eines fremden Landes*« wandelte unser Spezialist für Kulturreisen auf den Spuren Goethes. Thomas Steinfeld führt uns durch Italien, immer auf der Suche nach der typischen Italianità, nach verborgenen Landstrichen und wundervollen Örtlichkeiten. Wie der Dichterfürst Goethe, so schrieb auch er auf, was ihn berührte und bewegte. Seine Italienreise führte ihn vom Piemont über Genua und Neapel bis nach Ligurien und in die Toskana. »*Kennst du das Land…*« gehört zu den bekanntesten Gedichten Goethes. Das Gedicht drückt die Sehnsucht aus, die viele von uns gegenüber Italien empfinden, oder zumindest empfunden haben.

»*Kennst du das Land, wo die Zitronen blühn, / Im dunklen Laub die Goldorangen glühn, / Ein sanfter Wind vom blauen Himmel weht, / Die Myrte still und hoch der Lorbeer steht? / Kennst du es wohl? / Dahin, dahin / Möcht' ich mit dir, o mein Geliebter, ziehn.*«

Goethe thematisiert diese unbeschreibliche Sehnsucht auf Sonne, auf die mediterrane Pflanzenwelt, auf Südfrüchte, aber auch auf blendend weisse Bauten aus Marmor und auf das zauberhafte italienische Lebensgefühl, auf die Italianità. Warum aber möchte Goethe mit seinem Geliebten nach Italien ziehn? Warum die männliche Form? Wer sich je mit Goethe befasst hat, der weiss, »Goethe und die Frauen« ist einer der bestens erforschten Aspekte in der Biographie des Dichterfürsten. So handelt es sich auch beim »Geliebten«, der mit Goethe nach Italien ziehen soll, in Tat und Wahrheit um eine Geliebte. Zur Erklärung: Goethe lässt die Verse seine Romanfigur Mignon sprechen. Mignon ist ein junges Mädchen, das einer Gruppe von Tänzern und Gauklern angehörte. Mignon kommt in beiden Wilhelm-Meister-Romanen vor. Das französische Wort Mignon bedeutet: der Kleine, Herzige, Geliebte. Die weibliche Form wäre Mignonne. Warum hat Goethe aber die männliche Form gewählt? Seine Mignon sieht aus wie ein Knabe. Ob Goethe in seinem Gedicht an einen homosexuellen Liebling oder an eine Mätresse dachte, wie uns die Forschung belehren möchte, sei offen gelassen. Es geht wohl ganz einfach um die Sehnsucht eines jungen Menschen nach einem romantischen fernen Land.

Nach der Pandemie des Jahres 2020 ist in Italien nicht mehr viel so geblieben, wie es mal war. Das idyllische Italien müssen die Italienfahrer zurzeit mit dem Herzen suchen. Die Zeitung »La Repubblica« hat kürzlich Italien als »Verwirrtes Land« betitelt, als ein Land, das uns allen fremd geworden ist. Als ein Land auch, das sich von Europa im Stich gelassen fühlt. Viele Italienerinnen und Italiener fühlen sich immer weniger europäisch. Gut, gibt es Autoren, die den Blick wieder auf das Ferien- und Sehnsuchtsland Italien mit seiner unübertrefflichen Atmosphäre, der Italianità, richten.

Na dann, um mit Goethe zu sprechen: »Dahin, dahin, möchte ich mit dir, o mein(e) Geliebte(r) ziehn.«

Herbstliche Melancholie

Der Blick hinunter ins Tal trügt nicht. Der Herbst kündigt sich an. Nebelschwaden umhüllen die Bergflanken. Es ist merklich kühler geworden. Die Früchte hängen prall und reif an den Bäumen, das Holz ist geschichtet, und bald sehnt man sich morgens wieder nach einem knisternden Scheit im Holzofen.

Was bleibt vom Bilderbuch-Sommer übrig? Da sind Erinnerungen an heisse Tage und an Tropennächte, an Reisen und an unvergessliche Touren. Die Welt wird jetzt wieder etwas kleiner und enger. Was bleibt, das sind die unbeschwerten Impressionen aus sommerlichen Tagen. Und häufig sind es die kleinen Dinge, die uns an die prächtigen Sommertage erinnern.

Zahlreiche Dichter haben die so ganz besondere Sommerend-Stimmung in Texte gefasst. Auch wenn Naturdichtung heute etwas verpönt ist, tauchen just zum Ende des Sommers jene Zeilen aus meiner Erinnerung auf, welche von den Dichtern des Herbstes geprägt wurden. Dazu gehört eine Episode aus der Novelle »Ein grünes Blatt« des norddeutschen Dichters Theodor Storm. Beim »Grünen Blatt« handelt es sich um eine Rahmen-Erzählung. Es ist Krieg und zwei Soldaten kämpfen in einem Schützengraben. Der eine von ihnen, Gabriel, besitzt ein altes Buch, eine Art Album. Das seltsame Buch mit gelben Blättern macht ihre ganze Feldbibliothek aus. Dem Soldaten, der darin liest, fällt mit einem Mal ein eingelegtes Buchenblatt auf, das er bis jetzt immer übersehen hat. Daneben steht geschrieben:

»*Ein Blatt aus sommerlichen Tagen, / Ich nahm es so beim Wandern mit, / Auf dass es einst mir könne sagen, / Wie laut die Nachtigall geschlagen, / Wie grün der Wald, den ich durchschritt.*«

»Das Blatt ist braun geworden«, bemerkt der Freund. Der andere schüttelte nur den Kopf und sagte: »Lies nur die andere Seite.«

Wovon kann ein grünes Blatt erzählen? Der weitere Verlauf dieser Stormschen Novelle tut eigentlich nichts zur Sache. In Erinnerung geblieben ist mir der Fünfzeiler vom Blatt aus sommerlichen Tagen, das ich so beim Wandern mitnahm, auf dass es einst mir könne sagen, wie laut die Nachtigall geschlagen, und wie grün der Wald war, den ich durchschritt.

Kleine Andenken erhalten die Erinnerung. Von meinen sommerlichen Wanderungen und Reisen bringe ich seither regelmässig ein kleines Souvenir mit. Eine Muschel, ein Steinchen, ein Stück Rinde oder – ein grünes Blatt. Betrachte ich das sommerliche Kleinod dann in der kalten Winterszeit, erwacht ganz plötzlich die zauberhafte Sommerwelt wieder zu neuem Leben. Mein Kino im Kopf spielt dann einen Film, der mich an das Glück und die Wonne eines prächtigen Sommers erinnert. Es ist dies mein ganz persönlicher Film, schöner als jedes Selfie und besser als jedes Video auf meinem Handy.

~

»Ein Blatt aus sommerlichen Tagen, ich nahm es so im Wandern mit, auf dass es einst mir möge sagen, wie laut die Nachtigall geschlagen, wie grün der Wald, den ich durchschritt.« Diese Zeilen stammen vom norddeutschen Dichter Theodor Storm. Sie geben auch die Gestimmtheit wieder, die in dieser letzten Oktoberwoche die Dichter und Schriftsteller umfängt. Die Natur bereitet sich auf die Kälte langer Winternächte vor. Bald schon hüllen wir uns in dicke Mäntel. Die fröhlichen Worte des Sommers verstummen. Die Dichter des Herbstes erfüllen sie mit Melancholie, mit Sentimentalität, mit Wehmut. Die nachfolgenden Texte entstammen meinem neu überarbeiteten Lyrikband »Wortverkleidung«.

Herbstliches Requiem. *Auf herbstlichen Wegen ertrinken des Sommers ins Haar geflochtene Veilchengebinde. / Welten verloren und verwunschen an den Abend, / verhangen von Schichten überraschender Gesichter / gehauen aus Fels und beschlossen in granitener Kluft /*

turmhoch drohende Klangwände / eines herbstlichen Requiems / wenn Laute wie Melodien den Raum durchstreifen / durchbrechen wabernd dräuende Wolken / ein Lächeln schwimmt sich frei / aus hartgebacknem Erdenwerk / ein messinghell gleissender Lebenslaut.

Gereiht auf Perlenschnur. *Manchmal geschieht es / da nieseln nieder zerstäubende Sterne auf weiche Wolkendecke / erspähen zerfliessend kristallenes Licht hinter fremden Augen und Gesichtern / und viel blauer Himmel tut sich auf, spannt sich über stillgewordene Landschaft / und nichts zerreisst die Stille / und der Puls der Erde hört auf zu schlagen / und von den Wörtern, gereiht wie herbstliche Beeren auf Perlenschnur, / fällt eins herunter zur rechten Zeit / ein zerstäubender Stern auf weicher Wolkendecke / halt ihn fest, denn es geschieht nur manchmal.*

Sommerliche Worte zurückgelassen. *Worte zurückgelassen bei verebbender Flut als blossliegendes Muschelwerk im weissen Sand / umgezogen in polarisch verhangene Eispaläste / sind auf der Fahrt zu beflügelnden Adelhorsten entlegener Phantasien / kreisen wie Irrlichter betäubend aus Zentrifugen geschleudert / himmelwärts sich schraubend der Sonne entgegen / breiten tröstliche Schwingen aus als wiedergefundene Worte.*

Rote Sommerliebe. *Eingepackt und eingekleidet in süsslich-rote Töne der Zigeunerbraut / in kostümhaft glitzernde Schleier der Schlangentänzerin / in nietenbeschlagen eingeschnürtes Wams des Feuerspeiers / sind Äpfel wie Worte / perlend von rötlich-reifen Bäumen geschüttelt / eingeschlossen in Kristallstufen zur Schau gestellt / flackernd in behäbig baumelnde Windlichter gesetzt / bitter aus herbstlichen Apfelschalen lugend / arktisch erstarrt wie vergängliche Eisblumen triefend / eingelullt zerbrechlich im Glasschrein zu tausendjährigem Schlaf / erwartend den Prinzen der freiküsst.*

Herbstliche Gebrauchsanweisung. *Lebendige Worte sorgsam behängen mit buntklecksigen Kinderluftballons / dann schwerelos aufsteigen lassen zu nebeldunstigen Ufern / zerrieselnde Sandburgen bauen und rettende Türme aus Elfenbein, voll von ziselierten Träumen*

/ aufgewunden in kurzatmigen Gedankenhäusern / darin wohnen für Augenblicke / dann wachrütteln die ziselierten Träume / und hoffen auf die Ankunft lebendiger Worte.
Sich sonnen zwischen Blättern. *Das Wort umkreist in vierundzwanzig Reisen / zwölfmal am Tage und zwölfmal des Nachts / behängender Schleier von glitzerndem Tand / Worte als glückhafte Sternschnuppe in einem Roulette / Laut der sich freischwimmt aus herbstbraunem Licht: / Geh in die Füsse und schreib deine Spur / sich wegstehlend auf Pfaden mit Bänklein bestückt / ausruhen in sommerlichen Geschichten von Eswareinmal / und denken an Worte, die sich sonnen zwischen Blättern / eingewoben in buntscheckigem Alltagsteppich / Blätter des Baumes und Blätter des Buches / als Teil, der Wärme ist.*
Neues aus strohigen Hülsen aufgären lassen. *Worthülsen bersten wie Kastanienschalen / schmecken bitter und sind stachelig zudem / weihrauchverströmende Kastanienhaine verwandeln sich / in ruinenhafte Kulissen eines gespenstischen Hexensabbats / Wortfetzen peitschen klatschend an Kalkmauern und liegen ungeschützt / verlorene Laute einer sommerlichen Fee zerfallen zu Staub / letzter warmer Regen webt gütig knüpfende Fäden / und schwemmt Wortkostüme an aus Sternenstaub / zum Einkleiden von neuen Kobolden und Elfen / die den warmen Südwind mit Zauberstab in ihr Reich befehlen / und die taufrischen Lenzmorgen aus strohigen Hülsen aufgären lassen / milde Süsse aus weissem Licht.*

~

Die Sonnenblumen sind zerfetzt. Dunkle Wolken ziehen auf. Er kommt dieses Jahr auf den Tag genau. Zumindest hält er sich an die Spielregeln. Im September kommt er, der letzte Tag dieses Hochsommers. »Wer jetzt allein ist, wird es lange bleiben« – wer hat nicht schon diese Worte aus Rilkes »Herbsttag« auf sich bezogen? Doch halt! Es gibt Rezepte gegen den September-Blues. Es sind dies die Erinnerungen an einen unglaublichen Sommer.

Rainer Maria Rilke liebte und feierte den Herbst wie keine andere Jahreszeit. Vom ersten grossen Herbststurm versprach er sich eine geradezu therapeutische Wirkung. Rilke war überzeugt, dass der erste Sturm des Herbstes seelische Befreiung mit sich bringt und uns ermutigt, neue Aufgaben anzupacken. Ende August 1906 schrieb er an seine Geliebte (seine Muse) Mathilde Vollmoeller: »Im Park ist es kühl und herbstlich, und bald kommt die Notwendigkeit zu neuem Entschluss.« Der Herbst bringt Abschied in der Natur, er bringt aber auch Neubeginn in der Liebe und im Schaffen.

Wer jetzt allein ist, wird es lange bleiben, wird wachen, lesen, lange Briefe schreiben und wird in den Alleen hin und her unruhig wandern, wenn die Blätter treiben. Wirklich? Mitten im Spätherbst fand der Dichter Rilke ein patentes Rezept gegen die Melancholie des Herbstes: Im November 1897 lernte er Mathilde Vollmoeller kennen. Sie war eine deutsche Malerin und versuchte sich auch hin und wieder im Schreiben und Dichten. Die beiden wachten, lasen und schrieben sich lange Briefe. Ganz genau 99 Briefe sollten es werden. 1907 fanden sich die beiden in Paris, anlässlich einer Cézanne-Ausstellung. »Mathilde lernte mich zu sehen«, wird sich Rilke später liebevoll an sie erinnern.

Doch leider brachten die Stürme eines frühen Herbstes dem Dichter Rilke kein Glück. Seine Mathilde, seine Muse, sie, die ihn das Sehen lehrte, sie verliebte sich in einen anderen. Er hiess Hans Purrmann und war Maler wie sie. Rilke war wieder allein, sollte es auch lange bleiben, er wachte, las, schrieb lange Briefe und wanderte unruhig in den Alleen hin und her, wenn die Blätter trieben. Die Ehe mit Hans Purrmann sollte auch Mathilde kein Glück bringen. Wegen seiner Aufenthalte in Paris setzte Adolf Hitler den Maler Hans Purrmann auf die Liste der unerwünschten Künstler. Er sei ein »Französling« und seine Kunst sei »entartet« liess das Hitler-Regime verlauten. Hans und Mathilde flohen in den Süden, nach Italien. Jahre später starb Mathilde in München und liess einen gebrochenen Ehemann zurück.

Doch genug der Melancholie! Es ist *auch* Rilke, der uns alle auffordert, die letzten Tage dieses Hochsommers zu geniessen. »Sie sehen sehr gut aus!« – »Wie schön braun Sie geworden sind!« – »Wie Sie sich verändert haben!« – und wir sind einen Augenblick verlegen, aber wir lächeln uns dankbar an, wir sind glücklich. Warum? Die Erinnerungen sind noch lebendig, sie schlafen noch nicht. Die Sommer-Menschen sind redselig und mitteilsam. Sie fühlen den Glanz und die Wärme von vielen Sommertagen.

Der Dichter Rilke liess sich vom Beginn des Herbstes in eine ganz besondere Stimmung versetzen. Es ist eine Stimmung wie an Aschermittwoch. Ein Aschermittwoch nach den hellen, sonnigen Sommertagen, die wie Festtage vorbeigezogen sind. Nun kommt der Sturm des Herbstes und reisst den bunten Schmuck von den Wänden des Tanz-Saales »Natur«. Und alle die Blumen und Blüten legen die farbigen Maskengewänder ab. Der Wind ballt eine Staubwolke um dich, so dass es dir über die Stirn rieselt – wie Asche.

Was jetzt noch zu tun ist: Befiehl den letzten Früchten voll zu sein; gib ihnen zwei südlichere Tage, dränge sie zur Vollendung hin und jage die letzte Süsse in den schweren Wein. Komm, du stürmischer Herbst!

~

Die Tage sind kurz geworden, die Abende lang. Wenn das Licht fehlt, ist auch unsere Stimmung auf einem tiefen Level. Viele Menschen fallen im November in ein Seelentief, einige gar in eine Winterdepression. Mit etwas Galgenhumor lässt sich sagen: Jetzt wird der Novemberblues gespielt. Etwa zehn Prozent der Bevölkerung leiden jetzt unter Symptomen wie Müdigkeit, Energielosigkeit oder Heisshunger auf Süsses. Wegen der geringen Sonneneinstrahlung wird zu wenig des lichtabhängigen Botenstoffes Serotonin produziert. Serotonin wirkt stimmungsaufhellend und wird durch Lebensmittel wie Bananen, Nüsse oder Schokolade angeregt. Essen ist aber nicht immer die beste Idee. Lesen tut es auch, und das viel nachhaltiger.

In den USA verschreiben gewiefte Psychotherapeuten eine Roman-Therapie. Egal, was Sie auch immer im November tun: Jede Aktivität hebt die Stimmung. Ob Sie ein Musical besuchen, einen Weihnachtsmarkt oder ob Sie sich der Lektüre widmen, jede Aktivität hebt die Stimmung, es bilden sich Glückshormone (Endorphine).

Sich mit Lektüre von passenden Romanen zu therapieren, verspricht dabei den grössten Erfolg. In den USA soll die sogenannte »reading cure« (Lese-Kur) vor allem in Kliniken und Kinderheimen, aber auch in Gefängnissen grossen Anklang finden. Der Novemberblues tritt ja in verschiedensten Cover-Versionen auf. Gegen einige Novemberblues-Varianten habe ich eine Rezeptur bereit gemacht.

Rezept (1): Ein Psychothriller. In der Psychologie spricht man ja auch vom »Abwärtsvergleich«. Das bedeutet: Wenn man nicht so gut drauf ist, eventuell sogar unter dem Novemberblues leidet, dann hilft es, davon zu lesen, dass es anderen noch schlechter geht. Dies ist der Fall in den Psychothrillern von Arne Dahl. In diesen Thrillern geht es allen schlecht, sogar den Ermittlern. Wenn es den Polizisten Sam Berger und Molly Blum nicht gelingt, den Mörder zu finden, werden sie gleich selber des Verbrechens bezichtigt. Zum Schluss wissen die Ermittler nicht einmal mehr, ob sie einander vertrauen dürfen.

Rezept (2): Flucht in eine Fantasiewelt. »Immer ist alles schön«, so heisst der Roman-Erstling der Schweizer Autorin Julia Weber. Haben Sie sich auch schon mal gefragt: Warum, verdammt nochmal, muss ich immer alles schön finden? Eben. Besonders jetzt, wenn überall der Novemberblues gespielt wird. Die Mutter in dieser Geschichte sagt, das Leben sei eine Wucht, denn das Leben soll ihre Sehnsüchte erfüllen. Das Tanzen, das sie liebt, ist zum Tanz an der Stange für Männer geworden. Es ist nicht einfach, so ein Leben zu leben, sagt die Mutter. Die Kinder versuchen sich vor diesem Leben zu schützen. Je mehr die Aussenwelt in ihre eigene Welt eindringt, desto mehr ziehen sich die Kinder in eine eigene Fantasiewelt zurück. Kommt die gescheiterte Lebensfreude zurück? Nein, es braucht nicht immer alles schön zu sein.

~

Die Jäger haben reiche Beute gemacht. Die meisten konnten bereits in den ersten Tagen nach der Eröffnung der Hochjagd das erlegte Wild schultern. Denn was ein erfahrener Jäger ist, der spekuliert das Wild schon im Spätsommer aus. Nun also ist abgeknallt, was auf den Teller soll. Hirschfilet zusammen mit Rotkraut und Knöpfli. Die kulinarischen Wildwochen stehen an. Wie aber geht es den Überlebenden? Den Hirschkühen, die sich rechtzeitig in Sicherheit bringen konnten? Sie trauern. Die Trauer der Hirsche ist wissenschaftlich erforscht. Die Gefühlswelt der Hirsche ist viel reicher, als wir je gedacht hätten.

Wenn eine Hirschkuh ihr Kalb verliert, dann herrscht zuerst bei ihr ungläubige Verwirrung. Dann setzt Trauer ein. Trauer? Können Hirsche so etwas überhaupt empfinden? Ja, schreibt der studierte Forstwirt Peter Wohlleben, der das Seelenleben der Tiere erforscht. Hirsche müssen sogar trauern, denn die Trauer hilft ihnen, Abschied zu nehmen. Wissenschaftliche Beobachtungen haben ergeben, dass die Bindung der Hirschkuh zum Kalb so intensiv ist, dass sie nicht von einer Sekunde zur anderen aufgelöst werden kann. Die Hirschkuh müsse erst langsam verstehen lernen, dass ihr Kind nun tot sei, und dass sie sich nun von dem kleinen Leichnam lösen müsse, berichtet Förster Wohlleben. Und er weiss: Immer wieder kehrt die Hirschkuh zum Ort des Geschehens zurück und ruft nach ihm, selbst wenn die Jäger das Kalb schon längst abtransportiert haben.

Doch das Leben muss auch im Hirschrudel irgendwie weiter gehen. Allerdings gefährden trauernde Hirschkühe ihre Sippe, denn sie bleiben in der Nähe, wo ihr Kind zu Tode kam, und damit bleiben sie auch in der Nähe der Gefahr. Problematisch wird das Zusammenleben mit einer trauernden Hirschkuh, die gleichzeitig die Anführerin des Rudels war, also das erfahrene »Alttier«. Eigentlich müsste sie das Rudel wegführen aus der Gefahrenzone. Doch leider ist sie dazu nicht mehr imstande, denn die noch nicht endgültig gelöste Beziehung zum Nachwuchs verhindert dies.

Im Hirschrudel muss eine solche Hirschkuh ihre Führungsrolle abgeben. Dies geschieht im Hirschrudel ohne Rangkämpfe. Es steigt nun eine andere erfahrene Hirschkuh zur Anführerin auf, sie übernimmt die Leitung des Hirschrudels. Das Leben muss weiter gehen. Bis zur nächsten Hochjagd.

Manchmal ist ein Einblick in eine verborgene Welt heilsam. Der Einblick in das erstaunliche Seelenleben der Tiere offenbart Liebe, Trauer, Mitgefühl – die Gefühlswelt der Tiere ist viel reicher als bisher gedacht.

Erster Schnee

Wenn in höheren Lagen der erste Schnee fällt, kommen zwispältige Gefühle auf. Die ersten weissen Flocken haben Schriftsteller zu allen Zeiten fasziniert. Dem ersten Schnee kommt in der Literaturgeschichte seit jeher eine besondere Bedeutung zu. Der erste Schnee war früher etwas Bedrohliches, heute ist er eher etwas Romantisches. Dass Schriftsteller den ersten Schnee als Stilmittel in ihren Erzählungen einsetzen, lässt sich nachweisen seit dem Zeitalter des Barock über die Epoche der Romantik bis in die Gegenwart.

Der erste Schnee ist eine beliebte Metapher für Geborgenheit, Reinheit und Unberührbarkeit. Der erste Schnee deckt die Wunden zu, die wir der Natur geschlagen haben. Der erste Schnee legt sich über eine geschundene und laute Welt und lässt sie ruhig und still werden. Der erste Schnee hat damit etwas Archaisches, er ist in der Literatur das Gegenstück zur zivilisierten und technisierten Welt.

In der Dichtung des Barock kam dem Schnee noch eine zweideutige Bedeutung zu. Zum einen stand die schneeweisse Farbe für die schneeweisse Haut und damit für die weibliche Schönheit. Zum anderen stand das Schneemotiv auch für die Vanitas-Thematik, also für die Vergänglichkeit unseres Lebens. So wie unser Leben in diesem irdischen Tränental einmal ein Ende finden wird, so schmilzt auch der Schnee dahin.

Auch heute noch bedienen sich erfahrene Roman-Autor*innen des Schneemotivs. Dies geschieht zum Beispiel, um die Spannung im Roman auch atmosphärisch anzufachen. Der historische Detektivroman »Der Name der Rose« von Umberto Eco beginnt mit folgenden Sätzen:

»Es war ein klarer spätherbstlicher Morgen gegen Ende November. In der Nacht hatte es wenig geschneit, und so bedeckte ein frischer weisser Schleier, kaum mehr als zwei Finger hoch, den Boden.«

Der erste Schnee mit dem Wintereinbruch gleich zu Beginn dieses unheimlichen Kloster-Krimis lässt uns als Leser aufhorchen. Der schneeweisse und winterkalte Start in die Geschichte deutet auf ein heisses Ende hin – und tatsächlich geht die mittelalterliche Abtei mit all ihren Schätzen und mit all ihren zwielichtigen Bewohnern zum Schluss in Flammen auf. Die Unschuld des ersten Schnees verliert sich in einer Feuersbrunst.

Der schmelzende Schnee dagegen verkündet frühlingshafte Gefühle. Wie so ganz anders beginnt die lockere und wärmende Novelle »Aus dem Leben eines Taugenichts« von Eichendorff: »Das Rad an meines Vaters Mühle brauste und rauschte schon wieder recht lustig, der Schnee tröpfelte emsig vom Dache, die Sperlinge zwitscherten und tummelten sich dazwischen; ich sass auf der Türschwelle und wischte mir den Schlaf aus den Augen; mir war so recht wohl in dem warmen Sonnenscheine.«

Für alle, die mit der kalten Jahreszeit nicht allzu viel am Hut haben, hier deshalb zum Trost das schöne und hoffnungsvolle Gedicht von Theodor Storm:

»*Nebel hat den Wald verschlungen, / der dein stilles Glück gesehn; / ganz in Duft und Dämmerungen / will die schöne Welt vergehn. / Nur noch einmal bricht die Sonne / unaufhaltsam durch den Duft / und ein Strahl der alten Wonne / rieselt über Tal und Kluft. / Und es leuchten Wald und Heide, / dass man sicher glauben mag: / hinter allem Winterleide / liegt ein ferner Frühlingstag.*«

Auferstehung der toten Dichter

Wer schreibt denn noch Gedichte? Man war bereits versucht zu glauben, dass die Dichtkunst ausgestorben sei. Früher, da hatten wir in der Schule noch Gedichte auswendig gelernt. Goethes »Zauberlehrling« etwa mit viel Spass. Und Schillers »Glocke« als Strafe, wenn wir was ausgefressen hatten. Aus Schillers Balladen-Grosswerk »Das Lied von der Glocke« kann ich heute noch zwanglos zitieren. Etwa wortgewaltige Verse wie: »Drum prüfe, wer sich ewig bindet, ob sich das Herz zum Herzen findet!« Sowas kennt heute kaum noch jemand. Von unseren Schülerinnen und Schülern ganz zu schweigen. Und Dichter wie Schiller hat man bereits auf den Sockel verbannt und als Denkmal verewigt. Doch nun bricht eine neue Blütezeit der deutschsprachigen Lyrik an. Die Poesie kommt zurück! Vorwiegend in Berlin hat sich seit der Jahrtausendwende eine neue Generation von Dichterinnen und Dichtern etabliert.

»Poetisch denken« - Unter diesem Titel hat der Literaturwissenschaftler und Lyrikkritiker Christian Metz ein Plädoyer für den neuen Aufschwung der Lyrik verfasst. Dabei rückt er die »Berliner Avantgarde« in den Vordergrund. Dazu gehören Dichterinnen und Dichter, die seit der Jahrtausendwende das Dichten und die Gedichte wieder gesellschaftsfähig machen. Jan Wagner ist einer von ihnen. Er wird neu bei Hanser verlegt, und ihm wurde sowohl der Preis der Leipziger Buchmesse wie auch der Georg-Büchner-Preis verliehen. Auch Ann Cotten gehört dieser Berliner Avantgarde an. Sie wird von Suhrkamp verlegt. Die Feuilletons haben sie euphorisch in den Rang eines Lyrik-Wunderkinds erhoben.

Jan Wagner und Ann Cotten – wie auch die anderen Dichter der Berliner Avantgarde – greifen auf traditionelle Formen wie Ode, Sonett oder Sestine zurück. Damit lassen sie die tot geglaubten Dichter der Klassik und Romantik wieder auferstehen. Allerdings restaurieren die neuzeitlichen Dichterinnen und Dichter die alten Formen, sie kleiden sie in ein neues Gewand. Sie nutzen die klassischen Formen wie Spielvorgaben für Neues. Zitate und Phrasen lassen sie wörtlich einfliessen in ihre Bricolagen. So wirken denn die klassischen Dichter als Impulsgeber für die moderne Berliner Avantgarde. Sie ist verantwortlich für die gegenwärtige Blütezeit der deutschsprachigen Lyrik.

Ann Cotten hat die Libertinage wieder ausgegraben. Auf der Libertinage fusst ihr poetisches Programm. Den Gebrauch der Libertinage erlaubten sich bis dato nur noch wenige. Eine Libertinage ist ein spielerisch-zügelloses Instrument in der Lyrik. Beispielsweise ist jede Metapher erlaubt, auch wenn sie ganz offensichtlich nicht sitzt. Ein Beispiel? Einmal fährt ihr Blick »wie ein Kamm in den Verkehr«. Oder dann habe ich bei Ann Cotten so tolle Sätze wie diesen hier gelesen: »Das Pferd meiner Liebe wurde von meiner Vernunft dressiert«.

Jan Wagner von der »Berliner Avantgarde« demonstriert, wie sich klassisches Reimgeklingel in einen modernen Text verwandeln lässt:

»die kapitäne gingen in unserer strasse an land / und schlüpften unter bei witwen, / ankerten in der witwenbucht, / hoch und stolz, wir wahrten den abstand, / kreisten skeptisch wie in winzigen / einbäumen um sie herum. / stille männer mit braungebeizten / gesichtern noch im herbst, wenn das rauschen, / das rascheln der ertrunkenen durchs laub / der hecken ging in kälteren nächten – / an manchen feiertagen fand

man / sie schwankend in einem wind mit der stärke / von zweikommaacht promille.«

Kann die Berliner Avantgarde die Blütezeit der deutschsprachigen Lyrik am Leben erhalten? Werden wir die Auferstehung der toten Dichter auch bald bei uns feiern dürfen? Die Poesie ist zurück. Geben wir ihr eine Chance.

~

Gehören die Dichter*innen einer nostalgischen Vergangenheit an? Entsprechen Gedichte überhaupt noch dem Zeitgeist? Die Antwort lautet: Ja und Nein. Gedichte in Buchform lassen sich zwar kaum mehr verkaufen. Ein Blick auf die deutschsprachige Lyrikszene zeigt aber eine ganz neue Tendenz auf. Es ist dies die Tendenz zu genreübergreifenden Arbeiten. Da wird getanzt, verfilmt, gepostet, choreografiert, collagiert und performt. Es sind dies entkleidete und verkleidete Gedichte. Ein faszinierender Poeten-Striptease. Das Gedicht ist in der Gegenwart angekommen.

Gedichte haben einen visuellen Charakter bekommen. Sie werden dargestellt, »performt«. Im Rahmen eines Musiktheaters rezitierte ich Hermann Hesses Gedicht »Im Nebel« auf einer Bühne. Das Gedicht war eingebettet in ein Rollenspiel und ein Kollege begleitete mich und das Gedicht auf seinem Saxofon.

Gedichte schärfen den Blick auf den Mikrokosmos. In einer Welt, die gegenwärtig sozial und ethisch neu strukturiert wird, decken poetische Texte und Gedichte darin Muster auf, die das gesellschaftliche Miteinander prägen. Das hört sich dann etwa so an:

»ja, wir spielen niemanden, wir sind wir. und ihr seid ihr. ja, ihr spielt jemanden und ja, wir spielen niemanden, wir sind wir und ihr seid ihr. Spielregel #1.« (Judith Nika Pfeifer).

Lyrik ist ein Seismograph der Zeitströmungen. Es wird wieder politisch gedichtet. Es sind vor allem poetische Texte darunter, die sich mit den aktuellen Flüchtlingsströmen beschäftigen. Hier können lyrische Texte die verschiedenen Gefühlstemperaturen anzeigen. Etwas, was der journalistischen Berichterstattung und den Tageskommentaren völlig abgeht.

Was macht die aktuelle Lyrikszene glaubwürdig? Es ist dies vor allem die eigene Erfahrung von Welt. Autoren, die es schaffen, das Weltgeschehen gefiltert durch das eigene Sensorium mitzuteilen, haben auch heute ihr Publikum. Allerdings sind auch diese sogenannten »Selbsterfahrungstexte« mittlerweile etwas aus der Mode gekommen. Moderne Dichter versuchen, eine Mitte zu finden zwischen der Gesellschaft und dem Ich. Sie umkreisen mögliche Lebensentwürfe ohne die eigene Position in den Vordergrund zu rücken.

Was ist ein gutes Gedicht? Lyrik ist heute wie früher zu allererst gutes Handwerk. Und dies hat nichts mit »Geschmackssache« zu tun. Wenn Lyrik es schafft, komplexe Sachverhalte und abstrakte Gedankengebilde konzise und treffend auf den Begriff oder ins Bild zu bringen, dann hat sie eine grosse Chance, auch die Heutigen zu erreichen, zu berühren und zu bewegen. Dabei sind die Kriterien, die ein Gedicht druckreif und erfolgreich machen, dieselben wie auch schon in vergangenen Zeiten: 1. Formbewusstsein; 2. im Gedicht sollte mehr stehen, als die dazu verwendeten Wörter bezeichnen; 3. Kenntnis der Tradition; 4. Erkenntnisgewinn; 5. Sprachbewusstsein. *(Christoph Buchwald in: Jahrbuch der Lyrik).*

Selbstredend ist nicht alles erste Sahne, was derzeit zusammengedichtet wird. Jede Menge Eitelkeiten und schiefe Akkorde sind auch dabei. Wer literarisch nicht aus dem Vollen schöpfen kann, kann sich als Lyrikerin oder als Lyriker trefflich hinter abenteuerlichen Kunstwerken verstecken. Doch auch diesen kunterbunten Persönlichkeiten im Literaturbetrieb möchte man aufmunternd zurufen: Liebe Schreibtischtäter, macht auch damit weiter! Schreibt ohne Rücksicht auf Verluste! Schreibt, wie es euch gefällt! Und tut es mit Leidenschaft!

Die Leidenschaft ist es, die (literarische) Perlen erzeugt, ganz im Sinne des Dichterfürsten Goethe: »Die Flut der Leidenschaft, sie stürmt vergebens ans unbezwungene feste Land. Sie wirft poetische Perlen an den Strand, und das ist schon Gewinn des Lebens.«

~

Er raubte der Menschheit und der Dichtung die Romantik einer Mondnacht: Edwin »Buzz« Aldrin. Als zweiter Mensch betrat er den Mond und beschrieb, was er sah, als eine »grossartige Einöde«. In einem Briefing an US-Präsident Richard Nixon wurde Aldrin als »praktisch humorlose, allzu ernsthafte Persönlichkeit« charakterisiert. Armstrong als erster Mensch auf dem Mond hatte noch pathetisch geschwärmt: »Das ist ein kleiner Schritt für einen Menschen, aber ein grosser Sprung für die Menschheit!« Doch dann räumte sein Kollege Aldrin, der Pilot der Mondlandefähre Eagle, mit all den romantischen Träumen der Menschheit auf und deklassierte den Mond zu einer langweiligen Einöde. Die Mondlandung liess evident werden, dass der Mond leblos ist, leer, unheimlich, leichenhaft, fahl und bleich.

In früheren Zeiten war der Mond eine kühl-liebliche Göttin. Im Zeitalter der Romantik war eine Mondnacht der stimmungsvolle Rahmen für eine Liebesnacht. Joseph Freiherr von Eichendorff (1788-1857), der grosse Dichter der Romantik, fing im Gedicht »Mondnacht« den Zauber, die Erotik, die Magie und die religiöse Verzückung einer Mondnacht ein:

»Es war, als hätt der Himmel / Die Erde still geküsst, / Dass sie im Blütenschimmer / Von ihm nun träumen müsst`. / Die Luft ging durch die Felder, / Die Ähren wogten sacht, / Es rauschten leis die Wälder, / So sternklar war die Nacht. / Und meine Seele spannte / Weit ihre Flügel aus, / Flog durch die stillen Lande, / Als flöge sie nach Haus.«

Die Mondfahrer haben die Erotik des Mondes dem Prestige einer Nation geopfert. Die Mission Apollo 11 verfolgte vor allem den

Zweck, das Prestige der Amerikaner in der Welt wieder herzustellen. Dafür war man bereit, die Fiktion, die Poesie und die erotische Verlockung des Mondes zu zerstören und durch das Totenhafte einer fürchterlichen Einöde zu ersetzen. Angefangen hatte alles mit Präsident John F. Kennedy. Er deckte seinen Vorgänger Eisenhower mit Vorwürfen ein: Dessen Mangel an Fleiss, an Initiative, an Visionen und an Dynamik wollte Kennedy wettmachen. Dazu kam, dass die damalige Sowjetunion den Wettlauf zum Mond mit ihrem Sputnik-Programm zusätzlich angeheizt hatte. Ende 1957 umkreiste eine Blechkugel aus Aluminium mit einem Durchmesser von 58 Zentimetern die Erde. Die Sowjets hatten erstmals einen künstlichen Erdsatelliten per Rakete ins All befördert. Mit dem Sputnik-Programm sollte die Menschheit von der Überlegenheit des politischen und gesellschaftlichen Systems der Sowjetunion überzeugt werden. Im Gegenzug darauf entschieden die USA im Juli 1969 das Prestige-Duell gegen die Sowjets mit der Mondlandung von Apollo 11 für sich. Schon drei Jahre später jedoch verpuffte die Euphorie der Mondfahrer wieder. Mitte Dezember 1972 verliessen die bisher letzten Amerikaner den Mond.

Was bleibt? Von den zwölf bemannten Apollo-Missionen bleibt auf dem Mond vor allem Weltraumschrott zurück, darunter sechs Abstiegsstufen der Mondlandefähren und drei Mondautos. Viel gravierender wiegt jedoch der Verlust für die Literatur. Der Mond ist seit jenen euphorischen Tagen im Juli 1969 zu einem abgenutzten und entzauberten Requisit der Landschaftsromantik mutiert.

~

Ist die Mondlandung in Hollywood fotografiert worden? Eine polemische Verschwörungstheorie geht davon aus. Der 1948 geborene deutsche Schriftsteller und Übersetzer Joachim Kalka vermutet, dass diese Theorie eine Reaktion sei auf die wissenschaftliche Ernüchterung, welche die erste Mondlandung vor fünfzig Jahren ausgelöst habe. Der Mond solle doch bitteschön seine ganze Kraft als Zeichen und als Katalysator unserer kosmischen Fantasien behalten.

Der Mond dient als ein vielseitiger Stimmungsmacher. Der Mond ist wandelbar wie das Herz des Menschen. Der Mond zeigt sich nicht bloss in der abgerundeten Form, sondern auch als elegante, schmale Sichel. Diese Wechselhaftigkeit des Mondes manifestiert sich auch in der Literatur. Da ist einerseits die Mondanbetung der Romantiker. Der Mond kann aber auch anders. In Morgensterns »Galgenliedern« erscheint der Mond als eine »schweflige Hyäne«. Auch die todesgleiche Stille des Mondes hat zahllose Dichter inspiriert. Als »kosmische Leiche« umkreise er seit Urzeiten die Erde. Die Wandelbarkeit und Veränderbarkeit des Mondes legt den Vergleich mit dem menschlichen Herzen nahe, das als Hort der launischen und wechselhaften Liebe gilt.

»The Moon Represents My Heart« – mit diesem Lied, bekanntgeworden auch in der deutschen Übersetzung mit dem Titel »Der Mond widerspiegelt mein Herz« schaffte die chinesische Sängerin Teresa Teng in den letzten Dekaden des 20. Jahrhunderts den internationalen Durchbruch. Sie trat 1989 in Paris auf, als die Proteste auf dem Tian'anmen-Platz begannen und unterstützte die protestierenden Studenten. Von ihr stammen die Zeilen:

»You ask me how deep my love for you is, / How much I really love you…/ My affection does not waver, / My love will not change / The moon represents my heart.«

Die erotische Strahlkraft des Mondes ist tatsächlich ein häufig bemühtes Motiv. Mit Wilhelm Raabes Erzählung »Deutscher Mondschein« taucht die Frage auf, weshalb denn der Mond im deutschen Sprachgebrauch maskulin sei. In deutschen Landen geht dem Mond tatsächlich das weibliche Wesen der Luna ab, das in vielen anderen Sprachen zur Geltung kommt, zum Beispiel auch im Französischen »la lune«. In der deutschen Literatur hat der Mond überdies oftmals sogar eine lokale Prägung. Allein bei Bertolt Brecht findet sich der »Mond über Soho«, der »Bilbao-Mond« oder der »Mond von Alabama«.

Mit dem Mond wird häufig das Motiv des Diebstahls verbunden. Denn schliesslich »nimmt« der Mond sein Licht von der Sonne, und selber ist er bloss ein von der Erde abgesprengter Brocken. Das Motiv des Mondes als ein Dieb inszeniert Vladimir Nabokov in seinem Werk »Pale Fire«, zu deutsch: »Fahles Licht«. Der Mond erscheint hier als ein trügerischer Trabant. Das fahle Licht des Mondes verbindet sich häufig mit dem Unheimlichen. Viel Spukhaft-Mysteriöses ereignet sich in Vollmondnächten. Der wandelbare Mond mutiert Menschen zu Werwölfen. Im christlichen Sinn steht der Mond auch für die Vergänglichkeit allen Lebens.

Längst bevor die Amerikaner den Plan fassten, mit ihrer Apollo-Mission den Mond zu erobern, waren die Literaten bereits da oben – die Helden in ihren fantastischen Geschichten zumindest. Baron von Münchhausen klettert auf einer ausgewachsenen Bohnenranke zum Mond. Bei Jules Verne schiessen Kanonen unerschrockene Abenteurer hinauf auf den Mond. Das Comics-Hündchen Snoopy reist gar auf seiner eigenen Hundehütte zum Mond. »Peterchens Mondfahrt« ist ein Märchen von Gerd Bassewitz. Das Märchen erzählt von den Abenteuern eines Maikäfers namens Herr Sumsemann. Maikäfer Sumsemann fliegt zusammen mit den Menschenkindern Peter und Anneliese zum Mond. Dort will der Maikäfer Sumsemann sein verlorengegangenes sechstes Beinchen zurückholen.

Was wäre eine Welt ohne Mond? In den »*Kinder- und Hausmärchen der Brüder Grimm*« erzählt das Märchen »Der Mond« von vier Burschen, die aus einem Land stammen, in dem kein Mond scheint. Nachts herrscht tiefe Dunkelheit. Die Burschen begeben sich auf Wanderschaft. Sie gelangen in ein Land, in dem eine leuchtende Kugel auf einem Baum hängt. Die Burschen beschliessen, den Mond zu stehlen und nehmen ihn mit in ihr eigenes Land zurück. Dort hängen sie ihn auch an einen Baum und verlangen von der Gemeinde ein entsprechendes Entgelt. Doch dann werden die Burschen alt, und als das letzte Stündlein naht, beschliessen sie, dass ein jeder von ihnen einen Viertel des Mondes in sein Grab mitnehmen solle. So gelangt der Mond in die Unterwelt. Dort weckt er mit seinem Licht die Toten auf, die sich nun darob laut amüsieren. Als der heilige Petrus den Lärm der Toten hört, ahnt er Schlimmes, er befürchtet einen Angriff aus dem Totenreich und ruft die himmlischen Heerscharen zusammen. Als der Angriff der Toten aber ausbleibt, erkennt Petrus seinen Irrtum. Petrus begibt sich ins Totenreich und stellt die Totenruhe wieder her. Den Mond aber nimmt er mit in den Himmel, wo er ihn aufhängt und wo er noch heute hängt.

Die Mondlandungen wirken desillusionisierend. Die Geschichten von märchenhaften Mondreisen und Utopien von einem Leben auf dem Mond haben seitdem so ziemlich ausgedient. Entgegen aller Fakten, also kontrafaktisch, ist den Fabulierern nun die Fantasie ausgegangen. Verständlich. Denn: Wer möchte schon auf einer Bohnenranke zum Mond hinaufklettern, nur um festzustellen, dass dort ausrangierte Mondlandefähren vor sich hin rosten?

Poesie des Laufens

Es ist schon erstaunlich, wie viele Läuferinnen und Läufer poetisch veranlagt sind. Von der Ultraläuferin Lizzy Hawker stammt der Satz: »Laufen ist ein Geschenk, das uns ermöglicht herauszufinden, wer wir wirklich sind«. Das sind grosse Worte. Sie kamen mir in den Sinn, als ich nach 21 Kilometern zusammen mit 3000 gestarteten Läuferinnen und Läufern nach einem Halbmarathon das Ziel auf dem Bettmerhorn erreichte. Die Glücksgefühle nach einem solch gewaltigen Lauf sind unbeschreiblich, die Zufriedenheit darüber, es wieder einmal geschafft zu haben ebenfalls. Aber das Wichtigste: Diese unbeschreibliche Lust aufs Leben, diese Freude an den

Herausforderungen aller Art, erhält die Jugendlichkeit und macht süchtig.

Welche sportliche Leistung muss ein Mensch erbringen, damit dadurch auch eine geistige Aktivität begünstigt wird? Wie kann das sportliche Laufen zum Beispiel eine Prüfungsvorbereitung unterstützen? Auch nach Jahrzehnten intensiven Laufens beschäftigt mich die Frage nach dem »Wieviel«. Wie intensiv muss der physische (körperliche) Stimulus sein, damit er die emotionale Gestimmtheit und die kognitive (geistige) Leistung zu beeinflussen imstande ist? Ich hatte vor Jahren eine Formel entwickelt, die angibt, wie viel physische Leistung vonnöten ist, um das emotionale Korsett ideal zu beeinflussen und die kognitive Leistung optimal zu unterstützen und zu fördern. Ein Marathonlauf als Teil einer Prüfungsvorbereitung? Ja, warum nicht? Das kann funktionieren.

Die Marathon-Olympiasiegerin Joan Benoit-Samuelson überraschte mit der schon fast philosophischen Aussage: »Laufen ist mehr, als nur einen Fuss vor den anderen zu setzen, es ist eine Lebenseinstellung.« Sportliche Leistungen euphorisieren und schaffen Selbstvertrauen. Es ist dies die wichtigste Voraussetzung, um Herausforderungen aller Art, die das Leben für uns bereithält, erfolgreich zu meistern. Allerdings ist der Mensch keine Maschine, die beliebig »getunt« werden kann. Das Tuning ist sehr individuell und es ist von grosser Wichtigkeit, auf den eigenen Körper zu hören. Ein geistiger Höhenflug kann durch eine sportliche Leistung ausgelöst werden. Wie stark der physische Stimulus sein muss, damit der geistige Höhenflug gestartet werden kann, ist abhängig von der physischen und psychischen Verfassung des Probanden.

In den vergangenen Jahren habe ich verschiedentlich den Berglauf-Klassiker Siders-Zinal bewältigt. Der Lauf symbolisiert unser Leben. Es geht zuerst streng bergauf, man muss sich eine gute Ausgangsposition erarbeiten. Auf dem Scheitelpunkt des Laufes (des Lebens) geniesst der Läufer eine wundervolle Aussicht. Doch dann geht es bergab und der steil abfallende Abstieg hält viele Fallstricke bereit, vergleichbar mit dem Älterwerden. Bei einer dieser Austragungen traf ich auf Michel Jordi, den erfolgreichen Schweizer Unternehmer. Nachdem er Sierre-Zinal bewältigt hatte, startete er seine erfolgreiche Uhrenmarke, wenig später seinen modischen Ethno-Look, der ihn weltbekannt machen sollte. Auch bei ihm hatte die Formel funktioniert. Ein geistiger Höhenflug wurde ausgelöst durch eine physische Leistung.

Der Autor und Laufmotivator Jay Foonberg lässt sich gerne mit folgendem Satz zitieren: »Wenn ich das Beste aus meinen Möglichkeiten mache, dann habe ich mein Rennen gewonnen.« Eine physisch-emotional-kognitive Planung gemäss dem ganzheitlichen Kommunikationsmodell funktioniert nicht nur vor Prüfungssituationen, die das Leben immer weder für uns bereithält. Ganzheitliche Persönlichkeitsentwicklung ist eine Lebensaufgabe.

~

Immer mehr Menschen arbeiten im Homeoffice. Sie arbeiten zu Hause. Immer mehr Unternehmen erlauben ihren Mitarbeiterinnen und Mitarbeitern, die Arbeit von zu Hause aus zu verrichten. In Shorts und Badelatschen nehmen sie an Telefonkonferenzen teil. Im Bett sitzend bauen sie den Aktenstapel ab. Fast die Hälfte der Unternehmen in Deutschland erlaubt ihren Angestellten, von zu Hause aus zu arbeiten. Und es werden noch viel mehr werden. Das finden die meisten von uns natürlich reizvoll. Doch hat der Büroalltag zu Hause auch seine Tücken. Zu den verrücktesten Zeiten verschickt man Daten oder checkt seine elektronische Post. Und wenn ein Kind krank ist, dann übernimmt man so nebenbei selbstverständlich auch die Krankenpflege, man ist ja sowieso zu Hause. Und während eines Telefonats lässt sich ja trefflich das Manuskript einer Schülerin korrigieren. Und da warten Berge von Wäsche, hungrige Katzen oder Einkäufe. Irgendwann aber ist man von diesem permanenten Multitasking einfach nur erschöpft. Und Feierabend? Der war mal früher, als man die Bürotür schliessen und nach Hause fahren durfte, um dort das Privatleben zu geniessen.

Wer alleine zu Hause sitzt, der fühlt sich nicht nur einsam. Vor allem leidet seine Kreativität darunter. Schon früher, während meiner Studienjahre, habe ich meine schriftlichen Arbeiten mit Vorliebe in der öffentlichen Bibliothek geschrieben. Oder in einem ruhigen Café. Peter Bichsel verriet mir einmal, dass er seine besten Geschichten im Zug, in der SBB, geschrieben habe. In vielen Städten gibt es heute sogenannte Coworking-Spaces, da kann man tageweise einen Schreibtisch bekommen – dies empfiehlt sich vor allem dann, wenn man mal gerade Abstand von zu Hause und den Austausch mit anderen Leuten braucht. Der Schriftsteller Alex Soojung-Kim Pang hat darüber ein Buch geschrieben. Es trägt den Titel »Tue weniger – erreiche mehr«. Was sich wie der Titel eines billigen Ratgeber-Büchleins liest, beinhaltet eine Arbeitsphilosophie, die es in sich hat. Auf den Punkt gebracht: Man sollte nur arbeiten, wenn es einem »läuft«. Und wenn es mit dem Schreiben gar nicht weitergeht, ist es besser, einen Spaziergang zu machen. So arbeitet man zwar insgesamt weniger, aber dafür konzentrierter. Das Rezept lautet: Verringere deine Arbeitszeit und sorge für mehr Ruhe zwischendurch. Das ist und war auch das Rezept der grossen Dichter und Schriftsteller.

»Die glühenden Tage wanderte ich durch die Kastanienwälder…« schreibt Hermann Hesse. In einem Spätsommer besuchte ich das Arbeitszimmer von Hermann Hesse in Montagnola im Tessin. Sein Schreibtisch war an die offene Balkontür gerückt, davor breitete sich die weite Tessiner Landschaft aus, die er liebend gerne durchstreifte. Wie inspirierend ein geeigneter Arbeitsplatz sein kann, beschreibt Hesse in seinen Erinnerungen: »Die warmen Nächte sass ich bis zu später Stunde bei offenen Türen und Fenstern in Klingsors Schlösschen und versuchte, etwas erfahrener und besonnener, mit Worten das Lied dieses unerhörten Sommers zu singen.«

In einem Spätherbst begab ich mich in die Erlebniswelt des Dichters Theodor Storm, an die Nordsee, an das Wattenmeer, zu den Deichen und Halligen. Nur zum Schreiben setzte sich Storm an seinen Schreibtisch. Während ich an Storms Schreibtisch sass, tauchten die Bilder aus seiner Novelle »Der Schimmelreiter« in mir auf. An der Wand über Storms Schreibtisch steht geschrieben: »Jetzt aber rührt sich ein alter mächtiger Deichstoff in mir, und da werde ich die Augen offenhalten; aber es gilt vorher noch viele Studien vor Ort.« Wie Teodor Storm hielten es viele der ganz Grossen der Literaturgeschichte. Sie arbeiteten nur ganz wenige Stunden am Tag am Schreibtisch. Der Rest war Inspiration durch das pralle Leben, das sie umgab.

Durchpflügt man die Biografien der kreativsten Persönlichkeiten, stellt man fest, dass sie nur wenige Stunden pro Tag dem widmeten, was wir als ihre wichtigste Arbeit betrachten würden. Den übrigen Tag füllten sie mit Wanderungen aus oder Nachdenken. Als Beispiel kann Charles Dickens dienen, der tagsüber gern mit seinen Hunden spazieren ging. Oder Winston Churchill, der sich mitten am Tag ein Nickerchen gönnte. Oder Roald Dahl, der bewusst das Schreiben unterbrach, wenn er mitten in einem guten Satz steckte. Dies deshalb, weil er dann am nächsten Tag einen guten Ausgangspunkt fürs Weiterschreiben hatte.

Das Geheimnis des Erfolgs sind nicht Stunden endloser Schufterei. Besondere Leistungen beruhen auf kurzen Arbeitszeiten. Auf vielen Schreibtischen stapelt sich heute immer mehr Arbeit. Da sollte man sich bewusst Pausen gönnen. Die Auszeiten sind eine wichtige Quelle der Kreativität. Es kann auch Sinn machen, spazieren zu gehen, zu laufen und so in den Freizeitmodus umzuschalten.

~

Du möchtest mal mit jemandem einen Kaffee trinken gehen? – Keine Zeit! Du möchtest mal jemanden zu einem schönen Abend einladen? – Keine Zeit! Einfach mal ein wenig tratschen und sich austauschen? – Vergiss es, keine Zeit! Viele von uns führen ein

Leben unter Hochspannung. Ganz gleich, was auch immer man tut, es muss mit grosser Intensität getan werden. Wir »*intensivistischen Menschen*« stünden ständig in der Pflicht, die Intensität unseres Tuns noch mehr zu intensivieren, warnt der Philosoph Tristan Garcia. Der Anspruch der Intensität treibe den modernen Menschen mit Burnout und Erkrankungen an seine Grenzen, gibt sich Garcia überzeugt.

Warum sind wir so oft der Meinung, dass uns die Zeit fehlt? Wir müssen ständig erreichbar sein und wir verzetteln unsere Kräfte an unzähligen Stolpersteinen, die das moderne Leben uns in den Weg legt. Viele haben ganz einfach verlernt, die richtigen Prioritäten in ihrem Leben zu setzen. Was not tut, das sind neue Arbeitszeitmodelle. Die Frage nach einer funktionierenden *Work-Life-Balance* stellt sich bei vielen Zeitgenossen. Ein gutes Zeitmanagement ist ein guter Weg, der zu einer ausgeglichenen Work-Life-Balance führt.

Wie aber lässt sich eine gute Balance herstellen zur Arbeit? Den Menschen der Romantik ist dies erstmals gelungen. Sie haben der Intensität der Arbeit eine ebenso hohe Intensität der Empfindungen gegenübergestellt. Erlebnisse in der Natur konnten für den Menschen der Romantik diese Balance schaffen, ein Spaziergang in einer Vollmond-Nacht zum Beispiel oder ein Aufenthalt fernab von Lärm und Alltagstrott.

Auch intensive Musik kann die Work-Life-Balance ankurbeln, allen voran sind es die Rockmusiker, die mit ihren Gitarren über die Bühnen touren und mit ihren Rhythmen zum Alltagsleben einen Kontrapunkt setzen.

Für Kopfarbeiter und Schreibtischtäter allerdings empfiehlt sich ein physischer, körperbetonter Ausgleich. Laufen zum Beispiel. Unser Gehirn ist für ein Leben als Jäger und Sammler optimiert.

Sich *laufend* (!) immer wieder verbessern und neu erfinden – dies ist wohl eines der wirksamsten Rezepte für Gestresste und Ausgebrannte.

Blumen des frühen Lichts
Novelle über einen Gitarrenspieler

Das letzte Licht eines langen Sommertages fiel auf seine Gitarre. Immer, wenn er darauf spielte, dachte er daran, wie alles kam und ging, wie sich die Zeiten geändert hatten, und die Erinnerungen an diesen Sommer stiegen in ihm hoch, es waren Erinnerungen an einen einzigartigen Sommer, der die Welt verändert hatte. Ein halbes Jahrhundert war es nun schon her. Er fragte sich manchmal, was da wohl schief gelaufen war, in diesem Sommer des Friedens, der Liebe, der Blumen. Zärtlich strich er über die Saiten seiner Gitarre, und es schien, als wäre sie seine Geliebte. Lisa? Dana? Iris? Iris. Mit sechzig Jahren werde ich meinem Leben ein Ende setzen. Ha! Iris. Wie ein Gast wissen muss, wann es Zeit ist zu gehen, so sollte man sich auch rechtzeitig vom Tisch des Lebens erheben. Ha! Iris. Ein Lächeln schlich sich scheu auf seine Gesichtszüge, als er mit leicht brüchiger Stimme vor sich hin summte:

»*Oh, when I look back now / That summer seemed to last forever / And I had the choice / Yeah, I'd always wanna be there / Those were the best days of my life.*«

Nun las er im Buch, das ihm Lisa kürzlich geschenkt hatte. Er las von den Menschen, die das 21. Jahrhundert erfanden, das waren Marihuana rauchende Hippies in Sandalen wie Steve, die von der Westküste kamen und einen anderen Blickwinkel hatten. – Steve! Steve, sein Freund aus den sechziger Jahren, sein Freund mit der anarchistischen Denkweise, die sich so gut dazu eignete, sich eine noch nicht existierende Welt vorzustellen. Die Phantasie an die Macht! Damals, im Silicon Valley, hatten sie die Parole verwirklicht, welche die Jugend der Welt von der nahegelegenen Grossstadt Francisco aus in die weite Welt hinaus trug.

»*If you're going to San Francisco, be sure to wear some flowers in your hair. There's a whole generation with a new explanation. People in motion. Summertime will be a love-in there.*«

Wann ist aus Sex, Drugs and Rock'n Roll eigentlich Veganismus, Lactose-Intoleranz und Helene Fischer geworden? Heiterkeit schlich sich bei diesen Gedanken in die Furchen, die das Gesicht des Gitarrenspielers durchzogen. So wie Iris, die Frauenrechtlerin, erstickte auch er fast, damals, als Schulmeister, in einer Klosterschule, weitab im stockkonservativen Tal, in diesem grauenhaften Männerloch, wie sich Iris auszudrücken pflegte, damals, bevor er in diesen Sommer aufbrach, wie eine Blume auf der langen Reise zum Licht. Länder wie Afghanistan boten alles, was die Phantasie beflügelte. Der *Schwarze Afghane*, als kleine Kügelchen zusammen mit einem Kaffee gleich mit serviert, erweiterte das Bewusstsein der Aussteiger kostengünstig.

»Noch kein Licht!«, bat der Gitarrenspieler, als die Haushälterin den Kaffee wie damals servierte. »Lisa!« flüsterte er leise; und wie er das Wort gesprochen, war die Zeit verwandelt – er war wieder in seiner Jugend.

~

Während Steve am Reed College in Oregon ein Studium begann, mühte sich der Gitarrenspieler an einem provinzialen Bildungsinstitut ab. Obschon über Kontinente hinweg getrennt, sollten sich ihre Wege sehr viel später kreuzen. In kleinbürgerlichen Verhältnissen aufgewachsen, hofften beide auf spirituelle Erleuchtung, die sie auf ihr zukünftiges Leben vorbereiten sollte. Steve wollte herausfinden, wer er war. Der Gitarrenspieler setzte sich das Ziel, das Universum verstehen zu können. Schon während der Collegezeit experimentierten beide mit Diäten, Nahrungs- und Schlafentzug.

Ende der 60er Jahre schien die östliche Mystik den Schlüssel zur Erweiterung des geistigen Bewusstseins bereit zu halten. Vom Hindukusch aus zog ein träumendes und irrlichterndes Völklein weiter nach Indien, nach Amritsar. Dort, in den goldenen Tempeln der Sikhs, traf der Gitarrenspieler eines Tages auf Steve. Zusammen

zogen sie weiter über Delhi nach Agra, wo sie den Taj Mahal auf Elefanten umrundeten. Auf den Höhen des Anapurna, hoch über Kathmandu, versuchten sie die rätselhaften Zeilen des Barden Cat Stevens zu enträtseln:
»*Kathmandu, I'll soon be see'in you, and your bewilderin'time will hold me down.*«

Die beiden schafften es nicht, die rätselhafte Botschaft zu knacken. Zurück in den Strassen von Kathmandu, boten nackte Westlerinnen, vollgepumpt mit Drogen, psychedelische Substanzen an. Sie liessen Steves Visionen in zauberhaftem Licht erscheinen. Er sah das Licht in der Ferne. Wir leben zu saturiert. Darum: to bewilder. Lass uns irrewerden an dieser Welt! Konfus ist kreativ. Verwirrung braucht's und Anarchie. Die Wildnis spüren, aus der wir herstammen. Und dann: Die Welt verblüffen. Das nächste Jahrhundert erfinden.

Rebellen und Querdenker sind keine Hippies. Ein Leben in Bombay und Goa, wo Sonne und Meer die ausgezehrten Abenteurer in ein genügsames Leben lockten, war für Steve undenkbar, und es war für den Gitarrenspieler gar unerträglich.

Während für viele aus der Flower-Power-Bewegung die Träume von Freiheit und neu gewonnener Spiritualität im indischen Anjuna Beach inmitten von ausfernden Partys endeten, waren es für Steve und den Gitarrenspieler zwar die besten Tage ihres Lebens. Als aber Krieg und Terror in der Folge die Länder im Osten ihrer Magie beraubten, erwachten sie aus ihrem Traum, und sie beschlossen, ihn zu leben, den Traum von einer neuen Zeit, den Traum von einem neuen Jahrhundert. Von einem digitalen Jahrhundert.

Steve, das Elektroniktalent, war ein Tüftler und Bastler. Sich nach dem Licht strecken, so wie die weissen Lilien in den langen Haaren der Mädchen es taten, das hiess für ihn, die Klischees des Silicon Valley wahr werden zu lassen, Steve musste Apple werden. Apple in Person. Doch Steve war mehr als bloss ein Träumer, denn er wusste, dass frühe Blumen in einer kalten Welt oft allzu schnell verblühen.

~

Mountain View war damals ein kleines verträumtes Nest inmitten des Silicon Valley. Als unehelicher Sohn einer blutjungen Amerikanerin und eines syrischen Politikwissenschaftlers geboren, adoptierte ein kalifornisches Ehepaar das Baby und flüchteten mit ihm aus der nervtötenden Grossstadt San Francisco nach Mountain View. Das Silicon Valley jener Tage war ein Paradies für Tüftler und Visionäre wie Steve. Dorthin zog er sich nach seiner Zeit als Hippie und mithin auch als Erleuchteter, wie er sich fortan nicht ohne spöttischen Unterton bezeichnete, zurück.

Es muss wohl noch in diesem verrückten Sommer gewesen sein, als eines Tages auch der Gitarrenspieler aus Hippie-Tagen in Mountain View auftauchte. Er sass eines Nachts vor Steves Haustür und spielte auf einer Maschine herum, die mit Tastatur und mit Fernsehanschluss bestückt war. Sie liess sich mit BASIC programmieren, und Steve erkannte mit Erstaunen die enorme Leistungsfähigkeit dieses neuartigen Computers. Beflügelt erkannte Woz – so nannten die Freaks im Silicon Valley nun den Gitarrenspieler – die Zeichen der Zeit, und er gründete gemeinsam mit Steve die Computerfirma Apple. Doch Apple war Steve. Und Woz mutierte zum Medienliebling. Die Computerrevolution kam ins Rollen, mit dem iMac, dem iBook, dem blau-weissen G3-Power Mac sowie dem Power Mac G5 und dem iPod, aber auch mit den Technologien wie USB, AirPort, FireWire oder auch mit den Softwareprodukten wie iTunes Music Store.

Steve und Woz verkörperten den American Dream, sie wurden zu Symbolfiguren einer neuen Welt. Wie die frühen Hippies fühlten sich Steve und Woz als westliche Pilger, die den grossen Kreislauf zu vollenden hatten. Als frühe Blumen des Lichts auch Erfinder und Gestalter, die nach neuen Prinzipien handelten. Sie fühlten sich als Auserwählte mit Sendungsbewusstsein, ihnen oblag es, neue Ideen zu schmieden und zu entwickeln. Und wie die damaligen Siedler, ganz allein auf sich selbst und auf ihre eigene Tatkraft gestellt, ihre Ankunft in der neuen Welt feierten, so tauchten Steve und Woz ein ins neue Jahrhundert. Gekleidet immer noch in verwaschene Jeans und Rollkragenpullover aus Hippie-Zeiten, betraten sie die Bühnen dieser Welt.

Für viele erschien ihr Neuanfang als gottgegebene zweite Chance, als »*divinely granted second chance fort he human race*«, als zweite Chance in einem neuen Garten Eden, in dem die frühen Blumen des Lichts erblühten.

~

Wir sind immer nackt. »Eine Frau müsste eigentlich mit jedem Mann, den sie liebt und begehrt, eine sexuelle Beziehung haben«, schrieb Iris früher mal an den Gitarrenspieler. In Amerika wollte Iris »ihre erotischen Möglichkeiten voll ausschöpfen«. Ha, Iris! Wie weit sie doch der Revolution dieses einzigartigen Sommers voraus war! Nun war der Gitarrenspieler nicht mehr im engen Tal, nicht mehr von steilen Bergflanken umgeben, sein Denken hatte sich geweitet, er war nicht mehr der Hippie auf der Suche nach östlicher Mystik, nein, er war Woz im Silicon Valley, er war der Liebling der Medien, er war ein Teil von Steve, und Steve war Apple.

Ein Mensch besteht aus Physis, aus Emotionen und aus ein klein wenig Ratio. Auch das hatte ihn Iris gelehrt. Iris, Laurene, Lisa, Dana, sie umschwärmten die Apple-Gründer wie Schmetterlinge das Licht. Der Mythos der freien Liebe war längst entzaubert, als Steve seine Laurene heiratete und Lisa, welche seine High-School-Freundin zur Welt gebracht hatte, väterlich umsorgte. Steve, inzwischen bekennender Buddhist, beschloss, der Stimme seines Herzens zu folgen. Und so wie das Leben ein Kommen und Gehen ist, fühlten auch Steve und Woz, dass nun die Zeit des Gehens sich ankündigte. An der Abschlussfeier der Stanford Universität entschied sich Steve für die Zeit des Gehens.

An den nahen Tod zu denken, sei nach seiner Erfahrung das stärkste Hilfsmittel, wenn es darum gehe, wichtige Entscheidungen zu treffen, sagte Steve in seiner Rede, weil nahezu alles, die äussere Erwartung, der Stolz, die Angst vor Schwierigkeiten oder Scheitern, angesichts des Todes von einem abfalle, so dass nur das wirklich Wichtige bleibe.

Woz dachte bei diesen Worten an Iris. In dieser Zeit reiste sie allein mit ihrem Auto in die Türkei, nach Istanbul, dorthin, wo die Aussteiger zu ihrem Trail aufbrachen und zu Hippies wurden. Doch auch sie verweigerte sich dem sorgenfreien Hippieleben an den sonnigen Stränden Goas. Lange Reisen führten sie in den Nahen Osten, den Maghreb, auf Sri Lanka, nach Brasilien. Malend und schreibend berichtete sie dem Gitarrenspieler davon. Dann beschloss sie, minuziös Suizid zu begehen. Mit 60 Jahren muss man dem Leben ein Ende setzen. Woz wurde wieder zum Gitarrenspieler in seiner engen Bergwelt, tief in seiner Seele die Träume des neuen Jahrhunderts.

Steve misstraute der modernen Medizin. Als Erleuchteter sah er dem Licht zuversichtlich entgegen. Er begann Leute einzuladen, die ihm im Leben etwas bedeutet hatten. Der Gitarrenspieler war nicht mehr dabei, als Steve den Kampf gegen seine Krankheit verlor. Als Blume des Lichts und als bekennender Buddhist sei er nicht bereit gewesen, seinen Körper aufschneiden zu lassen, schrieb Laurene an den Gitarrenspieler. Nur Lisa, sie besuchte ihn, den Gitarrenspieler, in der engen Welt, umgeben von steilen Bergflanken.

~

Lisa überbrachte dem Gitarrenspieler Steves letzte Worte: Der Tod ist wahrscheinlich die beste Erfindung des Lebens. Er ist der Vertreter des Lebens für die Veränderung. Er räumt das Alte weg, um Platz zu machen für das Neue. Das Neue! Die Ideen, geboren in einem einzigartigen Sommer und weiter entwickelt im Silicon Valley, hatten des Gitarrenspielers Leben mit Inhalten gefüllt.

Die Verschmelzung von Hippie-Kultur und digitaler Industrie an einem einzigen Ort, im Silicon Valley, war ein Überraschungsmoment der Geschichte. Was würde stärker werden? Die spirituelle und auf Ganzheitlichkeit ausgerichtete Kultur der Blumen des frühen Lichts oder die digitale Welt der grössten Macht der Welt? Die grösste Macht der Welt hatte über Vietnam, Kambodscha und Laos mehr Sprengstoff gezündet als im gesamten Zweiten Weltkrieg, um schliesslich von einer technologisch hoffnungslos unterlegenen Streitmacht geschlagen und gedemütigt zu werden. Das digitale Zeitalter war nicht mehr aufzuhalten. Und das einst unterlegene Vietnam gehörte schon bald zu den wichtigsten Produzenten von Tablets und Smartphones.

Das Wort *anarchistisch* zog sich wie ein roter Faden durch das Leben des Gitarrenspielers. Es bedeutet herrschaftsfrei, durch keine Konvention eingeschränkt, offen für alle Denkmöglichkeiten und auch für Regelverletzungen. Heute ist *breaking the rules* das Motto für ein Economic Forum. Die anarchistische Freiheitsphilosophie hat bei den Antiautoritäten auch einen Anti-Etatismus ausgelöst.

Die Erziehung hat das Kindeswohl zu ihrem Anliegen gemacht. Kinder körperlich zu züchtigen ist seither so verboten wie geächtet, die freie Entwicklung der Persönlichkeit ist das unerreichbare, aber meistformulierte Ziel der Pädagogik. Die früheren praxisorientierten Lehrerseminare wurden zu Pädagogischen Hochschulen umorganisiert, die jetzt auch forschen und damit selbst zu Treibern neuer Reformen werden.

An diese neue Zeit dachte der Gitarrenspieler und Wehmut schlich sich in sein Herz, wenn er an diesen Sommer dachte, der ewig hätte dauern sollen. *That summer seemed to last forever. And I'd always wanna be there.*

~

Mit einem wahren Akademisierungswahn versuchte die Welt die Hippie-Kultur zu stoppen. Das Land der Macher verwandelte sich in ein Land der Pseudo-Intellektuellen. Diese Entwicklung bescherte dem Gitarrenspieler schlaflose Nächte. In welche Richtung wird sich eine Gesellschaft entwickeln, die Wissenschaftlichkeit, Akademisierung und standespolitische Aufwertung zum Selbstzweck werden lässt? In der Provinz, eingeklemmt von Bergflanken, hatte die grosse Rebellion der Jugend dieser Welt nur karge Spuren hinterlassen. Der Gitarrenspieler mutierte tagsüber zu einem Schulmeister, während er sich nachts seinen blumigen Träumen hingab.

Die Verschulungstendenzen in den Kindergärten erschreckten sein lichtvolles Gemüt, doch sie waren dabei nur die Spitze des Eisbergs. Die künftigen Kindergärtnerinnen und Lehrerpersonen hatten nun die Matura zu absolvieren. Das fachspezifische Wissen zur Ausübung ihrer Berufstätigkeit würden sie sich an der Höheren Pädagogischen Lehranstalt holen. Die Kinder selber blieben mit dieser Schulreform auf der Strecke. Aus Angst vor der revoltierenden Jugend akademisierten die staatlichen Institutionen die Ausbildung der Kindergärtnerinnen. Auf Kosten der praktischen Ausbildung forcierten sie die akademische Ausbildung, welche das Kind in der Folge aus dem Zentrum verlor.

Diese Entwicklung beunruhigte den Schulmeister zutiefst. Nachts katapultierte er sich mit Hilfe des Sounds aus seiner Gitarre in jenen Sommer zurück, den er zusammen mit Steve tief in sich aufgesogen hatte. Wenn Steve sein Studium nicht abgebrochen und in Indien spirituelle Erleuchtung gesucht hätte, gäbe es keine Firma Apple, versuchte er dozierend seine Lehramtskandidatinnen zu überzeugen.

So wie ein Gymnasiallehrer den Sturmlauf einer kritischen Jugend selbst mit dem fundiertesten Wissensstoff nicht bremsen kann, wenn er nicht tolerant und selbstsicher hinter den eigenen Wertvorstellungen steht, so kann auch eine Kindergärtnerin sich nicht in die zerbrechliche Welt aufkeimender Jugend einfühlen und dafür ihre ganze Persönlichkeit in die Waagschale werfen, wenn sie die kleinen Persönlichkeiten nicht ganzheitlich auf ihr Leben vorbereitet.

Der Staat machte sich zum politischen Gärtner in dieser neuen Bildungslandschaft, die sich aus Angst vor einer rebellischen Jugendkultur etablierte. Es begann damit, dass der innerhalb bewährter föderalistischer Strukturen gewachsene seminaristische Weg als Alternative zur Lehrerausbildung nun verbaut wurde. Und dies, obschon die kleinräumig organisierte Ausbildungsform mit der wertvollen Verzahnung von Theorie und Praxis einen beachtlichen Leistungsausweis erbracht hatte.

Der Sturmlauf einer kritischen Jugend kam zum Erliegen. Staatliche und bildungspolitische Barrieren zwangen die Rebellen auf die Schulbank, was blieb, das war das staatliche Feindbild, ein Anti-Etatismus der Antiautoritären, die weiterhin von einer anarchistischen Freiheitsphilosophie träumten.

~

Die Bemühungen des Gitarrenspielers erhielten Auftrieb und Bestätigung durch die Arbeiten eines befreundeten Psychiaters, der die Vernachlässigung der rechten Hirnhemisphäre durch das neue Bildungssystem für das Verkümmern der Kreativität verantwortlich machte. Die rechte Hirnhemisphäre ist die nichtdominante. Die rechte nichtdominante Hirnhemisphäre denkt in Bildern, monistisch, intuitiv, begreifend, im Rezeptionsmodus, mit einer Weitwinkelperspektive.

Es war die rechte Hirnhemisphäre, welche die Marihuana rauchenden Hippies wie Steve und Woz in den sechziger Jahren zu entwickeln suchten. Das vom Staat geförderte Bildungsmodell brachte stattdessen durch die Verschulung des Vorschulbereichs und durch die Akademisierung der Ausbildungen eine Überbetonung der linken und damit dominanten Hirnhemisphäre. Diese denkt analytisch, dualistisch, rational, begründend, im Aktionsmodus, fokussierend. Das staatliche Modell zwang damit die Jugend zu einer Denkweise, die der Erwachsenenwelt angehört.

Für alle diese Kreise, die von der Notwendigkeit einer kind- und jugendgerechten Bildung überzeugt waren, die vor allem das Denken mit der rechten Hirnhemisphäre fördert, hatte der Gitarrenspieler eine Privatschule angedacht. Ein entsprechender Vorstoss stiess im Parlament jedoch auf wenig Verständnis. Zu sehr war die Politik darauf fixiert, das aufkeimende freiheitliche und anarchische Denken einer rebellischen Jugend in die Schranken zu weisen.

~

Und Iris? Und Lisa? Die Transformation der klassischen Ehe war ihnen Programm und Auftrag zugleich. Die freie Liebe zu politischer Aktion allerdings blieb reine Männerphantasie, auch wenn »Polyamorie« wieder zu einem Leitgedanken der Feministinnen geworden war.

Was dem Gitarrenspieler blieb, das war der Sound einer grandiosen Zeit. Nie waren die Ideen farbiger als in diesem frühen Sommer. Mit der psychedelischen Musik der Bay Area begründeten die Hippies eine Gegenkultur. Der Sound der Musik aus jenen Tagen begleitete all sein Tun und all sein Begehren. Zusammen mit dem Gitarrenspieler sind sie gealtert, einige mit Steve gestorben, die Pop-Heroen David Bowie und Leonard Cohen etwa. Dass Bob Dylan den Nobelpreis für Literatur gewann, war eine Ehrerbietung der selbsternannten Hochkultur an alle Gitarrenspieler jener Zeit.

Der Sound der Gitarrenspieler aus jenem magischen Sommer befeuerte eine weltweite Aufbruchstimmung. Das Jahrhundert des Wassermanns war angebrochen. Wenn er über die Saiten seiner Gitarre strich und dazu leise sang, dann tauchte das visionäre Jahrhundert aus dem Nebel einer grauen Vorzeit auf:

»This ist he dawning oft the age of Aquarius. Harmony and understanding, Golden living dreams of visions, Mystic crystal revelations, and the minds through liberation, Aquarius. Let the sunshine in.«

~

Die tiefschwarze Nacht war über den Gitarrenspieler hereingebrochen. Sein Blick verlor sich im weiten Raum des Zimmers. Allmählich verzog sich vor seinen Augen die schwarze Nacht zu einem Meer von Farben. Für den Gitarrenspieler neigte sich ein neues romantisches Zeitalter dem Ende zu. Ein goldgerahmtes Bild war der Blick zurück. Romantisch war die Aufbruchsbewegung. Romantisch war das Abenteuerliche, das aufregend Neue. Romantiker beordern die Phantasie an die Macht. Ist nicht auch jede Revolution an sich schon ein zutiefst romantischer Akt? Sie ist Schau, Spektakel, Happening und Theater zugleich. Nun sollte der Vorhang fallen, er sollte fallen für alle Gitarrenspieler dieser Welt.

Daran dachte der Gitarrenspieler. Er dachte an das, was war, damals, in diesem Sommer, als alles sprühte vor Lust und Lebensfreude. Und mitten im Farbenmeer leuchtete eine weisse Blume.

»Es ist gut, dass Sie kommen, Lisa«, sagte der Gitarrenspieler.

Dann rückte er den Stuhl zum Tische, nahm eins der aufgeschlagenen Bücher, und als er las, träumte er sich hinweg, in ein anderes Land, dorthin, wo Steve jetzt wohnte, Steve und die anderen Menschen, die das 21. Jahrhundert erfanden. Es waren Marihuana rauchende Hippies, die einen anderen Blickwinkel hatten. Ihre anarchistische Denkweise eignete sich gut dazu, sich eine noch nicht existierende Welt vorzustellen.

Lisa hatte eine Blume aus ihrem Haar gelöst, sie legte sie auf die stillen Züge des Gitarrenspielers als ein Zeichen für ewigen Frieden und für grenzenlose Liebe.

IV

Leuchtturm

Traumberuf

Zu meiner Zeit als Ausbildner am Lehrerseminar, als Mittelschullehrer an der Fachmittelschule und später als Dozent an der Hochschule konnte ich mir im Literaturunterricht noch ein letztes Stück von akademischer Freiheit bewahren. Wer vor ein paar Jahrzehnten als Dozent für Sprache und Literatur zu arbeiten begann, der kam direkt von der Universität. Er hatte einen akademischen Titel im Gepäck, ein Lizentiat zumindest oder gar ein Doktorat als Dr. phil. Ein Doktorat bezeugt offiziell, dass der Träger des Titels befähigt ist, wissenschaftlich und selbständig zu arbeiten. Als Germanist Dr.phil. war man eine Autorität, der man Respekt entgegenbrachte und der man vollstes Vertrauen schenkte. Im Unterricht von Sprache und Literatur hatte ich als »Promovierter« freie Hand. In der Auswahl der literarischen Werke und in der Methode der Literaturvermittlung war ich absolut frei.

Auch heute noch haben Lehrpersonen an den Mittelschulen eine freie Wahl der literarischen Werke, die sie mit den Studierenden lesen und behandeln wollen. Es besteht lediglich eine Empfehlung, den Literaturunterricht auf die vergangenen zweihundert Jahre zu beschränken. So beginnt der Literaturunterricht an den Kollegien grundsätzlich in der Biedermeierzeit um 1800, und er endet mit aktuellen Werken aus unseren Tagen. Noch in den 70er- und 80er-Jahren startete der Literaturunterricht mit den ersten schriftlichen Zeugnissen der Menschheit, wobei auch althochdeutsche und mittelhochdeutsche Texte zur Pflichtlektüre gehörten. Aber damals dauerte das Gymnasium auch noch acht Jahre, weil die Studierenden bereits nach der 5. Primarklasse mittels einer Aufnahmeprüfung ins Kollegium wechselten. Nach der Einführung der Orientierungsschule verkürzte sich die Kollegiumszeit auf fünf Jahre, was auch für den Literaturunterricht eine Kürzung und Straffung zur Folge hatte.

Die Lehrer und Dozenten wählen die literarischen Werke für den Unterricht nach unterschiedlichen Kriterien aus. Persönliche Vorlieben spielen eine grosse Rolle. Während die einen beispielsweise keine Scheu davor haben, auch einen erotisch aufgeladenen Roman wie »Der Vorleser« von Bernhard Schlink zu behandeln, greifen andere lieber zu einem etablierten Bildungsroman. Als vor wenigen Jahren ein Mittelschullehrer in der Deutschschweiz mit seinen Studenten Frank Wedekinds »Frühlings Erwachen« las, da verklagten ihn religiös motivierte Eltern. Tatsächlich sind es die Studierenden allein, die bestimmen, ob ein Dozent mit der Wahl der literarischen Stoffe eine glückliche Hand hat oder nicht. Ein weiteres Auswahlkriterium kann die Aktualität sein. Viele Probleme der Gegenwart lassen sich diskutieren und aufarbeiten mit Hilfe von geeigneter Literatur.

Das Interesse der Studierenden sollte bei der Auswahl einer passenden Lektüre zumindest hin und wieder berücksichtigt werden. Persönlich habe ich damit oftmals bei meinen Schüler*innen viel Motivation und Begeisterung freisetzen können. Ein Beispiel? Vor drei Jahren verbrachte ich mit 18 jungen Damen einen Abenteuertag am Gleitschirm. Der Gleitschirmflug war Auslöser und Stimulus für Glücksmomente, die wir in einer Schreibwerkstatt festhielten. Aus der Schreibwerkstatt ging ein Buch hervor mit dem Titel »Wo Träume Flügel haben«. In einem Tal, wo die Felswände oft so nahe zusammenrücken, dass die Seele fast verkümmert und Schaden zu nehmen droht, in einem Tal, wo die Sehnsucht nach Ferne und Freiheit die jungen Menschen hinaus treibt in die weite Welt, erhält die Thematik »abheben – wegfliegen« eine eigene Bedeutung.

Und die literarische Freiheit auf unteren Schulstufen? In der Orientierungsschule hat man vor wenigen Jahren das breit angelegte und umfassende Lehrmittel »Die Sprachstarken« eingeführt. Viele OS-Lehrer haben wenig Freude daran. Lehrmittel sollten lediglich unterstützende Hilfen sein. Die Kreativität und die Souveränität von Lehrpersonen sollten keinesfalls untergraben werden. Doch, so wird mir immer wieder versichert, wenn einmal die Türe zum Klassenzimmer ins Schloss fällt, hat eine Lehrperson immer noch viel Eigenverantwortung. Kontrollen gibt es kaum. Eine Kollegin, die für die Weiterbildung von Lehrpersonen besorgt ist, hat mir versichert, dass die Lehrpersonen auch auf den unteren Stufen viel literarische Freiheit haben. Die Lehrpersonen würden lediglich angehalten, gewissen Leitlinien und Spuren zu folgen. Sie müssen im Sprach- und Literaturunterricht ein Grobziel erreichen. Wie sie dahin kommen, das bleibt der Kompetenz und der Verantwortung der einzelnen Lehrperson überlassen.

Möglicherweise halten Sprachenlehrer und Literaturvermittler damit noch die letzte Bastion der akademischen Unterrichtsfreiheit. In Fächern wie »Mensch und Umwelt« oder in der Naturlehre dürfte es ähnlich freiheitlich zugehen. Nicht so im Mathematik-Unterricht. Hier herrscht – insbesondere auf dem Weg zur gymnasialen Matura – ein eisernes und teils auch abschreckendes Regime. Als Experte für deutsche Sprache und Literatur kam ich hin und wieder ins Gespräch mit Maturandinnen. Den Literaturunterricht haben fast alle mit Freude und mit grossem Gewinn besucht. Schlecht kommen jedoch häufig die naturwissenschaftlichen Fächer weg. Da werde knallhart ein Programm durchgepaukt, ohne Rücksicht auf Verluste, war vielerorts zu hören. Eine Maturandin meinte: »Die Lehrer in den naturwissenschaftlichen Fächern kommen nicht klar damit, dass nicht jede und nicht jeder in Mathe interessiert ist. Sie begreifen nicht, dass die Mathe für viele von uns ein traumatischer Drill ist.«

Möge ein letztes Stück der vormalig grossartigen akademischen Freiheit auch weiterhin am Leben bleiben. Es gilt, Sorge zu tragen zu dieser letzten Bastion der Lehrfreiheit. Wer sonst sollte die grossartigsten Werte der Menschheit hochhalten, wenn nicht vor allem die Abgänger der philosophischen Fakultät? Den angehenden Lehrpersonen möchte man zurufen: Haltet sie hoch, die Unterrichtsfreiheit! Lasst euch nicht zu Beamten und Funktionären degradieren! Macht den Beruf der Lehrerin und des Lehrers wieder zu dem, was er immer war und immer sein wird, zu einem Traumberuf!

Schweizer Erzählnacht

Die Schweizer Erzählnacht gilt als einer der grösste Kulturanlässe der Schweiz. In den vergangenen Jahren fanden schweizweit jeweils an die 700 Veranstaltungen mit rund 70'000 Teilnehmer*innen statt. Seit 1990 kommen kleine und grosse Leser*innen jeweils am zweiten Freitag im November zusammen. Das gemeinschaftliche Erleben von Geschichten in einem anregenden Rahmen ist eine einfache, aber sehr wirksame Form der Leseförderung und bietet Kindern, Jugendlichen und Erwachsenen lustvolle Zugänge zum Lesen.

Damals im Jahr 1990 wars, als ich – damals Deutschlehrer am Oberwalliser Kindergärtnerinnenseminar – zusammen mit einem Dutzend junger Frauen aus der Oberwalliser Märlinacht die Schweizer Erzählnacht formte. Als erster nationaler Projektleiter durfte ich im Jahr 1990 die 1. Schweizer Erzählnacht zum Thema »Quere Geschichten« aus der Taufe heben. Mittlerweile haben das Schweizerische Institut für Kinder- und Jugendmedien SIKJM, Bibliomedia Schweiz und UNICEF Schweiz das Zepter übernommen. Bei allen 30 bisherigen Austragungen waren aber immer auch Oberwalliser Gemeinden dabei, in den vergangenen Jahren waren es immer noch rund ein Dutzend Gemeinden. In der Oberwalliser Mittelschule OMS hat man erkannt, wie wertvoll die Durchführung der Erzählnacht besonders auch für angehende Lehramtskandidat*innen ist. Das Oberwallis als Wiege der grössten Kulturveranstaltung der Schweiz – ein wenig stolz sein dürfen wir alle.

Wenn ich auf die bisherigen Erzählnächte zurückblicke, dann geschieht dies mit einem Gefühl von tiefer Dankbarkeit. Dankbar bin ich allen Weggefährtinnen und -gefährten, die Jahr für Jahr mithelfen, geschichtenhungrige Kinder, Jugendliche und Erwachsene am zweiten Freitag im November während einer langen Erzählnacht glücklich zu machen.

Die Schweizer Erzählnacht steht jedes Jahr unter einem besonderen Motto, zu dem dann in allen vier Landesteilen auch Geschichten erzählt, geschrieben und vorgelesen werden. Das Motto der Erzählnacht 2019 beispielsweise war inspiriert vom 30-jährigen Jubiläum der UN-Kinderrechtskonvention und lautete: »Wir haben auch Rechte! – Nous avons aussi des droits! – Abbiamo anche dei diritti! – Nus avain era dretgs!« Die UN-Kinderrechtskonvention hält in 54 Artikeln das Recht auf Nicht-Diskriminierung, auf Leben, Überleben und Entwicklung, auf Mitwirkung und auf Kindeswohl fest. Am zweiten Freitag im November ging die Erzählnacht in Schulen, Bibliotheken, Buchhandlungen, Jugendtreffs, Gemeinschaftstreffen und anderen Institutionen über die Bühne. Auch Protagonisten der Kinder- und Jugendliteratur brauchen Schutz, wollen sich entfalten und gleichberechtigt sein. An der vergangenen Erzählnacht 2019 tauchten wieder tausende Kinder und Jugendliche in inspirierende Geschichten ein und beschäftigten sich dabei mit ihren eigenen Rechten.

Es versteht sich, dass traditionell auch im Oberwallis, der Wiege der Schweizer Erzählnacht, die lange Nacht der Geschichten gefeiert wird. Das Geheimnis des Erfolgs? Seit ihrer Gründung im Jahr 1990 bei uns im Oberwallis, vertrauen wir Organisatoren der Schweizer Erzählnacht auf drei Prinzipien.

Erstes Prinzip: Gleiche Nacht. Die Schweizer Erzählnacht findet immer am zweiten Freitag im November statt. Mit dem Übergang vom Spätherbst zum Winter kommen Erzählen und Vorlesen so richtig zum Zug. Und der Freitag ist ideal: Er lädt zum Ausdehnen der Nacht geradezu ein. Das gemeinsame Übernachten am Ort des Lesens wirkt bei Kindern und Jugendlichen häufig nachhaltig im Sinne einer Bindung an den Ort des Lese-Geschehens.

Zweites Prinzip: Gleiches Motto. Das Motto ist breit einsetzbar und lässt der Phantasie von Veranstalter*innen viel Raum. Ideen und Anregungen zum Motto des Jahres sind bei den Veranstaltern erhältlich.

Drittes Prinzip: Individuelle Gestaltung. Wie die einzelnen Veranstaltungen aussehen, für wen sie bestimmt sind und wo sie stattfinden, ist offen. Zum Vorlesen, Erzählen, Rezitieren und Inszenieren eignet sich jeder Ort, an dem die Erzählgruppen ihr Publikum ins Reich der Phantasie und der Geschichten entführen können. Ihren Ideen sind keine Grenzen gesetzt: Quellen können bestehende oder eigens für diesen Anlass produzierte Texte sein, die dann vorgelesen oder szenisch mit verteilten Rollen und musikalischer Untermalung dargeboten werden.

Im Jahr 2020 habe ich nach fast vierzig Jahren als Präsident von Kinder- und Jugendmedien Wallis mein Amt an Kollegin Daniela Furrer von der Mediathek Wallis weitergegeben. Gerne möchte ich einige der zauberhaftesten Geschichten aus den Erzählnächten von den Anfängen bis heut schweizweit zusammentragen und gekoppelt mit den vielen phantasievollen methodisch-pädagogischen Anregungen in einem prachtvollen Erzählbuch veröffentlichen.

Teamseminar

Solidarität ist im virenverseuchten Jahr 2020 oberstes Gebot. Wir helfen einander, wir schauen zueinander, wir betreuen einander. Solidarität ist jedoch keine Selbstverständlichkeit. Hamsterkäufe, Streit um Pflegeprodukte und das vorsorgliche Horten von Medikamenten sind nur einige Beispiele, die nahelegen, dass insbesondere Solidarität und Sozialkompetenz für Krisenzeiten zuvor eingeübt werden sollten.

Meine Teamseminare, die ich als Dozent für Kommunikation um die Jahrtausendwende an der Hochschule Wallis durchführte, waren jedes Mal ein Highlight. Wir konnten buchstäblich abheben und wegfliegen. Ich kann mich an einen »Flying Fox Event« im Baltschiedertal erinnern, bei dem die Studierenden an eine Rolle geklammert Schluchten überwanden. Danach war für sie – nach ihren eigenen Worten – das Studium nur noch ein kleines Hindernis, das mit Leichtigkeit gemeistert werden konnte. Psychologische Barrieren in den Köpfen meiner Student*innen waren gefallen. Viele von ihnen blieben nach der gemeinsam durchstandenen Mutprobe ein Leben lang miteinander freundschaftlich und hilfsbereit verbunden.

Ein Teamseminar hoch oben auf dem Grat des Wiwannihorns. Der Grat ist gerade mal 50 Zentimeter breit. Links und rechts geht es in freiem Fall runter, mehrere hundert Meter. Meine Achterseilschaft besteht aus Studierenden der Wirtschaftsinformatik. Kaum jemand von ihnen war jemals auf dieser Höhe, die meisten sind gar zum ersten Mal am Seil. Die Regel, an die sich alle halten müssen, ist lebenswichtig: Wer einen Fehltritt macht, der springt rechts runter, so schafft er ein Gegengewicht zur übrigen Seilschaft. Eine gefühlte Ewigkeit zittern wir uns über den Grat. Jede und jeder vertraut sich gegenseitig. Jede und jeder übernimmt Verantwortung. Alle sind wir Teil eines Teams, das nur funktioniert, wenn alle Verantwortung übernehmen.

Szenenwechsel. Die vereiste Piste von Grimentz in sternenklarer Winternacht. Eine überaus steile und vereiste Piste in eiskalter Winternacht hochzuklettern erfordert, sich an die psychischen und physischen Grenzen heranzutasten. Dadurch lässt sich der Teamgeist fördern, und es können die persönlichen »Soft Skills« trainiert werden. Das Teamseminar gilt nur dann als »geglückt«, wenn es gelingt, Erkenntnisse aus diesem gemeinsamen Erlebnis für den beruflichen Alltag fruchtbar zu machen. Es geht folglich um den Transfer von fordernden Situationen auf den Alltag. Was zum Beispiel haben die Studierenden der Hochschule bei derartigen Teamseminaren gelernt? Es sind Lehrsätze wie diese: Nicht immer ist es von Vorteil, so schnell wie möglich ans Ziel zu gelangen. Der schnellste Weg ist nicht immer der beste Weg. Oft birgt der direkte Weg grosse Gefahren. Besser ist es, auf den »Team-Spirit« zu bauen. Eine Studentin formulierte nach überstandenem Abenteuer folgendermassen:

»Der Berg ist steil. Und es wird immer schlimmer. Manche von uns bleiben stehen und beginnen zu überlegen. Wie weiter? Andere kämp-

fen sich nach oben, sie halten durch, sie vertrauen auf sich und auf die anderen. Doch alle haben wir ein Ziel: Wir wollen und wir müssen nach oben. Irgendwie müssen wir es gemeinsam schaffen, nach oben zu kommen. Ein Rückzug ist nicht mehr möglich. Stille herrscht. Nicht aufgeben! Trotz Müdigkeit und Kälte sich immer wieder aufrappeln, sich ein weiteres Mal nach oben kämpfen, zu den anderen aufschliessen. Endlich kommen wir gemeinsam an. Wir haben es geschafft. Wir haben es gemeinsam geschafft. Man kann es immer schaffen, aber ein eiserner Wille ist dazu nötig.«

Grosse Konzerne in den USA bestätigen die Methodik der Teamseminare. Sie geben ein Vermögen aus, damit ihre Mitarbeiter*innen lernen, einander zu vertrauen und besser miteinander zu kommunizieren. Das BMW-Leistungszentrum im US-Staat Carolina beispielsweise berechnet für einen Trainingstag 8000 Dollar pro Person. Die Kurse sind ein halbes Jahr im Voraus ausgebucht. Der Konzern fliegt seinen Führungsnachwuchs in den Grand Canyon. Den Weg heraus muss das Team, ausgestattet mit Vorräten für zwei Tage, aus eigener Kraft finden. Das Ziel ist stets dasselbe: Die Mitarbeiter*innen sollen angeleitet werden, das Prinzip der Teamarbeit zu verstehen.

Die spannende Methodik hat Zukunft, zum Beispiel auch in Kombination mit literarischen Vorgaben. Die Unternehmensberatung Executive Edge bietet unter anderem ein Teamseminar an mit Science-Fiction-Ambiente. Die Team-Mitglieder müssen sich gemeinsam durch militärisches Sperrgebiet schlagen, High-Tech-Sensoren überlisten und Kampfhubschraubern entkommen, um einen Ausserirdischen zu retten, der in einem Bunker gefangen gehalten wird. Das Teamseminar ist aufgebaut nach dem US-amerikanischen Science-Fiction-Film aus dem Jahr 1982. Regisseur Steven Spielberg kombinierte darin Elemente des Science-Fiction- und Märchen-Genres. Das Teamseminar, das auf dem Film rund um den Ausserirdischen E.T. basiert, gilt als erfolgreich, sobald E.T. in einer Rakete Marke Eigenbau auf den Heimweg zu den Sternen geschickt wird.

Musiktheater

Während meiner Zeit als Dozent an der Hochschule Wallis leitete und dirigierte ich einen Chor mit vierzig jungen Frauen. Auf der Suche nach Songs mit guten Texten sind wir regelmässig in den 60er-Jahren gelandet. Tatsächlich orientieren sich auch heute noch viele Musiker am Stil der Sechziger. Amy Winehouse beispielsweise hat vorgemacht, wie man eine musikalische Mischung aus dem Soul der 60er-Jahre, der 2000er-Jahre und den modernen Hip-Hop Beats kreieren kann. Der Retro-Sixtiestil war denn auch die Stilrichtung, die ich mit meinem Chor bevorzugte. »Forever Young« ist so eine Rille, die man früher in der Version von Bob Dylan kannte, heute vielleicht mehr als Rap. Wenn sich der Musikstil auch gewandelt hat, der Text ist immer gleich tiefgründig und ermutigend geblieben. Wir liessen uns von der Version des Rappers Bushido inspirieren. Hier ein kurzer Text-Ausschnitt für Chor und Rapper:

Chor:
Für immer jung, ein Leben lang, für immer jung / Du musst dich an die schöne Zeit erinnern, denn nichts ist / für immer.

Rapper:
Du wirst geboren um zu sterben, dieses Leben ist ne Brücke / 32 Jahre alt, ich steh jetzt in der Mitte / Ich hatte gute Zeiten und auch schlechte Zeiten / es kommt mir echt so wie gestern vor / auf diesem Pausenhof mit Walkman, mit Underground-Rap im Ohr / Es war die beste Zeit, fühlte mich echt so frei / ich falle auf die Knie, Gott lass mich wieder 16 sein / Keine Sorgen, keinerlei Regeln / Doch heute steh ich meinen Mann und muss den Kram alleine regeln / Kopfschmerzen hier, Kopfschmerzen da, ich begreif, dass die Kindheit so was Kostbares war / Und oft war's mir klar, dass nichts hier für immer ist / Wie die Gesundheit, es gibt nichts Schlimmeres, wenn deine Liebsten krank sind und leiden / Ein gesunder Mensch hat tausend Wünsche, doch ein kranker nur einen. / Steh zu deinen Freunden, küss auch mal das Glück / Und wenn du was Gutes kriegst, gib etwas zurück. / Dieses Leben ist zu

kurz, zu kurz um nur zu weinen, für die ganzen Streitereien und sich sinnlos anzuschreien. / Du musst dankbar sein für jeden Tag, an dem du gesund bist / und schätz den schönen Augenblick, bevor er um ist. / Wir leben nur in der Erinnerung, halt sie fest und du bleibst für immer jung.«

Für meine Studentinnen schrieb und komponierte ich das Musical »Forever Young«. Das Musiktheater ging dann auch unter meiner Leitung über die Bühnen. 70 junge Frauen spielten und sangen mit. Sie schlüpften teils auch in Rollen von alten Menschen. Wie fühlen sich unsere Omas und Opas? Wie meistern sie ihr Leben? Wie schaffen es einige, auch dann noch jung zu bleiben, wenn sie etwas in die Jahre gekommen sind? Auf diese Fragen versuchten wir Antworten in Form eines Musicals zu geben.

~

Als Regisseur inszenierte ich ein Dürrenmatt-Stück im ehemaligen Ostblock. Was darauf folgte, bleibt als »Die legendäre Nacht von Warschau« in grandioser Erinnerung.

Im Frühjahr 2020 tobte wieder einmal ein »Kalter Krieg« zwischen den Supermächten, zwischen Ost und West. Gegen die Corona-Krise kämpfen die östlichen Supermächte China und Russland Seite an Seite. US-Aussenminister Mike Pompeo kritisierte: »Die kommunistische Partei Chinas stellt eine erhebliche Bedrohung für unsere Gesundheit und Lebensweise dar, wie der Ausbruch des Wuhan-Virus deutlich gezeigt hat.« Zur Beunruhigung des Westens trägt bei, dass sich Putin und Chinas Staatspräsident Xi Jinping prächtig verstehen. Ost gegen West? Eine ewige Feindschaft. Sie erinnert an die frühere Furcht des Westens vor dem Ostblock. Meine Geschichte »Die Nacht von Warschau« spielt Anfang der Neunzigerjahre.

Anfang der Neunzigerjahre ist die Furcht des Westens vor dem Osten bereits Geschichte. Nicht nur der Ostblock fällt auseinander.

Die sprichwörtliche Angst vor den Russen und deren Bündnispolitik hat sich aufgelöst. An deren Stelle aber ist Nationalismus getreten mit grotesken Zügen. Europa ist im Begriff, sich zu einigen, unter welchen Vorzeichen auch immer. Vor diesem Hintergrund gewinnt Dürrenmatts Stück »Das Unternehmen der WEGA« eine seltsam zwiespältige Bedeutung. Mit einem Theater-Ensemble inszenierte ich das Dürrenmatt-Stück für die Bühne. Wir spielten das Stück dort, wo es im kriselnden Europa am meisten brannte, im ehemaligen Ostblock, in Warschau.

In Warschau spielten wir das revolutionäre Stück vor Hunderten von ungläubig staunenden Menschen. Der Inhalt unseres Stücks verschlug ihnen die Sprache. »Das Unternehmen WEGA«, das Stück über den Aufbruch nach neuen Horizonten, symbolisierte für die angehenden Pädagoginnen und Pädagogen die Forderung nach mehr politischer Fantasie. Das Stück transportiert neue und frische politische Fantasien, die beflügelnde Ideen und Denkansätze nicht in bestehenden Machtstrukturen untergehen lässt. Wenn Macht, Gewalt und Bomben die letzte Antwort sind, sind wir auch an jenem Punkt angelangt, wo der Tod jeglicher menschlicher Fantasie beginnt – so lautete unsere These, um die herum wir das Stück arrangierten. Unsere Intention bestand darin, demokratische Ideen in Form einer Inszenierung auf die Bühne zu bringen.

Nach der glanzvollen Aufführung mit unserem jungen Ensemble in der Oper von Warschau flanierten wir durch Warschaus Strassen, wir verbrüderten und verschwesterten uns mit der polnischen Jugend und wir feierten das »Unternehmen WEGA« ausgiebig. Damals beschlossen wir, nie, wirklich nie mehr, die Worte »Ostblock« und »Westblock« in den Mund zu nehmen. Spät in der Nacht wurde eine Proklamation verlesen mit dem Wortlaut:

»Wir sind mit dem Raumschiff WEGA auf der Venus gelandet. Politik in der bisherigen Form gilt dort als überflüssig. Jede und jeder darf dort politisch tätig sein. Für uns Venusbewohner ist eine Rückkehr zu

den bestehenden Machtstrukturen unserer Erde schlichtweg uninteressant und unverständlich.«

So war die »Nacht von Warschau« so etwas wie das politische Abheben und Wegfliegen in ein neues Europa. Die polnischen Freundschaften hielten sich über Jahrzehnte, und sie lehrten uns, dass man beim Theaterspielen durchaus auch das Leben üben kann.

~

Kann die Mitwirkung in einem Musiktheater therapeutisch wirken? An einem Herbsttag sass ich gedankenversunken vor der Villa des Schriftstellers Hermann Hesse in Montagnola. Zu meinen Zeiten als Mittelschullehrer und später als Dozent für Deutsche Literatur an der Hochschule war es mir ein Anliegen, keine Abschlussklasse ins Berufsleben zu entlassen, ohne mit ihr mindestens den einen oder anderen Roman von Hermann Hesse gelesen zu haben.

Mit über hundert Mitwirkenden brachte ich den »Demian« von Hesse als Musiktheater auf die Bühne des La Poste Theaters in Visp. In den späten 60er Jahren galt Hesse als der Popstar der Jugend. Dies wohl aufgrund seiner Romane und Erzählungen wie »Demian«, »Unterm Rad« und »Der Steppenwolf«. Diese Romane funktionieren bestens auch als Erziehungsratgeber.

Können Romane von gesundheitlichem Nutzen sein? Die Antwort ist wohl: Sie können, müssen aber nicht. Trotzdem sei angemerkt, dass grosse Literatur und schöngeistige Romane niemals so nutzenorientiert und eindimensional verstanden werden sollten. Romane funktionieren nicht so prompt und nach Gebrauchsanweisung wie dies etwa medizinische Ratgeber für sich beanspruchen. Ein Roman sollte von Erzieher*innen nicht einseitig und manipulativ als »Heilmittel« missbraucht werden, denn er ist ein ganzheitliches, fiktives Erzählwerk. Zudem wählen junge Menschen ihre Lektüre häufig selbst und gemäss ihren eigenen Bedürfnissen aus.

So war es auch bei »Demian« von Hermann Hesse, den ich als Musiktheater inszenierte. Mit über hundert Jugendlichen brachte ich das Stück »*Emotionen*« auf die Bühne. Es war dies eine Eigenproduktion, der wir die Erzählung »Demian« von Literatur-Nobelpreisträger Hermann Hesse zugrunde legten. Sie war erstmals in einer Inszenierung und als Musiktheater zu erleben – eine Weltpremiere. Alle Mitwirkenden waren sich einig: Mit seinen Erzählungen ist Hermann Hesse zum Guru für die Jugend der Welt geworden.

Im Sinne einer »Romantherapie« thematisierte unser Musiktheater die grossen Gefühle, die viele von uns von Jugend auf beflügeln: Das Erwachsenwerden – die Pubertät – die Erste Liebe – die Suche nach der eigenen Stimme in dieser Welt – der Einfluss von Krieg und Katastrophen auf die jungen Seelen – Tod und Trauer – Ruhe und Frieden – Selbstverwirklichung – ein Leben in Harmonie.

Aus psychologischer Sicht scheint es nicht ausgeschlossen zu sein, dass sowohl Jugendliche als auch Erwachsene sich mit Hilfe einer Romantherapie glücklich lesen, singen, schauspielern können. Meine persönliche Erfahrung mit dem Musiktheater »*Emotionen*« hat aufgezeigt, dass eine Romantherapie insbesondere dann erfolgreich ist, wenn die Romane nicht bloss gelesen, sondern zusätzlich auch noch inszeniert und auf die Bühne gebracht werden.

~

Mein Musiktheater »Die Sarazenen Saga« feierte im Theater La Poste in Visp seine Premiere. Mit etwas Phantasie lassen sich Spuren von Tausendundeinernacht auch heute noch in unseren Tälern finden. Da beginnt meine »Sarazenen Saga«.

Nachdem im Saastal ein arabisches Zeichen gefunden wurde, kündigt sich ein Investor an. Der clevere Wüstensohn verspricht den Einwohnern des Tales eine Milliarde Franken. Er hat von der arabischen Vergangenheit der Walliser Täler gehört und möchte diese für die Gäste aus dem Osten zu gefragten Tourismus-Destinationen aufrüsten. Als Gegenleistung verlangt er die Errichtung gigantischer Hotels, von Fitness-Palästen und heimeligen arabischen Dörfchen. Die Dorfbewohner sind zuerst fasziniert. Zum einen lockt die Milliarde. Zum andern lockt aber auch die märchenhafte Stimmung aus Tausendundeinernacht. Es melden sich aber auch Stimmen, die warnen. Die riesigen Bauten und Investitionen könnten das Landschaftsbild zerstören und den Charakter unserer Talschaften verfälschen. Der Tourismus Boom droht die einheimische Kultur zu verdrängen. Da stellt sich die Frage: Wie geht ein interkulturelles Zusammenleben? Die Menschen aus verschiedenen Kulturen müssen lernen, wie ein harmonisches Zusammenleben funktioniert.

Mit der Thematik ist sowohl die Legende als auch mein Theaterstück in der Gegenwart und in der Aktualität angekommen. Parallelen drängen sich auf. Ein ägyptischer Investor verwandelt derzeit Andermatt in eine Tourismus-Destination. Er spaltet damit die Einheimischen in Befürworter und Gegner. Und er könnte sich durchaus vorstellen, auch noch an anderen Orten aktiv zu werden. »Wenn Andermatt mein einziges Projekt wäre, hätte ich den Sitz meiner Gesellschaft nicht hierher verlegt«, sagte Sawiri kürzlich vor den Medien. Im Musiktheater »Die Sarazenen Saga« ist ihm ein Konkurrent lediglich zuvorgekommen.

Tanztheater

»Mary Poppins« im Theater La Poste in Visp – das war eine ganz besondere Premiere. Erstmals war »Mary Poppins« als Tanzspektakel zu erleben. Die Leitung lag in den Händen meiner Kollegin Jeannette Salzmann – sie hatte das Tanztheater frei nach meinem Drehbuch und gemäss meiner Inszenierung auf die Bühne gebracht.

Mehr als 150 Mitwirkende standen bereit, als es zum ersten Mal hiess: Vorhang auf für das vergnügliche Tanzspektakel »Mary Poppins«. Die Briger Tanzschule A+O hatte eine mitreissende Bühnen-Show erarbeitet, die begeisterte. Mit dabei war Gross und Klein, Alt und Jung, Hip Hop und Ballett, Jazz, Kindertanz, Tanzfreudige und vorprofessionell Auszubildende auf ihrem Sprungbrett auf die grossen europäischen Bühnen.

Mein Drehbuch für die A+O-Tanzshow basiert auf Szenen aus den vier Mary-Poppins-Romanen. Nach einer Tanzouvertüre führt uns Mary Poppins Erzählstimme durch das Tanzspektakel. Sie macht uns bekannt mit Bert, dem Schornsteinfeger, und mit der Familie Banks, die für die beiden übermütigen Teenager Jane und Michael wieder mal eine neue Privatlehrerin sucht.

Mary Poppins verfügt über ganz besondere Erziehungsmethoden. Dies wird bereits bei ihrem ersten Auftreten deutlich. Sie versüsst die Arbeit jeweils mit einem »Löffelchen voll Zucker«. Spass bereitet die Arbeit auch Bert, dem Schornsteinfeger. Er malt süsse Blütenträume auf die Strassen.

Einfach supercalifragilistigexpialigetisch ist aber die tolle Tanz-Show, die ist derart umwerfend schön, dass man mit geschärften Sinnen gar versteht, was sich die Vögel zuzwitschern. Wo aber bleibt das »Löffelchen voll Zucker« in der Welt des Geldes? Die Flucht aus der lieblosen Wirtschaftswelt endet hoch oben auf den Dächern der Stadt, in einer Zauberwelt nahe dem Sternenhimmel. Jane und Michael sind selbständig geworden und die Familie ist wieder ein Herz und eine Seele. Mary Poppins hat ihren Auftrag erfüllt und entschwebt – natürlich ebenfalls supercalifragilistigexpialigetisch.

Unser Resümee: Phänomenal! Grossartig! Umwerfend! Das Theater La Poste dreimal ausverkauft! Das begeisterte Publikum feierte die über 150 Mitwirkenden mit Ovationen und mit Szenenapplaus. Was das Team A+O Tanz unter der Leitung von Tanzpädagogin Jeannette Salzmann auf die Bühne zauberte, das war eine ganz grosse Kiste im Stile einer Broadway-Show.

Als Texter des Tanzspektakels »Mary Poppins« war ich gespannt wie der Regenschirm von Mary Poppins. Wie würden die Choreographinnen mein Drehbuch umsetzen? Aus vier Büchern mit Mary-Poppins-Geschichten hatte ich bühnenwirksame Episoden zu zusammenhängenden Szenen zusammengestellt. Was ich zuerst auf Dutzenden von Drehbuch-Seiten mit vielen Worten ausbreiten durfte, das ging nun auf in wortloser Körpersprache, in getanzten Szenen und in ausdrucksstarker Choreographie. Was blieb, das war ein Text-Konzentrat, das war die Erzählstimme der Mary Poppins, die ruhig, gesetzt und ordnend aus den Lautsprecher-Boxen drang. Ergänzend zur Choreographie boten die eingängigen Melodien dem Publikum eine zusätzliche Interpretationshilfe. Unter der Leitung von Jeannette Salzmann und der Co-Assistenz von Michel Briand erarbeiteten die Tanzschaffenden Désirée Abgottspon, Isabelle Berchtold, Nathalia Elsig, Noemie Jeitziner, Rome-one Malcotti, Sonja Metzenbauer, Janyce Michellod und Patricia Ruppen Damouh eine aussdrucksstarke Inszenierung.

Mit einer unglaublichen Power schraubte sich das Tanzspektakel dem spektakulären Schlussbild entgegen. Eindrücklich das Zusammenspiel von Alt und Jung, Hip Hop und Ballett, Jazz und Kindertanz, vorprofessionell Auszubildenden und gestandenen Profis. Was all die tanz- und spielfreudigen Protagonist*innen auf der Bühne auszeichnete, das war ihre Tanzfreude und ihre unbändige Spiellust. Wunderschöne Kostüme und Tanzkleider, von klassisch bis flippig, sorgten für den mondänen Broadway-Touch. Ob Bienchen, ob Pinguine, ob Ballettänzerinnen oder Walzerköniginnen, ob kostümiert als Regentropfen oder ausgerüstet als Spiegelchen, alle gaben sie ihr Bestes. Dass die Talente ungleich verteilt sind, und dass man erst als Teenie oder sogar erst als Erwachsener seine Top-Leistung abrufen kann, das sei hier bloss als Randnotiz eingeschoben.

Nicht selten war die grosse La Poste-Bühne bis auf den letzten Quadratmeter von Tänzerinnen in Beschlag genommen. Michael und Jane, die beiden pubertierenden Wundertüten, gingen im Publikum auf, verschwanden für Minuten, und waren rechtzeitig wieder zurück. Die ganz in Rot gekleidete Mary Poppins, immer mit dem obligaten Schirm und dem omnipräsenten Löffelchen voll Zucker ausgestattet, bestimmte schreitend, springend, rennend und schwebend als magische Persönlichkeit das Bühnengeschehen. Das sich leicht bewegende Bühnenbild sorgte für ein stimmungsvolles Ambiente. Relativ harte Musikstücke erfuhren eine Abschwächung und Einbindung im Wechsel mit stimmungsvollen und romantischen musikalischen Sequenzen.

Viel Phantasie und Kreativität verströmten die Songs, die poppigen und rockigen Töne genauso wie die romantischen und klassischen Musikstücke. Die mit »Mary Poppins« eng verbandelten Musikstücke sorgten für Wiedererkennungswert, während die Evergreens und die aktuellen Songs das Tanzspektakel erklärend und ergänzend in unsere Zeit beförderten. Das war ein grossartiges Tanzspektakel. Einfach supercalifragilistigexpialigetisch.

Die Aufführungen der Tanzschule A+O Tanz haben Tradition. Alle zwei Jahre entführt Leiterin Jeannette Salzmann ihre Tänzerinnen und Tänzer auf die grosse Bühne. Dass »Mary Poppins« frei nach einem Drehbuch von mir zum Zuge kam, ist für mich eine grosse Ehre und ich freue mich sehr darüber. Leiterin Jeannette Salzmann konnte auf die Co-Assistenz von Michel Briand zählen. Die tänzerische und pantomimische Inszenierung erarbeiteten die Tanzschaffenden Désirée Abgottspon, Isabelle Berchtold, Nathalia Elsig, Noemie Jeitziner, Rome-one Malcotti, Sonja Metzenbauer, Janyce Michellod und Patricia Ruppen Damouh mit viel Herzblut und mit grossem Können.

Möge »Mary Poppins« den vielen Begeisterten unseres Tanztheaters zu einem Sprungbrett für die persönliche und tänzerische Selbstverwirklichung werden! Bereits sorgt das nächste Spektakel für Vorfreude. Thematisch warten wir mit einer Einladung auf: »Tanz mit mir um die Welt«.

Romanstory

Kann man einen Roman auf weniger als 200 Seiten erzählen? Diese Frage habe ich mir beim Schreiben meines Erinnerungs-Romans »Vergiss nicht die Blumen in deinem Haar« oft gestellt. Aber ja, das geht. Allerdings ist dazu der Einsatz einiger literarischer Kunstmittel vonnöten. Der Ich-Erzähler darf nicht seine vollständige Story in chronologisch lückenloser Manier vermitteln. Der Ich-Erzähler ist ein Fragment des Autors, der ausgewählte Erinnerungen in seinen Roman hineinverpackt. Der Ich-Erzähler berichtet von einer bruchstückhaften Vergangenheit, die ihn auch jetzt noch beschäftigt und verfolgt. Vieles ist fragmentarisch und bloss angedeutet. Der Kurzroman darf nebulös bleiben, die Geschehnisse sind angesiedelt zwischen Realität und Traum. Vieles muss die Leserin oder der Leser selber weiterdichten oder weiterträumen. Dies ist zweifellos eine Chance für die Leserschaft. Je kompakter ein Text ist, desto mehr Konzentration verlangt er jedoch dem Leser auch ab.

Der norddeutsche Dichter Theodor Storm hat mich mit seiner literarischen Kurzform beeinflusst. Eine Lese-Reise führte mich an die Nordsee. Von Hamburg bis Husum. Es sollte auch eine literarische Spurensuche werden. Husum – »die graue Stadt am grauen Meer« hat durch den Dichter und Schriftsteller Theodor Storm Weltruhm erlangt. In der Heimatstadt von Storm lesen und schreiben, davon habe ich seit meiner Studienzeit geträumt. Und natürlich den Ufern des legendären Wattenmeers entlang laufen, immer auf den Spuren des »Schimmelreiters«, dieser mysteriösen Figur aus Storms gleichnamiger Novelle. Und – ach ja! – für mich die schönste Novelle der deutschsprachigen Literatur, sie heisst »Immensee«.

Der Meister des schmalen Bändchens ist der Franzose Patrick Modiano. Für seine Kurzromane hat er im Jahr 2014 den Nobelpreis für Literatur erhalten. Immer drehen sich seine Geschichten um das Erinnern. »Schlafende Erinnerung« heisst einer seiner Kurzromane mit gerade einmal 112 Seiten. Darin spielt er mehr denn je mit autobiographischen Erinnerungen. Das heimliche Zentrum ist die Stadt Paris in den 60er-Jahren. Patrick Modiano beschreibt die Jahre der Jugendrevolte in der Stadt der Liebe mit viel verführerischem Charme.

Kurzromane sind Stimmungsbücher. Meistens handelt es sich um eine ganz besondere Stimmung, die entsteht, wenn man Geschichten aus der Vergangenheit auftischt. Die Handlung eines Kurzromans ist aufgesplittet, es wird nicht linear erzählt, sondern bruchstückhaft. Oft berichtet der Erzähler aus verschiedenen Epochen. Dazwischen entstehen Zäsuren und Leerstellen, die Platz bieten für eine Interpretation der Leser. Zweifellos sind Kurzromane anspruchsvoller als Romane, die 300 Seiten oder mehr aufweisen, und die alles ausbreiten, was die Lerser*innen zum Verständnis brauchen. Die Kürze, das Kompakte, lässt der Leserschaft viel Interpretationsraum. In einem Buch soll eine Welt entstehen. Es ist nun aber nicht das Ziel des Autors, diese Welt vollständig abzubilden. Das eigene Dazutun der Leserschaft soll seinen Platz bekommen.

~

Der Start zu meiner ersten Lesetour mit meinem Roman-Erstling wird mir immer in bester Erinnerung bleiben. Der gefilmte Live Talk mit Kollegin und Moderatorin Maya Burgener im »La Fleur« in Ried-Brig begeisterte vor blumig-romantischer Dorfkulisse. Am Brigerberg, dort wo einige dramatische Szenen des Romans spielen, bot sich auch eine hervorragende Gelegenheit, die politisch-gesellschaftliche Dimension des Romans »Vergiss nicht die Blumen in deinem Haar« in einer fachkundigen Talkrunde aufzuarbeiten.

Der Flower-Power-Roman mit einem Ich-Erzähler wirft Fragen auf. Moderatorin Maya Burgener erwies sich als gewiefte und literarisch wie politisch bestens beschlagene Talkerin. Wie viel Autobiographisches ist dabei? Was ist von der 68er-Bewegung bis heute geblieben? Waren Werte wie die »Freie Liebe« bloss eine Affiche oder steckte mehr dahinter? Protagonistin im Roman ist Dana, ein Hippie-Girl. Die literarische Technik der Rückblende erlaubt es, Dana in verschiedenen Zeiten zu erleben. Heute lebt sie als Tänzerin und Schauspielerin auf Ibiza. Sie kommt als Schauspielerin ins Wallis und hätte einen Part im Melodram »Out of Africa« geben sollen. Aus touristisch naheliegenden Gründen drängt sich eine Neuverfilmung im Naturreservat am Simplon auf. Doch Dana wird Zeugin, wie ein afrikanischer LKW-Fahrer am Simplon verunglückt. Wie damals in der 68er-Revolution stellt sich für sie die Frage, wie sich in der Provinz verwirklichen lässt, was damals im Weltgeschehen geboren wurde. Dana suchte als junge Frau nach Inspiration auf dem Hippie-Trail von London nach Goa. Zwar haben sich die Zeiten geändert. Die Grundbedürfnisse der Völker sind aber gleich geblieben. Ein Leben in Freiheit und Sicherheit gehört dazu. Das klägliche Versagen der Politik am Simplon steht exemplarisch für die Flucht ins Administrative und Belanglose, während die »Long hanging fruits«, die lebenswichtigen Probleme, auf die lange Bank geschoben werden.

Bräuchte es nicht auch heute wieder eine phantasievollere Politik? Darüber diskutierten in einem zweiten Teil spannende Gäste unter der Leitung von Maya Burgener. Die bürgerliche Politikerin und Stadträtin Lucia Näfen und der Werber und Kommunikationsspezialist Erich Heynen sorgten für eine sehr aufschlussreiche, aber durchaus auch witzige und clevere Gesprächsrunde. Bräuchte es nicht auch wieder diese blumig-phantasievolle Politik, die damals den Vietnam-Krieg stoppte, die der Erziehung und der Gesellschaft neue Wege wies? Eine Politik, die Unmögliches möglich macht? Eine Politik, die mit bürgernahen Happenings und Aktionen antritt gegen eine verkrustete Wirtschafts-Lobby und gegen ein politisches Establishment, das Rentabilität und Gewinn höher einschätzt als Werte wie Freiheit und Sicherheit? Lucia Näfen ebenso wie Erich Heynen warteten mit grossartigen Statements auf.

Wie wünschte ich mir diese phantasievolle Zeit zurück! Wie wünschte ich mir dieses Engagement zurück, das die Jugend der Welt vor 50 Jahren bewegt hatte. Wir alle fühlten uns als Teil einer einzigen Welt. In Zürich genauso wie in San Francisco. Mit Happenings, mit politischen Aktionen und mit unvergesslichen Songs setzten junge Menschen auf der ganzen Welt der brachialen Gewalt und Machtpolitik der Kriegs- und Nachkriegszeit ein Ende. Und die Jugend der Welt hoffte auf eine blumige und bewegte Zukunft. Auf dass auch Unmögliches möglich werde. Und sie standen zusammen, mit Liebe im Herzen und mit Blumen in den Haaren.

~

Machen Lesen und Schreiben wirklich glücklich? Natürlich gibt es eine ganze Branche, die vom Lesen lebt. Als Germanist, Literaturexperte und Buchautor gehöre ich wohl auch dazu. Nüchtern betrachtet müsste aber schon zu denken geben, dass fast ein Drittel der Menschen in unserem Land in diesem Jahr wohl noch kein einziges Buch gelesen haben. Dagegen etwas zu tun ist notwendig, denn Menschen, die nicht lesen können oder wollen, sind von Wissen und Bildung und damit vom beruflichen Erfolg ausgeschlossen. Natürlich frönen heute viele dem digitalen Lesen auf dem Smartphone und anderen Online-Medien. Aber glauben Sie mir, dem digitalen Lesen fehlt so ziemlich alles, was sinnlich, empathisch und glücklich macht. Allerdings kann auch das analoge Lesen keine Wunder wirken. Wer liest, um glücklich zu werden, der ist ein Träumer und lebt mit dem Kopf in den Wolken.

Es gibt aber auch unglückliche Leserinnen und Leser. Ja, auch das gibt es. Leser*innen sind nicht zu vergleichen mit einer Herde weisser Schafe, die in einem Königreich voller Bücher leben. Beispiele? In Flauberts Roman »Madame Bovary« beginnt das Unglück einer hübschen und erotischen Frau damit, dass sie endlos und immerzu Romane liest. Diese ausfernde Lektüre beschädigt ihr Bild von der

Wirklichkeit nachhaltig. Das schlagende Argument dafür, dass das Lesen auch Unglück mit sich bringen kann, lieferte aber Cervantes mit seinem »Don Quijote«. Auch Don Quijote, der berühmte Ritter von der traurigen Gestalt, hatte so viele Romane gelesen, dass er, entfremdet von der Wirklichkeit, gegen Windmühlen ankämpfte und sich zum Gespött der ritterlichen Gesellschaft machte. Nun gut, das ist schon eine ganze Weile her. Der Gesellschaftsroman über die erotisch-selbstsüchtige Madame Bovary erschien bereits im Jahr 1856. Und Cervantes brachte die hirnrissigen Leseabenteuer seines Ritters von der traurigen Gestalt bereits 1605 zu Papier.

Und heute? Heute liegen uns wissenschaftliche Studien vor, die stichhaltig beweisen, dass Lesen glücklich macht. Lesen versetzt uns in einen Flow. Wer sich in ein tolles Buch versenkt, der taucht schon nach ein paar Seiten ab in eine Parallelwelt, vergisst Raum und Zeit, und taucht erst Stunden später wieder im grauen Alltag auf. Dies hat eine seriöse wissenschaftliche Studie der Universität von Liverpool ergeben. Um einen »Flow«, ein Glücksgefühl also, zu erleben, braucht es allerdings den Griff zum Buch, das perfekt passt. Die Geschichte darf beim Lesen nicht zu billig wirken, und es sollte auch keine allzu gestelzte und elaborierte Story sein. Nur wenn das Lesen auch sinnlich und lustvoll ist, kann sich bei der Leserin oder beim Leser ein Flow einstellen. Ähnlich wie beim Sport muss allerdings auch das Lesen mit einer gewissen Anstrengung verbunden sein. Nur dann werden körpereigene Hormone ausgeschüttet und wir fühlen uns gut und glücklich.

Lesen kann uns glücklich machen, wenn wir als Leser*innen uns so gut in eine Geschichte einfühlen, dass wir selber eine Figur darin werden. Wenn uns ein Buch fesselt, dann sind wir emotional mit der Geschichte verbunden. Shira Gabriel und Ariana Young von der amerikanischen Buffalo-University haben während eines Versuchs herausgefunden, dass man umso glücklicher wird, je mehr man sich in eine Geschichte empathisch hineingezogen fühlt. Ihre Probanden mussten Texte aus »Harry Potter« und »Twilight« lesen, danach wurden sie getestet. Das Resultat des Versuchs war erstaunlich: Je stärker das Zugehörigkeitsgefühl zu den fiktiven Figuren in der Geschichte war, desto grösser war bei den Leser*innen dann auch die zufriedene und glückliche Grundstimmung.

Viele Menschen fühlen sich in der heutigen komplexen Welt unverstanden. Und viele können sich auch nicht genügend in ihre Mitmenschen einfühlen. Das Einfühlungsvermögen, die Empathie, lässt sich jedoch mit Lesen signifikant verbessern. Warum? Wer liest, beschäftigt sich mit den Situationen, Bedürfnissen und Konflikten der Figuren in der Story. Ähnlichkeiten und Strukturen aus dem Beziehungsgefüge der Figuren lassen sich aus dem fiktiven Geschehen abstrahieren und auf die Mitmenschen im Alltagsleben übertragen. Wer viel liest, verfügt also über eine grosse Vielfalt von Lebenswelten. Mit anderen Worten: Eine Leserin oder ein Leser versteht die verschiedenen Welten, denen die Mitmenschen angehören, besser.

Unter Nicht-Lesern werden depressive Verstimmungen deutlich häufiger diagnostiziert als bei Leserinnen und Lesern. Auch dies haben die Leseforscher der Universität von Liverpool herausgefunden. Die Geschichten, die wir lesen, stabilisieren unsere Psyche und schaffen ein Zugehörigkeitsgefühl. Als Lesende sind wir in Gesellschaft von (fiktiven) Personen und können zusammen mit ihnen der Einsamkeit entkommen. Beim Lesen tauchen in uns auch immer bereits vergessene oder unterdrückte Gefühle wieder auf. Das Lesen trägt damit viel dazu bei, Sinn, Lust und Glück in unserem Leben zu erhalten oder gar neu zu schaffen.

Laufsport

Als Präsident des Laufsportverbandes durfte ich, zusammen mit Kolleginnen und Kollegen, dem Laufsport neue Impulse zu verleihen. Erstmals fand während meiner Amtszeit ein Frauenlauf statt.

Zusammen mit befreundeten Familien hob ich den »Stockalperlauf« aus der Taufe, der vom Stockalperschloss in Brig hinauf zum Hospiz auf dem Simplon führte. Zum Gedenken an die Unwetterkatastrophe starteten wir zum Stockalperlauf jeweils Mitte September. Der historische Lauf lockte die besten europäischen Läufer*innen an den Fuss des Simplons. Als eines Tages sogar Weltmeister Jonathan Wyatt am Start stand, wurde uns bewusst, dass der Stockalperlauf auch international ein ausgezeichnetes Renommee genoss.

Angefangen hatte ich mit dem Laufen in den 90er Jahren. Mit angehenden Lehramtskandidatinnen durfte ich eine Herbstwoche in einem leerstehenden Kloster inmitten der Tessiner Kastanienwälder verbringen. Wir hatten uns alle riesig auf diese Intensivwoche gefreut. Doch plötzlich lief uns alles aus dem Ruder. Hatten wir auf eine wohltuende und stressabbauende Wirkung in der Einsamkeit gehofft, trat genau das Gegenteil davon ein. Die Abgeschiedenheit traf uns alle wie eine Keule, der Lagerkoller verwandelte vernünftige junge Menschen innert kürzester Zeit in depressive Klinikanwärter. Eine dunkle und gewittrig-schwüle Nacht brach an voller nutzloser Gespräche. Da waren gleichen mehrere Welten aus den Fugen geraten.

Als die Sonne aufging, schnürte ich meine Laufschuhe und lief eine Stunde lang allein durch die prächtigen Tessiner Kastanienwälder. Als ich zurückkam, fühlte ich mich zwar körperlich müde, aber zuversichtlich und glücklich, so dass ich innert kürzester Zeit die angespannte Situation im Lager beruhigen konnte. Diese Sternstunde im Tessin hat mich zum Läufer gemacht.

Was war mit mir während des Laufens in den Tessiner Kastanienwäldern geschehen? Eine Antwort fand ich im ganzheitlichen Kommunikationsmodell. Wer eine physische (körperliche) Leistung erbringt, der beeinflusst seine emotionale Gestimmtheit und diese wiederum beeinflusst das Kognitive, also die Denkleistung. Wie aber hängen diese drei Ebenen zusammen? Diese Frage sollte mich über Jahre beschäftigen.

Wie kann das sportliche Laufen zum Beispiel eine Examensvorbereitung unterstützen? Wie intensiv muss der physische Stimulus sein, damit er die emotionale Gestimmtheit beeinflussen und die kognitive Leistung verbessern kann? Ich tat mich mit einem Kollegen der ETH Zürich zusammen, um wissenschaftliche Antworten auf diese Fragen zu finden. Ich habe eine Formel entwickelt, die angibt, wie viel physische Leistung vonnöten ist, um das emotionale Korsett ideal zu beeinflussen und die kognitive Leistung optimal zu unterstützen und zu fördern.

Eine neue wissenschaftliche Arbeit stützt nun meine Forschungen von damals. Professor Ulrich Bartmann von der Fachhochschule Würzburg kommt in seinem Buch »*Laufen und Joggen für die Psyche*« zu ähnlichen Ergebnissen. Dabei stützt er sich auf Cattels Faktorenmodell. Dieses Modell basiert auf 16 einzelnen Faktoren, die der Forscher Cattel mit dem 16-Persönlichkeits-Faktoren-Test, kurz 16PF, erfasst. Die 16 Einzelwerte ergeben das Persönlichkeitsprofil eines Menschen.

Mit dem 16PF-Test wurde eine Vielzahl von Studien an Läufer*innen durchgeführt. Fasse ich die verschiedenen Dimensionen des Cattelschen Modells zusammen, erhalte ich folgendes *Persönlichkeitsbild des typischen Läufers*. Läuferinnen und Läufer sind:

- intelligent und zuverlässig,
- emotional stabil und reif,
- ernst, aber trotzdem phantasievoll,
- selbstsicher und nicht abhängig von Gruppen,
- entspannt und locker

Diese Eigenschaften dürfen nach den umfangreichen wissenschaftlichen Untersuchungen als die Merkmale gelten, die bei Läufer*innen stärker ausgeprägt sind als bei Nichtläufer*innen.

Meine persönliche Schlussfolgerung: Wer die gesamte Lebensplanung periodisiert und sich hin und wieder mit einer physischen

Leistung einen emotionalen und kognitiven Kick verpasst, der führt ein interessantes, abwechslungsreiches, fantasievolles und kreatives Leben. Aus diesem Grund habe ich meine Laufkarriere im reifen Alter noch einmal neu lanciert.

Blog Literatur

Literatur mit mir, die gibt es einerseits als Radio-Sendung »Literaturwelle«, andererseits im »rro Blog Literatur« als Hintergrund mit Text, Bild und Ton. Und ja, ich bin sehr gerne überall dort dabei, wo sich Autor*innen, Schriftsteller*innen und Literat*innen ein Stelldichein geben.

Ein Blog Literatur eröffnet Perspektiven. Im Unterschied zu den Beiträgen in den übrigen Medien, die ich möglichst ausgewogen zu gestalten versuche, darf ich als Blogger persönlicher und subjektiver aus und über die Welt der Literatur schreiben. Als Germanist und als Autor komme ich vom Schreiben her. Im Blog Literatur ist es mir erlaubt, auch pointiert eine eigene Meinung zu vertreten. Und ja, es gibt auch bei uns zahlreiche Autorinnen und Autoren, und auch diese schätzen meinen Blog Literatur, weil sie da eine ehrliche und – wie ich hoffe – auch fundierte und fachlich kompetente schriftliche Rezension zu ihrem Text, zu ihrer Präsentation oder zu ihrer Vernissage bekommen. Mein Blog Literatur wird mittlerweile auch in der Fachliteratur zitiert, eine Anerkennung, die wir alle ganz besonders schätzen. Persönlich bin ich zu vielen Anlässen eingeladen, und selbstverständlich ist der Blog Literatur ein guter Ort, um über kulturelle Events landauf und landab zu berichten, zu kommentieren oder zu diskutieren.

Der Blog Literatur ist ein weites Feld. Literatur ist heute ein wichtiger Bestandteil eines jeden kulturellen Anlasses. Da sind einerseits die Bücher, aber auch Filme und Theaterstücke gehören zur Literatur. Spätestens seit dem Literaturnobelpreis für den Musiker und

Sänger Bob Dylan sind auch die Songwriter mit ihren Songs und Liedern ein wichtiger und anerkannter Bestandteil der Literatur. Ob gesungen, gespielt, gesprochen oder geschrieben – Literatur kommt heutzutage in mannigfachem Gewand daher.

Mein Blog Literatur ist mit Medien verlinkt. Auch aus diesem Grund achte ich darauf, dass die Frau oder der Mann von der Strasse auch etwas mit meiner Schreibe anfangen kann. Ein Blog darf selbstredend auf wunde Stellen hinweisen, im Blog Literatur darf ich pointiert schreiben. Es ist mir zudem erlaubt, auch hin und wieder mal auf einem Nebengeleise zu fahren, also über etwas zu bloggen, was nicht eh schon überall in den Schlagzeilen ist. Vor allem sind mir eigene Begegnungen und Erlebnisse aus dem Umfeld des Literaturbetriebs immer wieder mal Antrieb und Motivation zum Schreiben. Literatinnen und Literaten treffe ich zu einem fachlichen und persönlichen Meinungsaustausch, aber auch mit ganz vielen regionalen Talenten sitze ich regelmässig zusammen zum Fachsimpeln, und da erfährt man die besten und packendsten Geschichten.

Im Blog Literatur lassen sich Geschichten bestens aufarbeiten und verarbeiten. Immer wieder bieten sich gesellschaftlich relevante Themen an, die sich als trendig und aktuell erweisen. Dazu auch wünschenswerte oder manchmal auch fatale Entwicklungen, die regional, national oder weltweit die Menschen berühren und bewegen. Dieses weite Feld aus der Sicht des Literaten und Germanisten zu kommentieren und mit einem Hintergrund zu versehen – das gehört zu meiner Profession und zu meiner Passion.

Rezensionen

Eine gute Kritik kann weiterhelfen. Doch nur wenige verstehen sich auf die Kunst des guten Kritisierens. Viele kritisieren andere bloss negativ und lassen dabei ihren eigenen Frustrationen freien Lauf.

Im Literaturbetrieb galt Elke Heidenreich lange Zeit als die gefragte Kritikerin. Wer viel kritisiert, der polarisiert. Gewiss bringt Frau Heidenreich viele zum Lesen. Doch manchmal liegt sie mit ihren Beiträgen auch ganz schön quer in der Landschaft. Auch als Star-Kritikerin darf man jedoch nicht alles. Im Spätsommer 2016 lief ein »Literaturclub« im SRF auch wegen Elke Heidenreich völlig aus dem Ruder. Man traute seinen Ohren kaum, als die gewiefte Kritikerin völlig ausrastete: »Es ist grauenhaft, dieses Buch. Es ist entsetzlich, es ist ein Albtraum, es zu lesen. Das Buch ist unehrlich, verlogen, konstruiert. Und wenn das ernst gemeint ist, dann hat die Autorin eine ernsthafte Störung.« Weshalb Frau Heidenreich derart ausflippte? Sie enervierte sich über das Debüt der 26-jährigen Zürcher Autorin Michelle Steinbeck. Das war gar nicht fein von Frau Heidenreich. Das war grob, frech und falsch. Falsch deshalb, weil sie vom Werk auf das Leben der Autorin schloss. Falsch auch deshalb, weil Frau Heidenreich eine Autorin, deren Werk sie für nicht gut befand, als Person abqualifizierte und sie für »gestört« erklärte. Niemandem darf es erlaubt sein, Künstler wegen eines unliebsamen Werkes als geisteskrank zu erklären. Eine Umfrage hatte damals mit über 70 Prozent der Stimmen ergeben, dass Frau Heidenreich im »Literaturclub« des SRF nicht mehr tragbar sei. Doch Heidenreich garantiert Quoten, und konnte sich wohl auch deshalb an den für sie reservierten Kritiker-Stuhl klammern.

Eine Rezension schreiben erfordert tatsächlich viel Zeit, ein feines Gespür und vor allem ein umfassendes literarisches Wissen. Eine gute Literaturkritik beginnt mit der Aufschlüsselung des Titels, der den Inhalt und die Bedeutung des Buches abbilden soll. Die einzelnen Bestandteile des Werks sind sodann zu überprüfen und einzuordnen: Wie ist die Handlung gestaltet? Ist sie als abstrakte oder psychologische Reise angelegt? Oder sind einfach Ereignisse aneinander gereiht? Wie beeinflusst der Schauplatz das Thema und die Stimmung? Wie funktioniert das Zusammenspiel der Haupt- und Nebencharakteren? Welches sind ihre Rollen?

Verändert sich der Charakter des Protagonisten in der Geschichte? Wächst oder zerbricht er an den Herausforderungen? Wie harmonieren die Teile des Handlungsablaufs (Konflikte, Höhepunkt, Lösung) miteinander? Gelingt es dem Stück, die angestrebte Zielsetzung und Bedeutung zu erreichen? Was möchte der Autor oder die Autorin thematisch vermitteln? Aus welchen Erzählperspektiven heraus ist das literarische Werk geschrieben? Es gilt sodann, eine eigene Interpretation zu erarbeiten, die dem Werk gerecht wird. Als Rezensent stelle ich eine These auf, die sich mit Belegen untermauern lässt. Aufgrund der Literaturanalyse lässt sich das Werk schliesslich aufgrund objektiver und subjektiver Kriterien einordnen. Schlussendlich ist abzuklären, ob und wie die angewandten Techniken und Kunstmittel zur Gesamtbedeutung des Textes beitragen.

Kritik und Anerkennung sind konstruktive Führungsmittel, welche die Verhaltensmotivation der Mitarbeiter*innen in jedem Betrieb positiv beeinflussen können. Immer wieder jedoch begehen Kritiker*innen bewusst oder unbewusst den Fehler, Kritik nicht auf die Leistung zu beziehen. Wer persönlich wird, hat meistens schon verloren.

~

Als Rezensent von literarischen Werken hat man ja so seine Abenteuer. Abenteuer auch in Form von spannenden Zusendungen. So weckte vor Jahren ein geheimnisvolles Päckchen meine Neugierde. Der Inhalt des Päckchens bestand aus einem Buch, beschriftet mit »Die Legende von Qatna«, und einer kleinen Schachtel mit einer Tube. Im beigelegten Brief las ich die folgende nur für mich bestimmte Botschaft:

»Es gibt auf unserer Welt immer noch Geheimnisse. Eines der grössten Mysterien der Menschheit ist bis heute ungelöst. Noch niemand hat eine stimmige Antwort gefunden auf die wichtigste Frage, die uns alle

beschäftigt. Wie findet ein Mensch zum anderen? Buch und Tube geben eine Antwort auf diese heisse Frage.«
Warum finden wir einen Menschen so unglaublich anziehend und attraktiv und ein anderer lässt uns gänzlich kalt? Ist es eine ganz eigene Art von Schönheit, die nicht auf alle Menschen gleichermassen anziehend wirkt? Was macht uns schwach für eine neue Partnerin oder für einen neuen Partner? Ist es vielleicht die Kombination von äusserer und innerer Schönheit? Was aber ist innere, was ist äussere Schönheit? Was heisst das, wenn die »Chemie« zwischen zwei Menschen stimmt? Eben. Genau dies ist eines der letzten ungelösten Geheimnisse der Menschheit. Man darf von einem Mysterium sprechen, das schon uralt ist. »Die Legende von Qatna«, das Buch im Päckchen, möchte dieses letzte Geheimnis lüften. Die Legende aus dem alten Ägypten zog mich vollends in ihren Bann.

Was wussten die alten Ägypter? Nun ist ja die Ägyptologie eine überaus spannende Wissenschaft. Im letzten Jahrhundert geriet die Ägyptologie zur Ägyptomanie, zu einer Wissenschaft, die in krankhafter Hochstimmung auch von Amateuren ausgeübt wird. Man hegt den Glauben, dass viele Errungenschaften von uns Europäern sich bereits im alten Ägypten finden lassen. Wussten demnach vielleicht die alten Ägypter auch, wie man den richtigen Partner finden kann? Wussten die alten Ägypter, was uns schwach macht für eine Partnerin? Wussten die alten Ägypter, was wirkliche Schönheit ausmacht? Was uns anziehend und attraktiv macht? Im Jahr 48 vor Christus wickelte die ägyptische Königin Cleopatra den römischen Kaiser Julius Cäsar um den Finger, um ihren verlorenen Thron zurückzugewinnen. Welche Verführungskünste mag sie dabei angewandt haben?

Eine alte Legende berichtet davon, dass ein Archäologe wie besessen versucht hatte, zwei antike Tontafeln zu entschlüsseln. Die Tontafeln waren zurzeit von Cleopatra und Cäsar vom Schreiber der Königin von Qatna beschrieben worden. Alles, was die Tafeln dem Archäologen offenbarten, das war die Gewissheit, dass sie das Rezept für ewige Schönheit und Anziehungskraft enthielten. Die Tontafeln versprachen eine Antwort auf die Frage, wie ein Mensch zum anderen findet. Der Archäologe schaffte es nicht, die Schrift auf den Tafeln zu entschlüsseln. Er starb, ohne sein Lebenswerk vollendet zu haben. Die »Tafeln der ewigen Schönheit« blieben verschlüsselt.

Soweit die einigermassen glaubwürdige Legende. An diesem Punkt setzt die Fiktion ein. Tina, eine kreative Geschäftsinhaberin, träumt nachts von der schönen Königin von Qatna und von ihrem Schreiber, der die Tafeln damals beschriften liess. Verrät ihr der Schreiber im Traum, was die Tafeln enthalten? Gelingt es ihr, das Geheimnis der ewigen Schönheit den Tafeln zu entlocken? Oder scheitert sie? Verfällt sie einem alten Fluch, der über den Tafeln lastet? Wird sie für ihre Gier nach Schönheit grausam bestraft? Hier nur so viel: Das letzte grosse Mysterium der Menschheit wird wohl weiterhin ungelöst bleiben.

Der Trost kommt jedoch aus einer kleinen Tube. Die Tube, beschriftet mit »The secret of Qatna«, enthält ein paar Spritzer dieser ewigen Schönheit. Ein paar Spritzer, die den Leser unwiderstehlich und anziehend machen. Zwar stammen die Spritzer nicht von der Königin von Qatna, aber immerhin von einer Schweizer Schönheitsfirma. Sie meinen, liebe Leser*innen, das alles sei nur geschickt verpackte Werbung? Vielleicht ist es so.

Die Frage, die sich einem Rezensenten von Literatur allerdings stellt, ist die folgende: Darf spannende und gut geschriebene Literatur auch zweckbestimmt sein? Kann Literatur auch dann noch hochstehend und schöngeistig sein, wenn sie lediglich ein Schönheitsmittel aus der Tube bewirbt?

~

Wer publiziert, übernimmt Verantwortung. Ob es sich nun um einen Text, um eine Aussage oder um einen Werbeslogan handelt – alles, was für die Öffentlichkeit bestimmt ist, benötigt Einfühlungsvermögen und Anpassung. Auch arrivierte Schriftsteller*innen überlassen ihre Texte vor der Veröffentlichung einem kritischen Lektorat. Dies ganz einfach deshalb, weil oftmals die nötige Distanz zum eigenen Schaffen fehlt. Ein Zweitleser oder Lektor erkennt mögliche Fehlinterpretationen auf der Leser- oder Empfängerseite.

Nebst einem Zweitleser ist auch ein zuverlässiger »Innerer Kritiker« nötig. Dabei handelt es sich um eine innere Stimme, die sich immer dann meldet, wenn wir im Begriffe sind, Fehler zu begehen. »Der innere Kritiker« verlangt von uns ein faires und ethisch einwandfreies Verhalten.

Die Sensationspresse und vorab die Werbung schalten den »Inneren Kritiker« häufig aus. Sie will Aufmerksamkeit erregen, auffallen, provozieren. Koste es, was es wolle. Manchmal wird ein Werbetext, der ohne den »Inneren Kritiker« zustande kam, zum vermeintlichen Rohrkrepierer. Die Oberwalliser Bergbahnen priesen ihre Skipisten mit Hilfe von Kokain-Linien an. Und das von Felsstürzen bedrohte St. Niklaus schaltete Eigenwerbung mit dem Slogan »Zaniglas bringt Steine ins Rollen.« Derart doppelbödige Slogans spielen offensichtlich mit Fehlinterpretationen auf der Leser- oder Empfängerseite. Beabsichtigt oder unbeabsichtigt? Falls unbeabsichtigt, müssten sich die Verantwortlichen ein gehöriges Mass an Unbedarftheit und Amateurismus vorwerfen lassen. Wer schon nicht über einen »Inneren Kritiker« verfügt, der müsste sich beraten lassen. Doch häufig handelt es sich bloss um »vermeintliche« Rohrkrepierer. Der wichtigste Grundsatz eines attraktiven (Werbe-)Textes bleibt trotzdem erhalten: Hauptsache, man spricht von mir, egal wie.

»Der innere Kritiker«, der uns mit Kommentaren unter Druck setzen kann, hat viele Namen. »Der innere Kritiker« liesse sich wohl einigermassen treffend umschreiben mit »Das eigene Gewissen«. Befeuert vor allem durch die sozialen Medien, ist für viele heute das Ausschalten des »Inneren Kritikers« ein erfolgversprechendes Mittel. Auf Instagram hat die deutsche Schauspielerin und Moderatorin Sophia Thomalla ihre Vorsätze für das neue Jahr mitgeteilt – und dabei den »Inneren Kritiker« vollends über Bord geworfen. Ihr Posting lautet: »Weiterhin allen massiv auf den Sack gehen«. Und vollmundig setzt sie noch einen drauf: »Ihr hört von mir«. Sophia Thomalla weiss, wie man Schlagzeilen produziert. Sie liess sich auch schon für eine Lotterie-Gesellschaft ans Kreuz nageln, was insbesondere religiös eingestellte Menschen provozierte. Erstaunlich ist, dass der Erfolg den Provokateuren wie Thomalla und Konsorten kurzfristig Recht gibt. Warum? Darüber hat sich der Facharzt Burkhard Düssler geäussert. Er rät dazu, den »Inneren Kritiker« zwar ernst zu nehmen, aber ihn bei Bedarf in die Schranken zu weisen. Dies im Sinne einer Stärkung des Selbstwertgefühls.

»Hör auf, dich fertigzumachen!« fordert der Facharzt für psychosomatische Medizin und Psychotherapie Burkhard Düssler. Er stellt die These auf, es sei sinnlos, den »Inneren Kritiker« bekämpfen und ausschalten zu wollen. In vielen Fällen sei der »Innere Kritiker« durchaus hilfreich. Er melde sich als innere Stimme etwa mit der Mahnung »Das war unfair von dir!« In solchen Situationen könne uns der Innere Kritiker motivieren und zu gutem Verhalten antreiben. Der »Innere Kritiker« habe jedoch auch eine negative Seite: Der innere Kritiker finde immer etwas. Je übertriebener und verurteilender sich diese innere Stimme melde, umso mehr könne sie uns mit quälenden Selbstzweifeln plagen.

In den allermeisten Situationen ist der »Innere Kritiker« jedoch hilfreich. Er alarmiert uns, wenn er eine Bedrohung wahrnimmt, als innere Stimme mit »Achtung Konflikt!«, und er fordert uns auf, für ein faires und ethisch wertvolles Verhalten im Umgang mit den Mitmenschen zu sorgen. Der »innere Aufpasser« funktioniert wie ein hochsensibles Alarmsystem, dessen Programmierung begann, als wir in unserer Kindheit unsere Denk- und Verhaltensmuster erlernten. Wer diesen »Aufpasser« ausschaltet, der riskiert, skrupellos und arrogant zu wirken. Aber von einer guten Kinderstube spricht heutzutage eh keiner mehr. Hauptsache Erfolg. Oder?

Die *Influencer* der Weltliteratur sind vorwiegend Medienleute aus den USA. Eine besondere Stellung nimmt dabei die renommierte *New York Times* ein. Buchtitel, die von den Feuilletonisten der *New York Times* auf die vorderen Positionen ihrer Bestenlisten gehievt werden, erscheinen regelmässig auch bei uns als Bestseller in deutschsprachiger Übersetzung. Dabei ist das Rezept altbewährt: Man nehme Themen, die weltweit in aller Leute Munde sind. Dazu sucht man einen aktuellen Aufhänger. Dann kann die PR-Maschine anlaufen.

Die Key Influencer im Literaturbetrieb sind Blogger, Journalisten, Schriftsteller und Wissenschafter mit hohem Ansehen und grosser Wertschätzung, die aufgrund ihres eigenen Blogs, ihres Social-Media-Profils oder ihres Print-Produkts eine grosse Anzahl von Followern haben. Aktuell beherrschen John Grisham und Sheila Heti den Markt. Sie tun dies mit altbekannten Themen wie »Schuld und Sühne«, »Todesstrafe« oder »Neue Rollenbilder«, insbesondere auch mit »Das neue Frauenbild«. Es sind dies Themen, die in Romanen und Sachbüchern mit der gegenwärtigen Debatte verknüpft werden. Alter Wein in neuen Schläuchen, so liesse sich das Vorgehen zusammenfassen.

Sheila Heti und John Grisham mögen diesen Trend beispielhaft illustrieren.

Die *New York Times* zählt gegenwärtig die jüdisch-ungarische Immigrantin Sheila Heti zu den fünfzehn besten Autorinnen unserer Zeit. Ihr Buch »Mutterschaft« stellt das Idealbild der *Superwoman* in Frage, das immer noch als typisch amerikanisch gilt. Sie kämpft mit ihrem Buch an gegen die vorherrschende Meinung, dass eine Frau vor allem dann eine ideale Frau sei, wenn sie intelligent, erfolgreich, sexy und mütterlich zugleich ist. Die Autorin Sheila Heti sieht die Mutterschaft nicht als eine primäre Lebensbestimmung der Frau an. Sie moniert, dass kinderlose Frauen in unserer Gesellschaft immer noch als egoistisch und karrieregeil gelten. Damit hat sie weltweit eine Debatte angestossen. Die Story in ihrem Buch ist auch ihre eigene. Die Grenze zwischen Biografie und Fiktion zerfliesst. In der Literatur sprechen wir von einer »Autofiktion«. Die Frage, ob eine Frau zur Mutterschaft geboren sei, hat die Autorin ein Leben lang beschäftigt. Ihr Buch ist ein Plädoyer für die Freiheit: Frauen sollen nicht tun müssen, was andere von ihnen verlangen. Sheila Heti wartet mit einer interessanten Alternative zum Kinderkriegen auf. Sie schreibt: »Als Frau kannst du nicht einfach sagen, du willst kein Kind, du musst schon einen Plan haben, was du stattdessen machen willst. Und das sollte etwas Grossartiges sein.« Worum aber soll es sich bei dieser grossartigen Alternative handeln? Um das Schreiben! Kann Schreiben eine Alternative sein zum Kinderbekommen? Ja, sagt Sheila Heti. Dem Schreiben ordnet sie alles unter. Sheila Heti ist damit zu einer literarischen Influencerin avanciert, welche die Genderdiskussion weiter anheizen könnte: Soll man heute als Mutter noch Kinder auf die Welt stellen?

Auch John Grisham gilt als ein literarischer Influencer, dies besonders auf dem Gebiet des Thrillers. Auch hier: Alter Wein in neuen Schläuchen. Da ist einmal die ewige Debatte um die Todesstrafe. Bis vor kurzem noch war John Grisham ein Befürworter der Todesstrafe. Dürfen wir uns als Strafer und Richter aufspielen? Wie geht unsere Gesellschaft mit den Themen Schuld und Sühne um? Was ist angemessen? In den USA kommt die Todesstrafe immer noch zur Anwendung. In seinen neusten Thrillern wird es nun Zeit, dass John Grisham die Problematik aufzeigt, die mit der Todesstrafe zusammenhängt, etwa in der Story in »*Homemade In The USA*«: Im Süden der USA schlägt ein Mörder zu. Der Mörder galt bis anhin als eine äusserst respektierte Persönlichkeit. Wieso aber steht diese Person eines Morgens auf und erschiesst den Pfarrer der Gemeinde? Zur besonderen Dramaturgie bei John Grisham gehört, dass der Angeklagte kein einziges Wort zu seiner Tat sagt. So kommt der

Angeklagte, der wahrscheinliche Mörder, vor Gericht. Das Verdikt lautet auf Todesstrafe. Zu Recht? Befürworter der Todesstrafe müssen nach der Lektüre des Thrillers von John Grisham wohl oder übel über die Bücher.

Viele Europäer sind gegenwärtig Amerika-Kritiker. Und dies wohl ist der aktuelle Aufhänger, der John Grishams Thriller zu Bestsellern hochpusht. Wie John Grisham sind auch viele von uns enttäuscht vom sogenannt »amoralischen« Donald Trump. Es ist zurzeit angesagt, mit dem aktuellen Amerika hart ins Gericht zu gehen.

Können literarische Influencer wie John Grisham und Sheila Heti ein Land wie Amerika verändern und verbessern? Können sie vielleicht gar die Welt verändern und verbessern? Oder ist Literatur einzig und allein beschreibend? Antworten auf diese Fragen geben die *Key Influencer* aus dem Umfeld der amerikanischen Medien geben.

~

Schriftsteller, Literaturdozenten und Germanisten sind gefragte Spezialisten in den Medien. Als Literaturexperten verstärken sie das Team der Journalisten. Sei es für eine fundierte Besprechung eines literarischen Anlasses, sei es für eine kreative oder manchmal auch provokative Meinung zum Tagesgeschehen. Auch das Publikum von Zeitungen, Radios und Fernsehanstalten schätzt die Einschätzung und Kommentierung durch die literarischen Schreibprofis. Seit Anfang dieses Jahres schreibt Lukas Bärfuss für den Sonntags-Blick, Hansjörg Schneider hat seine Schriftsteller-Karriere bei der Basler Zeitung lanciert und Julia Weber schreibt für die NZZ – das sind nur drei Beispiele von vielen anderen. Es sind drei Beispiele, die illustrieren, wie sehr Literaten als Mitarbeiter in den Medien gefragt sind. Der Trend zeigt in die richtige Richtung: Runter vom Elfenbeinturm! Dem Publikum gefällts, in selbstgefällig-allmächtigen Journalistenkreisen allerdings brauchts jedoch noch ein Umdenken.

Der Schriftsteller Lukas Bärfuss schreibt für den SonntagsBlick. Und dies, noch bevor er mit dem Büchner-Preis ausgezeichnet wurde. Der »Blick«, gerne als »Boulevardblatt« verschrien, bewies mit dem Engagement des Schriftstellers Lukas Bärfuss viel weise Voraussicht. Von allen Medien sind die Printmedien, insbesondere die Zeitungen, besonders stark in Rücklage geraten. Viel zu lange baute man vielerorts selbstgefällig-allmächtig auf die Journalisten im eigenen Medienhaus. Das funktionierte früher noch, als die Zeitungen praktisch im Alleingang für die Verbreitung der öffentlichen Meinung verantwortlich waren. Was »Schwarz auf Weiss« in der Zeitung stand, schien die Wahrheit für sich gepachtet zu haben. Mittlerweile hat aber jede Vereinigung und jede Amtsstelle eigene Kommunikations-Verantwortliche. Sie füttern die Zeitungen und auch die übrigen Medien nach eigenem Gusto. Ein Umdenken ist angesagt. So freute sich Gieri Cavelty, Chefredaktor des SonntagsBlick, entsprechend über das Engagement von Lukas Bärfuss: »Wir leben in einer Zeit grosser Orientierungslosigkeit. In solchen Zeiten gewinnt die Figur des kritischen Intellektuellen wieder an Bedeutung.« (SonntagsBlick vom 11. Januar 2019).

Ob Klimadebatte, Frauenstreik oder Artensterben – Lukas Bärfuss schreibt brillante Essays, es sind dies Leckerbissen im journalistischen Alltagsmenu. Einige Beispiele mögen den Sachverhalt illustrieren. Die journalistische Alltags-Schreibe funktioniert häufig nach dem abgegriffenen Muster »only bad news are good news« – nur schlechte Nachrichten sind gute Nachrichten. Schriftsteller Lukas Bärfuss sieht darin eine Dämonisierung der Menschheit. Da geht es zum Beispiel um den Uno-Biodiversitätsbericht, der zur Erkenntnis kommt, dass die Menschheit alles andere Leben verdrängt. Doch statt einfach Lösungen aufzuzeigen, würden die Medien dämonisieren und die kommende Katastrophe verkünden, schreibt Bärfuss. Die Liste der medialen Hiobsbotschaften wolle kein Ende nehmen: Eine Million Lebewesen vom Aussterben bedroht, ein Drittel aller Meeresfischbestände überfischt, ein Drittel der Landoberfläche für die landwirtschaftliche Produktion benutzt, und so weiter und so fort. Als Schriftsteller stellt Bärfuss ganz andere Lösungsansätze zur Debatte, als dies die mediale Alltagsschreibe vermag: »Statt den Menschen zu dämonisieren, muss das Bewusstsein für seine Verantwortung entwickelt und gefördert werden«, schreibt er. Und: »Wir müssten uns auf das besinnen, was den Menschen im Kern auszeichnet: auf seine Solidarität, sein Mitgefühl und seine Sehnsucht nach einer globalen Gerechtigkeit.« (SonntagsBlick vom 12.05.2019). Dies nur ein Beispiel, das illustrieren mag, wie sehr die Meinung des Schriftstellers von den alltäglichen Medienberichten abweicht und neue Türen für kreative Lösungen öffnet.

Zur gegenwärtigen Klimadebatte steuert Lukas Bärfuss originelle Diskussionsansätze bei. Die Klimabewegung bediene sich der christlichen Opfermystik, schreibt er. »Um die Welt zu retten, müssen wir Sünder büssen. Wir sollen ein Opfer bringen, auf die Ferienreise und das Kalbsfilet verzichten – oder Ablass leisten, indem wir unseren CO2-Ausstoss kompensieren und höhere Steuern akzeptieren«, schreibt Bärfuss. »Diese Strategien fussen auf einer irrationalen Vorstellung, auf dem Zusammenhang von Sünde, Opfer, Strafe und Vergebung. Eine Lösung für die globale Herausforderung des Klimawandels halten sie nicht bereit.« Lukas Bärfuss kommt zum Schluss, dass diese Logik wirkliche Lösungen verhindere. Technologische Entwicklung sei besser als Opferkult. (SonntagsBlick vom 15.04.2019). Das sind Beispiele für provokative, aber durchaus bedenkenswerte Denkansätze, die sich wohltuend von den täglichen medialen Mainstream-Meinungen abheben.

Das Studium der Germanistik gilt als einer der anspruchsvollsten Studiengänge überhaupt. Medien foutieren sich heute oftmals um universitäre Titel. Dabei ist ein Doktortitel nicht einfach nur die Bestätigung für ein abgeschlossenes Studium, er ist Teil des Namens und er ist ein offizielles Attest dafür, dass der Träger berechtigt ist, wissenschaftlich und glaubwürdig zu forschen, zu arbeiten und zu publizieren.

Dabei gehen wir Germanisten oft den Weg, wie ihn der promovierte Germanist Hansjörg Schneider gegangen ist. Mit seinen Theaterstücken ist er einer der meistaufgeführten Dramatiker und seine Krimis führen regelmässig die Schweizer Bestsellerliste an. Er war aber auch immer ein gefragter Mitarbeiter bei den Medien, vor allem bei den Basler Nachrichten. Er war sich nicht zu schade, als Lokalreporter bei der Basler Zeitung auf Tour zu gehen. Das bringt auch dem Germanisten einen Gewinn. Damals habe er gelernt, klar, möglichst knapp und leserfreundlich zu schreiben, resümiert er im Vorwort seines neusten Geschichtenbandes mit dem Titel »Im Café und auf der Strasse«. Und Hansjörg Schneider bekennt freimütig: »Eine Zeitung ist sinnlich (…). Ich schreibe noch heute gern für Zeitungen. Ich mache das mit gleicher Sorgfalt und Leidenschaft wie für ein Buch.« So hat er sich nun entschlossen, Kolumnen, Reisereportagen, Essays und Geschichten, die er für verschiedene Zeitungen geschrieben hat, in einem Buch herauszugeben.

Schriftsteller, Literaturdozenten und Germanisten sorgen für den »literarischen Standpunkt« in der Welt der Medien. Zeitungen, Radios und TV-Anstalten, die etwas auf sich halten, räumen den Literaten den gebührenden Platz ein.

Die »NZZ am Sonntag« tut dies vorbildlich und regelmässig. In ihren Ausgaben kommen auch Autor*innen ausgiebig zu Wort. Etwa de Jungautorin Julia Weber. Bekannt geworden ist sie durch ihren Roman »Immer ist alles schön«. Während die mediale Alltagsproduktion oftmals nicht viel mehr zustande bringt als die immer gleiche Behauptung, dass Sommerlektüre leicht und bekömmlich zu sein habe, nimmt sie mutig ihren eigenen literarischen Standpunkt ein: »Bitte nicht! Denn das Schöne am Lesen ist die Anstrengung, sich etwas weit Entferntes vorzustellen«, schreibt Julia Weber. Und sie empfiehlt den Sommermenschen mehr Einfühlung. Literatur sei dann gut, wenn die darin beschriebene Welt so weit wie möglich von uns entfernt zu sein scheine, aber so beschrieben sei, »dass Sie wissen, wie es ist, eine Frau zu sein, die in Neapel aufgewachsen ist, oder ein Kind zu sein, das zur Zeit des Krieges in Bosnien gelebt hat, oder Sie wissen plötzlich, wie es sich anfühlt, eine Frau zu sein in den 1930er Jahren in Berlin, ohne Arbeit und mit nichts als einem geklauten Pelz.« (NZZ am Sonntag vom 28. Juli 2019). Eben, da ist er, der literarische Standpunkt. Abweichend vom Mainstream, originell und kreativ.

In der Welt der Medien regiert ein schonungsloser Verdrängungswettbewerb. Inmitten des ausufernden und schillernden Überangebots sind die Konsumenten gefordert, eine Auswahl treffen zu müssen. Originelle, kreative und bedenkenswerte »Literarische Standpunkte« können ein Produkt aus dem multimedialen Mainstream herausheben. Experten, wie sie bei der Sportberichterstattung schon seit langem gefragt und geschätzt sind, müssten auch in anderen Sparten mit grosser Selbstverständlichkeit Einzug halten. Dazu müssten die selbstgefällig-allmächtigen Medienhäuser über ihren eigenen Schatten springen. Die Literaturexperten sind gefordert.

Medienarbeit

Die Unwetterkatastrophe vom 24. September 1993 in Brig markierte den Beginn meiner Zusammenarbeit mit dem Lokalsender Radio Rottu Oberwallis. Aus Visp konnten keine Lokalreporter nach Brig gelangen, denn alle Wege und Stege waren geflutet und unterbrochen. Die Büros der Zeitung »*Walliser Bote*« in der Briger Furkastrasse waren überschwemmt und unbrauchbar. Das Radio bot sich als einziges schnelles und funktionierendes Medium in der Krisensituation an. Damals arbeitete ich als Deutschlehrer am Oberwalliser Lehrerseminar im Institut St. Ursula in Brig. Vom

Briger Bildungshügel bis zum Stockalperschloss war der Weg kurz und sicher vor Überschwemmungen. Dort, im Stockalperschloss, richteten wir ein mobiles Radiostudio ein. Von hier aus berichteten wir während Tagen und Nächten über die horrenden Ereignisse, die sich im Städtchen zutrugen.

Am Freitag, den 24. September 1993, versank die Stadt Brig in Schutt und Schlamm. Kurz vor vier Uhr floss ein braunes Rinnsal durch die Briger Bahnhofstrasse. Dann plötzlich schwappte eine reissende Flutwelle über die Saltinabrücke, und der Fluss bahnte sich seinen Weg durch die Stadt. Die Wassermassen stauten sich am Bahnhof. Menschen standen bis zu den Hüften im Wasser. Autofahrer stürzten aus ihren Fahrzeugen und flüchteten in höher gelegene Stadtteile. Viele von uns verbrachten völlig unvorbereitet eine Nacht des Schreckens. Irgendwann in dieser Nacht fiel der Strom aus, das Telefonnetz brach zusammen. Die Briger Bahnhofstrasse, die noch Stunden zuvor in hellem und friedlichem Sonnenlicht zum Flanieren einlud, bot nun ein apokalyptisches Bild. Eine unheimliche Finsternis legte sich über die Stadt.

An diesem Tag unterrichtete ich im Oberwalliser Lehrerseminar, das im Institut St- Ursula, am oberen Ende der Briger Burgschaft, untergebracht war. Dort, auf dem »Briger Bildungshügel«, waren wir in Sicherheit. In weiser Voraussicht hatten wir die Schülerschaft bereits am frühen Nachmittag nach Hausse entlassen, denn die sintflutartigen Regenfälle verhiessen nichts Gutes. Bereits am frühen Abend blieb als einzige Verbindung zur Aussenwelt der Lokalsender Radio Rottu Oberwallis übrig, der von Visp aus das Oberwallis mit Informationen bediente. Inzwischen waren die Verkehrswege zwischen Brig und Visp gekappt. Die Reporter von Radio Rottu konnten die Stadt Brig nicht mehr erreichen.

In dieser Situation meldete ich mich bei rro zum freiwilligen Dienst. Es galt, die besorgte Bevölkerung landesweit mit Informationen zu versorgen. Zusammen mit dem freien Mitarbeiter Peter Schöpfer und einigen anderen Freiwilligen hielt ich den Sendebetrieb von Brig aus aufrecht. Im Obergeschoss des Stockalperschlosses richteten wir notfallmässig ein kleines Sendestudio ein. Wir berichteten rund um die Uhr. Es gab Ungeheuerliches zu berichten. Wie Nussschalen wurden Autos angehoben und weggeschwemmt. Das Überqueren der Strassen glich einem russischen Roulettspiel. Inmitten der tobenden Fluten blieb oft nur der nutzlose Versuch, den Schaden mit Brettern oder Möbelstücken einzudämmen. Das Unglück nahm seinen Lauf. Als es hell wurde, gab Brig ein Bild der Verwüstung ab.

In dieser Zeit entstand meine Sendung »Report«. Originalton, Interviews, Geräuschkulisse und Kommentare schnitt ich auf einem Spulentonband zusammen. Es war eine schwierige Arbeit unter harten Bedingungen. Zwar konnte ich von einer Medienausbildung am Journalistischen Institut der Universität Freiburg profitieren. Ich wusste, wie Krisenkommunikation zu funktionieren hatte. Und ich wusste auch, wie Beiträge und Sendungen zu gestalten waren. Dennoch war vieles ein »Learning by Doing«. Aber es war auch unglaublich faszinierend. Während der folgenden zwei Jahre reduzierte ich meine Unterrichtszeit am Oberwalliser Lehrerseminar um fünfzig Prozent, um als bei rro den Nachrichtenbereich aufbauen zu helfen. Das war für mich der Beginn eines ausserordentlich spannenden Abenteuers im Umfeld der Medien.

Als Redaktor und Informationschef war ich am Puls der Zeit. Ich stellte Nachrichtensendungen zusammen und sprach Kommentare. Die Report-Sendung, damals während der Unwetter-Katastrophe aus der Not heraus kreiert, behielt ich danach lange Zeit bei. Mit einem riesen Aufwand produzierten ich Report-Sendungen wie »Unterwegs mit der Air Zermatt«, »Gestrandet im Asylantenheim Visp« oder »Versteckte Kinder im Oberwallis«. Das Lokalradio war neu als Medium, und die Rückmeldungen der Hörerinnen und Hörer zahlreich.

Mit zunehmender Professionalität wurden tagesaktuelle Beiträge und Hintergrundthemen von der Radio-Crew abgedeckt, so dass ich mich kulturellen Themen zuwenden konnte. Ich besuchte Kulturanlässe und besprach sie im eigenen »Kulturjournal«, oft auch unterlegt mit dem Originalton der Protagonisten. Da waren aber auch Sendungen wie das »Ofubankji« oder der »Sommer-Gartenplausch«, die ich hin und wieder zusammen mit meinen Kolleginnen Indira Burgener oder Fabienne Pfammatter moderieren durfte. Auch die angehenden Kindergärtnerinnen, die ich als Deutschlehrer am Oberwalliser Seminar unterrichtete, konnten von dieser Situation gewinnbringend profitieren. Sie schrieben, erzählten und spielten Geschichten für die Kindersendung »Ds Güetnachtgschitji«.

Meine Berufung als Hochschuldozent an die Fachhochschule Siders brachte neue Herausforderungen mit sich. Als Literaturexperte und Rezensent im Literaturbetrieb wandte ich mich nun mehr den schreibenden Medien zu. Geblieben ist jedoch die Faszination fürs Radio, für das gesprochene Wort. Mit der Sendung »Literaturwelle« und als Literaturexperte und Blogger bin ich mit den Radiomacherinnen und -machern verbunden geblieben. Es sind dies hoch interessante und spannende Persönlichkeiten, die mir in all den Jahren ans Herz gewachsen sind.

Medienarbeit ist harte Arbeit. Dennoch war und ist Medienarbeit für mich eine zweite Schiene, die es mir erlaubt, vor Ort und mit spannenden persönlichen Begegnungen immer wieder neue Inspirationen zu holen.

Literaturwelle

Im Jahr 1993 stiess ich zum rro-Team und arbeitete dann als Informationschef in der Redaktion, allerdings lediglich in Teilzeit, denn hauptberuflich war ich am Oberwalliser Seminar mit der Ausbildung von Lehrpersonen beschäftigt. Doch bereits für das rro-Team der ersten Stunde war die Literatur immer ein angesagtes Thema.

Die wohl erste literarische Sendung aus dem Hofji in Visp war das »Ofubankji«. In dieser Sendung erzählten oder lasen wir zur Winterszeit in Paar-Moderation aktuelle Geschichten. Dutzende »Ofubankji«-Sendungen durfte ich mit meiner leider viel zu früh verstorbenen Kollegin Indira Burgener realisieren. Zu einem veritablen »Ofubankji«-Highlight geriet eine Ofubankji-Sendung mit Geschichten des Kreativitäts-Forschers Gottlieb Guntern, die ich zusammen mit Christine Gertschen moderierte. Der damals weltweit engagierte Psychiater und seine Frau luden uns beide nach der Sendung zu sich nach Hause zu einem feinen Nachtessen ein. Weitere wundervolle und bereichernde Begegnungen mit den Gunterns sollten folgen.

Jahrelang betreute ich dann die Sendung »Kulturjournal«, in der die Literatur nur ein Thema von vielen war. Das »Kulturjournal« beinhaltete auch Reportagen, Besprechungen und O-Ton-Mitschnitte von Theatern, Vernissagen und anderen kulturellen Veranstaltungen. Für mich war die Betreuung des »Kulturjournals« zwar sehr aufwändig, aber auch äusserst bereichernd. Unglaublich, wie viele Kulturschaffende ich während meiner Arbeit für diese Kultursendung kennenlernen durfte. Die Bekanntschaften und Freundschaften aus dieser Zeit haben bis heute Bestand.

Nach dem Kulturjournal zeichnete ich für die »Report«-Sendungen verantwortlich. Fasziniert vom investigativen Journalismus eines Günther Walraff, versuchte ich – manchmal in Zusammenarbeit mit meinem Kollegen Rainer Maria Salzgeber – heisse und teils auch tabuisierte Themen aufzugreifen und in eine rund 45-minütigen Reportage-Sendung zu verpacken. Darunter waren etwa Themen wie beispielsweise »Versteckte Kinder bei uns«, »Das Leben von Asylanten«, »Umgang mit der Immunschwächekrankheit Aids« oder »Lebensrettung mit der Air Zermatt«. Der »Report« gehörte jeweils am Samstagnachmittag zum Fix-Programm von rro.

Anfangs der 90er-Jahre wechselte ich beruflich als Dozent an die Hochschule Wallis, was eine Auszeit bei rro bedingte. 1995 stiess ich dann erneut zum Team, diesmal mit einer eigenen halbstündigen Literatur-Sendung, die jeweils am Mittwochmorgen ausgestrahlt wurde. Die Sendung befasste sich jede Woche mit einem aktuellen Thema, das literarisch aufgearbeitet und mit entsprechenden Buchvorstellungen zum Weiterlesen animierte.

Im Sinne einer flexibleren Programmgestaltung wurde die Literatur-Sendung anlässlich eines »Relaunch« umgewandelt in Literatur-Beiträge, die nun, zu unterschiedlichen Sendezeiten, im rro-Wochenprogramm auftauchen. Zusätzlich moderierte ich auch die Literaturabende aus dem Studio Barrique in Eyholz, die mit grossem Erfolg per Livestream als Literatur-TV übertragen wurden.

Wunderbare und zauberhafte Freundschaften verbinden mich bis heute mit den Machern aus der Medienbranche und insbesondere aus dem Umfeld des Radios. Dass die Sendung »Literaturwelle« beim Lokalradio zu einem Fixpunkt im Programmangebot gehört, dass die Sendung so manchen »Relaunch« überlebt hat, dafür bin ich den Radiomacher*innen zutiefst dankbar.

Für meine Medienarbeit habe ich liebend gerne den Elfenbeinturm verlassen, in den sich promovierte Germanisten oftmals flüchten. In meinen beruflichen Tätigkeiten als Ausbildner von Lehrpersonen und als Dozent an der Hochschule durfte ich meine Profession als promovierter Germanist ausleben; in meiner Radioarbeit meine Passion als Kommunikator und Geschichtenerzähler.

Inhalt

Leuchtturm – der Weg 9

I SPURENSUCHE
Gendersternchen 15
»Villa Jenseits« Wahnsinn 17
Ein goldgerahmtes Bild 18
Aussteigen fängt im Kopf an 20
Eine Insel des Friedens 21
Nordisches Reizklima 24
Letzte Bastion der Männlichkeit 26
Ein neues Verhaltensdesign 28
So abnormal normal 31
Das Leben hat keinen Erzähler 33
Das Glück des Unverfügbaren 35
Das waren noch Zeiten! 37
Der Soundtrack unserer Zeit 39
Die Heile-Welt-Sehnsucht 41
Die Magie der Dinge 43
Eine Reise nach Phantasien 45
Die Saat eines Sommers 48
Aischylos forever 51
Auf der Couch des Vergessens 53
Hermann Hesse im Rockzeitalter 55
Die neue Burschenherrlichkeit 57
Spaziergang zu Rilke 58
Finsteres Mittelalter 61
Die Sarazenen Saga 63
Spurensuche an der Nordsee 66
Gespenster der Vergangenheit 68
Harry Potters Vermächtnis 70
Wer hat das Lachen erfunden? 72

Indianer-Träume   74
Verhext   76
Revolte der Alt-Hippies   79
Letztes Abendmahl mit Dame   81
Entfremdung   83
Von der Kunst des Scheiterns   86
Maifahrt und Blueschtfahrt   88
Erinnerungen an Nicht-Gesagtes   89
Mit Liedern die Welt verändern   91
Wenn das Böse siegt   94
Lebensgefährliche Theorien   96
Die Bibel der Aussteiger   98
Am Fuss der Olololo-Berge   99
Die schöne Meisterspionin   101
Spurensuche im Tessin   103
Starbesetzung für einen alten Schmöker   105
Steine erzählen Geschichten   107
Student sein, wenn die Veilchen blühen   109
Szenen aus Afrika   111
Alf laila wa-laila   113
Vergangenheitsbewältigung   115
Verliebt in die verrückte Welt   117
Verschwörungs-Theoretiker   119
Was von der Liebe bleibt   121
Wenn das Leben zerbricht   124
Wie alles begann   126
Wie waren die Ferien?   127
Staunen unterm Nachthimmel   129
Im Heiligen Land   130
Wohin gehen wir?   134
Durch Mauern gehen   136
Verteufelte Spiritualität   137
Jahre des Biedermeiers   139

II BEGEGNUNGEN

Der Puppenspieler   144
Auf dem Zibelemärit   145
Am Neckarstrand   149
Er bittet zum Totentanz   152
Fledermaus und Csardasfürstin   154
Mit Blanca im Mumienbunker   156
Bevor der Vorhang fällt   160
Mein Nachbar Raoul und sein Archaeopterix   162
Momo und der Zeitforscher   165
Mit Momo im Stockalperturm   167
Sündige Frauen   170
Bücherwurm trifft Leseratte   172
Liebe in der Buchhandlung   173
Verführerischer Schriftsteller   174
Caféhausliteraten mit blonden Zöpfen   178
Das Fräuleinwunder   181
Das Leiden als Antrieb   184
Hüter eines Schatzes   187
Wilder Westen im Handgepäck   189
Leben am Steilhang   191
Mit dem Hobbit im Aletschwald   194
Der Japaner in mir   196
Splitternackt im Hollywood Sign   198
Eine männliche Claudia Schiffer   200
Mein kleiner Enkel und die Bienenkönigin   203
Die Botin aus der Fremde   204
Frau Guo ist China   207
Nihil solidum nisi solum   210
Die Pferdeflüsterer   212
Ein Herz für Unterdrückte   215
Wie von einem anderen Stern   217
Im Seminar mit Donna Leon   218

In einer anderen Welt   221
Irland ist mehr als James Joyce   226
Anna der Indianer   228
Waldmensch   230
Sonne im Herzen   233
Leben, in Stücke zerbrochen   236
Zürcher Silvesterlauf   237
Erzähler am Open Air   239
Expertisen   241
Miggi erzählt aus alter Zeit   243
Malerin goldgerahmter Texte   246
Ein Foto von der Dame vis à vis   248
Sie lebt, was sie schreibt   250
Frau Blum und der Milchmann   252
Der Publikumsliebling   255
In freier Wildbahn   257
Jesus Christus mit der Knarre   259
Komm zur Ruhe, Sysiphus   261
Anna Maria am Aletschgletscher   264
Türöffner im Land am Bosporus   267
Die Belletristik-Verantwortliche   269
Was Frauen wollen   270
Die widersprüchliche Rose   275
Ein Paradiessucher   278

III BETRACHTUNGEN
Übermannt von Gefühlen   283
Iris von Roten zum Zweiten   285
Männer, die lesen   288
Ein Schuss Verrücktheit   292
Krieg und Frieden   296
Liebe nach Drehbuch   307
Von der Muse geküsst   326

Zu jung für alt   333
Frühling wie er im Buche steht   344
Geschichten eines Sommers   356
Herbstliche Melancholie   365
Erster Schnee   373
Auferstehung der toten Dichter   375
Poesie des Laufens   383
Blumen des frühen Lichts   389

IV LEUCHTTURM
Traumberuf   402
Schweizer Erzählnacht   405
Teamseminar   407
Musiktheater   410
Tanztheater   415
Romanstory   419
Laufsport   424
Blog Literatur   427
Rezensionen   428
Medienarbeit   441
Literaturwelle   444

Die Bücher des Literatur Club73 finden Sie überall dort, wo es gute Bücher gibt, und unter kurt-schnidrig.ch

Blog Literatur: literatur.rro.ch

Vergiss nicht die Blumen in deinem Haar

Kurt Schnidrig
Vergiss nicht die Blumen in deinem Haar
119 Seiten
ISBN 978-3-033-06790-5

Der Flower-Power-Roman mit einem Ich-Erzähler wirft Fragen auf. Was ist von der 68er-Bewegung geblieben? Waren Werte wie die »Freie Liebe« bloss eine Affiche oder steckte mehr dahinter?
Protagonistin im Roman ist Dana, ein Hippie-Girl. Die literarische Technik der Rückblende erlaubt es, Dana in verschiedenen Zeiten zu erleben. Heute lebt sie als Tänzerin und Schauspielerin auf Ibiza. Sie kommt als Schauspielerin ins Wallis und hätte einen Part im Melodram »Out of Africa« geben sollen. Aus touristisch naheliegenden Gründen drängt sich eine Neuverfilmung im Naturreservat am Simplon auf. Doch Dana wird Zeugin, wie ein afrikanischer LKW-Fahrer am Simplon verunglückt. Wie damals in der 68er-Revolution stellt sich für sie die Frage, wie sich in der Provinz verwirklichen lässt, was damals im Weltgeschehen geboren wurde.
Dana suchte als junge Frau nach Inspiration auf dem Hippie-Trail von London nach Goa. Zwar haben sich die Zeiten geändert. Die Grundbedürfnisse der Völker sind aber gleich geblieben. Ein Leben in Freiheit und Sicherheit gehört dazu. Das klägliche Versagen der Politik am Simplon steht exemplarisch für die Flucht ins Administrative und Belanglose, während die »Long hanging fruits«, die lebenswichtigen Probleme, auf die lange Bank geschoben werden.

Literatur Club73
international edition

Literatur Club73 **Buchtipp**

Die Tulpen haben aufgehört zu blühen.
Fernweh und Abgründe in einem Walliser Dorf.

Sieglinde Kuonen-Kronig
Die Tulpen haben aufgehört zu blühen.
Fernweh und Abgründe in einem Walliser Dorf.
Fortsetzungsroman, Band 2
ISBN 978-3-033-08187-1

Obwohl sie in zwei völlig gegensätzlichen Welten leben und ihre Lebensplanung kaum unterschiedlicher sein könnte, verbindet Nicole und Sophie eine enge Freundschaft. Nicole, die in Burg, einem Dorf im deutschsprachigen Wallis aufgewachsen ist, arbeitet als aufstrebende Journalistin in Zürich. Die ursprünglich aus Sitten stammende Sophie ist verheiratet und lebt seit der Geburt ihrer beider Kinder im Oberwallis. Die Freundinnen scheinen ihr Glück nach einigen Umwegen gefunden zu haben. Doch plötzlich lockt Nicole eine neue berufliche Herausforderung in die Ferne, und Sophie kämpft mit unliebsamen Veränderungen in ihrer Ehe. Folgenschwere Ereignisse zwingen die jungen Frauen schliesslich zu mutigen Entscheidungen. Gelingt es ihnen, trotz aller Widrigkeiten sich treu zu bleiben und ihre Träume zu verwirklichen?

»Ein Buch, das von unterschiedlichen Paarbeziehungen stimmig und psychologisch tiefgründig erzählt und dabei die Vielfältigkeit und die Spektrumsbreite von lebensechten Frauengestalten aufzeigt. Ein in jeder Hinsicht schillernder Roman über die Sehnsucht nach Selbstverwirklichung in einem zu engen Tal und nach alternativen Entwicklungsmöglichkeiten.«
Dr. Kurt Schnidrig, Präsident Literatur CLUB73